Joachim Reinelt
Das große Kundalini-Buch

Joachim Reinelt

Das große Kundalini Buch

Aquamarin Verlag

Dr. Joachim Reinelt, Studium der vergleichenden Sprachwissenschaften an der Universität Frankfurt/M. und Indologie sowie Religionswissenschaften an den Universitäten Heidelberg und Poona (Indien). Während seiner Forschungsaufenthalte in Maharashtra (Westindien) untersuchte er die bekanntesten yogisch-tantrischen und mystischen Traditionen, insbesondere die der Nath-Yogis, und fasste das Ergebnis in einer 2001 an der Universität Heidelberg veröffentlichten Doktorarbeit zusammen (siehe: www.ub.uni-heidelberg.de/archiv /2113). 2003 gründete er das Projekt pro-Yoga (www.proyoga.de), verfasste zahlreiche Artikel in Fachzeitschriften und unterrichtet zur Zeit in München u.a. Entspannungsmethoden für Kinder und Jugendliche und indische Philosophie und Yoga-Psychologie für Yogalehrer.

Deutsche Originalausgabe
1. Aulage 2013

Voglherd 1 · 85567 Grafing
www.aquamarin-verlag.de

Umschlaggestaltung: Annette Wagner
Umschlagkonzeption: Guter Punkt, München

ISBN 978-3-89427-629-4

Druck: C.H. Beck · Nördlingen

Inhalt

„Gott lebt in Dir als Du“

Swami Muktananda

Einleitung

Eingehüllt in eine Wolldecke, meditierte ich an einem Wintermorgen des Jahres 1979, wie ich das jeden Morgen tat. Draußen war es ziemlich kalt und noch dunkel. Meine bisherige Meditationsmethode bestand in einer der „handelsüblichen" Formen der stillen Wiederholung eines Mantras. Seit anderthalb Jahren meditierte ich nun schon so und hatte dabei einige durchaus faszinierende und vielversprechende Erfahrungen gemacht. Zusätzlich befasste ich mich mit einschlägiger Literatur, um mich diesen Phänomenen auch vom Intellektuellen her nähern zu können. Doch nichts – weder mein mäßiges theoretisches Wissen über Meditation und Yoga noch die praktischen Erfahrungen selbst – hätten mich je auf das vorbereiten können, was nun an diesem unvergesslichen Morgen geschah. Es war ein Ereignis, das mein gesamtes Leben von Grund auf verändern sollte.

Nach einigen Minuten der immer tiefer werdenden Meditation hatte ich plötzlich das Gefühl, als ob mir ein langer, glühendheißer Stab von oben in den Hinterkopf und langsam weiter nach unten durch die Wirbelsäule gestoßen würde. Ein unvorstellbarer Schmerz erfüllte mich, so dass ich aufschreien musste. Dieser Stab, den ich seltsamerweise nicht als Fremdkörper, sondern als zu mir gehörig beziehungsweise mir vertraut empfand, war jedoch nicht nur heiß, sondern auch unerträglich hell. Wie flüssiges Feuer strömte seine feinstoffliche Substanz von oben nach unten. Abgesehen von meiner „normalen" Wahrnehmung, konnte ich nun wie von oben blickend in einen großen Lichtkanal hinein sehen, der am Ende der Wirbelsäule wie auf einer spiegelnden Wasseroberfläche sanft hin und her wogte. Es war ein atemberaubender Anblick. Das Licht, das nun meinen gesamten Körper erfüllte, wurde im weiteren Verlauf dieser Erfahrung so hell, dass ich aus lauter Angst, zu erblinden, die Augen öffnete. Doch auch im Raum – der wohlgemerkt eigentlich stockdunkel hätte sein müssen, weil ich zum Meditieren nie Licht brennen hatte – war alles in ein gleißendes Licht getaucht. Ein paar Mal öffnete und schloss ich die Augen, doch das Licht, innen wie außen, blieb bestehen, und ich versuchte vergeblich zu begreifen, wo es eigentlich herkam. Die ganze Zeit über durchzog ein starker Energiestrom meinen gesamten Körper. Dieser Zustand währte eine ganze Weile. Nie zuvor hatte ich von einem solchen Phänomen gehört oder gelesen. Erst viel später erfuhr ich, dass an diesem Morgen wohl etwas stattgefunden hatte, was im Yoga *Kundalini*-Erweckung genannt wird.

Dieses Erlebnis und andere dieser Art ließen mich nicht mehr los. Es war die Zeit der großen Wende und des Aufbruchs in meinem Leben. Ich untersuchte nun das Phänomen Kuṇḍalinī intensiver, sowohl aus lebenspraktischer Perspektive – auf der Grundlage meiner eigenen Yoga-Sādhana – als auch auf wissenschaftliche Weise. Für letzteres bildete mein Indologie-Studium in Deutschland (an den Universitäten Frankfurt/M. und Heidelberg) und in Indien (an der Universität Poona) wie auch die zahllosen Studien- und Forschungsaufenthalte in Indien eine ideale Grundlage. Ich beschäftigte mich insbesondere mit den Mystikern Indiens und den wichtigsten yogisch-tantrischen Traditionen – hauptsächlich mit der der *Nātha-Yogis* – und fasste das Ergebnis 2001 in einer Dissertation zusammen. Da eine solche Dissertation in der Regel niemand liest – zumindest niemand, der oder die ein persönliches Interesse an Spiritualität, Yoga, Meditation oder gar *Kuṇḍalinī*-

Erweckung hat – war ich sehr froh, als ich Ende 2004 vom Aquamarin-Verlag gebeten wurde, das Thema *Kuṇḍalinī* einmal so aufzubereiten und darzustellen, dass es zwar wissenschaftlich fundiert, aber dennoch für jeden Yoga-Praktizierenden und Kuṇḍalinī-Interessierten verständlich, informativ und auch in praktischer Hinsicht hilfreich ist.

In das vorliegende Werk sind daher einerseits ein Großteil meiner wissenschaftlichen Ergebnisse und Erkenntnisse eingeflossen, andererseits auch Erfahrungen, Erlebnisse und Einsichten, die auf meiner persönlichen langjährigen Sādhanā und Yoga-Praxis beruhen. Es ist also nicht nur ein Buch über das *Phänomen* Kuṇḍalinī – also über ein Objekt, das man betrachtet und worüber man nachdenkt – sondern es ist auch ein Buch über die unmittelbare *Praxis* und den lebendigen *Weg*, der uns durch die Kraft der Kuṇḍalinī ermöglicht wird. Weil es auch ein Buch über den spirituellen Weg ist, habe ich gerade den Erfahrungen, die Menschen auf diesem Weg gemacht haben, großen Raum gegeben.

So ist das vorliegende Werk gewissermaßen eine Kombination aus subjektivem und objektivem Wissen, aus Erfahrung und Erkenntnis. Die persönliche Erfahrung und das Wissen der heiligen Schriften haben die Meister des Yoga und Tantra von jeher als die ideale Grundlage für unser spirituelles Wachstum gepriesen. Deshalb darf wahres spirituelles Wissen nicht unterschätzt werden. Das Wissen, das uns die großen Mystiker, Philosophen und Heiligen Indiens nahe bringen wollen, ist kein Wissen, wie wir es von der modernen Wissenschaft her kennen. Sondern es ist ein Wissen, das aus der persönlichen Erfahrung jener großartigen Menschen sowie aus ihrem Zustand der Einheit mit dem höchsten Bewusstsein geboren wurde – und es ist von daher ein Wissen, das uns zu dieser einzigartigen Erfahrung, zu diesem Zustand der unendlichen Freiheit führen kann.

Nun noch eine kleine „Gebrauchsanweisung" zu diesem Buch. Da es angefüllt ist mit vielen philosophischen Details, Zitaten aus den Originalwerken des Yoga und Tantra[1], Informationen zu den großen Yoga-Meistern und ihren Philosophien und Lehren, Hinweisen und technischen Angaben zur Yoga-Praxis sowie persönlichen Erlebnissen, ist es kein Buch, das man einfach so *runterlesen* oder *durchblättern* könnte. Diese Abhandlung ist ein Handbuch zum Studium der *Kuṇḍalinī-Lehre* und des *Kuṇḍalinī-Yoga* auf der Grundlage der uralten Lehren und Schriften – und, wie ich hoffe, auch des Segens – der *Siddhas*, der unsterblichen Meister des Yoga und Tantra.

---

1 Zitiert habe ich, wenn es für das Verständnis des Zitats sinnvoll erschien, auch den Originaltext (meistens Sanskrit), und zwar in der üblichen lateinischen Umschrift mit diakritischen Zeichen.

Kapitel 1

Kuṇḍalinī – ein interkulturelles und interreligiöses Phänomen

Es gibt zahllose Belege dafür, dass das Phänomen der spirituellen Kraft, die in Indien als *Kuṇḍalinī* bekannt ist, auch in den okkulten und mystischen Traditionen anderer Kulturen beheimatet ist. So ist dort von Praktiken die Rede, die es einem Menschen ermöglichen, mit Kräften, Sphären oder Bewusstseinszuständen in Verbindung zu treten, um dadurch zu einer Transformation oder Erhöhung des eigenen Seins zu gelangen. Hinweise auf derartige Methoden und Erfahrungen finden sich bei den Assyrern, Ägyptern, Kelten, Chinesen, Griechen, Römern, Tibetern, nordamerikanischen Indianern, Eskimos oder australischen Ureinwohnern. Auch in der abendländisch-christlichen Tradition, etwa bei den Alchimisten und Freimaurern, finden wir derartige Phänomene beschrieben – und natürlich in den Werken vieler christlicher Mystiker.

Eines der bekanntesten Beispiele ist die französische Heilige Thérèse von Lisieux (1873 – 1897). Sie sah sich seit frühester Kindheit Erlebnissen ausgesetzt, die sich mühelos mit dem Erwachen der *Kuṇḍalinī* in Verbindung bringen lassen. Alles begann damit, dass sie im Alter von zehn Jahren Schülerin in einem Kloster der Karmeliterinnen wurde. Alsbald klagte sie über heftige Kopfschmerzen, und eines Abends wurde sie von einem heftigen Zittern gepackt, das sie, trotz verzweifelter Behandlungsversuche, viele Wochen lang nicht mehr verlassen sollte. Der ganze Spuk verschwand, wie er gekommen war – nur um einige Zeit später, wie sie in ihrer Autobiographie bemerkt, von „einer merkwürdigen Mischung aus Halluzinationen, Komas und Konvulsionen" abgelöst zu werden. Sie erlebte Zustände, die auffällig an die sogenannten *Kriyās* erinnern (Skt. *Kriyā*, wörtl. „Handlung", im Sinne von Bewegung, Auswirkung der *Kuṇḍalinī*). Sie wurde von einer Kraft gepackt, die sie im Bett hin- und her schleuderte, auf den Boden und gegen das Bett, und ohne Zuhilfenahme der Hände Kopfstände machen ließ – ihren Körper also dazu veranlasste, Bewegungen auszuführen, zu denen sie im Normalzustand niemals in der Lage gewesen wäre. Das Erstaunliche – und für den *Kuṇḍalinī*-Kenner geradezu Typische – hierbei ist, dass sie sich dabei niemals verletzte. Sie verlor nach eigenen Angaben niemals das Bewusstsein, hatte jedoch keine Kontrolle über ihren Körper. Hinzugerufene Ärzte waren ratlos und außerstande, ihr zu helfen, da sie nichts Pathologisches, wie z.B. Hysterie, diagnostizieren konnten.[2]

Ihre berühmte spanische „Kollegin" gleichen Vornamens, die Heilige Theresa von Avila (1515-1582), hatte Erlebnisse und Einsichten ganz anderer Art, die sie in ihrem berühmten Werk „Die innere Burg" ausführlich darlegt. In diesem Werk beschreibt sie den langen Weg der Seele durch die „sieben Wohnungen", der an den Weg der aufsteigenden Kundalini durch die sieben Chakras erinnert. In jedem der sieben Zimmer, so Theresa, erfolgt eine tiefgreifende Verwandlung der Seele. Im siebenten Zimmer schließlich erlebt die sich nach Vereinigung mit Gott verzehrende Seele die göttliche Hochzeit. In diesem Zusammenhang gebraucht Theresa von Avila bildhafte Vergleiche, die erstaunlicherweise völlig identisch

---

2 Therese von Lisieux, Autobiography of St. Therese of Lisieux, New York 1962.

sind mit den Berichten der *Kuṇḍalinī*-Erfahrungen indischer Mystiker und Heiliger:

„...Die Vereinigung gleicht zwei Wachskerzen, die man so dicht aneinander hält, dass beide Flammen ein einziges Licht bilden; und sie ist jener Einheit ähnlich, zu welcher der Docht, das Licht und das Wachs verschmelzen..."

Auch die Art ihrer bildhaften Beschreibungen hinsichtlich des vollständigen Verschmelzens von Seele und Gott in der siebenten Wohnung sind für eine christliche Mystikerin ungewöhnlich und erinnern an die tantrischen Beschreibungen der Vereinigung von *Kuṇḍalinī-Śakti* und *Śiva* im *Sahasrāra*-Chakra:

„Hier jedoch ist es, wie wenn Wasser vom Himmel in einen Fluss oder eine Quelle fällt, wo alles nichts als Wasser ist, so dass man weder teilen noch sondern kann, was nun das Wasser des Flusses ist, und was das Wasser, das vom Himmel gefallen. ... oder aber wie in einem Zimmer mit zwei Fenstern, durch die ein starkes Licht einfällt; dringt es auch getrennt ein, so wird doch alles zu einem Licht."[3]

An anderer Stelle spricht Theresa von Avila von der Reinigung und vollständigen Verwandlung der Seele durch das innere Feuer. Doch beschreibt sie auch Klang-Erfahrungen, wie sie im Zusammenhang mit dem Erwachen und Aufsteigen der *Kuṇḍalinī* häufig anzutreffen sind:

„Während ich dies schreibe, denke ich über das nach, was in meinem Kopf vor sich geht: jenes Dröhnen, von dem ich eingangs gesprochen habe und das es mir beinahe unmöglich gemacht hat, meinem Auftrag mit dieser Niederschrift

3 Theresa von Avila, Die innere Burg, Zürich 1979, S. 195-96, 199-200.

nachzukommen. Es klingt genauso, als wären darin viele wasserreiche Flüsse und als stürzten diese Wasser alle in die Tiefe. Es ist wie das Durcheinanderzwitschern vieler kleiner Vögel, und zwar nicht in den Ohren, sondern im oberen Teil des Kopfes, wo – wie es heißt – der höhere Teil der Seele ist. Ich habe darüber recht lange nachgedacht, weil es mir schien, dass die große Bewegung des Geistes schnell nach oben drang."[4]

Auch in den Werken anderer christlicher Mystiker treffen wir immer wieder auf jene Lichtmetaphorik, der wohl entsprechende, ganz konkrete Licht-Erfahrungen beziehungsweise Licht-Visionen zugrunde liegen. So fasst Mechthild von Magdeburg (1212-1280) ihre Offenbarungen in einem Werk mit dem Titel „Das fließende Licht der Gottheit" zusammen, worin es heißt: „Du bist ein Licht in allen Lichten." Ähnlich wie die indischen Mystiker, so schreibt auch sie, dass sie häufig vom göttlichen Licht überwältigt ist:

„Dass man denkt, es sei alles eine einzige Sonne,
dies kommt von der göttlichen Wonne.
Gott schenke und erhalte uns diese Minne!"[5]
„Die Braut ist trunken worden von dem Angesicht des edlen Antlitzes…
Die Liebe soll sein ohne Maß und ohne Unterlass. Freue dich. So brennst du immer mehr, unverlöschend als ein lebender Funke in dem großen Feuer der lebenden Majestät."

Auch im „Cherubinischen Wandersmann", den der deutsche Mystiker Angelus Silesius (1624-1677) in nur wenigen Tagen in einem ekstatischen Zustand verfasste und in dem die aus

4 ibid., S. 64.
5 Mechthild von Magdeburg, ‚Ich tanze, wenn du mich führst', Freiburg 1988, S. 79.

orthodoxer christlicher Sicht blasphemische und häretische Lehre der „Gottwerdung des Menschen" wiedergegeben ist, stoßen wir auf Bilder, die unmittelbar mit dem göttlichen Licht in Zusammenhang stehen:

„Gott ist in mir das Feuer und ich in ihm der Schein:
Sind wir einander nicht ganz inniglich gemein?"
„Ich bin nicht außer Gott und Gott nicht außer mir:
Ich bin sein Glanz und Licht, und er ist meine Zier."

Um die verblüffende Ähnlichkeit mit Darstellungen von klassischen indischen *Kuṇḍalinī*-Erfahrungen zu verdeutlichen, seien hier nun einige Verse von Jñāneśvar (13. Jh.), einer der berühmtesten mittelalterlichen *Kuṇḍalinī*-Autoritäten, angeführt[6]:

„Die gesamte Schöpfung schwimmt im Nektar der Unsterblichkeit.
Welch wundersamer Anblick, wenn sie auf den Punkt ohne Dimension trifft, den unangeschlagenen Ton, das reine Licht des Absoluten."

„Blendendes dunkles Licht, das sich in jene dunkle Form ergießt,
und Liebe in das Gefäß des Herzens verströmt.
Klang und Licht, die sich an nichts anlehnen.
Das Selbst, das im Herzen lodert, der Nektar des Selbst.
Am Anfang, in der Mitte und am Ende ist nichts mehr da, nur das Grenzenlose.
Wir sehen weder Trennung noch deren Nicht-Sein.
Hierin ruhend, oh Jñānadeva, alles erfüllend, kennen wir weder Freude noch Schmerz."

6 Auf die Kundalini-Erfahrungen der indischen Mystiker werde ich später noch ausführlicher eingehen.

Interessant ist hier auch der für *Kuṇḍalinī*-Erfahrungen typische Zusammenfall der Gegensätze (*Coincidentia oppositorum*), der mir aus eigenem Erleben bekannt ist. Jñāneśvar spricht oben vom „blendend dunklen Licht", bei Angelus Silesius heißt es: „Gott ist ein lautrer Blitz und auch ein dunkles Nicht, das keine Kreatur beschaut mit ihrem Licht"[7], ähnlich beschreibt Abhinavagupta, der bedeutende indische Mystiker und tantrische Philosoph aus der Tradition des *Śivaismus von Kaschmir*, die Natur des Göttlichen:

„Der Eine, dessen Wesen das unveränderliche Licht aller Lichter und aller Finsternisse ist, in dem alle Lichter und alle Finsternisse enthalten sind, Er ist der höchste Herr, die wahre Natur aller Lebewesen."[8]

Kuṇḍalinī-Erfahrungen, bei denen sich das Göttliche als Licht und Klang offenbart, findet man sehr häufig auch bei Kabīr (1440-1518):

„Blitze zucken auf, ohne irgendwelche Wolken.
Es gibt keine Sonne, aber da ist ein strahlendes Licht.
Die Perle an diesem Ort erscheint ohne eine Muschel.
Es gibt keinen Klang, und doch ertönt das Wort.
Alles Licht wird beschämt durch den strahlenden Glanz des Herrn.
Der Unzerstörbare, Unergründliche ist jenseits.
Kabir sagt: Dies ist mein Zuhause, das nur die Schüler des Gurus erkennen können."

Die hier erwähnte „Perle" ist ein geradezu klassisches indisches

7 G. Lüers, Die Sprache d. deutschen Mystik d. Mittelalters im Werke d. Mechthild v. Magdeburg, Berlin 1926, S. 108.
8 Bettina Bäumer, Abhinavagupta – Wege ins Licht, Zürich 1992, S. 198.

Kuṇḍalinī-Phänomen. Genauer gesagt, ist es die „blaue Perle", die im Sanskrit *Nīla Bindu* genannt wird. Dieser *Nīla Bindu* wird insbesondere von Jñāneśvar in vielen seiner Gedichte beschrieben. Swami Muktānanda bezeichnet die blaue Perle als die höchste, letzte und wichtigste *Kuṇḍalinī*-Erfahrung, da sie sozusagen das Tor zur höchsten Erleuchtung darstellt. Hier ein Ausschnitt aus seiner Autobiographie:

„Jetzt ging ich in den Zustand des inneren Samadhi ein, und so verstrich die Zeit. Als dann das Beobachter-Bewusstsein langsam zurückkehrte, erschien das Blaue Licht, das Shankaracarya als *sat cinmaya nīlimā* – ‚das ewige Blau des Bewusstseins' beschreibt. Meine Meditation richtete sich vollkommen darauf. Ich begann zu erfahren, dass ich in das Zentrum des *Sahasrāra* und in die Blaue Perle eintrat, die Grundlage von allem. Als ich in die Blaue Perle einging, sah ich wiederum das All, das sich in allen Richtungen ausbreitete. Ich sah mich überall um und sah in allen Männern und Frauen – jung und alt, bedeutend und gering, in allen und jedem – diese gleiche Blaue Perle, die ich in mir gesehen hatte. Ich sah, dass dies das innere Selbst im *Sahasrāra* von jedem ist. Mit dieser umfassenden Erkenntnis endete meine Meditation, und ich kehrte zum normalen Körperbewusstsein zurück. Ich sah die Blaue Perle immer noch vor meinem inneren Auge.... Wo mein Geist sich auch hinwendet, ich sehe die Welt inmitten dieser leuchtenden Masse von Licht. Diese Art der Wahrnehmung findet sich in den die Wahrheit beschreibenden Versen Tukarams, wie zuvor zitiert:

‚Meine Augen wurden mit dem Balsam des Blauen Lichtes gesalbt, und mir ist göttliche Sicht gewährt worden.'"[9]

Da es sich bei der Vision der „blauen Perle" um ein eher seltenes

9 Swami Muktananda, Spiel des Bewusstseins, Freiburg 1986, S. 225, 226.

yogisch-tantrisches Phänomen handelt, ist es um so erstaunlicher, dass man etwas nahezu Identisches im abendländisch-christlichen Kontext findet – die ‚blaue Kugel'. In seinem Werk „Auf dem Jakobsweg" beschreibt Paulo Coelho ein mystisches Exerzitium, das er „Ritual der blauen Kugel" nennt, und das zu Ergebnissen führen soll, wie sie Swami Muktānanda als Frucht seiner *Kuṇḍalinī*-Praxis erlebt hat (siehe Kapitel 9).

Die christliche Mystikerin, die man wohl am meisten mit dem Phänomen der *Kuṇḍalinī* in Verbindung bringt, ist Hildegard von Bingen (1098-1179). Da sie zu den bedeutendsten Frauengestalten der deutschen Mystik gehört, sei mir gestattet, dass ich an dieser Stelle etwas ausführlicher auf sie eingehe. Kurz zu ihrer *Vita*: Im Alter von achtzehn Jahren legte sie das Nonnen-Gelübde ab und wurde mit achtunddreißig Jahren zur Äbtissin des Benediktinerinnenklosters Ruppertsberg bei Bingen ernannt. Als sie das erreichte, was sie das „achtunddreißigste Jahr meiner irdischen Reise" nannte, wurde sie sehr krank. Auf ihrem Krankenlager liegend, zu schwach, um einen Finger zu heben, sah sie eines Tages mit ihrem inneren Auge „ein strahlendes Licht von ungeheurer Helligkeit vom Himmel herabkommen... Wie eine Flamme, die nicht brennt, sondern entzündet; sie entzündete mein ganzes Herz und meine ganze Brust." Als sie sich dieser Erscheinung zuwandte, hörte sie eine Stimme, die ihr befahl, zum Wohle der Menschheit alles aufzuschreiben, was sie mit ihrem inneren Auge sah und mit ihrem inneren Ohr hörte. Sie berichtet uns: „Ich schaute wieder hoch, zu dem wahren und lebendigen Licht, und fragte, was ich aufschreiben soll... und wieder hörte ich die Stimme vom Himmel, die sprach: *Schreibe nieder, was ich dir sage'*." Ihr Buch *Scivias* enthält sechsundzwanzig Gemälde, die auf der Grundlage ihrer Visionen entstanden. Auf einem der Bilder, das ihre Erweckung zeigt, ist sie dargestellt mit einer

Schreibunterlage auf ihren Knien und Feuerzungen, die aus ihrem Kopf kommen.[10]

Die Ikonographie von „Feuerzungen" in diesem Zusammenhang erinnert nicht nur an mittelalterliche indische Miniaturen von praktizierenden *Kuṇḍalinī-Yogīs*, auf denen Feuerzungen, die an verschiedenen Stellen aus ihren Körpern kommen, die erweckte *Kuṇḍalinī-Śakti* darstellen. Interessanterweise ist diese Ikonographie auch im Neuen Testament zu finden, nämlich im Zusammenhang mit dem Pfingstwunder:

„Und es geschah plötzlich ein Brausen vom Himmel wie eines gewaltigen Windes und erfüllte das ganze Haus, da sie saßen. Und es erschienen ihnen Zungen, zerteilt, wie von Feuer; und er setzte sich auf einen jeglichen von ihnen, und sie wurden alle voll des heiligen Geistes und fingen an zu predigen in anderen Zungen, wie der Geist ihnen gab." (*Lukas 2. 1-4*)

Einige Ereignisse um Jesu Auferstehung, wie man sie bei einigen Evangelisten dargestellt findet, erinnern stark an das Szenario tantrischer Initiationen zum Zweck der *Kuṇḍalinī*-Erweckung. So auch das oben erwähnte „Sprechen in anderen Zungen". Solche Phänomene als Auswirkungen beim Erwachen der *Kuṇḍalinī*, die bereits erwähnten *Kriyās*, sind in *Yoga*-Kreisen gemeinhin bekannt und gehörten auch zu meinen persönlichen ersten *Kuṇḍalinī*-Erfahrungen.

Als ich 1980, während eines Intensivseminars, die *Śaktipāt*-Einweihung[11] durch einen von Swami Muktānanda beauftragten

---

10 Darshan, No. 41/42, The Awakening and the Unfolding, SYDA Foundation, S. 99.

11 Śaktipāt, wörtl. ‚Herabfallen der göttlichen Kraft (Śakti)'. Auf diese geheime und wirkungsvollste aller Initiationen werde ich später noch ausführlich eingehen.

Meditationslehrer erhielt, wurde ich – für mich völlig überraschend, da ich bis dahin noch nie von einem solchen Phänomen gehört hatte – von einer ungeheuren Kraft in einen völlig anderen Bewusstseinszustand geschleudert, der sich durch plötzliches heftiges Hyperventilieren ankündigte. Als Nächstes schien diese Kraft so etwas wie einen Druck in mir aufzubauen, der meinen Oberkörper fast schmerzhaft kerzengerade aufrichtete und immer weiter nach oben zog. Daraufhin sah ich – zuerst mit geschlossenen, im weiteren Verlauf mit geöffneten Augen (zu Beginn versuchte ich dieser heftigen Erfahrung zu entkommen) – viele verschiedene Landschaften, bizarre Städte, Menschen und andere Wesen, die ich allerdings in solcher Form noch nie gesehen hatte (und die meines Erachtens so auf der Erde auch nicht existieren). Begleitet war dieses ‚Schauen', das ich in keiner Weise beeinflussen und auch nicht beenden konnte, von einer Art stammelndem Sprechen, das ohne mein Zutun aus meinem Inneren kam. Dieses Sprechen geschah in einer Sprache, die mir unbekannt war (und es bis heute ist). Sie stand mit dem, was ich sah, allerdings in unmittelbarem Zusammenhang. Ich kommentierte ganz offensichtlich das, was ich da gerade sah. Die Sprache selbst empfand ich als rhythmisch, melodisch und sehr vertraut, und auf emotionaler Ebene verstand ich durchaus, was ich da sagte, obwohl mein Verstand damit nichts anfangen konnte. Es war ein überirdischer, ekstatischer Zustand, der ungefähr eine Stunde andauerte und nach einer Weile so spontan verschwand, wie er gekommen war. Später erfuhr ich, dass dies eine für *Śaktipāt*-Initiationen von Muktananda typische *Kriyā* gewesen war. Es sei darauf hingewiesen, dass eine solche Einweihung, bei der der Guru nicht persönlich (physisch) anwesend ist, nichts Ungewöhnliches ist. Sie ereignet sich auch dann, wenn sie ‚nur' in seinem Auftrag geschieht, da der Guru weniger eine Person, als eben die allgegenwärtige göttliche Segenskraft ist.

Es gibt im Zusammenhang mit den Ereignissen nach Jesu Auferstehung noch eine weitere, hoch interessante Textpassage, die zwar Theologen im Allgemeinen Kopfzerbrechen bereitet, aus Sicht des Kuṇḍalinī-Yoga betrachtet jedoch durchaus Sinn ergibt. In *Johannes 20, 21-22* wird erzählt, was geschah, als der Auferstandene unter den Jüngern erschien:

„Da sprach Jesus abermals zu ihnen: Friede sei mit euch. Und da er das gesagt hatte, blies er sie an und spricht zu ihnen: Nehmet hin den heiligen Geist."

Dieses „Anblasen" erinnert in frappierender Weise an eine in vielen mystischen Traditionen praktizierte Art der Kraftübertragung bei Initiationsriten. Auch im tantrischen Yoga überträgt der Guru unter Umständen auf eben diese Weise seine *Guru-Śakti* auf den Schüler (ich habe das selbst mehrfach gesehen), um dessen *Kuṇḍalinī* zu erwecken. Der mit der Atemluft verbundene *Prāṇa*, der die *Guruśakti* enthält, verlässt hierbei das sozusagen absolute System des Gurus, geht in das des Schülers über – nicht ohne Grund heißt es im Evangelium „Nehmet hin den heiligen Geist" – und entfaltet unweigerlich seine Wirkung.

Übereinstimmungen zur *Kuṇḍalinī*-Praxis finden wir jedoch ebenso in anderen Kulturen und Religionen. Auch in der chinesischen Tradition des Taoismus kennt man ein derartiges Phänomen.[12] Durch mystische Praktiken wird die Lebenskraft, genannt *Qi* oder *Chi*, im unteren Bauch gesammelt. Bricht sie dann hervor, strömt sie durch ganz bestimmte Kanäle und verursacht spontane Bewegungen. Diese Kraft ist heiß und wird – ähnlich wie bei den bereits genannten christlichen

12 Siehe: Lu K'uan Yü (C. Luk), The Secrets of Chinese Meditation. New York, Samuel Weiser 1972.

Mystikern – vom Meditierenden als Licht wahrgenommen und strahlt unter Umständen sogar für andere sichtbar nach außen. Nach Lu K'uan Yü hatte der Meister Yin Shih Tsu das Erlebnis einer Hitze, die vom unteren Ende der Wirbelsäule zirkulierend zur Schädeldecke strömte. Dabei hatte er verschiedene Lichterfahrungen, heftige Kopfschmerzen, und sein Körper war extremen Bewegungen ausgesetzt. Einmal erlebte er sogar über einen Zeitraum von sechs Monaten, dass sein Körper nachts bestimmte Positionen einnahm. Dies sind allesamt Erscheinungen, die hinlänglich auch bei den *Kuṇḍalinī*-Yogis bekannt sind.

Die erweckte Lebenskraft *Qi* beziehungsweise *Chi* wird im Taoismus ebenfalls ganz gezielt zum Aufsteigen gebracht. Die Aussagen des taoistischen Werkes *Tai Yi Jin Hua Zong Zhi*, das in einer Übersetzung von Richard Wilhelm unter dem Titel „Das Geheimnis der Goldenen Blüte" vorliegt, zeigen hierbei erstaunliche Ähnlichkeit mit dem, was wir aus den autoritativen *Haṭha-Yoga*-Werken kennen. So heißt es in dem oben genannten Werk beispielsweise:

„Wenn die Lernenden es verstehen, den Urgeist zu erfassen, so überwinden sie die polaren Gegensätze von Licht und Dunkel und weilen nicht mehr in drei Welten (Himmel, Erde, Hölle)."[13]

Auch im als tantrisch einzustufenden *Haṭha-Yoga* stehen die polaren Gegensätze – hier „Sonne" und „Mond" genannt – in unmittelbarem Zusammenhang mit dem Erwachen der *Kuṇḍalinī*, die auf ihrem Weg nach oben alle Ebenen durchdringt und hinter sich lässt. Die offenkundigste Übereinstimmung der im

13 Geheimnis der Goldenen Blüte, das Buch vom Bewusstsein und Leben. Übersetzt und erläutert von R. Wilhelm, Kommentar von C.G. Jung. Köln 1986, S. 85.

Tai Yi Jin Hua Zong Zhi genannten Konzepte mit dem *Kuṇḍalinī-Yoga* zeigt sich bei der als „rückläufigem Weg" bezeichneten Methode. Diese besteht gemäß dem taoistischen Werk darin, den Samen, beziehungsweise die Kraft des Samens zurück nach oben, in den „Tiegel des Schöpferischen", gemeint ist das Zentrum zwischen den Augen, zu leiten. Praktiken dieser Art findet man auch bei den tantrischen Yogis, die durch das Zurückhalten und Aufwärtslenken ihres Samens (letzteres bezieht sich auf das feinstoffliche Substrat des Samens) die Erweckung der *Kuṇḍalinī* anstreben oder die bereits erwachte *Kuṇḍalinī* anzutreiben versuchen. So heißt es in *Haṭha Yoga Pradīpikā 3. 87a*:

„Der Samen, der sich anschickt, in das Geschlechtsorgan einer Frau zu fallen, sollte nach oben gezogen werden durch die Praktik, genannt *Vajrolī-Mudrā*."

Dieses Zurück-nach-oben-Führen der Lebensenergie ist eines der grundlegenden Konzepte bei vielen Ritualen, die auf die Erweckung der kosmischen Lebensenergie abzielen. So gehen auch die Hopi-Indianer davon aus, dass sich nach der Erschaffung des Menschen, als dem Abbild Gottes, die himmlische Pforte im oberen Bereich seines Kopfes geschlossen hatte und der Mensch hiernach seiner eigenen Wege gegangen war. Um nun wieder zurückkehren zu können, muss er von unten durch alle Zentren nach oben klettern und durch das geöffnete Tor zur Einheit der Schöpfung zurückfinden.[14] Die Hopis lehren, dass sich entlang des Rückgrates so etwas wie eine Achse von unten nach oben durch den Körper zieht. Entlang dieser Achse befindet sich eine Reihe von Energiezentren. Diese Zentren beschreibt das „Buch der Hopi" – in gänzlicher Übereinstimmung mit der tantrischen Chakra-Lehre – folgendermaßen:

14 Frank Waters, The Book of the Hopi. Penguin Books, New York 1963, S. 33.

„Das erste von diesen [Zentren] lag beim Menschen an der Spitze des Kopfes. Hier, als er geboren wurde, war die weiche Stelle… die ‚offene Tür', durch die er sein Leben erhielt und mit dem Schöpfer kommunizierte… . Genau darunter lag das zweite Zentrum, das Organ, mit dem der Mensch von sich aus zu denken lernte, das Denk-Organ, Gehirn genannt… . Das dritte Zentrum lag in der Kehle… . Das vierte Zentrum war das Herz. Das letzte der für den Menschen wichtigen Zentren lag unterhalb des Nabels. Die ersten Menschen kannten keine Krankheit. Bevor das Übel die Welt betrat, wurden die Menschen weder im Körper noch im Kopf krank. Dann konnte ein Medizinmann, der wusste, wie der Mensch geschaffen ist, sagen, was mit einer Person los war, indem er diese Zentren untersuchte. Zuerst legte er seine Hände auf sie: auf die Spitze des Kopfes, über die Augen, auf die Kehle, auf die Brust auf den Bauch. Die Hände des Medizinmannes waren sehende Instrumente. Sie konnten die Schwingungen eines jeden Zentrums fühlen und ihm sagen, in welchem Zentrum das Leben am stärksten beziehungsweise am schwächsten floss." [15]

Eine der eklatantesten Übereinstimmungen zur Praxis und Phänomenologie der *Kuṇḍalinī* findet sich bei einem Volk der Kalahari-Wüste, nämlich bei den *!Kung*. Der Anthropologe Richard Katz beschreibt in seinem Bericht über ihre spirituellen Praktiken, wie die *!Kung* durch Erhitzen der inneren Kraft *N/um* – die nach seiner Auffassung der *Kuṇḍalinī* entspricht – den transzendenten Zustand *!Kia* erlangen.[16] Wie im Yoga wird der Schüler in das Mysterium initiiert und muss dann die Kraft erwecken. Durch bestimmte Übungen erfolgt eine Transformation seines Bewusstseins, die in jenem dauerhaften

15 ibid., S. 11-12.
16 Richard Katz, Education for Transcendence, Lessons from the !Kung Zhu Twasi, in: Journal of Transpersonal Psychology, November 1973.

Zustand der Transzendenz gipfelt. Die wichtigste Übung ist wohl eine bestimmte Art des Tanzens, welche die Kraft vom unteren Ende der Wirbelsäule bis zum Scheitelpunkt des Kopfes aufsteigen lässt und den *!Kia*-Zustand auslöst. So berichtet einer der *!Kung*-Leute:

„Du tanzt, tanzt, tanzt und tanzt. *N/um* hebt dich in deinen Bauch und hebt dich in deinen Rücken, und dann fängst du an zu beben. *N/um* lässt dich zittern; es ist heiß. Deine Augen sind offen, aber du schaust nicht um dich; du hältst deine Augen still und schaust gerade vor dich hin. Aber wenn du in *!Kia* eintrittst, bewegen sich deine Augen umher, weil du alles siehst, weil du siehst, was alle plagt ... Schnelles, flaches Atmen, das ist es, was *N/um* aufsteigen lässt... Dann dringt *N/um* in alle Teile deines Körpers ein, bis zu den Zehenspitzen, sogar bis in dein Haar."

Ein anderer *!Kung*-Adept berichtet:

„In deinem Rückgrat spürst du ein spitzes Etwas, das sich nach oben bewegt. Dann kitzelt, kitzelt und kitzelt es am unteren Ende der Wirbelsäule... und dann verschwinden deine Gedanken aus dem Kopf."[17]

Ähnlich einem *Sadguru* im Yoga, erlangt nach Richard Katz ein Meister des *N/um* übernatürliche Kräfte sowie die Fähigkeit, Kranke zu heilen oder Geister zu bekämpfen. Auch das Meister-Schüler-Verhältnis bei den !Kung entspricht dem der *Kuṇḍalinī*-Yoga-Traditionen; in beiden Traditionen erweckt der Meister die Kraft des Schülers und lenkt sie zum höchsten Ziel.

17 Übersetzung der beiden Zitate aus der deutschen Ausgabe (*Kundalini Erfahrung und die neuen Wissenschaften*. Essen 1989, S. 34-35) von Lee Sanellas Werk *Kundalini, Psychosis or Transcendence?*, Integral Publishing, Cal., USA, 1987.

Eine der wohl charakteristischsten Begleiterscheinungen im Zusammenhang mit der Erweckung und dem Aufstieg der *Kuṇḍalinī*, die wir hier erwähnen sollten, weil sie bei allen religiös-mystischen Traditionen dieser Welt bekannt ist, ist die Erfahrung von extremer Hitze. Dass es sich bei dieser Erfahrung nicht um ein auf den Bereich des indischen Yoga und Tantra begrenztes Phänomen handelt, entspricht auch der Überzeugung Mircea Eliades:

„Wir berühren hier ein äußerst wichtiges Problem, das nicht nur die indische Religion betrifft, sondern die Geschichte der Religion im Allgemeinen: Der Überschuss an Macht, die magisch-religiöse Kraft, wird in Form einer lebendigen Wärme erfahren. Hier geht es nicht mehr um die Mythen und Symbole der Macht, sondern um eine Erfahrung, welche die Physiologie des Asketen verändert. Es besteht aller Grund zu der Annahme, dass dieses Phänomen schon den Mystikern und Magiern der ältesten Zeit bekannt war."[18]

Kommen wir nun zu einem weiteren wichtigen Aspekt des Kuṇḍalinī-Phänomens, der sich in dieser oder ähnlicher Form ebenfalls in vielen anderen religiösen oder spirituellen Traditionen finden lässt – das *Symbol der Schlange.* Die Schlange ist vermutlich durch ihr bizarres Äußeres, insbesondere auch durch ihr Gift, das sowohl zu töten als auch zu heilen vermag, für uns Menschen immer ein ambivalentes Geschöpf gewesen. Dieses Geschöpf ist per se Ausdruck für die Gegensätzlichkeit des Lebens – es ist sowohl gut als auch böse. Am Geläufigsten ist dem Wesen – durch seine christliche Prägung – die Schlange als Symbol für das Böse. Betrachtet man jedoch z.B. das Alte Testament einmal genauer, so ergibt sich diesbezüglich ein

18 Mircea Eliade, Myths, Dreams and Mysteries. London 1968, S. 147 (deutsche Ausgabe: Mythen, Träume und Mysterien. O. Müller, Salzburg 1984).

weitaus differenzierteres Bild. Gemäß einiger kabbalistischer Interpretationen der „Garten-Eden"-Geschichte in der Genesis, ist die Schlange kein Dämon, sondern des Menschen wichtigster Verbündeter, der ihn dazu inspiriert, Wissen über seine wahre menschliche Natur und seine Einheit mit Gott zu erlangen.

Wie Carlo Suarès in seinem Werk „*The Cipher of Genesis (Die Geheimschrift der Genesis)*" darstellt, ist der Moment des Erscheinens der Schlange ein ganz bestimmter Punkt in der kosmischen Entwicklung. Die Schlange erscheint Adam und Eva, als diese aus tiefem Schlaf, ihrer Selbstvergessenheit, heraustreten. Man ist hier unwillkürlich an ein Bild, ein Symbol aus dem Hinduismus erinnert, nämlich an die bekannte Statue des *Śiva-Natarāj*, der auf *Andhaka*, dem Dämon der Selbstvergessenheit, tanzt. Die Funktion der Schlange, so Suarès, besteht nun darin, Adam und Eva zur Evolution anzutreiben. Eva habe, auf Gottes Frage nach der Begegnung mit der Schlange, nicht geantwortet: „Die Schlange betrog mich also, dass ich aß" (1. Mose 3.13), sondern Eva habe berichtet, dass die Schlange ihr irdisches Feuer mit ihrem, Evas, himmlischen Feuer vermischt und ihr den kosmischen Atem eingehaucht habe, wodurch sie wieder zum Leben erweckt worden sei.[19]

Ein weiteres Beispiel für das durchaus auch positive Bild der „Schlangen-Kraft" im Alten Testament findet sich im zweiten Buch Mose. Dort rüstet Gott Mose mit der Wundergabe eines Stockes aus, der zur Schlange werden kann. Durch die Kraft dieses Stockes vermag Mose später in der Wüste Wasser für sein Volk zu finden:

(2. Moses 4. 2-5) „Der Herr sprach zu ihm: Was ist's, was du in deiner Hand hast ? Er sprach: Ein Stab. Er sprach: Wirf ihn

19 Carlo Suarès, The Cipher of Genesis, Boston 1970.

von dir auf die Erde. Und er warf ihn von sich; da ward er zur Schlange, und Mose floh vor ihr. Aber der Herr sprach zu ihm: Strecke deine Hand aus und erhasche sie bei dem Schwanz. Da streckte er seine Hand aus und hielt sie, und sie ward zum Stab in seiner Hand. Darum werden sie glauben, dass dir erschienen sei, der Herr, der Gott ihrer Väter..."

(4. Moses 20. 10-11) „Mose und Aaron versammelten die Gemeinde vor den Fels, und er sprach zu ihnen: Höret, ihr Ungehorsamen, werden wir euch auch Wasser bringen aus diesem Fels? Und Mose hob seine Hand auf und schlug den Fels mit dem Stab zweimal. Da ging viel Wasser heraus, dass die Gemeinde trank und ihr Vieh."

Wie die ausgesuchten Beispiele zeigen, gibt es also im Zusammenhang mit dem Phänomen der kosmischen Kraft, den Praktiken, um sie zu erwecken und dem daran anschließenden Transformationsprozess des Individuums ein breites Spektrum von Erscheinungs- und Ausdrucksformen, Vorstellungen und Konzepten. Diese mögen, auf dem Hintergrund verschiedenartiger Kulturen, Religionen, spiritueller Traditionen und individueller Erfahrungen, unterschiedlich erlebt worden sein. Das Zentrum oder die Ursache all dessen ist jedoch *ein und dieselbe ultimative Kraft – Kuṇḍalinī-Śakti.* Seit Tausenden von Jahren ist das Geheimnis um diese Kraft und ihre transformative Wirkung bekannt – nach Butterworth spricht einiges dafür, dass bereits die alten Sumerer hiervon Kenntnis hatten.[20] Die frühesten Hinweise in Indien finden sich bereits im Veda (ab ca. 1750 v. Chr.). Dieses uralte Wissen bildete die Grundlage für die Lehren der späteren spekulativen und esoterischen Schriften, wie etwa den Upanishaden, insbesondere jedoch der tantrischen Werke, in denen sich die Erfahrungen vieler

20 E.A.S. Butterworth, The Tree at the Navel of the Earth, Berlin 1970.

Generationen von Schülern und Meistern des Kuṇḍalinī-Weges widerspiegelt.

Kapitel 2

Der Tantrismus – Ursprung, Entwicklung und Ideologie

Über kaum einen anderen Begriff ist während der letzten Jahre in den spirituellen Kreisen mehr spekuliert worden als über *Tantra*; und kaum ein anderer Begriff ist – insbesondere seit der *New Age-Welle* – mehr missbraucht und missverstanden worden. Tantra ist in aller Munde, jeder hat schon einmal von Tantra gehört. Alle haben irgendwelche Kenntnisse: „Na klar, das ist doch was mit Sex, oder so!" Das höre ich so nun schon seit vielen Jahren, und jedes Mal, wenn ich so etwas höre, weiß ich nicht, ob ich lachen oder weinen soll. Man fragt sich, wie es nur zu einem solchen Missverständnis hat kommen können (einige verdienen an dem Missverständnis allerdings recht gut). Um hier Abhilfe zu schaffen und dem wirklich interessierten Leser eine Wissensgrundlage zu vermitteln, die auch für das tiefere Verständnis von *Kuṇḍalinī* und *Kuṇḍalinī-Yoga* unentbehrlich ist, werde ich im Folgenden einige Grundlehren des Tantra erörtern.

Gleich zu Beginn sollte das Verständnis der eigentlichen Bedeutung des Wortes *Tantra* stehen. *Tantra* ist ein Sanskritwort, das sich ableitet von der Sanskritwurzel *tan*, „sich ausdehnen, ausbreiten, erweitern". Das Wort *Tantra* bedeutet zwar wörtlich „Gewebe", wurde jedoch in recht unterschiedlichem Sinne gebraucht. Zum einen bezeichnet *Tantra* das Wissen oder die Lehre um eine systematische und wissenschaftlich-experimentelle Methode, die zur Erweiterung des menschlichen Bewusstseins führen soll – also ein Prozess, an dessen Schluss die vollständige Entfaltung der einem jeden Individuum innewohnenden Kräfte steht – Vollkommenheit oder Erleuchtung. Eine bekannte Definition von Tantra lautet: *tanyate vistāryate jñānam anena iti tantram* – „Tantra ist das, wodurch das Wissen (Bewusstsein) erweitert und entfaltet wird." Zum anderen bezieht sich das Wort *Tantra* auf eine bestimmte Text- und Literaturgattung. *Tantra* trägt in diesem Fall den Sinn von „erweiterte Literatur".[21] Letzteres bedarf jedoch noch einiger Erklärung. Es wird nur dann verständlich, wenn man sich intensiver mit der Geschichte, Philosophie und den Lehren des Tantrismus, insbesondere aber auch mit dem auseinandersetzt, was einige als die „tantrische Revolution" bezeichnen.

Obwohl das Wort *Tantra* indischen Ursprungs ist, ist dennoch der Terminus *Tantrismus* und das damit bezeichnete Konzept eine westliche Erfindung. Das Wort *Tantrismus* wurde im 19. Jahrhundert eingeführt und bezog sich auf den Korpus von Praktiken und Vorstellungen, die man in den Tantras entdeckte und als außergewöhnlich erachtete. Ein Großteil der außerordentlich umfangreichen tantrischen Literatur ist bis heute nicht untersucht worden – die tantrische Literatur (gemeint sind die handschriftlichen Originalwerke) ist so umfangreich, dass man mit Sicherheit nicht einmal alle Tantras entdeckt hat. Obwohl der Terminus *Tantrismus* nicht indisch ist, so existiert doch im Sanskrit das Adjektiv *tāntrika = im Sinne der Tantras* oder *wie in den Tantras gelehrt wird*. Im Allgemeinen steht *tāntrika* im Gegensatz zu *vaidika = im Sinne des Veda* oder *wie im Veda gelehrt wird*. Grundsätzlich steht der Tantrismus dem Vedismus ablehnend gegenüber. Was sich auch darin zeigt, dass der Tantrismus eine neue, völlig andere Auffassung von

21 In Ajit Mookerjee/Madhu Khanna, Die Welt des Tantra, Bern 1978, S. 10 ist hinsichtlich des Begriffes *Tantra* auch von „erweiternder Literatur" die Rede.

den Dingen im Leben hat als der alte Vedismus oder orthodoxe Brahmanismus.

Die Tantras kristallisieren sich ungefähr ab dem 9. Jahrhundert n. Chr. heraus. Der exakte Zeitpunkt ihrer Entstehung lässt sich nicht angeben, da sie in oraler Form und in Form von uralten Praktiken und Lehren schon seit vielen Jahrhunderten wenn nicht gar Jahrtausenden existieren. So zeigen einige Funde aus der Harappa-Kultur (älteste bekannte Kultur im Industal, ca. 3000 v. Chr.) Symbole, die auf tantrisch-yogische Kulte hinweisen. Der in diesem Zusammenhang auffälligste Fund ist ein Siegel, in dessen Mitte sich eine Figur befindet, die in der Wissenschaft als „Proto-Shiva" bezeichnet wird – ein Bulle im Lotossitz, der drei Hörner hat und umgeben ist von verschiedenen Tieren. Einige, wie Ajit Mookerjee und Madhu Khanna, gehen davon aus, dass die Grundlage des Tantrismus indo-arischen Ursprungs ist und eine enge Verwandtschaft zwischen Tantra und Veda bestanden haben muss, insbesondere im Hinblick auf bestimmte Riten und Praktiken.[22] Tatsache ist, dass es bereits zur vedischen Zeit Geheimbünde von Wanderasketen gegeben hat, die außerhalb der vedischen Gesellschaft standen und denen man tantrische Praktiken und Lehren nachsagte – die sogenannten *Vrātyas*.

Wie dem auch sei, es gibt einen entscheidenden Unterschied zwischen dem Tantrismus und dem Vedismus: Die tantrischen Rituale und Praktiken sind allen Menschen zugänglich, ungeachtet ihres Geschlechtes und ihrer Kaste. Die Texte, in denen diese Rituale, Praktiken und Lehren beschrieben und dargelegt sind, sind die Tantras. In aller Kürze ist das elementare Charakteristikum eines Tantras folgendes: Ein Text, der als göttlich offenbart erachtet wird und nicht dem Veda zuzurechnen ist,

22 Ajit Mookerjee/Madhu Khanna, Die Welt des Tantra, Bern 1978, S. 10-11.

ist ein Tantra. Es sei darauf hingewiesen, dass nicht alle Texte, die als Tantras – ob buddhistisch oder hinduistisch (diese Unterscheidung ist meines Erachtens ohnehin künstlich und wenig sinnvoll) – bezeichnet werden, notwendigerweise tantrisch sind: Das beste Beispiel hierfür ist das bekannte *Pañcatantra,* das indische Fabeln oder moralische Erzählungen enthält. Umgekehrt werden bei weitem nicht alle Texte, die tantrischen Inhalts sind, Tantras genannt.

Die Tantras sind nach traditioneller Auffassung göttlich offenbarte Texte. Weshalb sie auch als *Āgamas* (Skt. *wörtlich* „das Herangekommene" im Sinne von „Offenbarung") bezeichnet werden. Als Beispiel mag hier eines der bekanntesten Werke der tantrischen Philosophie, genauer gesagt des *Śivaismus von Kaschmir,* genannt werden – die *Śiva-Sūtras.* Über die Entdeckung dieses höchst bedeutungsvollen Textes schreibt einer der Philosophen und Meister dieser Tradition, Kṣemarāja (10.-11. Jh.), dass *Śiva* dem Philosophen Vasugupta im Traum erschienen sei und ihm Folgendes gesagt haben soll:

„Auf dem Berg *Mahādeva* finden sich die geheimen Lehren auf einem Fels geschrieben. Schreibe diese Lehren auf und gib sie an jene weiter, die der göttlichen Gnade würdig sind."

Daraufhin, so Kṣemarāja, sei Vasugupta aufgewacht, zu diesem Berg gegangen, habe durch bloße Berührung des Felsens diesen umgedreht und tatsächlich die *Śiva-Sūtras* auf der Unterseite vorgefunden.[23] Die übliche Form der Tantras ist, ähnlich wie in den Upaniṣaden, eine Unterweisung in der Art eines Dialogs. Meistens sieht das so aus, dass dabei *Pārvatī* – als Prototyp des Schülers – die Fragen an *Śiva* richtet und dieser die Unterweisung erteilt. Dies ist die oben erwähnte Form des *Āgama.* Die umgekehrte Form des Dialogs, in der also *Śiva*

23 Jaideva Singh, Śiva Sūtras – The Yoga of Supreme Identity, Delhi 1979, S. ii.

die Fragen stellt und seine Gattin Parvati antwortet, wird als *Nigama* bezeichnet und kommt eher selten vor.

Die Tantra-Texte können prinzipiell in drei Gruppen unterteilt werden, entsprechend der jeweiligen Hauptgottheit, auf die sie ausgerichtet sind: 1. die *Śaiva-Āgamas* (*Śiva*), 2. die *Vaiṣṇava-Āgamas* (*Viṣṇu*), 3. die *Śākta-Āgamas* (*Śakti*). Die ältesten Tantras – Genaues weiß man hier nicht – sollen aus der Zeit um Christi Geburt stammen, obgleich die tantrischen Kulte mit ihren jeweiligen Praktiken sehr wahrscheinlich viel älter sind. Die jüngsten Tantras stammen aus dem 18. oder gar 19. Jahrhundert. Der Entstehungszeitraum der tantrischen Literatur erstreckt sich also über fast zweitausend Jahre. Die Blütezeit der tantrischen Literatur liegt etwa zwischen dem 9. und 11. Jahrhundert. Die genaue Anzahl der Tantras ist schwer zu bestimmen. Traditionellerweise geht man von einhundertacht aus, aber tatsächlich sind es natürlich sehr viel mehr.

Nach diesem kleinen Exkurs in die Welt der tantrischen Literatur möchte ich nun wieder zurückgehen zur Entwicklung des Tantrismus. Wenn man bedenkt, dass der Zugang zum Göttlichen[24] und der Weg zur Befreiung (Skt. *mokṣa*) zuvor nur Brahmanen oder jenen möglich war, die Zugang zum heiligen Veda hatten, dann waren die Tantras nicht nur eine wirkliche Alternative – nach vedisch-brahmanischer Vorstellung musste eben jeder Nicht-Brahmane (das schließt Frauen mit ein) als männlicher Brahmane wiedergeboren werden (und das nicht nur einmal), um überhaupt die Chance zu haben, Befreiung zu erlangen – sondern eine echte spirituelle Revolution. Mög-

24 „Zugang zum Göttlichen/Absoluten" ist übrigens die wörtliche Bedeutung des Sanskrit-Wortes *brahmacarya*, das üblicherweise mit Enthaltsamkeit oder Veda-Studium übersetzt wird und das erste Lebensstadium des jungen Brahmanen bezeichnet: *brahma* = Göttliches/Absolutes + *car* = gehen, gelangen.

licherweise hatte dieser spirituelle Umbruch seine Wurzeln in einem vorangegangenen sozialen Umbruch, bei dem der strenge Kodex der Brahmanen gelockert wurde und nun auch andere, zuvor nicht-brahmanische Gesellschaftsschichten von den Brahmanen aufgenommen wurden. Interessanterweise bildete sich zur selben Zeit – und vermutlich aus den gleichen Gründen – eine weitere Front gegen den strengen Brahmanismus – die *Bhakti*-Tradition. Auch die *Bhakti*, der Weg zur Befreiung durch die Hingabe an Gott, an das Göttliche[25], erfuhr in etwa zu dieser Zeit ihre Geburtsstunde – obgleich sie, im Gegensatz zum Tantrismus, hauptsächlich in Südindien, „vedisch" blieb und sich durch einen klaren Dualismus (d.h. Seele und Gott sind verschieden) vom Tantrismus unterscheidet. Doch auch in der *Bhakti* herrschte derselbe revolutionäre Ansatz des gesellschaftlichen Egalitarismus. Beide Bewegungen – Tantrismus und Bhakti – bekamen heftigen Zulauf von all den Gruppen, die sich außerhalb des Vedismus/Brahmanismus befanden. Gesellschaftsschichten, die man aus brahmanischer Sicht als Außenseiter bezeichnen kann – „Nicht-Arier" und „Ureinwohner" (Skt. *Ādivāsīs*) – müssen beim Aufstieg des Tantrismus eine ganz entscheidende Rolle gespielt haben.

Was beide Bewegungen – Tantra und Bhakti – eint, ist ihre starke Anti-Haltung gegenüber dem Geist der Askese („Auch die Esel und andere Tiere gehen nackt spazieren. Sind sie deshalb Yogīs?", *Kulārṇava Tantra 5. 48*) Dies wird auf der Seite der *Bhakti* besonders deutlich in den Aussagen der berühmten *Bhagavad Gītā* (wörtl. „Gesang des Erhabenen"). Dort wird zwar

25 Die übliche und allgemein akzeptierte Übersetzung „Hingabe an Gott, Weg der Hingabe an Gott" für das Sanskrit-Wort *bhakti* ist leider keine glückliche. *Bhakti* leitet sich von der Sanskrit-Wurzel *bhaj* ab, was wörtlich soviel wie „teilhaben, Anteil haben" aber auch „Teil von etwas sein" bedeutet, wodurch deutlich wird, dass sich das Verhältnis von Gott und *Bhakta* durch eine gegenseitige Durchdringung kennzeichnet – jeder hat Teil am anderen.

die Entsagung auf dem Weg des Yoga als Mittel zur Erlangung höchster Vollkommenheit gut geheißen, doch gleichzeitig wird Entsagung auch uminterpretiert. Wahre Entsagung ist nach der *Bhagavad Gītā* nicht mehr – wie es bis dahin in Asketen-Kreisen propagiert wurde – die Entsagung von möglichst allen Handlungen, die nicht unmittelbar lebenserhaltend sind. Entsagung sollte nun verstanden werden als das Aufgeben der Früchte oder der Ergebnisse des Handelns. So heißt es z.B. in *Bhagavad Gītā 18.2*:

> „Der Erhabene sprach:
> Unter Verzicht versteht der Weise das Aufgeben aller von der Begierde eingegebenen Werke.
> Entsagung, so erklären die Gelehrten, ist das Aufgeben der Früchte aller Werke."

Hierdurch wurde Entsagung – etwas, das bisher nur wenigen, nämlich Asketen, vorbehalten war – auch für Menschen, die zwar Familie hatten, aber dennoch nach Befreiung strebten, relevant und durchaus praktizierbar. Durch diese neue Interpretation von Entsagung konnte also das alte mit dem neuen Denken – Askese und Bhakti – harmonisiert werden. Bhakti wie auch Tantrismus waren zwar revolutionär in ihrem Ansatz und brachten den Menschen völlig neue Möglichkeiten der religiösen Entfaltung, benötigten jedoch die Autorisierung von den bisher bestehenden, gesellschaftlich etablierten religiösen Traditionen – etwa den Brahmanen.

Auf der Seite der tantrischen Tradition erkennt man ebenfalls so etwas wie eine Reaktion gegen den strengen Geist der Entsagung, wie er zuvor in den Upanishaden und im frühen Buddhismus gelehrt wurde. Auch die Tantriker harmonisieren das Alte mit dem Neuen, nämlich indem sie die ältere Lehre des *Mokṣa* (Befreiung, Erlösung) mit der des *Bhoga*, dem lebensbejahenden Erfahren und Genießen der weltlichen Dinge, versöhnen. Gerade in diesem Punkt jedoch ist der neue Ansatz der tantrischen Lehren, verglichen mit der Bhakti, eindeutig radikaler – weshalb manche eben sogar von der „tantrischen Revolution" sprechen. Denn bisher lehrten die anderen religiösen und esoterischen Traditionen, wie der klassische Yoga, der Buddhismus, der Jainismus und viele andere Traditionen Indiens, dass die Welt, in der wir leben, ein *Saṃsāra* ist, ein ständiger und wiederkehrender Kreislauf von Geburt, Tod und Wiedergeburt. In diesem unentrinnbaren Kreislauf sind wir unausweichlich Schmerz und Leid ausgesetzt und versuchen, diesen zu entkommen, indem wir nach Liebe, Glück und Zufriedenheit suchen. *Saṃsāra* ist also ein nie endender Strom der Erfahrung, der sich bei näherer Betrachtung als eine Aneinanderreihung von Kreisläufen des Leidens entpuppt. Jeden Augenblick ein kleiner Tod, dem eine Wiedergeburt folgt. Jeder Wiedergeburt folgt ein neuer Tod. *Saṃsāra* ist jedoch nicht nur Tod und Wiedergeburt im wörtlichen Sinne. Es ist die Erfahrung, dass jeder Moment Teil eines Zyklus von Verlangen und temporären Freuden ist – ein endloser Durst, der nie gestillt werden kann, ein schrecklicher Traum, der niemals endet. Die Lösung musste – zumindest nach den Lehren der zuvor genannten Traditionen – also sein, diesen Kreislauf irgendwie zu durchbrechen oder zu überwinden, um endlich zu entkommen. Verkörperung im *Saṃsāra* war also, aus diesem Blickwinkel betrachtet, ein *Problem* – ein *Fehler,* den es zu beheben galt.

Hier war und ist nun die Sichtweise der Tantras eine völlig andere! Gemäß den Lehren der Tantras sind unser Körper, unsere Gedanken und unser Verstand nicht bloß Instrumente zur Befreiung. Vielmehr sollte unser gesamtes verkörpertes Selbst als göttlich erfahren werden. Der Körper ist die Kristallisierung des Wunsches des Göttlichen, sich selbst zu erfahren. Verkörperung ist nach tantrischer Sichtweise also kein *Problem*, das es zu lösen gilt. Geburt keine Buße oder Strafe, die abgeleistet werden muss; sondern unsere Verkörperung ist ein *Spiel* des göttlichen Bewusstseins, das darin besteht, sich selbst in verkörperter Form zu erfahren. Freiwillig und mit höchster Freude nimmt das göttliche Bewusstsein diese Begrenzungen an, um sich in Myriaden von Formen und Individuen erleben zu können. Vor diesem Hintergrund ergibt sich für den Tantriker eine gänzlich andere Lebenseinstellung: Es ist kein Entkommen aus einem Universum notwendig, das die Verkörperung des Göttlichen ist. Sterblichkeit ist nicht zu beweinen, da es das Unsterbliche selbst ist, das in Form von unzähligen sterblichen Formen existiert. Die Schöpfung ist nach tantrischer Auffassung also nicht – wie es den Christen die Bibel mit der Geschichte von Adam und Eva seit zweitausend Jahren vorgibt – ein bedauerlicher Fehler, ein fehlgeschlagenes göttliches Experiment, mit uns Menschen als unwilligen und unfähigen Versuchsratten, sondern ein vollkommener Ausdruck des vollkommenen Gottes. Gleiches bringt immer nur Gleiches hervor. Das Wort von Jesus Christus: „Ihr sollt sein, wie der Vater im Himmel" war ein durchaus ernst gemeinter Aufruf an uns.

Während Nicht-Tantriker über die Befreiung als Befreiung *vom* Körper sprechen, lehren die Tantriker im Gegensatz hierzu, dass Befreiung *im* Körper – hier in dieser Welt – möglich ist. Das Erlösungsideal der Tantras lautet *Jivanmukti*, „Erlösung noch zu Lebzeiten". Der tantrische Heilige ist ein „im-Leben-Befreiter" (Skt. *jīvanmukta*). Ganz im Gegensatz zu einer Weltanschauung, die davon ausgeht, dass Heiligkeit nur nach dem irdischen Ableben erlangt werden kann, wird dieser Status in Indien auch und gerade einem Lebenden zuerkannt.

In diesem Zusammenhang erinnere ich mich an eine Begebenheit, die sich wohl im ersten Semester meines Indologie-Studiums in Heidelberg zugetragen hat. Es muss gegen Ende eines Seminars gewesen sein, als ich meinen damaligen Professor und späteren Doktorvater, Prof. Sontheimer, fragte, wer denn nun eigentlich in Indien für die Heiligsprechungen zuständig sei. Worauf ich ob der wohl offensichtlich überflüssigen, wenn nicht gar dämlichen Frage von meinem einigermaßen konsternierten Lehrer kopfschüttelnd die Antwort erhielt: „Na, das machen natürlich die Menschen." Welch großartige Antwort. Aber auch in der christlichen Tradition gibt es Beispiele dafür, dass Personen aufgrund ihrer heilenden und wundersamen Kräfte, die ihre Mitmenschen überzeugten, bereits zu Lebzeiten als Heilige verehrt wurden. Die Menschen in Franz von Assisis Umgebung benötigten sicherlich keine kirchliche Institution, um zu erfassen, dass hier ein wahrhaft großer Heiliger – ein Meister des Lebens – mitten unter ihnen weilte.

Auch der tantrische *Jivanmukta* hat das Leben gemeistert und ist daher zuallererst ein Meister seiner selbst und darüber hinaus auch Meister über das gesamte Universum. Ein *Jivanmukta* ist Gott in Menschengestalt – ein *Siddha*, ein Vollkommener. Er ist ein göttliches Wesen, das in der Welt wirkt und nicht den Versuch unternimmt, diese zu transzendieren (die Ähnlichkeit mit den buddhistischen *Bodhisattva*s ist offensichtlich). Die tantrische Suche, für die der Adept der Welt keinesfalls den Rücken kehren muss, zielt also nicht auf einen Zustand ab, in der die jeweilige Person lediglich befreit ist von Leid und Wiedergeburt. Das Ziel ist ein Zustand der göttlichen Vollkommenheit (*Siddhi*) und uneingeschränkten Freiheit (*Svātantrya*). Der *Jivanmukta* lebt in der Welt und hat Macht über sie, da er eins geworden ist mit der höchsten kreativen Schöpfungskraft (*Parama-Śakti*), die das Universum durchdringt. Um es bildhaft auszudrücken:

Das Leben in der Welt – und hierzu gehört natürlich auch der Genuss (*Kāma*) – wird nach der tantrischen Ideologie nicht auf dem Altar der Erlösung geopfert, sondern vor den Wagen der Erlösung gespannt. Diese Haltung ist das Ergebnis des Versuches, die alte Feindschaft zwischen den Haushältern und Asketen zu beenden, sie miteinander zu versöhnen. Daher finden auch beide Gruppen in der tantrischen Tradition ihren Platz. Tantrische Gruppen sind zu Beginn immer recht klein gewesen und bestanden aus initiierten Asketen. Im Laufe der Zeit haben sie sich jedoch gegenüber Nicht-Asketen geöffnet und sie zur Initiation zugelassen. Initiation ist, nebenbei bemerkt, eines der wesentlichen Merkmale des Tantrismus. Grundsätzlich gilt nur derjenige als Tantriker (Skt. *tāntrika*), der in eine der tantrischen Schulen oder Traditionen initiiert wurde – nicht von irgendjemandem, sondern von einem Guru der jeweiligen Tradition. Auf das Thema „Initiation" werde ich später noch näher eingehen.

Eine weitere Besonderheit des Tantrismus ist die Betonung der Korrelation zwischen Mensch und Universum. So lautet beispielsweise ein tantrischer Ausspruch: „Das Universum ist ein großer Mensch, und der Mensch ist ein kleines Universum." Diese Korrelation beziehungsweise Homologie wird in einem äußerst komplexen System von Symbolen dargestellt, das auch den menschlichen Körper mit einschließt – nicht nur den grobstofflichen Körper, sondern auch die gesamte feinstoffliche Wirklichkeit. Hierzu gehört auch die mystische Bipolarität – *Śiva* und *Śakti* – als konstituierende Grundlage sowohl des Mikro- als auch des Makrokosmos. Die Sprache, die in den Tantras für diese Lehren verwendet wird, ist eine sehr technische, geradezu wissenschaftliche Sprache, die nur dem Eingeweihten zugänglich ist.

Das zentrale Element in den tantrischen Lehren ist die Śakti, in all ihren verschiedenen Formen. Sie ist der Dreh- und Angelpunkt bei allen Tantras. Śakti ist die göttliche, kosmisch-kreative Kraft, die hinter allen Bewegungen und Handlungen der Schöpfung steckt – bei der Erschaffung, Erhaltung und Auflösung des Universums. Darüber hinaus ist sie auch die Kraft beziehungsweise Macht, die im Menschen wirksam ist, und zwar sowohl auf körperlicher als auch auf geistiger und spiritueller Ebene. In der menschlich-mikrokosmischen Dimension ist sie im Körper als *Kuṇḍalinī*-Kraft präsent. Nach tantrischer Auffassung handelt der männliche Aspekt des göttlichen Bewusstseins – *Śiva* – nicht aus sich selbst heraus. Es ist allein Śakti, die dynamische Kraft/Macht, die das gesamte Universum in jedem Augenblick hervorbringt. Allerdings ist sie nicht getrennt oder verschieden von *Śiva*, sondern sein dynamisch-kreativer Aspekt, ohne den er allerdings nichts hervorbringen könnte. Weshalb ein bekannter tantrischer Spruch lautet: *śivaḥ śaktivinā śavaḥ* – „Śiva ist ohne Śakti ein Leichnam."

Śakti ist die ewige, unendliche und durch nichts begrenzte Kraft/Macht. Sie ist die höchste Göttin, die im Tantrismus mit vielen verschiedenen Namen angerufen wird. Sie ist *Pārvatī*, *Durgā* (wörtlich „die schwer-zu-Erlangende") – die Gefährtin Śivas. Sie ist nicht nur *Kuṇḍalinī*, sondern auch *Parāvāc*, die höchste Sprachebene, reine Energie. Sie ist nach den Lehren des Śivaismus von Kaschmir *Vimarśa*, das höchste Bewusstsein, welches das Licht des Absoluten – Śiva – reflektiert. Auf der „praktischen" Ebene ist die Göttin im Hinduismus ihren Anhängern näher und erfahrbarer als Śiva. Sie ist viel mehr in das alltägliche Leben integriert; denn sie ist es ja, die diesen Kosmos in all seiner Vielfältigkeit hervorgebracht hat und sich auf allen Ebenen der Schöpfung manifestiert. Sie ist das Leben in all seiner Gegensätzlichkeit, weshalb sie sich als *Kālī* offenbart, der Göttin der Zeit und des Todes, also der Auflösung schlechthin. Aus ihr heraus, als höchster Energie, fließen zahllose, stufenweise untergeordnete Energien. Doch all diese sind Aspekte beziehungsweise Manifestationen der göttlichen Energie. Von der höchsten göttlichen bis zur niedersten, am stärksten kontrahierten Energieform ist sie jedoch ewig verbunden mit ihrem göttlichen Gemahl – Śiva. Śiva selbst hingegen ist, wie bereits erwähnt, transzendent und bewegungslos – ein hinduistisches Konzept, das wohl noch auf das alte *Puruṣa (Geist)-Prakṛti (Materie)*-Gegensatzpaar zurückgeht, wie wir es aus dem philosophischen System des *Yoga* und *Sāṁkhya* kennen.

Wichtig für unser Verständnis der tantrischen Philosophie und Lehre – welche die Basis für den *Kuṇḍalinī-Yoga* bilden – ist das *Verhältnis* von Śiva und Śakti zueinander. Prinzipiell sind sie untrennbar miteinander vereint. Dennoch gibt es eine Hierarchie, bei der – je nachdem in welcher tantrischen Schule wir uns befinden – einmal Śiva, das andere Mal Śakti dominiert. In einigen Schulen und Kultstätten steht die Verehrung Śaktis im Vordergrund. Weshalb in solchen Fällen nicht von *Śivaismus,* sondern von *Śāktismus* gesprochen wird. Doch hinsichtlich dieser Trennung beziehungsweise Klassifizierung ist Vorsicht geboten, denn es handelt sich dabei lediglich um eine grobe und streng genommen künstliche (wenn nicht gar irreführende) Einteilung. Bekanntlich gibt es keinen Tantrismus ohne Śakti. Es existieren einige ausgewiesene shivaitische Werke und Rituale, die sich in ihren Praktiken vollständig auf die Śakti konzentrieren und im philosophisch-metaphysischen Bereich Śiva als höchste Gottheit nennen. Die Trennung oder Einteilung in *Śivaismus* und *Śāktismus* wird natürlich gerne von den „Westlern" akzeptiert, damit sie in der für sie ohnehin unübersichtlichen Landschaft der tantrischen Tradition nicht völlig den Überblick verlieren. Den Inder, insbesondere den Tantriker, wird diese Klassifizierung ohnehin wenig bis gar nicht interessieren.

Was die zuvor genannten tantrischen Rituale betrifft, sollte als Merkmal nicht nur die bereits genannte *unentbehrliche Initiation* (Skt. *dīkṣā*) des Schülers durch den Meister erwähnt werden, ohne die kein Zutritt zum tantrischen Ritual gewährt wird, sondern auch die Tatsache, dass das Besondere – das typisch Tantrische – (zumindest bei den Traditionen, die ich als „höherstehend" bezeichnen möchte) die *Verinnerlichung des Rituals* ist. Worin genau besteht nun diese Verinnerlichung? In dem Maße, wie der Schüler in seiner *Sādhanā* (spirituelle Praxis) voranschreitet, wird er mehr und mehr unabhängig vom äußeren Ritual (Skt. *pūjā*). Sinn und Zweck ist natürlich, tiefer und tiefer nach innen zum Wesentlichen zu gelangen – zu der direkten Erfahrung des höchsten Bewusstseins. Diese Vertiefung der Erfahrung wird im *Kuṇḍalinī-Yoga* als das Aufsteigen durch die verschieden Chakras und anderen Energiezentren im feinstofflichen Körper beschrieben. Zumindest in bestimmten Phasen der *Sādhanā* rückt die äußere Welt, gerade beim fortgeschrittenen Schüler, weitgehend in den Hintergrund, bis zu dem Punkt, an dem alles im Inneren erfahren wird. Es gibt dann keine Unterscheidung zwischen dem Inneren und dem Äußeren mehr. Das äußere Ritual, die äußere Praxis, die äußere Sādhanā, ist also nur der Ausgangspunkt. Dies zeigt sich auch an der Praxis der Mantra-Wiederholung (Skt. *japa*). Der Schüler soll zum Mantra *werden*. Er soll erkennen, dass er das Mantra (wie z.B. *Oṃ Namaḥ Śivāya*) i s t . Ist diese Entwicklung zur Erkenntnis und Wahrnehmung der wahren Identität erfolgreich abgeschlossen und damit das höchste Ziel erreicht, spricht man eben von Erleuchtung, Erlösung oder wie auch immer. Das tantrische Ziel ist die Auflösung der als illusorisch verstandenen Trennung von innen und außen, von Individuum und Göttlichem.

Ein weiteres zentrales Thema im Tantrismus ist die *Kraft/ Macht der Sprache* des Wortes. Seit der Zeit des Veda wird in Indien der Sprache oder dem Wort eine ganz zentrale Bedeutung und göttliche Qualität beigemessen. Hier einige Beispiele:

- „Die Götter können mit dem Wort schützen." (*Ṛg Veda 8. 60. 9*)
- „Das Wort des Brahmanen ist so stark, dass es wie im Mythos den Felsen zersprengt." (*Ṛg Veda 4. 4. 11*)
- „Die Götter können mit einem Spruch wie mit einem Donnerkeil schlagen." (*Aitareya Brāhmaṇa 2. 31.2*)

In noch weitaus stärkerem Maße gilt diese Relevanz der Sprache für den Tantrismus. Grundlegend ist dabei das Konzept von der Natur oder dem Wesen des Wortes als einer Form göttlicher Energie. Die höchste, göttliche Energie ist nach tantrischer Auffassung ihrem Wesen nach Sprache, Klang, Schwingung – und wird hierdurch in unserer Welt auch wirksam. Von der Sprache und der göttlichen Energie wird gesagt, dass sie von *gleicher Essenz* sind. Daher heißt es in *Haṭha Yoga Pradipikā 4. 102*: *yatkiṃcin-nādarūpeṇa śrūyate śaktireva sā* / „Was immer in Form von Klang (*Nāda*) gehört wird, ist Śakti."

Alles, was mit Sprache oder Klang zu tun hat, ist im Tantrismus daher von außerordentlicher Bedeutung. Die gesamte Schöpfung ist aus Sprache (Skt. *vāc*) beziehungsweise Klang (Skt. *nāda*) hervorgegangen und besteht folglich auch daraus. Eine Vorstellung, die man auch in vielen anderen alten Kulturen antrifft. So heißt es verblüffend ähnlich im Johannes-Evangelium (1. 1-4):

„Im Anfang war das Wort, und das Wort war bei Gott, und Gott war das Wort. Dasselbe war im Anfang bei Gott. Alle Dinge sind durch dasselbe gemacht, und ohne dasselbe ist nichts gemacht, was gemacht ist."

Parallel hierzu findet man in den alten Veden folgende Aussage:

„Dies, [zu Beginn], war nur der Herr des Universums. Sein Wort war bei ihm. Dies Wort war sein zweites. Er sann nach. Er sprach: ‚Ich werde dieses Wort verkünden, so dass es hervorbringen und alle Welten erschaffen wird'." – (*Sāma Veda, Tandya Mahā Brāhmaṇa 20. 14. 2*)

Solche Aussagen über die Entstehung und Beschaffenheit der materiellen Welt aus Schwingungsenergie weisen eine erstaunliche Ähnlichkeit mit unseren naturwissenschaftlichen Erkenntnissen auf, insbesondere im Hinblick auf die Elementarteilchen-Physik. Bereits in den siebziger Jahren schrieb der Physiker Fritjof Capra: „Die Hochenergie-Streuexperimente der vergangenen Jahrzehnte zeigen uns überzeugend die dynamische und ständig wechselnde Natur der Teilchen. Die Materie erschien in diesen Versuchen als völlig wandelbar. Alle Teilchen können in andere Teilchen umgewandelt werden; sie können aus Energie entstehen und zu Energie zerfallen. In dieser Welt haben klassische Begriffe wie „Elementarteilchen", „materielle Substanz" oder „isoliertes Objekt" ihre Bedeutung verloren. Das ganze Universum erscheint als dynamisches Gewebe von untrennbaren Energiestrukturen. ...

In der modernen Physik hat Masse keine materielle Substanz mehr, und man ist daher nicht mehr der Ansicht, dass Teilchen aus irgendeinem Grund*stoff* bestehen, sondern sie sind Energiebündel. ... Diese dynamischen Strukturen oder Energiebündel bilden die stabilen nuklearen, atomaren und molekularen Strukturen, die die Materie aufbauen und ihr den Anschein geben, als bestünde sie aus einer festen materiellen Substanz."[26]

Doch gehen wir zurück zur Auffassung der Tantras hinsichtlich dieses Themas. Der Prozess der Schöpfung steht nach tantrischer Auffassung also in direktem Zusammenhang mit Sprache, Klang und Schwingung. Er wird beschrieben als etwas, das sich aus dem uranfänglichen leuchtenden Klang entfaltet hat. Bei diesem Ur-Klang handelt es sich um einen höchst subtilen Zustand der göttlichen Klangschwingung. Durch immer weitere Verdichtung nimmt sein Grad an Feinheit und Reinheit ab, und er kondensiert beziehungsweise wird konzentriert in einem Tropfen (Skt. *bindu*) aus Klangschwingung, aus dem im weiteren Verlauf der Schöpfung durch Verdichtung alle Welten, Wesen und letztlich auch die Sprachen entstehen. Die Schöpfung ist also auch eine Evolution des Klanges/Wortes. Diese geschieht nach den Lehren der Tantras im Verlauf eines Prozesses von vier aufeinander folgenden Phasen beziehungsweise durch das stufenweise Erscheinen von fünfzig Silben, den Silben des Sanskrit-Alphabets von *a* bis *kṣa*. In der *Yogaśikhā Upaniṣad (3. 6-8),* einer der wichtigsten Yoga-Upanishaden, die als grundlegend für den *Haṭha-* und *Kuṇḍalinī-Yoga* gelten, heißt es:

„Die Kraft der Sprache drückt sich in den Silben von *a* bis *kṣa* aus. Buchstaben fügen sich zusammen, um Worte zu bilden, und Worte fügen sich zusammen, um Sätze zu bilden. Alle Mantras, alle Veden, die *Purāṇas* und alle andere Literatur, all die verschiedenen Sprachen und die sieben Musiknoten, all dies entsteht aus *Nāda*. Die Göttin *Sarasvatī* wohnt in der Höhle des *Mulādhāra* in allen Wesen."

26 Fritjof Capra, Das Tao der Physik, Bern 1986 (engl. Originalausgabe 1975), S. 80 / 202.

Die fünfzig Silben des Sanskrit-Alphabets werden daher auch als „Mutter-Energien" bezeichnet. Der Sanskrit-Begriff hierfür ist *Mātṛkā,* wörtlich „Mutter" oder „Mütterchen". Die *Mātṛkā* – etymologisch verwandt mit dem Wort *Matrix* (Lat. Mater, „Mutter") – oder auch *Mātṛkā-Śakti* ist nach Kṣemarāja, einem der herausragenden tantrischen Philosophen, „die Urheberin des Universums, welche die Form der Laute von *a* bis *kṣa* annimmt". All dies gilt natürlich für die kosmische wie auch für die menschliche Dimension. Sie bringt das Universum hervor, aber sie erschafft und durchdringt auch alle Ebenen unseres Denkens, Fühlens und Wahrnehmens. Die Laute beziehungsweise Silben des Sanskrit-Alphabets werden daher auch als Mantras erachtet. Mantras sind Klangformen der höchsten göttlichen Energie (*Parā-Śakti*). Doch was wir von ihnen hören und wie wir sie artikulieren, stellt eine sehr grobe Form der *Mātṛkā-Śakti* dar. Da Mantras jedoch auf ihrer höchsten Ebene eins sind mit der höchsten *Śakti,* können sie uns, bei richtigem und regelmäßigem Gebrauch, mit dieser höchsten Ebene in Verbindung bringen. Unser zerstreuter, ruheloser und begrenzter Geist wird durch die *Mātṛkā-Śakti* eines Mantras, wie z.B. *Guru Om,* – das, wie jedes andere Mantra auch, eine Kombination der Sanskrit-Silben darstellt – beruhigt, erweckt und gestärkt. Er gelangt so zu seinem göttlichen Ursprung.

Die Evolution der Klangenergie kann gemäß den tantrischen Lehren aber auch als eine sukzessive Folge von *vier Sprachebenen* beschrieben werden. Nach den Ausführungen der tantrischen Schriften beginnt dieser Prozess auf einer Ebene der völligen Undifferenzierung. Auf dieser höchsten Ebene ist nichts manifestiert – sozusagen der ewige Zustand vor der Schöpfung, vor dem *Big Bang.* Es existiert keine Zeit und kein Raum. Die Schöpfung ist hier verborgen in Śiva. Dieser Ebene entspricht *Parā-Vāk,* die höchste Sprachebene. *Parā-Vāk* ist das ungeschaffene Wort, die Essenz der höchsten Realität – allgegenwärtig, ewig und alldurchdringend. Diese höchste Sprachebene ist identisch mit dem strahlenden, reinen Bewusstsein. Ein Zustand oder eine Dimension jenseits des Wortes, d.h. jenseits von Schwingung. Der Zustand des absoluten Equilibriums verändert sich jedoch an einem bestimmten Punkt, wenn er in Richtung Manifestation beziehungsweise Schöpfung „kippt". Dieser Ebene der Geburt der Schöpfung entspricht die zweithöchste Sprachebene – *Paśyantī*-Vāk. Sie ist die eigentliche, erste Sprachebene, jene Ebene, die zwar keine Transzendenz und Allgegenwärtigkeit mehr besitzt, in der jedoch immer noch das reine Subjekt, das reine Bewusstsein vorherrscht. *Paśyantī*-Vāk bedeutet wörtlich „die visionäre Sprache", weil auf dieser Ebene oder Stufe des göttlichen Bewusstseins das Verlangen zu sehen auftaucht. Es entsteht der göttliche Wunsch, die objektive Welt zu erschaffen – der göttliche Wunsch, wie er auch in der Genesis vorkommt: „Und der Herr sprach: Es werde…". Auf dieser Ebene, so sagen die tantrischen Schriften, existiert das kosmische Gedächtnis – sozusagen der Speicher aller Informationen über den vorherigen Schöpfungszyklus, welcher die Grundlage für den nun folgenden bildet.

Die dritte Sprachebene ist *Madhyamā-Vāk,* wörtlich „die mittlere Sprachebene". Die mittlere heißt sie deswegen, weil sich hier die göttliche Energie genau auf dem Scheideweg zwischen göttlich-absolutem Jenseits und weltlichem Diesseits befindet – dabei darf natürlich nicht vergessen werden, dass nach tantrischer Philosophie auch das Weltliche nichts als eine Manifestation des Göttlichen ist. Schließlich entsteht die vierte und letzte Sprachebene: *Vaikharī-Vāk,* „die feste/erstarrte Sprache". Zuvor existierte die Einheit von Wort und Gott („Am Anfang war das Wort. Und das Wort war bei Gott..."). Das Wort beziehungsweise die Sprache steht für die kreative göttliche

Energie – *Śakti*. Nun sind die göttlichen Kräfte entfesselt. Es entsteht das objektive, materielle Universum oder, wie die indischen Philosophen es sehen, *Māyā*, die Welt der Erfahrung der Objekte, der Begrenzungen und Illusionen – und natürlich, auf der mikrokosmischen Ebene, die Sprache, die wir hören und sprechen. *Vaikharī-Vāk* kann auch mit „verkörperte Sprache" übersetzt werden – sie ist die Sprache auf der Ebene unseres Körpers. Auf dieser sprachlichen Ebene geschieht die Trennung von Name und Form, vom gesprochenen Wort und dem, was es bezeichnet. Solange wir über etwas nur denken, existiert eine Einheit von Wort und innerem Bild, sobald wir dies verbal *äußern* (wörtlich also: von innen nach außen bringen!), zerfällt diese Einheit. Gedanke, Name und Form sind nun voneinander getrennte Einheiten.

Je weiter sich die Sprachenergie also von ihrem Ursprung, der Ebene des höchsten Bewusstseins, entfernt, desto schwächer wird sie. *Vaikharī-Vāk* ist im Normalfall die einzige Form der Sprache, die wir kennen – eine Sprache, die Ausdruck unserer eigenen (eingebildeten) Begrenztheit und Zersplittertheit ist. Indem sie uns verführt, nur kleine Bruchstücke und künstlich isolierte Teile der ganzen Wirklichkeit zu sehen und miteinander zu identifizieren, erschafft diese Sprachebene den Zustand des Irrtums, die unvollendete Wahrnehmung, die uns an Unwissenheit und Schmerz bindet. In gewissem Sinne stellt diese Sprache einen großen Teil des „Problems" unserer Knechtschaft dar. Um auf der Ebene dieser materiellen Welt leben zu können (auch um uns aus ihr zu befreien) benötigen wir jedoch dieses Instrument der Sprache unbedingt. Es ermöglicht uns auf dieser Welt, alles Mögliche in differenzierter Weise zu betrachten und zu benennen. Doch die Wahrnehmung der allem zugrunde liegenden Einheit ging uns durch die Differenzierung verloren. Nur Befreite (*Jīvanmukta*s) oder

Vollkommene (*Siddhas*) haben Zugang zu den höheren und höchsten Sprachebenen, beziehungsweise zu allen Ebenen der *Mātṛkā-Śakti*, der höchsten Mutter, der Schöpfungskraft, der schöpferischen Matrix. Deshalb ist das gesprochene Wort solcher Menschen von unvorstellbarer Kraft und ihre Wahrnehmung von der Sicht der Einheit geleitet. Sprache ist eben immer Ausdruck des jeweiligen Bewusstseins.

Ich möchte noch ein wenig bei der Sprache beziehungsweise metaphysischen Sprachphilosophie verweilen, da sie so bedeutsam für das Verständnis der tantrischen Philosophie und den Weg des Kuṇḍalinī-Yoga ist. Ein elementarer Begriff, der im Zusammenhang mit dem Thema „göttliche Schwingung" ebenfalls erwähnt werden sollte, ist *Spaṇda*. Innerhalb der tantrischen Tradition gibt es einen philosophischen Zweig, der sich ausschließlich hiermit befasst. Die zentrale Schrift, die den *Spanda* untersucht, heißt *Spanda Kārikā*, „Strophen über die Schwingung", verfasst von dem Siddha *Kallata Bhatta* (ca. 850-900 n. Chr.). *Spanda* ist ein Sanskritwort, das sich nicht leicht mit einem einzigen Wort übersetzen lässt. Es bezeichnet das göttliche Pulsieren, den schöpferischen Pulsschlag der höchsten Realität – die in den Tantras *Śiva* genannt wird. *Spanda* ist eine Energie von unendlicher Kraft, die vollkommen frei ist, alles zu erschaffen, indem sie sich unentwegt ausdehnt und wieder zusammenzieht. Diese Bewegungen, durch die das Universum zyklisch erschaffen und wieder aufgelöst wird, geschehen auf der Grundlage des freien göttlichen Willens und im Innersten des höchsten Bewusstseins, dessen „Substanz" hierdurch keinerlei Veränderung erfährt (d.h. es wird zu keinem Zeitpunkt weniger oder mehr.) Man kann sich *Spanda* vielleicht als einen gewaltigen, unendlich großen Ozean vorstellen, der permanent auf- und abwogt und durch seine eigenen Bewegungen in Verzückung gerät. Doch nicht nur das Werden und Vergehen des Universums als solchem entsteht durch *Spanda*. Auch alle Dualität innerhalb des Universums, alle Gegensätze unseres Lebens, basieren auf der Grundlage von *Spanda*: Wachen und Schlafen, Freude und Leid, Zuneigung und Abneigung. All das ist nur das Spiel, der Impuls, von *Spanda*.

Eine der grundlegenden Lehren des Tantra geht daher davon aus, dass wir uns selbst in dieser Welt gefangen halten, da wir fast immer das eine erstreben und das andere ablehnen, und somit das von *Spanda* in Bewegung gesetzte Rad weiter drehen, weil wir nicht erkennen, dass die Gegensätze gleichen Ursprungs sind. Erkennen wir dieses Geheimnis schließlich und handeln auch danach, werden wir frei. Bereits in der *Bhagavad Gītā* wird auf diesen Umstand hingewiesen und der Gleichmut (nicht die Gleichgültigkeit im landläufigen Sinne!) als Grundlage zur Befreiung gepriesen.

Bhagavadgītā 12. 17-19:

„Er, der weder Freude noch Hass empfindet, der weder trauert noch begehrt, der dem Guten und dem Bösen abgeschworen hat, ihn (sagt Krishna) liebe ich, der mir so ergeben ist. Er, der gegenüber Feind und Freund sich gleich verhält, auch gegenüber guter und schlechter Nachrede, und der in Kälte und Hitze, Freude und Schmerz derselbe bleibt, der ist frei von Anhänglichkeit. Er, der Tadel und Lob für gleich hält, der schweigsam (beziehungsweise zurückhaltend im Reden) ist, der keine feste Heimstatt hat, jedoch festen Verstandes ist, ihn, den Hingegebenen, liebe ich."

Das Sanskrit-Wort *Spanda* geht auf die gleiche indo-europäische Wurzel zurück wie das lateinische Wort *ex-pandere*, „ausdehen", beziehungsweise auch das Verb *expandieren* mit all seinen diversen Bedeutungen, wie vergrößern, zunehmen, sich ausdehnen oder erweitern. Alle Bewegungen dieser Art im Universum gehen auf *Spanda* zurück. Gemäß den tantrischen Lehren des oben genannten Werkes *Spanda Kārikā* ist daher der höchste Bewusstseinszustand – wie überaus typisch für die tantrische Tradition – nicht statisch, sondern pulsierend, lebendig und dynamisch. Das Göttliche *verfügt* nach dieser philosophischen Tradition nicht nur über diesen *Spanda* – wie über ein Objekt –, sondern *Spanda* ist ein Aspekt des Göttlichen, das, was das Göttliche sich seiner selbst bewusst sein lässt (ähnlich dem *Cit* in *Sat-Cit-Ānanda*). Es ist die reine, vollkommene Reflexion des „Ich-bin" im göttlichen Bewusstsein.

Ein weiteres wichtiges Element beziehungsweise Charakteristikum der tantrischen Tradition – auf das ich hier aus Platzgründen jedoch leider nur kurz eingehen kann – ist die Verwendung von geometrischen Symbolen: *Maṇḍala*s, *Yantra*s usw. Diese bilden, einfach ausgedrückt, eine Art Landkarte, mit deren Hilfe sich der Yogi beziehungsweise Tantriker in der mystischen Geographie seines Körpers zurechtfinden kann. Über die Bedeutung des Wortes *Yantra* und die Verwendung eines solchen schreibt Heinrich Zimmer in wunderbar anschaulicher Weise:

„Zunächst: was bedeutet der Ausdruck *yantra*? Das Suffix –tra wird im Sanskrit zur Bildung von Substantiven gebraucht, die Werkzeuge oder Geräte bezeichnen. Zum Beispiel bedeutet *khan* „graben", *khani* „grabend" oder „umwühlend"; *khanitra* ist „ein Instrument zum Graben, ein Spaten, eine Harke, eine Pike…"… Ähnlich bedeutet *man* (etymologisch mit *mens* verwandt) „denken oder im Sinn haben…". Entsprechend ist *yantra* ein Werkzeug zur Bereitung von *yam*. Was heißt aber nun *yam*?

„Zügeln, unterwerfen, herrschen, kontrollieren". Das Verbum *yam* bedeutet, Kontrolle über die in einem Element oder Wesen enthaltene Energie zu gewinnen. ...In der Tradition hinduistischer Frömmigkeit ist *yantra* der allgemeine Begriff für Geräte und Hilfsmittel des Kultes, im Besonderen für Idole, Bilder oder geometrische Diagramme. Ein Yantra kann erstens als Repräsentation einer bestimmten Personifikation oder eines gewissen Aspektes des Göttlichen dienen, dann als Modell für die zuinnerst im Herzen dargebotene Verehrung einer Gottheit, nachdem die Zubehöre äußeren Dienstes (Götterbild, Wohlgerüche, Opfer, hörbar geäußerte Gebete) von den fortgeschritteneren Frommen abgelegt wurden, und endlich als eine Art Grundkarte oder Schema für die stufenweise Entwicklung einer Vision, mit deren langsam wechselnden Inhalten sich das Selbst identifiziert; anders ausgedrückt: mit der Gottheit in allen ihren Verwandlungsphasen. In solchem Fall birgt das Yantra dynamische Elemente. Wir können also sagen, dass ein Yantra ein Instrument zur Zügelung der psychischen Kräfte durch ihre Konzentrierung auf ein Modell oder Muster darstellt, und zwar derart, dass dieses Modell oder Muster von der visionären Einbildungskraft des Gläubigen reproduziert wird. So ist es eine *Maschine* zur Stimulierung von inneren Visualisierungen, Meditationen und Erlebnissen. Das vorgegebene Modell mag eine statische Vision der Gottheit suggerieren, die verehrt werden oder der übermenschlichen Macht, die realisiert werden soll. Es kann aber auch eine Reihe von Visualisierungen hervorrufen, die wie die verbindenden Glieder oder Stufen eines Entwicklungsprozesses sich wachsend auseinander entfalten."[27]

Im Vergleich zum Yantra ist das *Maṇḍala* ein weitaus komplexeres Gebilde, eine Komposition von verschiedenen Mustern, Farben und Figuren. Es gibt, ähnlich wie bei den Ikonen

27 Heinrich Zimmer, Indische Mythen und Symbole, Düsseldorf 1972, S. 156-58.

der christlich-orthodoxen Traditionen, eine Grundstruktur, eine formale Form, der alle diese Arrangements folgen. Doch gleichzeitig gibt es auch hier das Element der Variation. Kein *Maṇḍala* gleicht dem anderen. Die dominierenden geometrischen Figuren sind der Kreis und das Quadrat. Das *Maṇḍala* ist ein symbolischer Ausdruck für die Gesamtheit des Kosmos und der darin enthaltenen konstituierenden Kräfte. Wie beim Yantra, so soll der Praktizierende auch hier durch visuelle Konzentration in höhere Ebenen seines Seins beziehungsweise Bewusstseins vordringen.

Entscheidend ist für den Tantriker jedoch nicht das System von Philosophien, Lehren, Regeln und Praktiken, sondern – die unmittelbare Erfahrung. Es ging und geht ihm (natürlich auch *ihr*) um die Erfahrung der höchsten Freiheit, um das Erkennen der wahren Identität. Dieser Erfahrung gab man im Tantrismus verschiedene Namen: *Samārasya*, „den Geschmack haben"; *Advaya*, „Nicht-Zweiheit"; *Khecarī*, „in die Leere gelangen" und natürlich *Sahaja* „[Zustand der höchsten] Spontaneität, Natürlichkeit".[28] Die Vielfältigkeit an Lehrinhalten, an Wegen, auf denen man das Ziel erreichen kann, und schließlich auch an Ausdrücken, mit denen man das höchste Ziel versieht, sind ein Hinweis auf geradezu radikale Zielorientiertheit der Tantriker. In der tantrischen Tradition zählt nicht, *wie* man ankommt, sondern *dass* man ankommt. Auch die großen tantrischen Philosophen, wie Vāsugupta, Abhinavagupta oder Kṣemarāja, um nur einige zu nennen, waren natürlich Praktiker.

Vor diesem Hintergrund sollten wir auch das letzte Thema betrachten, dem wir uns im Zusammenhang mit der Darstellung der tantrischen Tradition widmen – einem überaus wichtigen

28 *Sahaja* ist ein nur schwer zu übersetzender Begriff und beschreibt den höchsten *Samādhi*-Zustand, auf den ich später noch intensiver eingehen werde.

Thema. Da nur über die *Erfahrung des Lebens*, beziehungsweise das Annehmen des Lebens mit all seiner Vielfalt und seinen Gegensätzen, das höchste Prinzip erlangt werden kann, stellt sich der Tantriker auch der *dunklen Seite* der Schöpfung. Mircea Eliade brachte dieses Thema in seinem Standardwerk „Yoga – Unsterblichkeit und Freiheit" auf den Punkt und schrieb:

„Alle Gegensätze sind illusorisch, das extrem böse koinzidiert mit dem extrem Guten, der Zustand eines Buddha kann – in den Grenzen dieses Meeres des Scheins – zusammenfallen mit der höchsten Immoralität, und zwar aus dem guten Grund, das einzig das universelle Leere i s t und alles übrige ontologischer Realität ermangelt."[29]

Dies und anderes gilt es zu bedenken, wenn wir uns nun dem Thema *Tantra und der Gebrauch des Verbotenen* widmen, einem Thema, dass in der westlichen Welt so gänzlich missverstanden wird. Dieser Gebrauch des Verbotenen schließt die zeitweilige rituelle Überschreitung von gesellschaftlichen Regeln ein. Hierzu gehören unter anderem auch der sexuelle Akt, Alkohol und der Verzehr von Fleisch. Doch sind diese geheimen Rituale nicht darauf ausgerichtet, Genuss zu erlangen. Es geht hierbei immer um das höchste Ziel: Das Erkennen der wahren eigenen Identität, der unmittelbaren Erfahrung des höchsten, allumfassenden Bewusstseins. Auf der Grundlage der Kongruenz von Sexualität und Spiritualität *kann* der rituelle Geschlechtsverkehr zur Erlangung dieses Zieles beitragen. Doch vieles wurde in diesem Zusammenhang, insbesondere von sogenannten esoterischen Kreisen im Westen, missgedeutet. Allein schon deshalb, weil man zwischen den Werken des Tantra (*Tantra-Śāstra*) und den Werken der Erotik und

29 Mircea Eliade, Yoga – Unsterblichkeit und Freiheit, Frankfurt a.M. 1985, S. 214.

Liebeskunst (*Kāma-Śāstra*) nicht zu unterscheiden vermochte – oder wollte. *Kāma-Śāstra* ist eine hochentwickelte indische Wissenschaft, in deren Mittelpunkt diverse erotisch-sexuelle Techniken zur Erlangung vollkommener sexueller Erfüllung stehen. Diese sexuelle Erfüllung – *Kāma* – ist übrigens eines der vier indischen Lebensziele (*Puruṣārthas*), die wie folgt lauten:

1. *Artha* (Wohlstand)
2. *Kāma* (sexuelle Befriedigung)
3. *Dharma* (sozio-religiöse Pflichterfüllung)
4. *Mokṣa* (Befreiung, Erlösung)

In den Werken des Tantra jedoch – und dies ist der wesentliche Punkt der Unterscheidung – in denen solche sexuellen Rituale beschrieben sind, ging und geht es ü b e r h a u p t n i c h t um die Erlangung von *Kāma*, sondern immer nur darum, einen Weg zur Erleuchtung beziehungsweise zur Erkenntnis des höchsten Bewusstseins zu finden. Des weiteren gilt, dass – z.B. in den Ritualen der tantrischen *Kaula*-Tradition – zwar von sexuellen Ritualen die Rede war, womit jedoch ein verinnerlichtes, also im Geist durchgeführtes Ritual gemeint war.

Allerdings will ich nicht verleugnen, dass es im Tantrismus *auch* zur Durchführung von sexuellen Ritualen kam (und möglicherweise noch immer kommt). Doch geschah dies sehr selten, betraf ausgesuchte, hochentwickelte Schüler und zielte immer – wie der große Meister und Philosoph des *Śivaismus von Kaschmir,* Abhinavagupta, in seinen Werken in diesem Zusammenhang ausdrücklich bemerkte – auf die Erweckung der *Kuṇḍalinī* ab. Um die Haltung gegenüber der Sexualität zu jener Zeit, als diese geheimen Rituale entstanden, verstehen zu können, müssen wir uns von unserer heutigen Auffassung von Sexualität, einer Auffassung die durch gewisse Entwicklungen im 20. Jahrhundert geprägt wurde, lösen. Zur Zeit der Entstehung des Tantrismus wurde Sexualität als etwas Sakrales erachtet, als ein Akt, in dem auf menschlich-mikrokosmischer Ebene der große Akt der Schöpfung des Universums symbolisch wiederholt wird. Von daher war Sexualität also etwas überaus Heiliges. Es wäre allerdings töricht, zu behaupten, dass die kosmische Schöpfung ebenfalls ein Akt der Sexualität i s t – wie das häufig in westlichen esoterischen Kreisen getan wird, um unsinnigerweise den menschlichen Geschlechtsakt mit dem Schöpfungsakt gleichzusetzen. Auch die in diesem Zusammenhang häufig geäußerte Behauptung, dass die sexuelle Energie mit Śakti, der höchsten Schöpfungsenergie, identisch sei, ergibt keinen Sinn, da es in diesem Universum ja gar nichts anderes gibt als diese höchste Energie. Es geschieht in Unkenntnis der tantrischen Lehren, wenn behauptet wird, sie bestünden im Wesentlichen darin, Spiritualität und Sexualität miteinander gleichzusetzen. Sexualität war und ist nach Auffassung der tantrischen Autoritäten etwas Besonderes, insofern es den göttlichen Akt der Schöpfung *imitiert*, wie überhaupt das menschliche Leben, mit all seinen endlichen und begrenzten Realitäten, das Absolute gleichsam nachbildet. Bei solchen Gelegenheiten drängt sich das Bibelwort „Und Gott schuf den Mensch zu seinem Bilde" (*1. Mose 1. 27*) auf. Natürlich ist die menschliche Existenz, sind alle unsere Handlungen Ausdruck unserer Zugehörigkeit zum Göttlichen, zum absoluten schöpferischen Bewusstsein – oder wie auch immer man das Höchste nennen mag. Der Mensch nimmt nach tantrischer Auffassung in seinen Handlungen auf begrenzter, individueller Ebene am Prozess des göttlichen Schaffens teil. Sexualität wiederholt also auf individueller Ebene den großen Schöpfungsakt – der ja nicht zu Ende ist und es nie sein wird, sondern sich in diesem Augenblick an jeder Stelle des Universums weiter entfaltet.

Es ist also diese unermessliche, kreative, göttliche Energie, die im Zentrum des tantrischen Interesses steht, nicht der vergleichsweise unbedeutende menschliche Orgasmus. Wie überhaupt die Ausrichtung des gesamten tantrischen Strebens niemals hedonistisch war. Genuss wurde nicht abgelehnt, aber er war auch nicht das Ziel. Das Ziel war und ist die Erweckung der makrokosmischen, also den gesamten Kosmos durchdringenden Kraft, die ihre mikrokosmische Entsprechung in jedem Individuum findet. Gelingt diese Erweckung – gegebenenfalls auch durch solche sehr streng gehandhabten Rituale –, so rückt nach tantrischer Auffassung die Befreiung in greifbare Nähe. Um es also noch einmal zusammenzufassen:

1. Nicht Sexualität und Spiritualität als solche sind nach Auffassung der tantrischen Tradition identisch, sondern deren jeweilige Quelle. Ihr Ursprung ist ein und derselbe.

2. Sinn und Zweck dieser höchst seltenen und nur für wenige auserwählte und höchst fortgeschrittene Schüler gedachten sexuellen Rituale – die übrigens immer unter strenger Aufsicht des Gurus stattfinden – war und ist nicht der sexuelle, sondern der geistig-spirituelle Höhepunkt, die Vereinigung mit dem Absoluten – der Zustand des *Samarasa* oder *Sahaja*.

Kapitel 3

Die bedeutendsten tantrischen Traditionen – ihre Meister und grundlegenden Lehren

Bevor wir uns nun mit den großen tantrischen Traditionen und ihren jeweiligen herausragenden Vertretern befassen, möchte ich noch kurz auf jene besondere „Klasse" von spirituellen Persönlichkeiten eingehen und dem damit verbundenen Problem ihrer Klassifizierung beziehungsweise Benennung. Die außergewöhnlichen Persönlichkeiten dieser Traditionen werden allgemein, wie auch von mir an dieser Stelle – in Ermangelung anderer, eher zutreffender Begriffe – als „Meister" und „Lehrer" häufig auch als „Philosophen" bezeichnet. Dieser Terminus ist in Bezug auf jene Persönlichkeiten in der Wissenschaft – im Osten wie im Westen – zwar gebräuchlich, doch haftet ihm der Makel der Ungenauigkeit an. Er trifft beziehungsweise umfasst nicht wirklich die wahre Aufgabe, die Bestimmung und das Format dieser Menschen – nicht zuletzt weil es einige ganz entscheidende Unterschiede zwischen einem *normalen* Philosophen und jenen meisterhaften Philosophen und vollkommenen Yogis gibt. Da ich jedoch nicht umhin kann, den Begriff „Philosoph" zu verwenden – schließlich haben wir es hier mit Personen zu tun, die in der Tat Philosophie, ganze philosophische Systeme gar, hervorgebracht haben – möchte und muss ich hier kurz herausarbeiten, was der Unterschied zwischen einem Philosophen im herkömmlichen und einem Yogi oder Philosophen im yogischen Sinne ist.

Philosophen und Yogis haben zunächst einmal häufig das gleiche höchste Ziel im Blick. Beide mögen Sucher der absoluten Wahrheit sein und sich nicht mit den Begrenzungen des menschlichen Geistes abfinden. Sie haben möglicherweise beide das Verlangen, die eine, ewige Realität, die allen Erscheinungen und Veränderungen dieser Welt zugrunde liegt, zu entdecken. Philosoph und Yogi widmen vielleicht ihr ganzes Leben der zentralen Frage nach dem Wesen Gottes oder dem leitenden und lenkenden Prinzip dieses Universums, also dem – wie es Goethe den *Faust* in der gleichnamigen Tragödie bezeichnen lässt – „was die Welt im Innersten zusammenhält".

Doch in der Wahl der Mittel, dieses Ziel zu erreichen, unterscheiden sich Philosoph und Yogi bereits erheblich. Die Verfahrensweise des Philosophen ist intellektueller, die des Yogis hingegen spiritueller Natur. Der Philosoph schreitet auf dem Pfad der rationalen Logik voran, der Yogi wählt den Weg der psychischen Selbstdisziplin und Selbsterkenntnis. Der Philosoph versucht möglicherweise ein schlüssiges, in sich stimmiges Konzept von der höchsten Wahrheit zu entwerfen, der Yogi hingegen ist ausschließlich an der unmittelbaren Erfahrung der höchsten Realität selbst interessiert. Ein Philosoph hört nicht auf, ein Philosoph zu sein, nur weil sein alltägliches Leben nicht im Einklang mit seinen philosophischen Spekulationen steht. Ein Yogi dagegen, dessen Lebensweise nicht oder nicht mehr in Übereinstimmung zu seinen Vorstellungen und Lehren von der Wahrheit steht, wird der Bezeichnung „Yogi" nicht mehr gerecht. Das Ziel des Philosophen ist es, die Wahrheit zu v e r s t e h e n , indem er sie zum Objekt seines Denkens und intellektuellen Erforschens macht. Das Ziel des Yogis hingegen ist es, die Wahrheit zu realisieren, indem er sein eigenes Wesen vollkommen transformiert, die Dualität von Subjekt und Objekt aufhebt (beziehungsweise erkennt, dass sie Illusion ist) und zur Wahrheit *wird*. Ein Philosoph, solange er sich nur auf seinen menschlichen Geist oder Verstand verlässt (also ein Philosoph im westlichen Sinne), sei er auch noch so bemüht, die höchste Wahrheit zu erlangen, wird sich mit den Mitteln des diskursiven Denkens seinem Ziel in geradezu asymptotischer Weise nähern. Dadurch, dass er das Absolute zum *Objekt* seines Strebens macht, wird er sich ihm möglicherweise nähern, aber er wird es nie erreichen – da es kein Objekt ist.

Die Theorien und Hypothesen des yogischen Philosophen sind für selbigen nur insofern von Bedeutung, als dass sie eine Beschreibung und systematische Darstellung seiner unmittelbaren Erfahrung von der Realität darstellen. Sie sind gleichsam die Landkarte, die dem Suchenden oder Schüler helfen soll, das höchste Ziel zu finden. Wobei es auch in den tantrischen und yogischen Kreisen eine Binsenweisheit ist, dass man die Landkarte nicht mit dem Land verwechseln darf. Jeder dieser großen tantrischen Philosophen hat darauf hingewiesen, dass kein Wissen dieser Welt und keine noch so erhabene Philosophie die eigene, unmittelbare Erfahrung ersetzen kann.

Dennoch ist das Wissen, das diese heiligen Schriften vermitteln, von großer Hilfe, da es zur unmittelbaren Erfahrung führen kann. Es mag *nur* der Finger sein, der die Richtung zeigt, in die gegangen werden muss, doch ohne diesen Fingerzeig wären die Menschen – um ein altes indisches Gleichnis zu bemühen – wie Blinde in einem unbekannten Dschungel. Den Wert spirituellen Wissens hervorhebend, schreibt Gurumayi Cidvilāsānanda:

„Mit dem Wissen dieser Schriften lernst du verstehen, was du empfangen hast… . Deine Wahrnehmungsweise wird sich völlig verändern. So wie du die Schriften studierst, kannst du die große Shakti immer genauer erfahren. Du lernst, sie auf eine andere Art zu verstehen. Menschen, welche die Schriften wirklich kennen und erfahren, gewinnen ihr Verständnis nicht nur aus Büchern, sondern aus ihrem Herzen. Das Herz ist die größte Bibliothek. Es beherbergt all die wunderbaren Erfahrungen, die du während deiner Sadhana gemacht hast. Die Gelehrten, die spirituelle Übungen machen, begnügen sich nicht nur damit, die Themen zu untersuchen, sie dringen in der Tat tief in den Inhalt der Lehren ein… . Viele, viele von euch tragen Schätze, Juwelen der Weisheit mit sich. Aber weil du nicht weißt, wie die Schriften diese Dinge erklären und beschreiben, denkst du: *Oh, ich habe bloß diese Kleinigkeit empfangen, ich habe nicht genug bekommen*. Du bist nicht zufrieden. Wenn du erst einmal die Schriften studiert und gesehen hast, was du tatsächlich besitzt, kann das Erwachen zu deinem inneren Mut erfolgreich sein. Du wirst tiefe Zufriedenheit empfinden."[30]

In der Anerkennung des Wertes solchen Wissens geschah es – insbesondere in den tantrischen Traditionen – dass viele der erleuchteten Yogis die Rolle des Philosophen und Lehrer annahmen und ihrer inneren Erfahrung in Form von philosophischen Werken Ausdruck verschafften – durchaus in dem Wissen, dass die höheren Ebenen der Wahrheit in angemessener Weise durch die niederen Ebenen der Sprache und des konzeptuellen Denkens nur bedingt ausgedrückt werden können. Das ist sehr wahrscheinlich auch einer der Gründe, warum sich diese erleuchteten Lehrer in ihren Werken der Sprache der Poeṣie, der Bilder, Vergleiche, Parabeln und Metaphern bedienten. Solcherart Rede oder Textwerk ist daher immer unter dem Vorbehalt zu verstehen:

30 Gurumayi Chidvilasananda, Mut und Zufriedenheit, Telgte 2004, S. 65-66.

Was ich hier sage, ist nicht direkt und erschöpfend, aber annähernd könnte man so sagen.

Das Medium der mystischen Philosophen ist also häufig eine Analogie-Sprache, die wir allerdings mehr noch bei den Dichterheiligen finden, auf die ich später noch gesondert eingehen werde. Doch wenden wir uns nun – das „Problem" der Bezeichnung jener großartigen Lehrer, ihre Haltung gegenüber dem Wissen und ihre Sprache zunächst einmal hinter uns lassend – diesen meisterhaften Autoren und ihren philosophischen und spirituellen Traditionen zu. Wie wir bereits sahen, ist die „große tantrische Tradition" eine Synthese aus mehreren esoterischen Strömungen, Traditionen und Schulen. Auf diese grandiose geistig-spirituelle Verschmelzung weist auch Mircea Eliade hin und schreibt über dieses Phänomen und seine Entstehung:

„Es zeigt sich also, dass *Sahajivā*-Tantrismus, sowohl hinduistischer als tantristischer, Alchemie (Nāgārjuna, Carpati), Haṭhayoga (Gorakhnāth) und die Kāpālika miteinander solidarisch sind; ihre Vertreter finden sich ebenso in den Verzeichnissen der neun *Nātha* wie der vierundachtzig *Siddha*. Vielleicht ist das der Schlüssel zu ihrem Symbolismus: In einem bestimmten Zeitpunkt (wahrscheinlich zwischen dem 7. und 11. Jh.) fand eine neue «Offenbarung» statt, deren Formulierung durch Meister geschah, die ebenso wenig wie ihre Vorgänger irgendeine «Originalität» in Anspruch nahmen (wurden sie doch mit Śiva oder Vajrasattva identifiziert), sondern die zeitlosen Lehren für die Bedürfnisse ihrer Zeit neu interpretierten. Ein wesentlicher Punkt dieser neuen «Offenbarung» war die Vollendung der Synthese zwischen den Elementen des *Vajrayāna*- und des śivaitischen Tantrismus, der Magie, der Alchemie und dem Hathayoga. Sie bildete in gewisser Hinsicht die Fortsetzung der tantrischen Synthese, doch einige von den *Nātha* und *Siddha* betonten stärker als ihre Vorgänger den Wert von Magie und Yoga als unschätzbaren Mitteln zur Erlangung der Freiheit und Unsterblichkeit."[31]

Auf einige der hier genannten Traditionen möchte und muss ich zum tieferen Verständnis des Tantrismus, vor allem jedoch des tantrischen Yoga und des dazugehörigen Phänomens *Kuṇḍalinī*, nun näher eingehen. Ausgehen möchte ich dabei von zwei zentralen Persönlichkeiten, ohne die der Haṭha- und Kuṇḍalinī-Yoga in seiner heutigen Form undenkbar wäre: Matsyendranāth und Gorakhnāth (auch Gorakṣanātha). Bereits der große kaschmirische Philosoph und Meister Abhinavagupta (993-1015) erwähnt Matsyendranāth (auch Macchandanātha oder Mīnanātha, der Name bedeutet wörtlich „Herr der Fische") und bezeichnet ihn als den *Ādiguru* (erster Guru) der *Nāthas*, den Guru von Gorakṣanātha und darüber hinaus in seinem umfassenden Werk *Tantrāloka* (*I. 7; XXVI. 71*) auch als den Begründer der tantrischen *Kaula*-Tradition. Abhinavagupta selbst wurde, so P. E. Muller-Ortega, durch seinen Guru Śambhunātha in die Tradition der *Kaulas* eingeweiht und erlernte von ihm, wie er in *Tantrāloka* 5.27b-53 beschreibt, diverse Meditationstechniken.[32] Dass Matsyendranāth eine herausragende Persönlichkeit bei den *Kaula*s war oder zumindest ein sehr enger Kontakt zwischen ihm und den Kaulas existiert haben muss, beweist allein schon der Titel seines wichtigsten Werkes: *Kaula-Jñāna-Nirṇaya*, wörtlich: „Die Darlegung des Wissens der Kaulas".[33] Bekannt ist sein Name insbesondere auch im Zusammenhang mit dem *Haṭha-Yoga;* denn in dem wohl bedeutsamsten Werk dieses

31 M. Eliade, Yoga – Unsterblichkeit und Freiheit, S. 312.

32 P.E. Muller-Ortega, The Triadic Heart of Śiva. New York 1989, S. 3-4, 45, 56, 197-98.

33 J. Reinelt, Das Vivekadarpaṇa – Textanalyse u. Erläuterungen zur Philosophie u. praktischen Erlösungslehre der Nāthayogīs in Mahārāṣṭra. Heidelberg 2000, S. 87f.

Yogas, der *Haṭhayoga Pradīpikā (I. 4)*, wird er, zusammen mit Gorakhnāth, als Meister des *Haṭhayoga* genannt: *haṭhavidyāṃ hi matsyendra-gorakṣādyā vijānate* / „Matsyendra, Gorakṣa und anderen war das Wissen/die Wissenschaft des *Haṭha(-yoga)* [wohl] bekannt."

Doch inwieweit Matsyendranāth tatsächlich eine historische Persönlichkeit war, beziehungsweise was an den Erzählungen über ihn ernstzunehmende Tatsache ist, bleibt unklar. Zu viele Legenden ranken sich um sein Leben. Er wird in Indien mit *Śiva* selbst gleichgesetzt, in Nepal ist er die Schutzgottheit schlechthin und wird mit dem Bodhisattva Avalokiteśvara identifiziert, und in Tibet ist er unter dem Namen Lui-pa bekannt. Die historischen Fakten und realen Ereignisse wurden möglicherweise schon sehr früh umgestaltet und nahmen mythische Dimensionen an, und so wurde – wie so oft – aus einer real existierenden Person aus Fleisch und Blut eine exemplarische Wundergestalt.

Bei Gorakhnāth – der Tradition nach Matsyendranāths Schüler – sieht das ein wenig anders aus. David Gordon White kommt in seinem großartigen Werk „The Alchemical Body" nach eingehender Untersuchung – unter anderem Fakten aus Archäologie und Literatur berücksichtigend – zu dem Ergebnis, dass wir sicher sein können, dass es sich bei Gorakhnāth um eine historische Gestalt handelt.[34] Interessant und durchaus erwähnenswert ist in diesem Zusammenhang auch, dass mehrere namhafte *Nāthas* des indischen Mittelalters Gorakhnāth in der Aufzählung ihrer *Paraṃparā* (Guru-Tradition, Guru-Folge) nennen. So verweist beispielsweise Jñāneśvar in *Jñāneśvarī 18. 1733 – 1742* auf Gorakhnāth als „Guru seines Gurus seines

34 David Gordon White, The Alchemical Body, Siddha Traditions in Medieval India. Chicago 1996, S. 90-101.

Gurus" und gibt die Folge „Matsyendranāth – Gorakhnāth – Gahiṇīnāth – Nivṛttināth – Jñāneśvar"[35] an. Sein Großvater Tryambaka Pant soll ein Zeitgenosse Gorakhnāths gewesen sein. Auch in Visobha Khecaras Werk *Ghaṭastala* (13. Jahrhundert) werden die Gründer der *Nātha*-Tradition „Ādināth – Minanath – Gorakhnath" genannt. Aufgrund dieser Erwähnungen, insbesondere bei Jñāneśvar, können wir davon ausgehen, dass Gorakhnāth gegen Ende des zwölften beziehungsweise Anfang des dreizehnten Jahrhunderts gelebt haben muss.

Gorakhnāth muss, den Beschreibungen seiner Zeitgenossen nach zu urteilen, eine ganz und gar außergewöhnlich charismatische Persönlichkeit gewesen sein. Er wird als *Mahā-Yogi* (großer Yogi) und *Yogīśvara* (Herr der Yogis) bezeichnet. Vermutlich war er so etwas wie ein Reformer, der die Tradition der *Nāthas*, die zum Zeitpunkt seines Auftretens moralisch und spirituell im Niedergang begriffen war, wieder ihrer ursprünglichen Stärke und spirituellen Zielgerichtetheit zuführte. Durch die Reform, die er der Tradition verordnete, kam neues Leben in die asketische Bewegung. Aber auch die Akzeptanz im und die Unterstützung durch das Volk – Asketen sind allein schon aus ökonomischen Gründen auf diesen Rückhalt angewiesen – bekamen neuen Schwung.

Gorakhnāth verfasste zahllose Werke. Von diesen möchte ich hier besonders eines kurz herausgreifen, da es eine ganz besondere Stellung einnimmt – die *Siddha-Siddhānta-Paddhati*, wörtlich „Leitfaden zur Lehre der Siddhas". Dieses Werk wird

35 Swami Kripananda, Jnaneshwar's Gita, A Rendering of the Jnaneshwari. New York 1989, S. 349.
In einer der indischen Ausgaben (*Bhiḍe Edition*), in denen ich zur Überprüfung nachschlug, findet man diese Angaben an anderer Stelle im Text, nämlich bei 18. 1754 – 1763. Das ist nicht ungewöhnlich, da es viele verschiedene Zählungen dieses berühmten und umfangreichen Textes gibt.

in vielen Texten der *Nātha*-Tradition als *das* autoritative Werk schlechthin gepriesen. Wie viele andere Werke der Tradition, so wurde auch die *Siddha-Siddhānta-Paddhati* wie ein Schatz gehütet und stand nur den eingeweihten Mitgliedern zur Verfügung. Erst zur Mitte des 20. Jahrhunderts wurde es der Allgemeinheit zugänglich gemacht. Dieses Sanskrit-Werk stellt in kurzer, systematischer Weise die philosophischen, esoterischen und praxisbezogenen Lehren der *Nātha*-Yogis dar. Die Themen sind unter anderem das Absolute, Śiva und Śakti, der Mikro-Makrokosmos oder die Bedeutung des Guru.

Man könnte an dieser Stelle bestimmt noch viele Gründe für die Einzigartigkeit und Bedeutsamkeit der Person Gorakhnāthas aufzählen. Einer der wichtigsten Gründe ist sicherlich auch, dass Gorakhnāth gewissermaßen die Inkarnation der Verbindung zwischen dem Tantra und dem Yoga darstellt. So schreibt Jyotishman Dam über ihn:

„Gorakṣanāthas hohe Stellung innerhalb der ehrwürdigen Tradition von großen Lehrern des Haṭhayoga ist unumstritten, ja man neigt dazu, ihn als den Begründer des Haṭhayoga zu betrachten. Seine wichtigste, heute verlorene Schrift hieß angeblich »Haṭhayoga«. Er ist der große Lehrer der Nāthayogins, deren Tradition als die größte und breiteste Yoga-Bewegung aller Zeiten bezeichnet werden kann. Ihre Lehre bestand vor allem aus Haṭhayoga und Kuṇḍalinīyoga. Bis heute hat Gorakṣanātha unangefochten den Status des größten Meisters und der niemals in Frage gestellten Autorität inne. Allen Nāthayogins gilt er als Gottheit und als größter Guru zugleich. In Matsyendranātha dagegen sehen Nāthayogins nur in zweiter Linie eine Autorität und einen Guru, denn seine Lehre steht den rein tantrischen Linien näher als den puristischen, asketischen Anschauungen und Lebensregeln der Nāthasiddhas in der Tradition des Gorakṣanātha... . Matsyendranātha und Gorakṣanātha sind Verkünder von zum Teil neuen tantrischen und yogischen Lehren und zum Teil alten Yoga-Praktiken. Sie sind ebenso Reformatoren der Spiritualität ihrer Zeit und stehen am Beginn einer neuen Ära der Spiritualität in Indien. Auffällig aber ist der Unterschied zwischen Matsyendranātha und Gorakṣanātha: Ist Matsyendranātha ein Tāntrika der *Kaula*-Linie, ein Weltentsager zwar, der aber nicht so streng und puritanisch lebte wie Gorakṣanātha, welcher jedem zu Missbrauch verleitenden tantrischen Ritus abhold war."[36]

In zwei Punkten allerdings möchte ich Jyotishman Dams Aussagen etwas einschränken:

1. Wie meine Untersuchungen am *Viveka Darpaṇa* – einem Werk, das nach seinem Verfasser Amaranāth direkt auf die Lehren Gorakhnāths zurückgeht (am Ende eines jeden Kapitels weist Amaranāth im Kolophon darauf hin, dass seine Ausführungen die Worte Gorakhnāths sind) – gezeigt haben, werden „asketische Anschauungen und Lebensregeln" nicht von *jedermann* gefordert. Vermutlich wurde hinsichtlich der spirituellen Praxis durchaus differenziert, ob sie von einem Asketen oder einem Haushälter (auch Menschen mit dem Status des ‚Haushälters', *Gṛhastas,* also Verheiratete, wurden in den Orden initiiert) ausgeführt wird. Übermäßige Strenge, insbesondere gegenüber dem Körper, stößt daher bei dem Autor des *Viveka Darpaṇa* auf Ablehnung:

„Den Körper durch Gelübde [und] Fasten zu disziplinieren, ist nicht notwendig (*VD 18. 2*). ... Das Disziplinieren verlischt zusammen mit dem Körper, deshalb sollte man einen anderen

36 Jyotishman Dam, Shiva-Yoga, Indiens großer Yogi Gorakshanatha, München 1998, S. 80-81 / 88-89.

als diesen disziplinieren (*VD 18. 3*). ...Man sollte [stattdessen] das den *Saṁsāra* suggerierende Denken disziplinieren (*VD 18.4*)."[37]

2. Matsyendranāth war nicht nur der Begründer der *Kaula*-Linie, sondern vermutlich auch, wie wir oben gesehen haben, der erste Guru der *Nātha*s, was die zwei großen Begründer und Meister hinsichtlich ihrer Persönlichkeit und den Lehren und Praktiken, die sie propagierten, in nicht gar so unterschiedlichem Licht erscheinen lässt.

Wollen wir uns nun noch ein wenig eingehender mit den beiden tantrischen Traditionen der *Kaulas* und *Nāthas* – die, wie wir sahen, eng miteinander verwandt sind – befassen. Beide gehören zu der großen esoterischen Strömung der *Siddhas*. Zur Zeit des fünften Jahrhunderts begann eine Bewegung von Mystikern, spirituelle Methoden zu entwickeln, die darauf abzielten, Unsterblichkeit zu erlangen. Diese Mystiker gaben sich einen Namen, mit dem lange Zeit nur bestimmte hinduistische und buddhistische Halbgötter bezeichnet wurden – *Siddhas*. Über sie schreibt Mircea Eliade:

„Die Bewegung, welche durch die historischen Personen ausgelöst wurde, die später als Gorakhnāth, Matsyendranāth und die anderen berühmten *Siddhas* mythisiert wurden, scheint eine neue Grundwelle jener tiefen indischen Spiritualität darzustellen, die bis in die indischen Urschichten hinabreicht."[38]

Im Laufe der Jahrhunderte entwickelten sich aus dieser Ur-Bewegung drei große Hauptgruppen von *Siddhas*:

1. die *Kaula-Siddhas*, die vollkommen erleuchteten Lehrer der *Kaula*-Tradition.

---

37 J. Reinelt, Das Vivekadarpaṇa, S. 258-260.

38 M. Eliade, Yoga – Unsterblichkeit und Freiheit, S. 310.

2. die *Rasa-Siddhas*, die, worauf das Sanskrit-Wort *Rasa* „Lebenselixier" schon hinweist, sich hauptsächlich mit Alchemie befassten.
3. die *Nāth-Siddhas*, die *Haṭha-* und *Kuṇḍalinī-Yoga* praktizierten.

Das Ziel aller drei war die Vergöttlichung des Menschen – die Verwirklichung der in jedem Menschen latent existierenden *Śiva*-Natur.

Zwei der genannten *Siddha*-Traditionen werden wir uns nun ganz besonders zuwenden, da wir hierdurch eine Menge wichtiger Informationen hinsichtlich des Kuṇḍalinī-Konzepts und des Kuṇḍalinī-Yoga erhalten – den *Kaula-Siddhas* und den *Nāth-Siddhas*. Doch zuerst sollten wir uns fragen: „Was ist überhaupt ein *Siddha*?" Um diesen wichtigen Begriff, der hier schon mehrfach verwendet wurde und uns noch weiter beschäftigen wird, zu klären, und um das Phänomen *Siddha* und seine Bedeutung für die indische Spiritualität im Allgemeinen und den Kuṇḍalinī-Yoga im Besonderen erfassen zu können, müssen wir tiefer in diese außergewöhnliche Materie eintauchen. Das Wort *Siddha* leitet sich von der Sanskrit-Wurzel *sidh*, „erlangen, erreichen, verwirklichen" ab. Als Nomen bedeutet *Siddha* daher „verwirklicht; einer, der verwirklicht hat" und ist ein Terminus, der sich auf einen Yogi, Mystiker oder Heiligen bezieht, der das Höchste, das Absolute, verwirklicht hat. Eine der frühesten Textstellen, in denen der Begriff *Siddha* zu finden ist, ist *Yoga Sūtra 3. 32* und *3. 51*. Hier, wie auch im Kommentar hierzu, dem *Vyāsabhāṣya*, werden *Siddhas*, wie ich bereits erwähnt habe, als eine Kategorie von göttlichen oder halbgöttlichen Wesen aufgefasst, die „sich im Raum zwischen Erde und Himmel umherbewegen" (*siddhānāṃ dyāvāpṛthivyor antarālacāriṇāṃ*, aus dem Kommentar zu 3. 32). Im Tantrismus und im tantrischen Yoga jedoch bezeichnet *Siddha* jemanden, der den höchsten Grad an Vollkommenheit erlangt hat, die vollständige Entfaltung seiner *Kuṇḍalinī*, die höchste Entwicklungsstufe, die Spitze der Evolution – und damit das Ziel seiner gesamten Inkarnationenkette:

Tejobindu Upaniṣad 1. 39a: tataḥ sādhanānirmuktaḥ siddho bhavati yogirāṭ / „Dann, befreit durch *Sādhanā* (spirituelle Praxis), wird er ein *Siddha*, ein König des Yoga."

Jñāneśvarī 6. 478: teṃci to āpaṇa / svayeṃ jāhalā nirvāṇa / jeṃ sādhakāṃceṃ kāraṇa / siddha tattva // „Das Absolute, welches das Ziel [aller] *Sādhakās*(suchenden, praktizierenden Yogis) ist, sind sie selbst geworden. [Das ist] der Zustand der *Siddhas*."

Über den erhabenen Zustand eines solchen Menschen schreibt Swami Muktānanda Paramahamsa (1908-1982), selbst einer der bekanntesten Siddha-Gurus des 20. Jahrhunderts:

„Der Zustand eines Siddhas ist nicht etwas, worüber man einfach so sprechen kann, weil er über Worte hinausgeht. Ein Siddha ist jemand, der vollkommene Freiheit erlangt hat, der vollständig unabhängig ist. Jemand, der diese inneren Sinne und äußeren Sinne unter seine Kontrolle gebracht hat, ist ein Siddha. Keiner der Sinne kann ihn zu etwas antreiben. Sein Geist kann nicht angetrieben werden; er ruht immer in seinem Selbst. Er ist vollständig versunken in der Glückseligkeit des inneren Selbstes, und niemand kann ihn von diesem Zustand trennen. Wenn jemand all diese Qualitäten hat, wird er ein Siddha genannt."[39]

Siddhas stellen in dieser Welt ein Paradox dar. Sie sind, jeder und jede Einzelne für sich, die Verkörperung der Summe aller

39 Swami Muktananda, From the Finite to the Infinite, New York 1994, S. 56-57.

menschlichen Möglichkeiten und der Kreuzungspunkt der menschlichen und göttlichen Dimension. Manche von ihnen adaptieren die üblichen sozialen Rollen, manche aber auch nicht. Oftmals machen sie einen bizarren und exzentrischen Eindruck auf uns, nicht zuletzt weil sie ihr Leben aus diesem Zustand der unbegrenzten Freiheit heraus leben, einen Zustand, den wir uns aufgrund unserer Konditionierung und Begrenztheit nicht einmal vorzustellen vermögen – obgleich er nach Aussage der *Siddhas* in jedem von uns schlummert. Manchem modernen Westler – ganz sicherlich dem durchschnittlichen Mediziner, Psychiater und Psychologen von heute – mag die Diagnose da ganz leichtfallen: *hochgradig psychotisch* – oder weniger akademisch: *völlig durchgeknallt*. Doch vielleicht ist hier Unterscheidungskunst gefragt! Zu diesem Thema noch einmal die Worte von Swami Muktananda, die ich für selten (da nur wenig Historisches und Authentisches bisher über die *Siddhas*, ihren Zustand und ihre Erfahrungen bei uns bekannt ist) und authentisch halte (da er, selbst ein Siddha, während seiner Zeit als Schüler auf seinem spirituellen Weg über 40 *Siddhas* getroffen hat):

„Der wahre Siddha hat seine eigene wahre Natur durch Meditation und Erkenntnis verwirklicht, hat sein Ego ausgelöscht und ist eins geworden mit dem allumfassenden Geist. Er vereinigt sich mit Śiva und wird selbst zu Śiva. Er ist ein wahrer Siddha, ein einzigartiger Siddha. Ein solcher Siddha war Ramakrishna, ein solcher war Sai Baba von Shirdi, und ein solcher Siddha war Nityananda Baba. Sie alle wurden eins mit Shiva, wurden zu Shiva.[40] … Vielfältig sind die Wege der Siddhas. Ich kannte einen großen Siddha, Zipruanna, der immer nackt war. Er pflegte auf einem großen Haufen Müll zu liegen. Er aß, was immer Passanten ihm gaben. Obwohl er da

40 ibid., S. 57.

saß, umgeben von Dreck, wurde er davon überhaupt niemals berührt. Er sah überall und in allem das Gleiche. Er war immer glücklich. Obwohl er sich im Körper befand, wusste er, dass er von ihm vollkommen verschieden war. Er war ein ekstatischer Siddha.[41] … Er war großartig. Obwohl er den weltlich gesinnten Narren ein Narr zu sein schien, war er allwissend. Er schien nur denjenigen ein nackter Bettler zu sein, die selbst spirituell nackt und ohne Erkenntnis waren.[42] … Da gab es einen anderen Heiligen, der Hari Giri Baba genannt wurde. Ich verbrachte auch einige Zeit bei ihm. Er trug einen Turban aus teurer Seide und mit einer goldenen Borte, einen eleganten Mantel und kostbare Schuhe. Er streifte umher, sogar zur Nachtzeit. Wenn ihn jemand zum Essen einlud, dann pflegte er zu essen und dann zu gehen. Sein Zustand war außerordentlich sonderbar. Er sprach mit sich selbst, und seine Sprache war merkwürdig. Die meiste Zeit wanderte Hari Giri [Baba] um ein ausgetrocknetes Flussbett. Er sammelte winzige Kieselsteine, sprach mit ihnen und stopfte seine Taschen damit voll. Manchmal starrte er in die Ferne und schimpfte. Manchmal sprach er mit dem Wind. Er war in einem sonderbaren Zustand. Wann immer ich durch schwere Zeiten in meiner *sādhanā* ging, pflegte er mich zu besuchen. Er half mir, etwas zu verstehen, und dann ging er sofort wieder. Er war ein Siddha, der die Vergangenheit, Zukunft und Gegenwart kannte."[43]

Ein solcher *Siddha*[44] besitzt nach yogischer Auffassung übernatürliche Kräfte, sogenannte *Siddhis*, weshalb es in *Viveka Darpaṇa 20. 3.* in Bezug auf den *Siddha* unter anderem heißt:

41 Swami Muktananda, Secret of the Siddhas, New York 1994, S. 31.
42 Swami Muktananda, Light on the Path, New York 1994, S. 74.
43 Swami Muktananda, Secret of the Siddhas. New York 1994, S. 33-34.
44 Auch wenn ich hier der Einfachheit halber grammatikalisch immer nur die männliche Form wähle, schließt das Frauen selbstverständlich mit ein.

anaṃtā anaṃta sakti. / „Dem Unendlichen (= *Siddha*) sind unendliche Kräfte."

In den Traditionen des Yoga und des Tantra werden diese *Siddhis* häufig beschrieben. Ausführlich dargestellt findet man sie beispielsweise in den *Yoga Sūtras*, in dem nach ihnen benannten dritten Abschnitt, dem *Vibhūti Pāda*. Hier werden solche übernatürlichen Fähigkeiten genannt wie Hellsichtigkeit, Hellhörigkeit, Telepathie, Levitation, die Fähigkeit, Gegenstände zu manifestieren (beziehungsweise Materie zu manipulieren), die Fähigkeit, Hunger und Durst vollständig zu überwinden, sowie weitere. In einigen tantrischen und *haṭha*-yogischen Traditionen war das Interesse an diesen Fähigkeiten noch viel stärker ausgeprägt. Besonderes Augenmerk galt einer Reihe von alchemistischen Kräften und selbstverständlich der Fähigkeit, den physischen Körper so weit zu veredeln und zu transformieren (weshalb manche geradezu von einer Transsubstantiation sprechen), dass er unsterblich wird, wie beispielsweise hier weiter in *Viveka Darpaṇa 20. 3* beschrieben:

sīdha deha taisā āchedya : ābhedya : ājarāmara : chāyā : kāyā vīvarjīta : dṛṣṭādṛṣṭa dīse : māne thora ho : taisīyā dehāsaktī: „Der Körper des *Siddha* ist so: nicht zu zerschneiden, nicht zu zerteilen, ohne Alter und ohne Tod, frei von Schatten und [gewöhnlichem] Körper. Ihm ist nicht nur das Sichtbare, sondern auch das Unsichtbare sichtbar, sei es winzig klein oder riesig groß. Derartig sind die Kräfte des Körpers [eines Siddha]."

Doch das Ziel *Siddha-Deha*, entweder „Körper eines Siddha" oder nach anderer Lesart „vollkommener Körper", war vielen Traditionen suspekt und geradezu anrüchig, sollte doch das wahre Ziel ein ganz anderes sein. Manche *Siddhas* berichten und beschreiben, wie sich zur Zeit ihrer *Sādhanā* solche Kräfte spontan entwickelten. Doch wenn sie diese *Siddhis* anwandten, wurden sie von ihren Gurus ermahnt oder unter Umständen sogar bestraft; denn nach einhelliger Auffassung stellen diese Kräfte eine große Gefahr dar, insbesondere für denjenigen, der noch nicht fest im höchsten Zustand verankert ist. Deshalb unterschied man zwischen all diesen sekundären *Siddhis* und der höchsten *Siddhi*, die gleichbedeutend ist mit dem höchsten Ziel, der *Siddha*-schaft – der Entfaltung des in jedem Menschen angelegten Potenzials zur höchsten Vollkommenheit.

Der Siddha ist selbstredend auch ein *Jivanmukta*, ein für immer vom Kreislauf der Wiedergeburt Befreiter. Allerdings wird berichtet, dass – in sehr seltenen Fällen – sich einige *Siddhas* nach ihrem Tod beziehungsweise dem Verlassen ihres Körpers aus freien Stücken wieder inkarniert haben, um anderen auf ihrem Weg zur Befreiung als Gurus zu helfen. Eines der bekanntesten Beispiele aus der eher jüngeren Vergangenheit ist Bhagawan Nityananda, Guru von Swami Muktānanda Paramahamsa. Bhagawan Nityananda soll der Tradition zufolge ein *Janmasiddha* gewesen sein, also ein *Siddha* von Geburt an, beziehungsweise ein wiedergeborener *Siddha*. Dennoch, und das ist typisch für die Haltung der *Siddhas*, wahrte er die Tradition, indem er trotz seines vollkommenen Zustandes für eine gewisse Zeit Schüler eines *Siddha*-Gurus wurde.[45]

Siddha ist also ein Terminus, der sich auf alle Vollkommenen der tantrischen Traditionen bezieht – fast schon eine pan-indische Kategorie. Es gibt allerdings auch eine spezielle Gruppe von Siddhas – die berühmten „84 Siddhas“ oder *Mahāsiddhas* der tibeto-indischen buddhistischen Tradition, von denen wir

45 Muktananda, Bhagawan Nityananda of Ganeshpuri, South Fallsburg 1996, S. 4.

oben bereits durch Mircea Eliade Kenntnis erhielten. Im achten Jahrhundert entwickelte sich der tantrische Buddhismus mit seiner nicht-dualistischen Lehre. (Ich weise hier nochmals darauf hin, dass ich die Unterscheidung buddhistischer Tantrismus – hinduistischer Tantrismus für eine westliche und künstliche Betrachtungsweise halte, aber dennoch auf dieses Konzept eingehe, beziehungsweise eingehen muss, da es sich nun einmal etabliert hat.) Die genannten „84 Meister" stehen für die Verkörperung und Verbreitung dieser Lehre zwischen dem achten und zwölften Jahrhundert. Ähnlich wie zur gleichen Zeit ihre hinduistischen „Kollegen" und etwas später ebenfalls die indischen *Kavi-Sants* (Dichter-Heiligen), so entstammten auch die „84 Siddhas" ganz unterschiedlichen sozialen Schichten.

Da gab es, allen voran, die großen und berühmten Philosophen und Mystiker *Nāgārjuna, Nāropa, Luīpa* und *Tilopa.* Wichtig für die Menschen waren aber auch diejenigen, mit denen sie sich identifizieren konnten: Der Bettler *Catrapa,* der Dieb *Khadgapa,* die Hausfrau *Manibhadra,* der Wäscher *Dhobīpa,* der Brotverkäufer *Pacaripa,* der erleuchtete Nichtsnutz *Nirguṇapa,* das Großmaul *Kilakilapa* und andere. Ihr Leben und Wirken finden wir – in gelungener Weise dargestellt – in dem Werk „Die Meister der Mahamudra" von Keith Dowman.[46] Grundlage seines Werkes ist ein alter tibetischer Text mit dem Titel *Grub thob brgyad bcu tsa bzhi'i lo rgyus,* „Die Legenden der vierundachtzig Mahāsiddhas". In diesem Werk werden aber nicht nur das wundersame Wirken und die legendenhaften Lebensgeschichten dieser *Siddhas* beschrieben, sondern auch ihre individuelle *Sādhanā,* ihre jeweilige spirituelle Praxis – die verschiedensten psycho-experimentellen Methoden des Yoga und Tantra – mit der sie dann, neben vielen übernatürlichen Kräften

46 Keith Dowman, Die Meister der Mahamudra – Leben, Legenden und Lieder der vierundachtzig Erleuchteten. München 1991.

(*Siddhis*), ihr höchstes spirituelles Ziel erlangten: Die Realisation der höchsten, göttlichen Liebe – genannt *Mahāmudrā-Siddhi.*

Was nun die allgemeinen Lehren der *Siddhas* betrifft, zu denen eben auch die *Kaulas* und *Nāthas* zählen, so möchte ich gleich an das oben genannte Werk „Die Legenden der vierundachtzig Mahāsiddhas" anknüpfen. Da sich bereits hier in der Auswahl und Darstellung der darin genannten Charaktere der *Siddhas* eines der Grundelemente der *Siddha*-Lehren zeigt: Um Befreiung und höchste Vollkommenheit, also den Zustand eines *Siddhas,* zu erlangen, brauchen wir an unserem Leben äußerlich rein gar nichts zu verändern. Die Transformation ereignet sich im Inneren. Wer ein Handwerker ist, kann ein Handwerker bleiben, wer eine Managerin ist, kann eine Managerin bleiben, wer ein Lehrer ist, kann ein Lehrer bleiben, wer eine Hausfrau ist, kann eine Hausfrau bleiben. *Siddha*-schaft, das Ziel der tantrischen *Sādhanā,* wird geradewegs dort erlangt, wo der Betreffende gerade lebt. Das Leben selbst ist die Schule des *Siddha*-Schülers, des Anwärters auf *Siddha*-schaft. Die Maxime der Siddhas lautet daher: „Beginne deine spirituelle Reise jetzt sofort und sei dir jedes Augenblickes bewusst – denn jeder Moment deines gegenwärtigen Lebens ist Ausdruck der göttlichen Ewigkeit. Beginne dort, wo du gerade stehst, und nimm dein Leben an, wie es tagtäglich vor dir ausgebreitet wird – denn *hier ist* die göttliche Allgegenwart." Die äußeren Lebensumstände sind also nicht entscheidend, sondern unsere innere Haltung. Diese wichtige Lehre der *Siddhas* lässt sich am besten am Lebensstil der *Siddhas* selbst erkennen, denn das alltägliche Leben eines *Siddhas* stellt die höchste Vollendung dieser Lehre dar. Ein *Siddha* ist äußerlich als solcher nicht zu erkennen. Er kann überall, in allen Lebensbereichen, auftauchen. Es kann jeder sein, der uns begegnet. Die oben genanten *84 Siddhas* zeigen hinsichtlich ihrer sozialen Stellungen und Berufe einen Querschnitt durch die gesamte damalige Gesellschaft. In *Viveka Darpaṇa 15. 3* heißt es daher:

„Irgendwo ist er [vielleicht] ein Nackter, einer, dessen Kleidung die Himmelsrichtungen sind. An einem anderen Ort ist er einer mit kostbarem Gewand und mit reichlichen Wohlgerüchen. Irgendwo ist ein Wald für die Askese – dort ist er (der *Siddha*) am Fuß eines Baumes der Einsamkeit zugetan. An einem anderen Ort genießt er vielfältige Freuden, die er auf natürliche Weise erlangt, wie Gott Indra. Auch wenn er [durch bestimmte Lebensumstände] beeinträchtigt ist, lebt er ohne jegliche Bindung."

Der Siddha *kann* also ein wandernder Asket sein, *muss* es aber ganz und gar nicht. Die meisten *Siddhas* der kaschmirischen Tradition, wie Abhinavagupta oder Kṣemarāja, waren übrigens verheiratet und hatten Kinder. Ein *Siddha* ist weder von äußeren Lebensumständen abhängig noch an bestimmte Lebensformen oder religiöse Traditionen gebunden. Über alle Bindungen dieser Welt erhaben, ist er dennoch – oder gerade deshalb – in allen Bereichen des weltlichen wie auch des religiösen Lebens zu finden. Ein bekannter Yoga-Text, der sich speziell mit dem Zustand und den Eigenschaften eines solchen Wesens auseinandersetzt, ist die *Avadhūta Gītā*, „der Gesang über den *Avadhūta*". *Avadhūta* bezeichnet eine bestimmte Klasse von *Siddhas*, nämlich solche, die alle Bindungen dieser Welt hinter sich gelassen haben (*Avadhūta* bedeutet wörtlich „einer, der alles von sich abgeschüttelt hat"). Typische *Avadhūtas* sind die beiden von Swami Muktananda beschriebenen *Siddhas* Zipruanna und Hari Giri Baba. Dennoch kann der folgende Vers der *Avadhūta-Gītā*, wie auch der hieran anschließende aus der *Siddha Siddhānta Paddhati*, als für alle *Siddhas* zutreffend erachtet werden:

Avadhūta Gītā 7. 9:

yogaviyogai rahito yogī bhogavibhogai rahito bhogī /
evaṃ carati hi mandaṃ mandaṃ manasā kalpitasahajānandam //

"Als Yogi, ohne Bindung und Trennung, als Genießer ohne Genüsse und Genusslosigkeit, so geht er langsam umher, wobei seine eigene Glückseligkeit hervorgebracht ist durch seinen Zustand (wörtlich: Denken)."

Siddha Siddhānta Paddhati 6. 22:

jitendriyaś ca bhagavān sa sudhīḥ kovido budhaḥ /
cārvākaś cārhataś ceti tathā bauddhaḥ prakāśavit //

"Er, der Erhabene, hat seine Sinne bezwungen, ist intelligent, erfahren und weise. Wie er ein *Cārvāka* (Anhänger des Materialismus) und *Ārhata* (Heiliger der jainistischen Religion) genannt werden kann, ist er ebenso ein Buddhist und ein Kenner des Lichtes des Bewusstseins."

Beruf, soziale Stellung, Religion oder äußeres Erscheinungsbild geben also keinen Aufschluss über den inneren Zustand eines solchen Menschen (eigentlich über keinen Menschen). Ganz im Gegenteil – ein *Siddha* wird wohl eher seinen Zustand vor der Allgemeinheit verbergen. Zu allen Zeiten galt bei den Mystikern dieser Welt, dass man über solche Geheimnisse zu den Menschen nur im Maße ihres Verständnisses sprechen darf – „weil die Menge gleich verhöhnet", wie schon Goethe wusste. Den Reichtum eines *Siddha*, wie auch Swami Muktananda in seinem Bericht deutlich machte, wird nur derjenige wahrnehmen können, der selbst reich im geistig-spirituellen Sinne ist.

Doch was lässt sich darüber hinaus noch zu den allgemeinen Lehren der *Siddhas* sagen? Ganz wichtig ist, dass sie strenge *Nicht-Dualisten*, besser noch *Monisten*, sind. Im Zusammenhang mit der Philosophie und Lehre der *Siddhas* sollte man besser vom Monismus sprechen – der Lehre vom dem einen, allem zugrunde liegenden Prinzip – da dem Nicht-Dualismus (Skt. *advaita*), auch dem des großen indischen Philosophen Śaṅkara, immer noch eine Spur von Dualismus anhaftet. Allein schon die Tatsache, dass das Wort *Dualismus* in dem Begriff vorkommt, insbesondere aber die Verwendung des *Māyā*-Konzepts (die *Māyā* ist nach Śaṅkara nicht real und somit vom *Brahman* verschieden), ist ein Hinweis dafür, dass diese Philosophie eben doch nicht konsequent davon ausgeht, dass *alles* das Höchste ist. Es hat den Geschmack von „alles ist das eine Göttliche, aber...".

Das eine, höchste Prinzip wird bei allen *Siddha*-Traditionen *Śiva* genannt. *Śiva* ist diese höchste Substanz, das Bewusstsein, das zu allem geworden ist. Dieses im Tantrismus weit verbreitete monistische Weltbild wird von Sanjukta Gupta folgendermaßen zusammengefasst:

„Letztendlich sind die bewussten Stücke des Universums, wie z.B. Steine, ebenfalls Gott und deshalb Bewusstsein, aber ein Bewusstsein, das beschlossen hat, sich vor sich selbst zu verbergen (*ātma-saṃkoca*) ... Die Welt des Tantra ist dann, letztendlich, einzig Gott, aber sie enthält eine große Bandbreite von Dingen – von Dingen so grobstofflich wie Steine, bis zu Dingen so subtil wie Gott. Von Gott aus betrachtet, haben wir das Spektrum von Bewusstsein zu Bewusstsein, das Spektrum von einfach bis komplex und das Spektrum von subtil bis grobstofflich. Diese drei Bereiche/Spektren verhalten sich harmonisch zueinander. Tatsächlich sind sie verschiedene Aspekte ein und derselben Sache. Darüber hinaus kann man sagen, dass die Bewegung nach unten auf der Stufenskala genau das ist, was passiert, wenn Gott das Universum erschafft."[47]

Die *Siddhas* nehmen dieses höchste Bewusstsein, aus dem und in dem alles besteht, unmittelbar war. Sie lehren deshalb, dass all diese Vielfältigkeiten und Unterschiedlichkeiten der Welt insofern real sind, als sie Manifestationen dieses einen, höchsten Bewusstseins sind – so wie Wellen und Wogen als Ausdruck der Bewegung des Ozeans aufgefasst werden können und keine Existenz unabhängig von ihm besitzen. Auf das menschliche Individuum bezogen, bedeutet das in letzter Konsequenz – dies ist gleichzeitig einer der elementaren Lehrsätze Swami Muktanandas – „Gott lebt in Dir als Du." Der Mensch ist nach einhelliger Auffassung der *Siddhas* identisch mit Gott.

Nachdem wir nun kurz die allgemeinen Lehren der *Siddhas* gestreift haben, möchte ich mich den Traditionen – dabei insbesondere den Philosophien, Lehren und praktischen Methoden – der *Kaula-* und *Nātha-Siddhas* zuwenden. Die Tradition der Kaulas ist einer der Eckpfeiler des Tantrismus. Sie ist verknüpft mit den *Haṭha-Yogis* und den verschiedenen *Siddha*-Traditionen, wie den *Nāthas*, und bildet eine der wichtigen Komponenten für die hohe tantrische Schule des *Śivaismus von Kaschmir*. Erinnern wir uns, dass der wohl wichtigste Philosoph und Meister dieser tantrischen Tradition – Abhinavagupta – ein *Siddha-Guru* und unvorstellbares Universalgenie, von Śambhunātha, dem berühmten Guru der *Kaula*-Tradition, in diese Tradition initiiert wurde. In Abhinavaguptas Werken gibt es zahllose Literaturverweise auf die *Kaula*-Tradition, wie auch Termini, die dieser Tradition entstammen. Mit dem Auftreten der Kaulas, das sich zeitlich schwer abschätzen lässt und nach Expertenmeinung

47 Sanjukta Gupta, The Mandala as an Image of Man, S. 35; in R. Gombrich ed., Indian Ritual and its Exegesis, Delhi 1988.

irgendwo zwischen dem vierten und neunten Jahrhundert liegt, begannen die typisch tantrischen Formen des Mystizismus und der Verehrung der *Śakti*. In der Tradition der Kaulas entstanden einige der wichtigsten tantrischen Werke, die ich nachfolgend aufzähle und kurz skizzieren werde:

1. *Rudra-Yāmala-Tantra*: Dieses Werk ist zum größten Teil verschollen. Es existieren zwei sehr wichtige Texte, die angeben, Teile aus diesem Tantra zu sein. Das ist zum einen das *Vijñāna Bhairava (Tantra)* – ein einzigartig praxisorientiertes Werk, das in der Tradition hohes Ansehen genießt. Es enthält eine Vielzahl von Übungen, die unmittelbar in die mystische Erfahrung führen und in dem sich nach Lilian Silburn: „Das tiefste und Originellste, was die Āgamas uns in Bezug auf die mystische Erfahrung bieten", findet.[48] Das andere bekannte Fragment aus dem *Rudra-Yāmala-Tantra* ist die *Parātriṃśikā*, die von Abhinavagupta als *Trika-Sūtra* bezeichnet wird, weil sie die grundlegenden Lehren des *Trika* (= anderer Name für den *Śivaismus von Kaschmir*) enthält. Die *Parātriṃśikā* bildet auch die Grundlage für zwei seiner wichtigsten Kommentar-Werke.[49]

2. *Kulārṇava-Tantra*: Dieses Tantra ist eines der bekanntesten und am häufigsten zitierten überhaupt und das vermutlich grundlegendste Werk über die Lehren der Kaulas. Es handelt von dem menschlichen Privileg – dem Geburtsrecht aller Menschen – sich seiner selbst, also seiner wahren göttlichen Natur, bewusst zu werden. Es beschreibt verschiedene Wege, um das höchste Ziel zu erlangen, und zieht dabei durchaus in Betracht, dass Menschen von unterschiedlicher Natur und Befähigung sind. Es behandelt die klassischen Yoga-Methoden, wie z.B.

---

48 Lilian Silburn, Le Vijñāna Bhairava. Paris 1983, S. 9.

49 Siehe P.E. Muller-Ortega, The Triadic Heart of Śiva. New York 1989, S. 42 u. 55.

Mantra-Japa (Mantra-Wiederholung), Ritual, *Upāsana* (Dienst, Verehrung) und dergleichen. Besonderes Gewicht haben Fragen wie: Wer ist geeignet, um den Weg des Tantra zu beschreiten? Wer ist kompetent, den Schüler zu leiten? Was ist die Bedeutung der Guru-Schüler-Beziehung?

3. *Svacchanda-Tantra*: Hier handelt es sich um einen wichtigen und sehr umfassenden Text. Abhinavagupta bezieht sich häufig auf dieses Werk und übernimmt zum Teil sogar wörtlich dessen kosmologische Konzeptionen.[50] Es ist das wichtigste Werk des Kultes der Gottheit *Svacchanda-Bhairava*.

4. *Netra-Tantra*: In diesem Tantra, das ebenfalls zu den umfangreicheren zählt, werden, wie auch im *Svacchanda-Tantra*, unter anderem die Grundlagen für die „kosmologische Schwingungs- beziehungsweise Klang-Lehre" gelegt – also die oben kurz dargestellte Lehre der Entstehung des Universums aus Klang/Schwingung –, die später durch Abhinavagupta, Kṣemarāja sowie weitere Philosophen in die Lehren des *Śivaismus von Kaschmir* fließen wird. Ein weiteres in diesem Tantra behandelte Thema ist der tantrische Yoga. Zwar wird hier – wie bei Patañjali – auch von acht Yoga-Gliedern ausgegangen. Nur lehrt *Śiva* in dieser von ihm offenbarten Schrift eine höhere Form der acht Yoga-Stufen, die letztlich zur Vereinigung mit dem höchsten, transzendenten Prinzip führen, über welches das *Netra-Tantra (8. 6-8a)* folgendes sagt:

„Sprache vermag es nicht auszudrücken, noch können die Augen es sehen, die Ohren es hören, die Nase es riechen, die Zunge es schmecken, die Haut es berühren oder der Geist/ Verstand es erfassen – das, was ewig ist. Frei von Farben und

50 Siehe David Gordon White, The Alchemical Body – Siddha Traditions in Medieval India. Chicago 1996, S. 329.

Geschmack, [gleichzeitig] ausgestattet mit allen Farben und Geschmacksrichtungen, ist es jenseits der Sinne und kann objektiv nicht wahrgenommen werden. Oh Göttin, jene Yogis, die es erlangen, werden unsterbliche Götter. Durch intensive Übung und höchste Leidenschaftslosigkeit ... erlangt man Śiva, die höchste, unvergängliche, ewige und unveränderliche Realität."[51]

Das Wort *Kaula* leitet sich von dem Sanskritwort *Kula*, „Guppe, Familie", ab. Da dieses Wort aussagekräftig hinsichtlich einiger entscheidender Aspekte der Philosophie der *Kaula-Siddhas* ist, möchte ich es an dieser Stelle näher erläutern. *Kula* steht für die Gruppe oder Vielzahl von manifestierten Realitätsformen, deren grundlegende Einheit oder Realität *Śiva* ist. *Kula* ist also die manifestierte Realität = *Śakti*. *Kulas* ontologisches Pendant ist *A-kula*, das, was nicht manifestiert ist, der Nicht-Kosmos. Wenn *Kula* für das Immanente, die *Śakti*, steht, steht *A-kula* für das Transzendente – *Śiva*. Jeder Teil der manifestierten Realität – ein Universum, ein Sonnensystem, ein Planet, ein Volk, eine Familie, ein Individuum/Körper – kann als *Kula* bezeichnet werden, da es eine Verbindung von Objekten, Wesen und Organen darstellt, die durch ein übergeordnetes Prinzip zusammengehalten werden. Typisch für die Kaulas ist daher die auch in den anderen *Siddha*-Traditionen und besonders im tantrischen Yoga beheimatete Lehre von der Gleichsetzung oder sogar Identifizierung von Mikro- und Makro-Kosmos: Da das höchste Bewusstsein, *Śiva*, in jedem noch so kleinen und noch so grobstofflichen Teil dieses Universums präsent ist, beziehungsweise sich als solches offenbart, enthält jedes Teil das übergeordnete Ganze – mit der Gesamtheit aller darin enthaltenen Teile. Dieses Analogie-Konzept, das uns später

51 Mark S.G. Dyczkowski, The Doctrine of Vibration – An Analysis of the Doctrines and Practices of Kashmir Shaivism. Delhi 1989, S. 209.

noch mehr beschäftigen wird, stellt einen der Eckpfeiler des tantrischen Yoga und seiner *Kuṇḍalinī*-Lehre dar. Jede einzelne Einheit dieser Schöpfung beziehungsweise Realität ist also nur an der Oberfläche verschieden von den anderen Einheiten der Schöpfung/Realität. Jede dieser zahllosen Einheiten – große (z.B. Galaxien) wie kleine (z.B. Mikroorganismen) – ist eine kontrahierte Form des Ganzen, der gesamten Schöpfung. Deshalb sind Mensch und Kosmos nur *verschiedene Perspektiven* ein und derselben „Sache". Der Mensch verkörpert nach der Lehre der Kaulas den gesamten Kosmos. Philip Rawsons Ausführungen hierzu gehen durchaus konform mit modernen Erkenntnissen aus der Neurologie:

„Gemäß diesem Prinzip setzt Tantra den menschlichen Körper mit dem Kosmos gleich. Die beiden sind sozusagen dasselbe funktionale System von zwei verschiedenen Standpunkten aus betrachtet, und jedes ist ohne das andere unbegreiflich. Der Kosmos, den der menschliche Verstand/Geist kennt, ist eine Struktur der Energie-Ströme in seinem körperlichen System."[52]

Vor diesem Hintergrund wird verständlich, warum die Kaulas den Körper nicht verachten und quälen, wie das bei anderen Traditionen teilweise der Fall ist. Ganz im Gegenteil, der Körper wird geradezu verehrt als das Gefäß, welches das göttliche Bewusstsein enthält. „Der Körper ist der Tempel des Göttlichen", hört man in diesem Zusammenhang häufig. Das Unendliche hat sozusagen Platz genommen im Endlichen; und genau das ist das Ziel der *Kaula-Sādhanā* und die unmittelbare Erfahrung derer, die ihre *Sādhanā* erfolgreich beendet haben. Die Selbst-Erfahrung des *Siddhas* ist: „Der gesamte Kosmos ist mein Körper." Der Siddha ist nicht mehr ausschließlich auf seinen menschlichen Körper angewiesen. Nun stehen

52 Philip Rawson, The Art of Tantra. London 1978, S. 10.

ihm alle Kräfte des Universums zur Verfügung. Der Körper ist daher auch das zentrale Instrument, das der Tantriker beziehungsweise Yogi einzusetzen lernt, um damit das Höchste zu erlangen. Als eines der wichtigsten Werkzeuge gilt bei den *Kaulas* natürlich das Mantra. Es ist nach Abhinavagupta dasjenige Instrument, „durch welches man alle Gottheiten als im eigenen Körper befindlich wahrnimmt" (*mantraikaniṣṭhaḥ saṃpaśyan dehastāḥ sarvadevatāḥ, Tantrāloka* 12. 6-7)[53]. Doch das ist erst der Anfang. Im weiteren Verlauf seiner *Sādhanā* wird der Adept mit Hilfe seines vom Guru erhaltenen Mantras a l l e s in seinem Körper sehen können.

Das Wort *Kula* sagt uns aber noch mehr über die Philosophie und die Lehren der Kaulas. Wie wir sahen, hat es auch die Bedeutung „Familie". Im engeren Sinne ist damit die spirituelle Familie gemeint, also die Gemeinschaft derer, die, nach jeweilig erhaltener Initiation, *zusammen* einem spirituellen Weg folgen und bestimmte spirituelle Übungen verrichten – alles geleitet und beseelt durch den Guru, das Zentrum der spirituellen Familie. Die Gemeinschaft war bei den *Kaulas* also von großer Bedeutung. Ähnliches kennen wir übrigens von den *Bhakti*-Traditionen des Mittelalters. Hier war der prägende Begriff *Satsaṅg*, wörtlich „Zusammensein in der Wahrheit", also auch wieder das Zusammenkommen und Praktizieren in der Gemeinschaft. Die Frage drängt sich auf, warum die *Kaulas* – ganz im Gegensatz zu vielen Asketen und Mönchen, die zwar auch Gemeinschaften kannten, doch meistens alleine und in der Abgeschiedenheit ihr Ziel verfolgten – solch hohen

53 P.E. Muller-Ortega, The Triadic Heart of Śiva. New York 1989, S. 247.
An dieser Stelle möchte ich kurz bemerken, dass das Sanskrit-Wort *Mantra* von seinem Geschlecht her maskulin ist und man deshalb korrekterweise „der Mantra" sagen müsste. Da dieses Wort jedoch mittlerweile als Neutrum eingedeutscht ist – das Mantra –, werde ich bei dieser etablierten Sprachregelung bleiben.

Wert auf diese spirituelle Familie legten. Vielleicht hilft uns bei der Beantwortung dieser Frage folgende Textpassage aus Abhinavaguptas einzigartigem Werk *Tantrāloka* (*28. 373 ff.*):

„Bewusstsein, das aus allen Dingen besteht, nimmt den Zustand der Kontraktion an, entsprechend der Unterschiede, hervorgerufen durch die getrennten Körper. Aber es kehrt wieder zum Zustand der Einheit, zu einem Zustand der Ausdehnung zurück, wenn all seine Komponenten in der Lage sind, sich gegenseitig zu reflektieren… . Aus diesem Grunde entsteht wahre Freude, wenn sich eine Anzahl von Menschen während der Darbietung eines Tanzes oder Gesanges usw. versammelt, [und] wenn sie alle zusammen, und nicht [nur] jeder für sich, auf das Spektakel konzentriert und darin versunken sind. Das Bewusstsein, das vor Wonne überfließt, auch beim einzelnen Individuum, erlangt bei solchen Veranstaltungen einen Zustand der Einheit und deshalb einen Zustand der völligen und vollkommenen Glückseligkeit."[54]

Wenn, aus den oben genannten Gründen, das gemeinsame Erleben von weltlichen Genüssen schon eine solche Wirkung auf unser Bewusstsein hat, um wie viel stärker muss dann die Wirkung des gemeinsamen Praktizierens von spirituellen Übungen auf unser Bewusstsein sein? In der Gemeinschaft entsteht ein Kraft- oder Bewusstseins-Feld, das in seiner Gesamtheit weit mehr ist als das, was jeder einzelne Teilnehmer dazu beiträgt. Die Möglichkeiten und Chancen hinsichtlich des spirituellen Wachstums werden in einem solchen „Gemeinschafts-Feld" geradezu potenziert. Das scheint mir übrigens der Grund zu sein, warum nicht nur die *Kaulas*, sondern auch viele andere spirituelle Traditionen die Gemeinschaft so sehr betonen.

---

54 P.E. Muller-Ortega, The Triadic Heart of Śiva. New York 1989, S. 61.

Erwähnt werden sollte schließlich noch, dass die *Kaulas* vorzugsweise *Śakti*-Verehrer waren und ihnen die bekannte tantrische Praxis der *Pañca-Makāras* zugeschrieben wird. Die *Pañca-Makāras* oder „5 M", wie sie landläufig auch genannt werden, sind ein Satz von fünf tantrischen Praktiken, die im Sanskrit mit *M* beginnen: 1. *Madya* (Wein), 2. *Māṁsa* (Fleisch), 3. *Matsya* (Fisch), 4. *Mudrā* (geröstetes Getreide), 5. *Maithuna* (Geschlechtsverkehr). Viele autoritative tantrische Werke weisen jedoch darauf hin, dass es sich hier um verschlüsselte tantrische Termini handelt. Nach dem *Yoginī Tantra (5. 14)* z.B. steht *Madya* für das berauschende Wissen vom Absoluten, *Māṁsa* für das Hingeben aller Handlungen an die göttliche Śakti, *Matsya* für das Wissen über Freude und Leid aller Lebewesen, *Mudrā* für das Loslassen von allen Verbindungen mit dem Bösen und *Maithuna* für die Vereinigung von *Kuṇḍalinī- Śakti* und *Śiva* im Körper des Yogis.[55] Es ließe sich hier natürlich noch vieles über die *Kaula-Siddhas* berichten, doch würde es den Rahmen dieser Arbeit überschreiten.

Auf dem Nährboden dieser Philosophien, Lehren und Erlösungspraktiken der Kaulas entstand nun das, was ich bereits zuvor den „Hoch-Tantrismus" nannte – der *Śivaismus von Kaschmir*. Über diese tantrische Tradition bemerkt Bettina Bäumer:

„Der sogenannte *Śivaismus von Kaschmir* ist eines der reichsten und eindrücklichsten religiös-philosophischen Systeme des Hinduismus mit einer vollständig ausgearbeiteten Philosophie, einer hoch entwickelten Mystik, einem an Symbolik reichen Ritual und einer theologisch fundierten Ästhetik und Psychologie. Trotz seiner umfangreichen Literatur auf all diesen Gebieten ist er im Westen noch fast unbekannt,

55 R.K. Rai, Encyclopedia of Yoga. Varanasi 1982, S. 150-152.

und auch in Indien wurde er bis vor kurzem nicht unter den philosophischen Schulen gelehrt, weil er nicht zur vedischen Orthodoxie gehört wie die sechs klassischen Systeme (Darśana). Schon hier muss betont werden, dass dieses System, wie fast alle indische Philosophie, nicht mit einem abendländischen Denksystem verglichen werden kann – auch wenn es dessen epistemologischen Ansprüchen genügen würde – denn es handelt sich um ein Denken, das aus der mystischen Erfahrung entspringt und wieder zu ihr hinführen will. Es kann nie von der Spiritualität getrennt werden, die es trägt, weshalb Praxis und Theorie, Yoga und Jñāna, nur in Verbindung miteinander sinnvoll sind. Es sind heutzutage im Westen viele, meist falsch verstandene Theorien und Praktiken des Tantrismus verbreitet, doch die authentische Tradition, wie sie im Śivaismus von Kaschmir überliefert ist, findet kaum Beachtung... . Abgesehen von der oberflächlichen „Mode" des Tantrismus, enthält die Spiritualität des kaschmirischen Śivaismus Elemente, die der Menschheit im Wendepunkt der heutigen Zeit eine große geistige Hilfe sein können, um nur einen Aspekt zu erwähnen: die positive Bewertung der Welt und des Leibes im Licht einer hochentwickelten Mystik."[56]

Ich möchte an dieser Stelle der Vollständigkeit halber darauf hinweisen, dass *Śivaismus von Kaschmir* oder *kaschmirischer Śivaismus* (Englisch: *Kashmir Shaivism*) seit einer Reihe von Jahren ein etablierter Terminus für den nicht-dualistischen beziehungsweise monistischen Śivaismus in Kaschmir ist. Eigentlich zählen nicht nur die beiden nicht-dualistischen Schulen des bereits erwähnten *Trika* und *Krama*, deren Doktrinen durch Abhinavagupta und seinen Schüler Kṣemarāja ihre endgültige Formulierung fanden, sondern auch das dualistische und eher Veda-kongruente System des kaschmirischen *Śaivasiddhānta*

56 Bettina Bäumer, Abhinavagupta – Wege ins Licht. Zürich 1992, S. 9, 10.

von Rāmakaṇṭha zu dieser Tradition. Dass man vom *Śivaismus von Kaschmir* oder *kaschmirischen Śivaismus* ausschließlich im Sinne des nicht-dualistischen/monistischen *Trika*-Systems spricht, liegt nach Alexis Sanderson vermutlich daran, dass letztgenannte Schule alle anderen bis zum elften Jahrhundert völlig verdrängt hat.[57] Der Begriff *Trika* („Trinität, Dreifaltigkeit") kommt daher, dass sich diese philosophische Schule mit dem dreifältigen metaphysischen Prinzip „*Śiva* (Gott) – *Śakti* (Energie) – *Nara* (Mensch/Seele/relative Wirklichkeit)" auseinandersetzt.

Um es noch einmal zu sagen: Der *Śivaismus von Kaschmir* nimmt unter allen tantrischen und mystischen Traditionen und Schulen Indiens eine außerordentliche Stellung ein. Die historischen Begründer dieser Tradition sind der bereits genannte Siddha Vasugupta (ca. 875-925) und der Siddha Somānanda (ca. 900-950). Da nach traditioneller Auffassung Vasugupta die grundlegenden Lehren, die *Śiva Sūtras*, in Kaschmir offenbart wurden, wird diese tantrisch-shivaitische Tradition *Śivaismus von Kaschmir* genannt. Vasugupta lehrte die Philosophie der *Śiva Sūtras* seinen Schülern, und diese wiederum gaben sie an ihre Schüler weiter, die sie im Laufe der Zeit in ganz Indien verbreiteten. Von Jñāneśvar (13. Jahrhundert), dem Dichter-Heiligen und Meister der *Nātha*-Tradition in Mahārāṣṭra, weiß man beispielsweise, dass er der *Śiva Sūtras* kundig gewesen sein muss. Wie sonst ließe sich erklären, dass er fast dreihundert Jahre nach ihrem „Erscheinen" die darin propagierte Philosophie als Grundlage für seine eigene Lehre übernimmt und beispielsweise in seinem philosophischen Werk *Anubhava Amṛta* („Nektar der Selbsterkenntnis") direkten Bezug nimmt auf *Śiva Sūtra 1. 2 / 3. 2 – jñānam bandha*, „Wissen ist Bindung":

57 Alexis Sanderson, Shaivism and the Tantric Traditions. in: The World's Religions. Hrsg. von Stewart Sutherland. London 1988.

„āṇi jñāna baṃdhu aiseṃ / śivasūtrāceni miseṃ /
mhaṇitaleṃ aseṃ / sadāśiveṃ // (3. 16)

„Und bei der Darlegung der *Śiva Sūtras* wurde von Sadāśiva gelehrt, dass begrenztes Wissen Bindung ist."

Auch das von Jñāneśvar entwickelte, bekannte kosmologische Konzept, wonach die Welt nichts anderes als ein „Spiel des Bewusstseins" (Skt. *cidvilāsa*)[58] ist, geht eindeutig auf die Philosophie und die Lehren des *Śivaismus von Kaschmir* zurück. Der Begriff und das Konzept des *Cidvilāsa* war bei den *Nātha-Siddhas* generell verbreitet[59] und wurde interessanterweise im 20. Jahrhundert von Swami Muktananda wieder aufgegriffen und in den Siebzigern auch im Westen etabliert. Dies wird besonders deutlich am Titel von Muktanandas spiritueller Autobiographie, der ursprünglich „Chidvilas – Spiel des Bewusstseins" lautete, aber auch am Namen, den er seiner Nachfolgerin gab – (Svami) Chidvilāsānanda („Glückseligkeit des Spiels des Bewusstseins").[60]

Wie bereits angeschnitten, befasst sich der *Śivaismus von Kaschmir* mit der Darstellung dreier Prinzipien – und zwar solchen, die uns unmittelbar selbst betreffen: 1. unsere eigene wahre Natur; 2. die Natur der Welt beziehungsweise Realität, die uns umgibt; 3. die Natur Gottes beziehungsweise des Göttlichen. Darüber hinaus zeigt dieses metaphysisch-philosophische System Wege auf – und das ist sein eigentlicher Sinn und Zweck – wie wir als Individuen unsere wahre Natur und höchste Identität realisieren können. Nach dem *Śivaismus von*

58 Zum Begriff und Konzept des *Cidvilāsa* bei Jñāneśvar siehe: B.P. Bahirat, The Philosophy of Jnanadeva. Pune 1996, S. 17, 72, 103.
59 Zum Begriff und Konzept des *Cidvilāsa* bei den *Nātha-Siddhas* allgemein siehe: A.K. Banerjea, Philosophy of Gorakhnatha. Delhi 1988, S. 73-74, 77-78.
60 *Chidvilas* ist nur eine anglisierte Schreibweise des Sanskrit-Wortes *Cidvilāsa*.

Kaschmir ist Selbst-Verwirklichung das Erkennen der wahren eigenen Natur – das Erkennen und unmittelbare Erfahren der Einheit mit dem allumfassenden göttlichen Bewusstsein. So schreibt Abhinavagupta in *Tantrāloka 1. 126*:

> „Die Befreiung ist nichts anderes als die Offenbarung
> des eigenen Seins.
> Das eigene Sein ist Bewusstsein des eigenen Selbst."[61]

Diese Erfahrung wird jedoch nur durch das Interagieren der göttlichen Segenskraft (Skt. *anugraha*) möglich, die uns ab einem bestimmten Punkt unserer geistig-spirituellen Entwicklung in Gestalt des Sadguru begegnet. Ein solcher Meister ist ein Kanal für die göttliche Segenskraft, beziehungsweise sogar ihre Verkörperung. Vermittels der Übertragung der göttlichen Segenskraft, *Śaktipāta/Śaktinipāta* genannt (auf diesen Terminus, wie auch auf den Akt der Initiation, den er bezeichnet, werde ich später noch gründlicher eingehen), durch den Guru, wird der Schüler auf den Pfad zur Befreiung gesetzt, und Selbstverwirklichung liegt in greifbarer Nähe. Durch diesen Initiationsakt wird die *Kuṇḍalinī* in einer so sicheren und vollkommenen Weise erweckt, wie es ein Yogi aus eigener Anstrengung, also mit Hilfe von yogischen Techniken, normalerweise nie erreichen könnte. Doch nicht nur darin liegt die Einzigartigkeit dieser Initiation (Skt. *dīkṣā*). Nach Auffassung der Meister und Philosophen des *Śivaismus von Kaschmir* wird durch *Śaktipāt-Dīkṣā* diejenige Begrenzung (Skt. *mala*, wörtlich „Fessel") zerstört, die uns zum begrenzten Individuum macht. Da diese Begrenzung (die das höchste Bewusstsein wohlgemerkt aus freien Stücken an sich selbst vorgenommen hat) also die Grundlage für unser Dasein ist, können wir sie logischerweise nicht selbst auflösen – so wie es eine Binsenweisheit ist, dass man sich selbst am eigenen

61 Bettina Bäumer, Abhinavagupta – Wege ins Licht. Zürich 1992, S. 77.

Schopf nicht aus dem Sumpf ziehen kann.[62] Die Kraft, die dies bewerkstelligen kann, muss also aus einem System höherer Ordnung kommen.

Das Gewähren des Segens (*Anugraha*) ist nach den Lehren des *Śivaismus von Kaschmir* eine der fünf göttlich-kosmischen Handlungen[63] – und sie geschieht, so wird gesagt, unabhängig von unseren menschlichen Handlungen und Fähigkeiten. Wer hierin einen Widerspruch zu dem Vorhergesagten bemerkt, liegt von der Logik her völlig richtig. Doch die göttliche Gewährung der unabdingbaren Segenskraft ist ein *Paradox*: Einerseits, so wird gesagt, ist die Reife des Schülers (*Adhikāra*) zu ihrer Erlangung eine notwendige Voraussetzung, andererseits wird auch darauf hingewiesen, dass *Anugraha* beziehungsweise *Śaktipāta* keiner Kausalität unterliegt. Dieser göttliche Blitzschlag, der die Pforten zur Erleuchtung regelrecht aufstößt, kann jeden, jederzeit und ohne jede Vorbedingung treffen).

Nach monistischer Art wird hier im *Śivaismus von Kaschmir* von einem einzigen Prinzip ausgegangen, das allem zugrunde liegt – die höchste Realität. Ihre Natur, ihr Wesen, das eines der Hauptthemen in den Werken dieser Tradition bildet, hat viele verschiedene Namen. Es wird *Caitanya* (Bewusstsein) genannt, *Parāsaṃvit* (die höchste Erfahrung), *Parameśvara* (der höchste Herr), *Anuttara* (das Allerhöchste), *Parama-Śiva* (der

62 Siehe hierzu D.B. SenSharma, The Philosophy of Sadhana. Albany 1990, S. 48-49.

63 Die anderen vier göttlichen Handlungen, bezogen auf den gesamten Kosmos, sind: *Sṛṣṭi* (Schöpfung), *Saṁhāra* (Auflösung), *Vilaya* (Verhüllung), *Sthiti* (Erhaltung). Alle fünf werden von Kṣemarāja in seinem Kommentar zu *Pratyabhijñāhṛdayam Sūtra 10* genannt. In diesem *Sūtra* wird übrigens gesagt, dass das göttliche Bewusstsein auch noch in seiner kontrahierten Form als individuelles, sterbliches Wesen diese fünf Handlungen ausführt, allerdings eben in eingeschränkter Form – *Śiva* bleibt eben immer *Śiva*! Siehe hierzu: Swami Shantananda, The Splendor of Recognition. New York 2003, S. 203-216.

höchste *Śiva*). Letztere Bezeichnung ist wohl die gebräuchlichste, weshalb ich sie mir hier zu eigen machen werde. *Paramaśiva* ist von seinem Geschlecht her zwar männlich, aber das, was dieses Wort bezeichnet, ist natürlich jenseits aller Attribute, jenseits aller Formen und Begrenzungen, jenseits von Raum, Zeit und Kausalität – es ist einzig, ewig, unendlich, alldurchdringend, allwissend. *Parama-Śiva* hat zwei Aspekte: *Prakāśa* und *Vimarśa*. Sie sind die voneinander untrennbaren Aspekte der einen höchsten Realität – so wie die zwei Seiten einer Medaille. Sie befinden sich immer in einem Zustand der vollkommenen Koexistenz. *Prakāśa* bedeutet „Licht" und bezeichnet hier das Licht des Bewusstseins. Dieses Licht ist kein Licht, das man sehen kann, sondern das Licht, durch das alles in diesem Universum existent ist. Es ist die Macht des göttlichen Bewusstseins zu offenbaren, alle Dinge dieser Welt zu manifestieren. Dieses Licht ist der Urgrund allen Seins. Der zweite Aspekt der höchsten Realität – *Vimarśa* – ist die höchste Bewusstheit, das, worin sich das höchste Licht widerspiegelt. Es ist die Macht oder Fähigkeit des höchsten Bewusstseins, sich selbst zu erkennen. Es ist das, was Leben verleiht, das, was uns die Fähigkeit der Wahrnehmung, Erkenntnis und Bewusstheit gibt. *Vimarśa* wird oft mit einem Spiegel verglichen, in dem sich das göttliche Licht reflektiert und erkennt. *Prakāśa* und *Vimarśa* werden in der tantrischen Literatur auch oft als *Śiva* und *Śakti* personifiziert, wie in dem *Śākta*-Text *Kāma-Kalā-Vilāsa (Vers* 2:

„Schau – die uranfängliche *Śakti,* die alles übersteigt und die gemäß ihrer eigenen wahren Natur ewige, grenzenlose Glückseligkeit ist – [sie] ist der Same all der beweglichen und unbeweglichen Dinge, die existieren, und [sie] ist der reine Spiegel, in dem *Śiva* sich selbst erfährt."[64]

64 Zitiert aus: Swami Shantananda, The Splendor of Recognition. New York 2003, S. 31

Wie es in diesem Vers bereits anklang, ist *Śakti* beziehungsweise *Vimarśa* die universale Quelle grenzenloser Glückseligkeit – *Ānanda*. *Prakāśa* hingegen ist die Ursache der bewussten Existenz, *Cit* genannt. Deshalb wird im *Śivaismus von Kaschmir* die Natur der alles umfassenden Realität auch als *Cidānanda* beschrieben, als Glückseligkeit des Bewusstseins. Doch das höchste Bewusstsein hat gemäß der kaschmirischen Philosophie neben *Cit* und *Ānanda* noch drei weitere göttliche Aspekte:

- *Icchā*, der absolute Wille, die höchste Fähigkeit, etwas zu tun.
- *Jñāna*, das höchste, allumfassende Wissen, der Aspekt, der alle Selbstmanifestationen (= Universum) in bewusster Beziehung zu *Śiva* hält.
- *Kriyā*, der Aspekt, durch den *Śiva* zum Universum wird und in ihm jede Rolle seines eigenen Schauspiels annimmt.[65]

Eine der elementaren und bekanntesten Lehren dieser mystisch-philosophischen Tradition ist die der *36 Tattvas*. Wenn sich *Parama-Śiva* als das Universum manifestiert, spielt er sozusagen eine doppelte Rolle. Zum einen bleibt er im Hintergrund und beobachtet, völlig unbeteiligt, als höchster Zeuge (*Sākṣī*) das kosmische Spiel. Zum anderen nimmt er als die zahllosen Subjekte und Objekte aktiv am Spiel seiner *Śakti* – die eins ist mit ihm – teil. Doch wie geschieht nun dieser Prozess des Sich-Öffnens und Entfaltens von *Parama-Śiva*? Nach den Lehren des *Śivaismus von Kaschmir* geschieht dies in einer sukzessiven Abfolge von sechsunddreißig Realitätsebenen, den genannten Tattvas (wörtlich: „das, was ist"). Allerdings gilt es dabei zu bedenken, dass dies kein temporaler Prozess ist; sondern der ewige Augenblick, in dem *Śiva* und *Śakti* im absoluten Equilibrium sind und nichts offenbar ist. Evolution und Involution, der gesamte Prozess

65 Siehe: D.B. SenSharma, The Philosophy of Sadhana. Albany 1990, S. 23-24.

vom Zustand der Alleinheit des Bewusstseins, über die Entwicklung des höchsten Bewusstseins zum Individuum hin und dessen Weg zurück zur Erkenntnis seiner Identität mit *Śiva* – all dies existiert und geschieht gleichzeitig, in einem immerwährenden Augenblick.[66] Die *36 Tattvas*, die ich hier aus Platzgründen nicht alle einzeln aufzählen und erklären kann, beginnen mit *Parama-Śiva* und enden mit *Pṛthivī*, der Erde. Sie sind die Ebenen der sukzessiven und freiwilligen Kontraktion des Bewusstseins, die stufenweise Entwicklung vom Subtilen zur Materie. Über diese Stufen, in denen sich der kosmische Evolutionsprozess, den Lehren des *Śivaismus von Kaschmir* zufolge, ereignet, schreibt Swāmī Shantānanda:

„Die *Tattvas* sind wie eine Landkarte für die spirituelle Reise, und das ist meines Erachtens der Grund, weshalb Lakshman Joo, eine der führenden Autoritäten dieses philosophischen Systems im 20. Jahrhundert, gesagt hat, dass der Zugang zum kashmirischen Śivaismus durch die *Tattvas* geschieht. Der kaschmirische Śivaismus zielt nicht auf den Intellekt allein ab. Er ist der intellektuelle Arm eines Yoga, der geschaffen wurde, um den Praktizierenden zu befreien. Sein einziger Zweck ist es, den Schüler zu erheben und zu erlösen. Die 34 Tattvas [+ Śiva/Śakti = 36 Tattvas[67]] sind eine Landkarte der subtilen Realität und deshalb für uns ein Mittel, um herauszufinden, wo wir uns befinden, wo wir hergekommen sind und wie wir zurückfinden… . Was uns die Liste der Tattvas bietet, ist eine ontologische Karte. Eine Karte der verschiedenen Seinszustände, die das Bewusstsein annimmt, indem es sich selbst als das Universum erstarren lässt – und umgekehrt, des

66 ibid., S. 30.

67 Shantānanda verfährt hier nach der Zählweise des kaschmirischen Meisters und Philosophen Utpaladeva, der vorschlägt, *Śiva*- und *Śakti-Tattva* als Aspekte des *Parama-Śiva-Tattva* zu erachten und deshalb nur 34 Tattvas postuliert, was aber letztlich nichts Wesentliches an dem *Tattva*-Modell ändert.

Prozesses, durch den es zurückkehrt und zum Zustand des höchsten Śiva gelangt."[68]

Letztendlich geht es also im *Śivaismus von Kaschmir* nicht um irgendwelche abgehobenen intellektuellen Spekulationen über das Göttliche, sondern um das Erlangen desselben. Genauer gesagt, um die unmittelbare Erfahrung des nach Befreiung strebenden Yogi, dass er frei i s t – dass er der höchste *Śiva*, das ewige und glückselige Licht des Bewusstseins i s t und es immer war. Das individuelle Wesen ist nicht nur nicht verschieden vom höchsten Wesen, von *Parama-Śiva*, sondern eine selbstbegrenzte Form des höchsten Wesens. Aus diesem Grund heißt es im ersten der *Śiva Sūtras* – wodurch die Quintessenz der gesamten Lehre gleich zu Beginn offenbar wird – *caitanyam ātmā*, „das [individuelle] Selbst ist das [höchste] Bewusstsein". Dieses *Sūtra* stellt nach Jaideva Singh die Basis dieses gesamten philosophischen Systems dar, indem konstatiert wird, dass das individuelle Selbst identisch ist mit reinem Bewusstsein.[69] Dieses gilt es jedoch nicht nur zu wissen, sondern unmittelbar zu realisieren. In den Worten von Mircea Eliade:

„Nicht der Besitz der Wahrheit ist das Ziel des indischen Weisen, sondern die Befreiung, das Erreichen der absoluten Freiheit. ... ‚Freiwerden' heißt hier, sich auf eine andere Existenzebene zu versetzen, in eine andere Seinsweise, welche die menschliche Verfassung übersteigt."[70]

Die unmittelbare Erfahrung der Identität mit dem höchsten Bewusstsein findet man bei den *Siddhas* und Philosophen des *Śivaismus von Kaschmir* indes nicht nur in intellektueller

68 Swami Shantananda, The Splendor of Recognition. New York 2003, S. 93.
69 Jaideva Singh, *Śiva Sūtras* – The Yoga of Supreme Identity. Delhi 1979, S. xxxi.
70 Mircea Eliade, Yoga – Unsterblichkeit und Freiheit. Frankfurt a.M. 1985, S. 11-12.

und logisch-wissenschaftlicher Art und Weise beschrieben. Überhaupt, so scheint es mir, haben wir Indologen durch die sehr textlastige, wissenschaftliche Betrachtung ein oftmals falsches oder zumindest einseitiges Bild von den indischen Philosophen. Bei Abhinavagupta z.B. finden wir den Zustand des *Siddha, Jīvanmukta* beziehungsweise vollkommenen Yogi auf wunderbar anschauliche, ja geradezu ergreifende Weise wie folgt beschrieben:

Anubhava-Nivedana („Die Darbringung der [höchsten] Erfahrung"):

„Hat ein Yogi Denken und Atem im inneren Objekt aufgelöst und wendet er seinen Blick unverändert nach außen – (das Äußere) sehend und doch nicht sehend – diese Haltung ist das Siegel Śivas (*śāmbhavī-mudrā*). O Meister! Dank deiner Gnade ist dies der göttliche Zustand der Wirklichkeit, frei von Leere und Nicht-Leere!

Mit halb geöffneten Augen, reglosem Denken, den Blick auf die Nasenwurzel gerichtet, Sonne und Mond (Ein- und Ausatmen) aufgelöst in der Mitte der dreifachen Bewegung[71], erlangt der Yogi die höchste Wirklichkeit, jenen Bereich vom Wesen des Lichtes, frei von aller Äußerlichkeit, den einen Geist, die transzendente Realität. Was gibt es noch mehr zu sagen?

Jedes Wort, das aus seinem Mund hervorkommt, ist ein transzendentes Mantra, die (natürliche) Haltung seines Körpers, in dem Freude und Leid entstehen, ist selbst die mystische Haltung (*Mudrā*). Der spontane Strom seines Atems ist der wunderbare Yoga. Wenn ich das lichtvolle Reich der göttlichen Energie erfahren habe, was bleibt dann, das nicht leuchten würde?

71 Bezieht sich nach Bettina Bäumer auf die drei Momente des Atems als subtiler Vibration: Einatmen, Ausatmen und aufsteigender Atem.

Mantra ist das Wort, das erleuchtet, ohne die Zusammensetzung der Buchstaben zu unterscheiden. Mudrā ist die Haltung, die entsteht, wenn jede körperliche Bewegung aufgehört hat, Yoga ist die geistige Übung, die sich offenbart, wenn der Strom des Atems sich aufgelöst hat. Wenn die Gutgesinnten in dein lichtvolles Reich eingegangen sind, was wäre nicht wunderbar bei diesem Fest der Freude?"[72]

Auch der große *Siddha* und Begründer der *Pratyabhijñā*-Philosophie (*Pratyabhijñā*, wörtlich „Wieder-Erinnern". Dieser Zweig der kaschmirischen Tradition lehrt, dass die höchste Befreiung ein Akt des sich Wieder-Erinnerns an die eigene göttliche Natur ist.) Utpaladeva beschreibt seinen Zustand der Einheit mit dem Höchsten in dem Werk *Śiva-Stotrāvalī* auf beeindruckend poetische und religiös-hingebungsvolle Weise:

antarbhakticamatkāracarvaṇāmīlitekṣaṇaḥ /
namo mahyaṃ śivāyeti pūjayam syāṃ tṛṇāny api // (5. 15)

"Mit meinen geschlossenen Augen, die Wunder der inneren Hingabe schmeckend, möge ich sogar die Grashalme auf diese Weise verehren: Ehre sei *Śiva* – mein eigenes Bewusstsein!"

īśvaro 'ham aham eva rūpavān / paṇḍito 'smi subhago 'smi ko 'paraḥ /
matsamo 'sti jagatīti śobhate / mānitā tvadanurāgiṇaḥ param // (13. 4)

„Ich bin der Herr. Ich, in der Tat, bin der Wohlgestaltete, der Gelehrte, der Glückliche[73]. Wer sonst wäre da in der Welt außer mir? Solch ein erhabenes Gefühl wird nur denen, die Dich lieben, zuteil."[74]

72 Bettina Bäumer, Abhinavagupta – Wege ins Licht. Zürich 1992, S. 176-177.
73 Diese drei sind Epitheta *Śiva*s und sollen hier zum Ausdruck bringen, dass der Autor die Eigenschaften und den göttlichen Status *Śiva*s besitzt.
74 Constantina Rhodes Bailey, Shaiva Devotional Songs of Kashmir – A Trans-

Kommen wir nun zu der zweiten wichtigen Tradition von *Siddhas* – den *Nātha-Siddhas* (Skt. *nātha*, „Herr"). Durch Abhinavagupta wurde der Tantrismus zu einem elitären mystischen Pfad, der nur für wenige Auserwählte geeignet war, für spirituell Hochentwickelte oder zumindest Hochbegabte – zu schwierig, zu kompliziert, zu anspruchsvoll für die Massen derer, die zwar ebenfalls den Wunsch nach Befreiung hegten, aber eben nicht die spirituelle und intellektuelle Kapazität besaßen, um diesem anspruchsvollen, steilen und direkten Weg zum Ziel – wie ihn Abhinavagupta und andere Meister seiner Tradition vorsahen – folgen zu können. Der einfache Mensch auf der Straße konnte sich in den Lehren dieser Tradition nur schwerlich wiederfinden. Diese Lehren hatten wenig Ähnlichkeit mit seinem alltäglichen Leben – der unmittelbaren Erfahrung als sterbliches Wesen, dem Erleben von Schmerz, Leid, Krankheit und Tod, der unausweichlichen Verstrickung in Familienbande und all den anderen sozialen Verpflichtungen. Was sollte so jemand mit den *36 Tattva*s anfangen? Wie sollte so jemand die Lehre von *Prakāśa* und *Vimarśa* in sein Leben integrieren. Hier nun schlug die Stunde der *Nātha-Siddhas*. Ihnen gelang es, den Hoch-Tantrismus auf ein erfassbareres und erfahrbareres Niveau für die einfachen Menschen herunterzubrechen. Um hier jedoch nicht missverstanden zu werden – bei dem, was die *Nāthas* taten, handelt es sich *nicht* um eine Verringerung der Qualität und Intensität des tantrischen Weges und der darin enthaltenen esoterischen Praktiken. Auch und gerade die *Nāthas* bestanden auf Qualität und Reinheit ihrer Lehre und waren unerbittlich, was die notwendigen Eigenschaften eines Schülers betrifft: Beharrlichkeit, Hingabe, innere Stärke, Mut zur Überwindung, Fleiß und Willensstärke. Ihr großes Verdienst bestand darin, die für einfachere Menschen ange-

lation and Study of Utpaladeva's Shivastotravali. Albany 1987, S. 50/124, 76/145.

messene Sprache, Methode und Lehre zu finden. Sie verstanden es, die einzigartigen Lehren der großen tantrischen Tradition den Menschen auf der Straße nahe zu bringen. In diesem Sinne schreibt Jyotishman Dam:

„Der Nāthasampradāya stand vor allem für die Popularisierung von Yoga und praktizierter disziplinierter Spiritualität ohne den herabwürdigenden Missbrauch der esoterischen Lehren in vielen ebenfalls populären tantrischen Zirkeln. Diese Massenbewegung des Yoga und der Ideale der Siddhas muss wohl stärksten Einfluss auf das Gemüt des indischen Volkes und indirekt auf die Entwicklung des Landes genommen haben. Wenn man bedenkt, welche Popularität heute noch die typischen Yoga-Formen der Nāthas, nämlich Haṭhayoga und Kuṇḍalinīyoga, auch in anderen Ländern erlangen können und tatsächlich oft als Yoga schlechthin gelten, wird nachvollziehbar, wie mächtig sich dieser Strom der Sehnsucht nach Vollkommenheit und nach der Erkenntnis Gottes durch Indien gewälzt haben muss. Man darf aber annehmen, dass besonders die Mehrheit der niedrigkastigen Menschen sich von den Nāthas inspirieren ließ. Die brahmanische Orthodoxie war sicherlich nur schwer für diese reformatorische Bewegung zu gewinnen, der die Philosophie der brahmanischen Oberschicht nicht viel bedeutete. Viele der großen Nāthas waren verschiedenen spirituell-philosophischen Richtungen verbunden. Bei den *84 Mahāsiddhas* sind sie innerhalb der buddhistisch-tantrischen Tradition anzutreffen, und Matsyendranātha selber gilt als ein Begründer der mehr shaktistischen Kaula-Schule des Tantrismus, obwohl Gorakṣanātha und die meisten anderen Nāthas reine Shivaiten waren. Das ist keineswegs seltsam, denn der Yoga der Nathasiddhas war primär Lebenspraxis und spirituelle Methode, erst in zweiter Linie Philosophie und Denkgebäude. Daher konnten die Nāthas, weil sie frei waren von Dogma und sektiererischem, alleinigem

Wahrheitsanspruch, auch leicht von verschiedenen Richtungen vereinnahmt werden, oder sie näherten sich ihrerseits der einen oder anderen Richtung an. Die Nāthas standen in ihrem Denken natürlicherweise den Tantras der Shaivas wie der Shāktas sehr nahe, ohne aber deren Rituale zu übernehmen – ja, sie scheinen sich streng von den sittlich fragwürdigen und oft unyogischen Praktiken mancher Tāntrikas distanziert zu haben."[75]

Laut Professor S.G. Tulpule waren die *Nāthas, Nātha-Siddhas* oder *Nātha-Yogis,* wie sie auch genannt wurden, „umherwandernde Mystiker" des indischen Mittelalters, die sich auf ihren Wanderungen hauptsächlich in Nordindien, Māharāṣṭra und Bengalen niederließen.[76] Ihr Einfluss in ganz Indien – besonders jedoch in diesen Teilen des Subkontinentes – ist kaum zu überschätzen. Dies betrifft nicht nur die asketischen Traditionen, sondern gilt für das gesamte Leben der Menschen in jener Zeit.

75 Jyotishman Dam, Shiva-Yoga, Indiens großer Yogi Gorakshanatha, S. 93-94.

76 Shankar Gopal Tulpule, Classical Marāṭhī Literature – A History of Indian Literature. Wiesbaden 1979, S. 315.
Meine Begegnung mit dem inzwischen leider verstorbenen Prof. Tulpule war eine außerordentlich schicksalhafte. Ich begegnete ihm bereits in meinem ersten Semester an der Universität Heidelberg (Südasien Institut), wo er damals als Gastprofessor u.a. Seminare über die indischen Mystiker Jñāneśvar und Tukārām abhielt. Tulpule war es, der mir das noch nicht übersetzte *Nātha*-Manuskript *Viveka-Darpaṇa* („Spiegel der unterscheidenden Betrachtung") zugänglich machte, mir zu dessen Übersetzung für meine Doktorarbeit riet und mich in seinem Haus in Poona, das ich bereits aus meiner Studienzeit an der Universität von Poona (1988-89) kannte, nahezu täglich viele Monate willkommen hieß, um dann das Manuskript dieses ebenso wichtigen wie schwierigen *Nātha*-Werkes mit mir gemeinsam zu bearbeiten. Mich erstaunte immer wieder die Bescheidenheit dieses Mannes, der weit über die Grenzen Indiens hinaus als wissenschaftliche Koryphäe bekannt war. Nicht weniger beeindruckend war sein einzigartig umfangreiches und tiefgründiges Wissen über die indischen Mystiker, Philosophen und Sprachen. Durch die zahlreichen Gespräche mit ihm wurde mir die Welt der indischen Spiritualität und Mystik sehr vertraut, was mir ermöglichte, viele Geheimnisse und Rätsel der *Nātha-Siddhas* im Allgemeinen und des *Viveka-Darpaṇa* im Besonderen zu lösen. Durch seinen Kontakt zu Gurumayi (Swami) Chidvilasananda, in deren Ashram in Ganeshpuri er zuweilen Seminare hielt, hatten wir einen weiteren Verknüpfungspunkt, der unsere gemeinsame Arbeit und unseren persönlichen Kontakt noch vertiefte.

Aber auch heute noch erfreuen sie sich einer außerordentlichen Popularität, wovon viele Geschichten und Legenden zeugen, die besonders bei den älteren und noch traditionell lebenden Menschen bekannt sind. Bei den Mystikern und Dichter-Heiligen, wie z.B. Guru Nānak und Kabīr, finden wir sie in deren Gedichten und Gesängen verewigt. So gibt Nānak, der Begründer der Sikh-Tradition, folgende Beschreibung von Yogis, die nach G.W.Briggs in seinem fundamentalen Werk „Gorakhnāth and the Kānphaṭa Yogīs" speziell auf das Erscheinungsbild und Verhalten der Yogis der *Nātha*-Tradition abzielt:

„Zu sitzen ohne Stütze,
Zu sammeln und zügeln die fünf üblen Leidenschaften,
Zu schlafen nur wenig, und zu essen nur spärliche Nahrung,
Zu wachen über den heiligen Körper,
Zu sein [im Zustand] beständiger Hingabe, Buße, Selbstzügelung und der Erinnerung an Gott –
Nānak sagt – dies sind Kennzeichen eines [wahren] Yogi."[77]

Der Dichter-Heilige Kabir macht sich in seinen Gedichten zuweilen lustig über die *Nātha*-Yogis, was wohl damit zusammenhängt, dass es auch hier, zumindest in den Phasen der späteren Entwicklung der Tradition, manchmal auch zu Auswüchsen kam, die ein Mystiker und Guru vom Stande eines Kabir nicht unkommentiert durchgehen lassen wollte, insbesondere die Versuche, den physischen Körper unsterblich zu machen, statt eben das unsterbliche höchste Bewusstsein zu erlangen:

nātha machaṁdara bāṁce nahī, gorakha datta au vyāsa.

77 George Weston Briggs, Gorakhnāth and the Kānphaṭa Yogīs. Delhi 1982, S. 200.

„Machendranāth ist [dem Tode] nicht entronnen, so auch weder Gorakh noch Datta noch Vyās."[78]

Alle Ausrichtung auf magische Stoffe, die eine Transsubstantiation des Körpers bewirken sollen – wie von einigen alchimistisch ausgerichteten Zweigen des *Nātha-Saṃpradāya* (Gesamtheit der *Nātha*-Tradition) propagiert – waren Kabir suspekt:

„Alle magischen Flüssigkeiten habe ich ausprobiert,
aber es gibt keine, die Gottes (wörtl. *Haris*) Namen gleicht:
Wenn sich nur ein wenig davon im Innern ansammelt,
wird der gesamte Körper in Gold verwandelt."[79]

Mit der Verwandlung des „Körpers in Gold" meint Kabir hier nicht wirklich die physische Verwandlung des Körpers, sondern die Verwandlung des menschlichen Geistes/Verstandes in das allumfassende Bewusstsein, beziehungsweise des Menschen in Gott. Doch bei aller Kritik gegenüber Missbrauch und Missverständnis stehen gerade Heilige und Mystiker wie Kabir, aber auch Kamal und Dadu – die zu den *Nirguṇi*s zu zählen sind, weil sie das Göttliche als etwas verehren, das keine Eigenschaften, keine Attribute besitzt (Skt. *nir-guṇa*, „ohne Eigenschaft") – bei den *Nātha-Siddhas* eigentlich in tiefer Schuld. Und zwar deswegen, weil sie von ihnen eine ganze Menge yogischer Techniken und Lehren – denken wir z.B. an den Yoga, der mit der Kraft der göttlichen Schwingung arbeitet (*Śabda Yoga*) oder an die Lehre der sechs Chakras – aber auch die gesamte yogische Terminologie übernommen haben. Zweifellos haben diese Heiligen und Mystiker, aber auch solche wie Cakradhara, Allama Prabhu, Eknāth, Tukārām, Jñāneśvar,

78 Charlotte Vaudeville, Kabīr. Oxford 1974, S. 186.
79 ibid., S. 215.

Mīrabāī und sogar Sufi-Heilige wie Jāyasī, dazu beigetragen, die Lehren der Nāthas zu verbreiten.

Es steht außer Frage, dass der Einfluss der *Nātha-Siddhas* auf die gesamte Yoga-Tradition kaum ermessen werden kann. Sie sind – und das bis zum heutigen Tag – die großen Autoritäten in Fragen der spirituellen Praxis und Lehre. Aber während die andere große *Siddha*-Tradition, die *Kaulas* und der aus ihnen hervorgegangene *Śivaismus von Kaschmir*, durchaus an philosophischen Theorien und mystischen Konzeptionen interessiert war, beschäftigten sich die *Nātha-Siddhas* in erster Linie mit der Yoga-Praxis, den angewandten spirituellen Disziplinen. Wie Jyotishman Dam (siehe oben) so bin auch ich der Auffassung, dass die Lehren der *Nāthas* weder ein homogenes noch ein hermetisches System bilden. Das Lehrsystem der *Nāthas* war sicherlich flexibel und nach vielen Seiten hin offen, übte großen Einfluss auf alle spirituellen und mystischen Strömungen aus und war gleichzeitig selbst starken Einflüssen ausgesetzt. Diese Durchlässigkeit verhalf der *Nātha*-Tradition dazu, sich zur wohl einflussreichsten asketischen Bewegung Indiens zu entwickeln.

Doch waren die *Nāthas* auch weit über die Grenzen des indischen Subkontinents bekannt, insbesondere für ihre yogische Disziplin und Willensstärke – und für die darauf beruhenden spirituellen Kräfte. Wegen dieser Kräfte waren sie sehr gefürchtet. Aber sie wurden von Jung und Alt auch geliebt. Nicht zuletzt, weil sie ihre spirituellen Lehren und Praktiken an Reiche und Arme gleichermaßen weitergaben. Könige entsagten ihrer Macht und ihrem Thron, um zu Füßen der großen *Nātha*-Gurus spirituelle Praktiken auszuführen. Gopīchandra von Bengalen z.B. verursachte im 11. Jahrhundert großes Aufsehen in ganz Indien, weil er alle weltliche Macht aufgab, um auf dem Pfad der *Nātha*-Siddhas die wahre, die höchste göttliche Macht, zu erlangen. Dieses Ereignis fand Eingang in viele Balladen, Gedichte und Gesänge, die noch heute bekannt sind, besonders in Bengalen, Orissa und Nepal. Den mehr oder weniger legendenhaften Erzählungen nach soll sich, in aller Kürze, folgendes zugetragen haben:

Gopīchandras Mutter Maynāmati war eine Schülerin von Gorakhnātha. Er wusste, dass das Leben ihres Sohnes nur kurze Zeit währen würde. Daher bat er seine Schülerin Maynāmati, ihren Sohn zu überreden, ein Yogi zu werden und Hāḍipā, einen Mann von niedrigem sozialen Stand, als Guru anzunehmen. Doch dieser Hāḍipā war niemand anders als der verkleidete Jālandarnātha, der berühmte Schüler von Gorakhnātha. Nach anfänglichem Misstrauen, Weigerungen und Prüfungen wurde Gopīchandra Schüler von Hāḍipā.

Auch der historische König Bhartṛhari von *Ujjain* gab alles auf und wurde ein *Nātha*-Yogi. Nach manchen Legenden war er der Bruder von Königin Maynāmati und der Onkel von Gopīchandra. Eine weitere interessante *Nātha*-Persönlichkeit, die insbesondere im Zusammenhang mit den übernatürlichen Kräften genannt werden sollte, ist Caurangīnātha (*Caurangī* bedeutet wörtlich „kurzbeiniger Schemel, Torso"), ein Schüler Matsyendranāthas. Caurangīnāthas Stiefmutter soll ihrem Stiefsohn Hände und Beine abgeschlagen und den Körper in den Wald werfen lassen haben. Hier wurde er von Matsyendranātha entdeckt und initiiert. Nach zwölf Jahren intensivster *Sādhanā* (spirituelle Praxis) soll er vermittels seiner übernatürlichen Kraft Hände und Füße wieder zurückerhalten haben. In Bengalen, wo diese Geschichte in dem Drama *Pūrnacchandra* erzählt wird, werden übrigens Hāḍipā, Gorakhnātha und Matsyendranātha nach Kalyani Mallik als buddhistische Heilige aufgefasst, und die beiden letztgenannten sogar von den bengalischen Moslems verehrt.[80]

Die *Nātha*-Siddhas sind Monisten, Anhänger der All-Einheitslehre. Das höchste Bewusstsein – *Śiva* – ist ewig und unveränderlich. Es ist jenseits von Einheit und Vielheit. So heißt es über das Höchste im *Gorakṣa Siddhānta Saṃgraha*:

„Aus dem Höchsten Herrn (*Nātha*), der jenseits von Formhaftem und ohne Form Seiendem ist und auch jenseits von Nicht-Zweiheit existiert....“[81]

Dies ist es, was der *Nātha*-Yogi zu erreichen sucht – allerdings nur erfahrbar im Zustand eines *Siddha* oder *Avadhūta*. Die Welt ist nach der *Nātha*-Lehre real. Sie ist eine lichtvolle Offenbarung, die sich durch das Pulsieren oder Schwingen (Skt. *sphūrti, sphuraṇa*) des Höchsten offenbart. So heißt es in der bereits erwähnten *Siddha Siddhānta Paddhati (4. 13b)*, dem zweifellos wichtigsten und hinsichtlich der Philosophie umfassendsten Werk der *Nātha-Siddhas*:

„Mit seiner Śakti jedoch ist er (Śiva) der, der das All erscheinen lässt.“[82]

Das höchste Wesen – *Śiva* – ist also *Causa efficiens* und zugleich *Causa materialis* des Universums. Śiva, Gott oder das Göttliche, hat also nicht nur die Welt *geschaffen*, (gar aus irgendeinem „Stoff“, wie z.B. nach christlicher Auffassung) – *Śiva* i s t der Stoff, aus dem die Welt besteht. Die Welt der Erscheinungen ist ein ständiges Offenbarwerden der höchsten Bewusstseins-

80 Kalyani Mallik, Siddha-Siddhanta-Paddhati and Other Works of Nath Yogis. Poona 1954, S. 6.
81 Jyotishman Dam, Shiva-Yoga, Indiens großer Yogi Gorakshanatha, S. 179.
82 ibid., S. 232.

substanz. Die Welt ist aus Sicht der *Nāthas* also keine Illusion, wie z.B. in Saṅkaras *Advaita-Vedānta*, wo *Māyā* – die Kraft/Macht, die das Universum hervorbringt – geringschätzig als etwas erachtet wird, das man überwinden muss. Die höchste Wirkmacht der Schöpfung wird zwar von den *Nāthas* zuweilen auch *Māyā* genannt, doch ist sie bei ihnen die „Mutter der kosmischen Ordnung" und genießt, wie in *Siddha Siddhānta Paddhati 6. 116* höchste Verehrung. Dies entspricht alter tantrischer Tradition, wie wir am Beispiel des *Svacchanda Tantra (10. 727)*, wo sie unter der Bezeichnung *Yoga-Māyā* geachtet wird, sehen können:

sā devī sarvadevīnāṃ nāmarūpaiś ca tiṣṭhati /
yogamāyāpraticchannā kumārī lokabhāvinī //

„Diese Göttin aller Göttinnen existiert in [allen] Namen und Formen. [Sie ist] die als *Yoga-Māyā* verborgene, das Wohlergehen der Menschen fördernde Jungfrau."

Ich hebe diese kosmologisch-ontologische Grundauffassung der *Nāthas* deswegen so hervor, weil sie entscheidend für ihre Weltsicht und Lebenseinstellung ist, was sich wiederum in der Ausprägung ihrer Lehren und Praktiken niederschlägt (die für unsere spätere Betrachtung der *Kuṇḍalinī*-Lehre wichtig sind). Es ist eben ein Unterschied, ob ich mich als ein von Gott geschaffenes, von ihm wesenhaft verschiedenes menschliches Wesen erachte, oder ob ich davon ausgehe, dass mein inneres Wesen, mein äußeres Erscheinungsbild, der Mensch mir gegenüber, die Natur um mich herum und überhaupt alles in dieser Welt eine vollkommene Manifestation Gottes ist. Es ist ein Unterschied, ob ich *Kuṇḍalinī-Śakti* und all die von ihr ausgelösten Prozesse und Erfahrungen für wahr und echt (im Sinne von *eins mit der höchsten Realität*) halte oder für das Werk einer untergeordneten

Kraft, die ich manipulieren kann. Nur weil das Individuum das S/selbst-vergessene Göttliche ist, machen die Erweckung der *Kuṇḍalinī*, die Guru-Schüler-Beziehung, die *Sādhanā* und all die anderen (nicht nur) für die *Nāthas* so wichtigen Themen überhaupt erst einen Sinn. Eine der wesentlichen Aussagen in dem *Nātha*-Werk *Viveka Darpaṇa* (6. 7) lautet daher:

jīvākhyu mhaṇīje bhrāṃti

„[Das, was] die Bezeichnung individuelle Seele trägt,
ist eine Illusion."

Und der wohl wichtigste Satz dieses Werkes – der mit dem eben genannten im Zusammenhang zu sehen ist – ist sein allererster Satz. Er begrüßt also den Leser und offenbart ihm vorneweg die Quintessenz des gesamten Werkes[83]:

[śiva] sohaṃtattva

„[Śiva ist] die höchste Identität."

Dieser erste Satz ist die Basis des gesamten Werkes – letztendlich der nātha-yogischen Philosophie und Ideologie überhaupt. Er ist nicht nur erkenntnistheoretisch von höchster Bedeutung – *[Śiva] sohaṃtattva* bedeutet wörtlich übersetzt „Ich-bin-Er-Prinzip" (Skt. so'*ham* = *saḥ* [er] + *aham* [ich]) und beschreibt den vom *Nātha*-Yogi angestrebten Zustand der Identität mit dem höchsten Bewusstsein – das anvisierte Ziel

83 Auch in vielen anderen Werken dieses Genres wird dem Leser die Möglichkeit gegeben, gleich zu Beginn durch den ersten Lehrsatz in komprimierter Form einen Ausblick auf das erstrebte Ziel der in diesem Text beschriebenen *Sādhanā* zu erhalten, so z.B. in dem bereits erwähnten *Śiva Sutra 1. 1*, aber auch in *Śiva Saṃhitā 1. 1-3* oder in Brahmānandas Kommentar zu *Haṭhayoga Pradīpikā 1. 1-2*.

des in diesem Werk dargelegten Yoga-Weges. Um es noch einmal zu wiederholen: Die *Nāthas* waren Praktiker. Es ging ihnen nicht um philosophische Theorien oder intellektuelle Spekulationen, sondern um die unmittelbare Erfahrung des eigenen Selbst – die Identität als *Śiva*! Weshalb solche Lehrsätze oder Sūtras wie *śiva sohaṃtattva* wie Mantras gebraucht werden sollten, weil sie uns den Weg zu diesem Zustand zeigen oder uns sogar hinführen können.

Die nātha-yogische Lehre von der Identität unseres Ichs mit *Śiva*, dem höchsten Bewusstsein, ist eine grundlegende Lehre bei allen *Siddha*-Traditionen. So äußert sich der Verfasser des *Kulārṇava Tantras (9. 41-42)* in Übereinstimmung zum *Viveka Darpaṇa*:

deho devālayo devi jīvo dehaḥ sadāśivaḥ /
tyajed ajñānanirmālyaṃ so' hambhāvena pūjayet //
jīvaḥ śivaḥ śivo jīvaḥ sa jīvaḥ kevalaḥ śivaḥ /
pāśaḥbaddhaḥ smṛto jīvaḥ pāśamuktaḥ sadāśivaḥ //

„Oh Göttin! Der Körper ist der Tempel. Die individuelle Seele (*Jīva*) ist der ewige *Śiva* (*Sadāśiva*). Man sollte die zurückgelassene Opferblume der Unwissenheit aufgeben und durch den Bewusstseinszustand des „Er ist ich" (*so' ham*) [die höchste] Verehrung ausführen. Die individuelle Seele ist *Śiva, Śiva* ist die individuelle Seele. Gefangen wird er ‚individuelle Seele' genannt, von der Fessel befreit ‚der ewige *Śiva*'."

Die Aussage „[Śiva ist] die höchste Identität" enthält jedoch noch eine weitere wichtige Botschaft der Meister dieser Tradition: Die Identität mit dem Höchsten muss nicht erst erlangt werden, sondern existiert bereits. Dieser Satz ist also auch als Feststellung aufzufassen: Śiva ist unsere wahre, höchste Identität. Es liegt an unserer begrenzten und bruchstückhaften Wahrnehmung, dass wir uns *nur* als Menschen beziehungsweise Individuen erachten. Diese Auffassung liegt vollkommen auf der Linie der Lehren des Śivaismus von Kashmir, genauer gesagt des darin enthaltenen *Pratyabhijñā*-Systems, nach dem die Identität der individuellen Seele mit dem höchsten Bewusstsein zu jeder Zeit existiert, also nur noch bewusst gemacht beziehungsweise wiedererkannt werden muss.

Diese Lehre oder Vorstellung des Wieder-Erinnerns oder Bewusst-Werdens an den bereits existierenden göttlichen Zustand ist unserer westlichen Kultur gar nicht so fremd, wie folgendes Beispiel zeigt. In seinem Buch „Die Welle ist das Meer" erzählt der Benediktinermönch und Zen-Meister Willigis Jäger eine kleine Geschichte, die wohl unserem Kulturkreis entstammt und die – wenn auch nicht in völlig identischer, so doch in recht ähnlicher Weise wie die oben genannte tantrische Philosophie – vom Sich-Erinnern an die wahre eigene Natur handelt, beziehungsweise der ewigen Teilhabe des Menschlich-Begrenzten am Göttlich-Unbegrenzten:

„Eine alte Frau bügelte Wäsche. Da trat der Todesengel zu ihr und sagte: ‚Es ist Zeit! Komm!' Die Frau antwortete: ‚Gut, aber erst muss ich die Wäsche fertig bügeln. Wer tut es denn sonst? Und ich muss kochen, meine Tochter arbeitet im Geschäft, sie braucht etwas zu essen, wenn sie heimkommt. Siehst du das ein?' Der Engel ging. Eine Zeit später kam er wieder. Er traf die Frau, als sie gerade das Haus verließ. ‚Komm jetzt!', sagte er, ‚es ist Zeit.' Die Frau antwortete: ‚Aber ich muss erst ins Altersheim. Da warten ein Dutzend Leute auf mich, die von ihrer Familie vergessen sind. Soll ich sie etwa im Stich lassen?' Der Engel ging. Einige Zeit später kam er zurück und sagte: ‚Es ist Zeit! Komm!' Die Frau antwortete: ‚Ja, ja, ich weiß, aber wer bringt meinen Enkel in den Kindergarten, wenn ich nicht mehr bin?' Der Engel seufzte: ,Gut; ich werde warten, bis dein Enkel alleine gehen kann'. Einige Jahre später saß die Frau am Abend müde vor ihrem Haus und dachte: ,Eigentlich könnte jetzt der Todes-Engel kommen. Nach all der Plackerei muss die Seligkeit doch wunderbar sein.' Der Engel kam. Die Frau fragte: ,Bringst du mich jetzt in die ewige Seligkeit?' Der Engel fragte zurück: ,Und wo, glaubst du, warst du die ganze Zeit?'"[84]

Diese ontologische und philosophische Grundhaltung der *Nātha-Siddhas*, wie ich sie aus Platzgründen nur in aller Kürze und nach von mir ausgesuchten Schwerpunkten darstellen konnte, ist die Grundlage für ihre Praktiken und praxisbezogenen Lehren. Hierzu gehört die – allerdings auch in anderen tantrischen Traditionen so wichtige – Gleichsetzung von dem, was sich im inneren Kosmos des Menschen und im äußeren Kosmos befindet, also der Identifizierung von Mikro- und Makrokosmos. Auch in der *Siddha Siddhānta Paddhati* wird die hoch komplexe Subtilphysiologie mit Phänomenen in der äußeren Welt gleichgesetzt. Die feinstofflichen Kanäle (*Nāḍīs*), die Chakras und andere Energiezentren entsprechen bestimmten Bergen, Flüssen, Gebieten und Welten. Mit dieser Gleichsetzung arbeiten die Yogis ganz praktisch, z.B. indem sie sich in vielfältigen Übungen immer und immer wieder vergegenwärtigen, dass alles, was man „normalerweise" als verschieden von sich begreift, in Wirklichkeit eins mit einem ist, wodurch im Laufe der Zeit oder aber auch in einem Blitz des Erkennens die Einheit mit dem Höchsten realisiert wird – „Ich bin Śiva!" Das Wissen vom Aufbau des feinstofflichen Körpers war deshalb für die *Nātha-Siddhas* von großer Bedeutung, wie man am Beispiel des folgenden Verses aus der *Siddha Siddhānta Paddhati* (3. 14) sehen kann:

84 W. Jäger, Die Welle ist das Meer. Freiburg 2000, S. 177-178.

„evaṃ sarvadeheṣu viśvasvarūpaḥ parameśvaraḥ paramātmā akhandasvabhāvena ghaṭe citsvarūpī tiṣṭhati / evaṃ piṇḍasamvittir bhavati //

„In dieser Weise weilt der höchste Herr, das höchste Selbst, der das All zu seiner eigensten Form hat, in allen Körpern, in allen Individuen mit ungeteiltem Wesen, die Selbstform des Bewusstseins besitzend. Solcher Art ist das Wissen um den Körper."[85]

Im eigentlichen Zentrum des Wissens vom feinstofflichen Körper – wenn nicht der gesamten *Yoga-Sādhanā* – steht für alle Siddhas jedoch die allmächtige Kuṇḍalinī. Kuṇḍalinī ist der Schlüssel zur Pforte, die zu unserer wahren Identität führt. Deshalb finden wir die mystische Terminologie, die von dieser geheimnisvollen Kraft handelt, von den außergewöhnlichen Erfahrungen und Transformationen, vom Aufbau des feinstofflichen Körpers und von vielen anderen Mysterien, nicht nur in den philosophischen Werken der oben dargestellten tantrischen Traditionen, sondern auch in den Gedichten und Gesängen der indischen Mystiker und Dichter-Heiligen.

85 Jyotishman Dam, Shiva-Yoga, Indiens großer Yogi Gorakshanatha, S. 197-198.

Kapitel 4

Die tantrischen Mystiker und Dichter-Heiligen

Nur wenig ist bei uns bisher über das große Erbe der Mystiker und Dichterheiligen Indiens bekannt, Menschen, die mit ihrem Leben und ihren Werken Zeichen setzten für den Weg zur höchsten Freiheit und Vollkommenheit. Diese *Sants* (abgeleitet von Skt. *Sat*, „wahr, echt, weise“) oder auch *Kavi-Sants* (Skt. *Kavi*, „Dichter“ + Sant)[86], wie sie in Indien genannt werden, waren von ihrer Persönlichkeit und ihrem Lebensstil her so unterschiedlich wie das Leben selbst. Obgleich häufig von einfacher sozialer Herkunft, waren es Frauen und Männer von hohem geistigen Rang und außergewöhnlichem Charisma. Sie prägten die großen Traditionen des Yoga – was hier im Westen in Yoga-Kreisen bisher kaum Beachtung findet – ganz entscheidend und verhalfen ihnen zu stetig wachsender Popularität. Darüber hinaus verstanden sie es, Yoga und Bhakti – den Weg der Vereinigung und den Weg der Hingabe – miteinander zu verknüpfen. Trotz ihrer Unterschiedlichkeit verband diese ungewöhnlichen Frauen und Männer etwas ganz Entscheidendes miteinander – die unmittelbare Erfahrung des höchsten Bewusstseins, gepaart mit der einzigartigen Fähigkeit, diesen Zustand mit der Kraft des Wortes anderen Menschen nahe zu bringen. Letzteres ist dabei durchaus wörtlich zu verstehen; denn die Kraft ihrer eigenen Erfahrung ist auf geradezu magische Weise mit ihren Gedichten und Liedern verwoben. Sie überträgt sich auf den Leser beziehungsweise Hörer und

86 „Dichter-Heiliger“ ist somit die wörtliche Übersetzung von *Kavi-Sant*, auch wenn es ein wenig undeutsch klingen mag.

schafft so Raum für die eigene unmittelbare Erfahrung. Dies ist die Erfahrung von unzähligen Menschen, die sich mit den Werken der großen Mystiker eingehend befasst haben.

Um möglichst vielen Menschen das mystische Erlebnis, die Erfahrung des inneren Selbst, auf diese Weise zugänglich zu machen, sangen und schrieben diese außergewöhnlichen Frauen und Männer zum einen in ihrer jeweiligen Muttersprache, der Sprache des Volkes also (viele Mystiker waren Handwerker); zum anderen verwendeten sie auf geniale Weise die Sprache der Bilder – Metaphern, Vergleiche, Allegorien, Fabeln –, weil das spirituelle Erlebnis ja eigentlich, wie Meister Eckhart es formulierte, „von der Sprache geschieden ist". Solcherart Rede oder Textwerk ist also eine Analogie-Sprache, mit welcher der Mystiker versucht, das Unbenennbare zu benennen, denn, wie Isaac von Stella (12. Jh., Zisterzienser und Vertreter der negativen Theologie) es einmal ausdrückte:

„Indem man von allem sagt, Gott sei dieses nicht, sagt man das am ehesten Wahre über ihn. Denn es ist angemessener, alles über ihn zu verneinen, als irgendetwas von ihm zu behaupten. Das ist es, was wir sagen können, wenn wir von dem Unaussprechbaren sprechen wollen, von dem sich nichts in angemessener Weise sagen lässt. Wir müssen entweder schweigen oder *umgewandelte Worte* gebrauchen."

Mit solchen *umgewandelten Worten* also machten die tantrischen Mystiker und Dichterheiligen die Erfahrung und das Wissen von Yoga, *Kuṇḍalinī-Śakti* und nicht zuletzt vom Höchsten Selbst, was zuvor nur wenigen Auserwählten vorbehalten war, all denen zugänglich, die sich danach sehnten. Daher sind für mich die Mystiker und Dichterheiligen jenen sagenhaften

Heroen vergleichbar, die das Feuer von den Göttern stahlen, um es den Menschen zu bringen.

Bei den *Sants* beziehungsweise *Kavi-Sants* gab es Persönlichkeiten wie *Jñāneśvar*, das philosophische und spirituelle Genie, *Namdev* den Schneider, *Chokha* den Unberührbaren, *Gora* den Töpfer, *Sautamali* den Gärtner, *Sena* den Barbier, *Kanhopatra* die Tänzerin, *Eknath* den Brahmanen, *Tukaram* den Gemüseverkäufer, *Ravidas* den Schuster, *Kabir* den *Weber*, *Mirabai* die Prinzessin, *Lalla-Ded* die große Mystikerin und viele mehr. Mit zwei der soeben genannten – nämlich ***Jñāneśvar*** und **Kabīr** – wollen wir uns nun eingehender beschäftigen, da wir durch sie ganz besonders viel über die Kuṇḍalinī, den tantrischen Yoga-Weg, die tantrische *Sādhanā* und all die anderen Phänomene, die damit direkt in Verbindung stehen, erfahren können. Man kann die Kuṇḍalinī eigentlich nicht verstehen, ohne die zu verstehen, die sie gemeistert haben.

Jñāneśvar, auch **Jñāndev**, wörtlich „Herr" oder „Meister des Wissens", ist ein in literarischer und spiritueller Hinsicht einzigartiges Phänomen. Die Menschen nannten und nennen ihn noch heute *Jñāneśvar Mahārāj*, den „großen König", obgleich er nachweislich nur 23 Jahre (!) alt wurde. Er kam 1271 in dem Gebiet des heutigen Staates Mahārāṣṭra (Westindien) zur Welt, und sein Leben war ein Feuerwerk von ungewöhnlichen Ereignissen und Taten. So führte er schon als Jugendlicher seine eigene Muttersprache, *Marāṭhī*, als Sprache der Philosophie, Literatur und Religion ein. Dies war höchst ungewöhnlich für die damalige Zeit, denn ähnlich wie hier in Europa das Latein die Sprache der Priester und Gelehrten war, so war in Indien ausschließlich das Sanskrit die Sprache, in der die heiligen und philosophischen Texte verfasst waren und rezitiert wurden. Über seine Muttersprache schrieb er:

„Meine Sprache, *Marāṭhī*, so einfach sie scheint,
wird selbst über den Nektar siegen.
Solche Worte werde ich formen durch Gefühl."

Um auch den einfachen Menschen Gott beziehungsweise das Göttliche näher zu bringen, schrieb Jñāneśvar im Alter von neunzehn Jahren einen der maßgeblichen Kommentare zur *Bhagavadgīta* – die *Jñāneśvarī* – bestehend aus 1788 Doppelversen. Mit der *Jñāneśvarī*, einer äußerst yogischen und tantrischen Auslegung der *Bhagavadgīta*, legte Jñāneshvar den Grundstein zur *Marāṭhī*-Literatur. Professor W.B. Patvardhan charakterisiert dieses in Indien außerordentlich populäre Werk auf folgende Weise:

„Die Jñānadevī (= Jñāneśvarī) ist aus literarischer Sicht so erlesen, von solcher Schönheit, von solcher Poesie in ihren Metaphern, Gleichnissen und Analogien, stilistisch so klar und scharfsinnig, so reich an Phantasie, so herrlich in ihrer bildhaften Sprache, so fein in ihrem Ton, so melodiös, so originell im Gedanklichen, so rein im Geschmack..., dass der Leser einfach fasziniert ist, sich hingerissen auf den Schaumkronen ihres Flusses treiben lässt."[87]

Doch damit nicht genug, Jñāneśvar verfasste noch zwei weitere philosophische Werke, den *Amṛtānubhava* und die *Cāngadev-Pāsaṣṭī*, eine Sammlung von Versen über den Namen Gottes, genannt *Haripāṭha*, eine 108 Verse umfassende Hymne an Gott, der *Nāmana*, und unzählige *Abhaṅgas* (*Abhaṅga*, wörtl. „unzerstörbar"), Gedichte devotionalen und mystischen Inhalts – dies alles in dem von ihm entwickelten Versmaß, der *Ovī*. Hier ein kurzer Ausschnitt aus dem ersten Kapitel seines poetischen und höchst philosophischen Werkes *Amṛtānubhava* (*Amṛta-Anubhava*, wörtlich „Nektar der Selbst-Erfahrung"):

87 zitiert in: R.D. Ranade, Mysticism in Maharashtra. Delhi 1988, S. 36-37.

„Ich bringe dem höchsten Gott und der höchsten Göttin meine Verehrung dar,
den grenzenlosen, uranfänglichen Eltern des Universums.
Der Liebende ist aus unbegrenzter Liebe zur Geliebten geworden.
Beide bestehen aus derselben Substanz.
Beide teilen dasselbe Mahl.
Aus Liebe zueinander vereinigen sie sich,
und wieder trennen sie sich – aus schierer Freude zwei zu sein.
Es ist Shiva allein, der in allen Formen lebt.
Er ist beides: das Weibliche und das Männliche.
Es ist wegen der Vereinigung dieser beiden Hälften, dass das Universum existiert.
Zwei Instrumente – ein Ton.
Zwei Blüten – ein Duft.
Zwei Leuchten – ein Licht.
Zwei Lippen – ein Wort.
Zwei Augen – ein Blick.
Diese beiden – ein Universum."[88]

Da Jñāneśvar den nach yogischem Verständnis höchsten geistigen Zustand erlangt hatte – die Vereinigung mit dem höchsten Bewusstsein (*Paramaśiva*) und der uranfänglichen, allumfassenden Schöpfungskraft (*Paramaśakti*) – waren auch seine gesprochenen und geschriebenen Worte von dieser ursprünglichen, nährenden Kraft. Hierzu passt, dass ihn die Menschen, obwohl er noch von zartem Alter war, liebevoll *Mauli*, „Mutter", nannten und auch heute noch nennen.

Jñāneśvar besaß große spirituelle Autorität und die Macht eines *Siddha*-Guru, dennoch war er seinem älteren Bruder

88 *Amṛtānubhava, 1. 1-3 / 1. 17-19.*

Nivṛttinātha, der gleichzeitig sein Guru war, liebevoll ergeben und schrieb:

„Ich verneige mich vor meinem Guru Nivṛtti.
Schon durch einen Blick von ihm wird aus Gefangenschaft Befreiung.
Und der Erkennende wird zum Erkannten.
Er verschenkt das Gold der Befreiung an alle, an Große und Kleine.
Er ist es, der die Vision des Höchsten Selbstes gewährt.
Er hat den hohen Status ‚Guru' erlangt, indem er keinen Status besitzt.
Sein Reichtum ist die Fähigkeit, uns von dem zu befreien, was nicht existiert.
Die Worte ‚Guru' und ‚Schüler' beziehen sich auf eine einzige Realität.
Der Guru allein existiert in beiden Formen.
Der Mond allein existiert in beidem – Mond und Mondlicht.
Kampfer und sein Duft sind nichts als Kampfer.
Obwohl Guru und Schüler als zwei erscheinen,
ist es der Guru allein, der sich als beide verkleidet."

Jñāneśvar und seine Geschwister – sein kaum älterer Bruder Nivṛtti, sein jüngerer Bruder Sopān und seine kleine Schwester Muktabai – waren von dem berühmten *Nātha*-Guru Ganinīnātha bereits als Kinder in die Tradition der *Nātha*-Yogis initiiert worden. Die *Nātha*s waren in Mahārāṣṭra schon sehr früh präsent – Gahinīnātha war ein direkter Schüler von Gorakhnātha – und beim Volk hoch geachtet. Noch heute sind sie selbst in den großen Städten wie Bombay und Poona außerordentlich populär. Jñāneśvar und seine Geschwister entwickelten sehr bald einzigartige übernatürliche Kräfte, die ihnen halfen, im Dschungel zu überleben; denn ihre Familie war von der Gesellschaft ausgestoßen worden, nachdem bekannt geworden war, dass der Vater erst geheiratet und dann das Mönchsgelübde abgelegt hatte, um später wieder zu seiner Frau zurückzukehren. Doch die Kinder gingen trotz Entbehrungen und Anfeindungen unbeirrt ihren Weg und erlangten mit geradezu spielerischer Leichtigkeit den höchsten Zustand. Alle vier brachten unabhängig voneinander große, noch heute existierende Yoga-Traditionen hervor.

An seinen Schüler *Cāṅgadev* – einem mächtigen, alten und sehr stolzen Yogi – schrieb der junge Jñāneśvar fünfundsechzig Verse, die als *Cāṅgadev-Pāsaṣṭī* Berühmtheit erlangten. In ihnen legte er die prinzipielle Einheit von Guru und Schüler dar, um *Cāṅgadev* die letzte und schwerste Hürde nehmen zu lassen – das eigene Ego. Darin heißt es unter anderem:

„Jnanadeva sagt: Du und Ich, wir sind Eins, ohne Name und ohne Form.
Deshalb verschlinge gänzlich diese Begrenzungen von ‚Ich' und ‚Du',
und wir werden uns wahrlich begegnen.
Oh Changdev, dieses Wissen hat deine Tür erreicht, ungebeten, aus eigenem Antrieb.
Geh' nun jenseits von beidem – Wissen und Objekt des Wissens und erreiche den letztendlichen Zustand."

Doch wie kam es überhaupt dazu, dass ein berühmter alter Yogi der Schüler eines Jungen wurde? Hier die Geschichte ihrer Begegnung, ihres Briefwechsels und ihrer Guru-Schüler-Beziehung, wie ich sie in Mahārāṣṭra immer wieder gehört und gelesen habe und wie sie auf zahllosen Bildern und Gemälden in jener Gegend zu finden ist.

Eines Tages erhielt Jñāneśvar einen Brief von einem Yogi mit Namen Cāngadev, der in den Bergen in der Nähe der heiligen Stadt *Paṇḍharpūr* lebte. Cāngadev war zu jener Zeit der wohl berühmteste und mächtigste Yogi in diesem Teil Indiens. Man erzählt sich, dass er sehr reich gewesen sei und eine große Anzahl von Schülern und Verehrern hatte. Jñāneśvar war über den Brief von Cāngadev sehr erfreut. „Vielleicht möchte er sich mit mir treffen", dachte Jñāneśvar, als er den Brief öffnete. Aber als er den Brief öffnete, stand dort – zu seiner großen Überraschung – nichts! Der Brief enthielt lediglich ein leeres Blatt Papier. Jñāneśvar besprach die Angelegenheit mit seinem großen Bruder Nivṛtti. „Möglicherweise will er dich zu einer Art Spiel herausfordern", meinte Nivṛtti.

„Was für eine Art Spiel sollte das sein?"

„Du weißt, dass Cāngadev ein großer Yogi ist, der nicht nur von seinen Anhängern, sondern auch von der ganzen Bevölkerung sehr verehrt wird. Er hat von dir gehört, und nun ist er neugierig geworden. Doch kann er nicht einfach so mit dir Kontakt aufnehmen – er muss schließlich an seinen Ruf denken. Wie würde das denn aussehen in der Öffentlichkeit, wenn bekannt würde, dass ein so berühmter Yogi einem so jungen Mann geschrieben hätte. Also hat er einen Brief geschrieben und hat doch keinen Brief geschrieben. Verstehst Du?"

Jñāneśvar lächelte und war erstaunt über die Weisheit seines Bruders:

„Ja, ich denke, du hast Recht. Das ist der Grund für das leere Blatt. Also werde ich ihm zurückschreiben und ihn bitten, dass wir uns persönlich treffen. Ich werde ihm in meinem Brief auf besondere Weise antworten, denn ich erkenne, dass er die Sicht der All-Einheit noch nicht erlangt hat. Also werde ich Cāngadev in dem Brief, auf eine Weise, die er annehmen kann, zeigen, dass er die Manifestation des höchsten göttlichen Bewusstseins ist und wir beide, er und ich, uns jenseits aller

Konventionen schon längst getroffen haben – indem wir eins sind im höchsten Selbst."

Also machte sich Jñāneśvar mit großer Freude ans Werk und fertigte die „65 Verse an *Cāngadev*" – das ist die wörtliche Bedeutung von *Cāngadev-Pāsaṣṭī*. Doch die Geschichte geht noch weiter.

Es war einige Wochen später, an einem frühen Morgen, Jñāneśvar und seine drei Geschwister, Nivṛtti, Sopān und Muktabāī, hatten gerade ihre morgendliche Meditation und Andacht im Tempel vollzogen und saßen nun, den Aufgang der Sonne beobachtend, auf einer niedrigen steinernen Mauer, innerlich noch immer im Zustand der tiefen Versenkung. In der Ferne konnte man eine Gruppe Reisender ausmachen. Aber da war noch etwas. Als die Gruppe näher kam, konnte man es genau sehen. Die Reisegruppe wurde angeführt von niemand anderem als dem mächtigen Yogi *Cāngadev*. Doch ging dieser nicht etwa zu Fuß – auf einem lebendigen Tiger durch die Luft fliegend, kam er den wartenden Kindern entgegen. Diese – wenig beeindruckt, doch aufgrund ihres Zustandes erkennend, was das Problem des alten und berühmten Yogis war – flogen ihm entgegen, und zwar mitsamt der Mauer, auf der sie saßen! Als sich nun beide, Jñāneśvar und Cāngadev, gegenüberstanden, musste der große Yogi seinen Hochmut vor sich selbst eingestehen. Und er erkannte, dass dieser ungewöhnliche Junge dasjenige besaß, wonach er selbst so lange gestrebt und es doch nie ganz erreicht hatte – den Zustand der vollkommenen Einheit mit dem Absoluten. Jñāneśvar stieg von der Mauer und hieß ihn mit großer Achtung und von ganzem Herzen willkommen. Sie sprachen über den Inhalt des Briefes, und sehr schnell wurde klar, dass sich hier eine Freundschaft ganz besonderer Art entwickelte. Nach einiger Zeit mündete diese Freundschaft in das, was die Yogis von jeher die „vollkommene Beziehung“ nennen – die Guru-Schüler-Beziehung. Unter Jñāneśvars Führung erlangte Cāṅgadev sehr schnell das ersehnte höchste Ziel.

Jñāneśvars Persönlichkeit war schillernd, facettenreich und überaus ungewöhnlich. Er war einer der größten und begnadetsten indischen Philosophen und Vertreter der nichtdualistischen Lehre. Er lehrte, dass das Universum in keiner Weise vom Absoluten verschieden und alles in der Welt ein Spiel des einen göttlichen Bewusstseins sei. Darüber hinaus besaß er die hohe Gabe, diese Philosophie, mit ihren komplexen und schwierigen Sachverhalten, auf einfache und anschauliche Weise jedermann zu vermitteln:

Amṛtānubhava 7. 124, 135, 137, 139, 146 –

„Zahllose Formen und Anblicke entstehen,
aber ein einziges Bewusstsein ist die Substanz von allem.
Dieses reine Bewusstsein, in dem sich Wissen und Nichtwissen umarmen,
begegnet sich selbst, indem es die zahlreichen sichtbaren Objekte erblickt.
So wie Wasser mit sich selbst spielt, indem es die Form der Wellen annimmt,
ebenso spielt das Selbst, die Höchste Realität, glücklich mit sich selbst.
Ist die Sonne getrennt von ihren Strahlen, die sie großzügig umgeben?
Obgleich ein Lotos in tausend Blütenblättern erblüht, ist er dennoch immer eins.
Die Einheit des Selbst (*Ātman*) geht nicht verloren, auch wenn es das gesamte Universum ausfüllt.“

Ähnlich wie Śaṅkara und andere große Philosophen und Mystiker, lehrte und lebte Jñāneśvar, dass der Mensch nicht verschieden vom Göttlichen sei, und doch verehrte er paradoxerweise auch den persönlichen und mit Eigenschaften versehenen (*Saguṇa*) Gott – denn nach seiner Auffassung gehört eben zum Spiel des Höchsten Bewusstseins, dass das Göttliche sowohl persönlich als auch unpersönlich ist – und verfasste viele Gedichte über die von ihm geliebte Gottheit *Viṭṭhala* beziehungsweise *Hari*:

„Wer sich mit der Lampe im Körper umsieht, verwandelt alles in Meditation.
Dieser formlosen Substanz Gestalt gebend, hat Er alles in sich verwandelt.
Von der Versenkung in die Meditation und der Meditation in den Nicht-Geist
gibt es nichts, als den Herrn in jeder Form zu feiern.
Es ist wunderbar, dieses Freudenfest, diese Liebe zu Hari;
Kṛṣṇa weicht keinen Moment lang von unserer Seite.
Viṭṭhal, mein Vater, furchtlos, Herr der großen Göttin,
Furcht auf Furcht verschwindet in Ihm."

Einzigartig ist seine Autorität hinsichtlich des Kuṇḍalinī-Yoga, denn er war einer der größten Meister der Kuṇḍalinī, den die Welt je gesehen hat. Wenn er über Kuṇḍalinī sprach, dann tat er es, wie es bei den *Nāthas,* aber auch anderen Traditionen des Kuṇḍalinī-Yoga üblich war: Er bediente sich einer verschlüsselten Sprache – da solches Wissen zu schützen ist und sich nur dem autorisierten Eingeweihten offenbaren soll. Hier ein Beispiel:

„Junges Mädchen, die am Himmel wohnt.
Alle drei Welten in ihrem Leib.

Eins geworden mit dem höchsten Klang.
Zeugin am Tor der Schöpfung."

Das ‚junge Mädchen' steht hier natürlich für die Kuṇḍalinī, die innere spirituelle Kraft. Der Umstand, dass sie ‚am Himmel wohnt', bedeutet, dass sie eins ist mit dem höchsten Bewusstsein. Die ‚drei Welten im Leib' ist ein Hinweis darauf, dass sie sowohl den Mikro- als auch den Makrokosmos hervorbringt. Der ‚höchste Klang' ist *Parāvāk*, die höchste Sprachebene, beziehungsweise *Praṇava*, der OM-Laut. Sie ist ‚die Zeugin am Tor der Schöpfung', denn obwohl sie die Aktivität und Kreativität per se ist und das Universum hervorbringt, bleibt sie – völlig unbeteiligt und unverändert – das ewig beobachtende Bewusstsein.

Für das Verständnis von Kuṇḍalinī ist insbesondere das sechste Kapitel dieses Werkes von unschätzbarem Wert. In den nachfolgenden Abschnitten meines Werkes, in denen ich auf Lage und Funktion der Kuṇḍalinī im menschlichen Körper sowie auf den Kuṇḍalinī-Yoga insgesamt eingehe, werde ich deshalb häufiger von diesem Kapitel der *Jñāneśvarī*, aber auch von anderen Werken Jñāneśvars Gebrauch machen. Einführend hier einige Verse aus dem sechsten Kapitel (*Verse 222 – 228*), in denen Jñāneśvar beschreibt, wie Kuṇḍalinī, im Körper eines jeden Menschen befindlich, seit Äonen darauf wartet, endlich erwachen zu können:

„So wie das Junge einer weiblichen Schlange, in Turmerik gebadet, zusammengerollt schlafend daliegt, (222)
ebenso liegt die Kuṇḍalinī, sehr klein und 3 ½ -fach zusammengerollt, wie eine weibliche Schlange, mit ihrem Kopf abwärts geneigt. (223)

Sie gleicht einem Ring aus Blitzen, Windungen aus flammendem Feuer oder einer Stange aus purem Gold. (224)
Festgehalten von Fäden, ist sie eingeschlossen zwischen zwei Windungen, aber wenn sie durch *Vajrāsana* zusammen gepresst wird, wird sie erweckt. (225)
Dann, wie ein Stern, der durch das All schießt, wie die Sonne, die von ihrem Platz am Himmel fällt oder wie ein Lichtpunkt, der hervorbricht, vergleichbar einem aufsprießenden Samen, (226)
zerbricht sie ihre Fesseln, packt den Körper und erscheint in der Region des Nabels. (227)
Viele Jahre lang hat sie sich nach dieser Erweckung gesehnt, und wenn diese geschieht, dann weitet sie mit großer Begierde ihr Maul nach oben. (228)

Wenn nun Kuṇḍalinī erwacht ist, folgt das Ringen des Yogi um ihren Aufstieg, ihren Weg zurück zu ihrem Ursprung und ihre Wiedervereinigung mit Śiva. In dem Augenblick, da dies geschieht, erfährt der Yogi seine wahre Identität, geht er auf im Höchsten. Von nun an lebt er unerschütterlich und für immer in einem Zustand, der nur schwer in Worte zu fassen ist. Viele Kuṇḍalinī-Meister, hierunter insbesondere die teilweise ziemlich tantrisch ausgerichteten Dichter-Heiligen, sprechen im Zusammenhang mit dem höchsten Zustand von der Erfahrung des „ewigen blauen Lichtes", manchmal auch von der des „dunklen Lichtes" oder von anderen höchsten Lichterfahrungen – so auch Jñāneśvar in seinen zahlreichen Gedichten, wie z.B. diesem:

„Blauer Raum mit blauer Liebe
Gleichheit, aus Blau gestaltet
Absolut die Farbe Blau
Die Handlung Blau zu verrichten

Blau ist die Wohnstatt des Gurus
Blau essen, blau handeln, blau sehen, blau sein.
Jñāndev[89] geht in die Schule des Blau
Haftet an der Farbe Blau."

„Blendendes dunkles Licht,
das sich in jene dunkle Form ergießt
und Liebe in das Gefäß des Herzens verströmt.
Klang und Licht, die sich an nichts anlehnen,
das Selbst, das im Herzen lodert, der Nektar des Selbst.
Am Anfang, in der Mitte und am Ende
ist nichts mehr da, nur das Grenzenlose.
Wir sehen weder Trennung noch sein Nicht-Sein.
Hierin ruhend, Jñāndev, alles füllend
kennen wir weder Freude noch Schmerz."

„Die gesamte Schöpfung
schwimmt im Nektar der Unsterblichkeit.
Welch wundersamer Anblick,
wenn sie auf den Punkt ohne Dimension trifft,
den unangeschlagenen Ton,
das reine Licht des Absoluten."

Wie kaum ein anderer steht Jñāneśvar – aber, wie wir gleich sehen werden, auch der große Mystiker und Dichter-Heilige Kabīr – für die Verbindung von Tantra und Bhakti. Denn, wie S.G. Tulpule zutreffend bemerkt:

89 *Jñāndev* ist eine modernere Form des Sanskritwortes *Jñānadeva*. Allgemein gilt für die modernen Sprachen, die sich ja vom Sanskrit ableiten (wie z.B. Hindī, Marāṭhī, usw.) und etwa zur Zeit des indischen Mittelalters zu eigenständigen Sprachen entwickeln, dass das inhärente „a" der Sanskrit-Konsonanten mindestens am Wortende wegfällt. Das heißt: aus *Nātha* wird so *Nāth*, *Cāngadeva* wird zu *Cāngadev* oder gar *Cāngdev* (dies ist die eigentlich gebräuchliche Form heute) und *Jñāna-Deva* (Wissen-Gott = Gott d. Wissens) zieht sich zusammen zu *Jñāndev*.

„Zwei verschiedene spirituelle Strömungen tragen zu dem Werk Jñāneśvar bei: Der Yoga der Nāths und die Bhakti der Bhagavatas. Diese beiden Wege wurden von ihm zur Advaita-Bhakti vereint, zur monistischen Frömmigkeit, die in all seinen Werken zum Ausdruck kommt, wobei die Jñāneśvarī das größte Juwel darstellt."[90]

Trotz seiner hohen Intellektualität und der Zugehörigkeit zu einer der asketischsten und exklusivsten Yoga-Traditionen führte er die Menge der religiösen Menschen des 13. Jahrhunderts in ein Zeitalter der unmittelbaren Gotteserfahrung. Er sorgte dafür, dass die Menschen Gott dort erfuhren, wo sie ihn am leichtesten und schnellsten finden konnten – im eigenen Herzen. Er bildete den Auftakt zum *Vārkarī Saṃpradāya*, einer bis zum heutigen Tag anwachsenden Tradition von Gottsuchern, in der sich mittlerweile viele Millionen Menschen aus ganz Indien mindestens zweimal im Jahr zur Wallfahrt zusammenfinden, um auf ihrem Weg zu *Viṭṭhals* Tempel im heiligen Ort *Paṇḍharpūr* Gott nahe zu sein, ihn direkt zu erfahren, indem sie seinen Namen singen: *Jay Jay Viṭṭhal, Jaya Hari Viṭṭhal.*

Sein Lebensende soll Jñāneśvar selbst bestimmt haben, und zwar auf eine Art und Weise, die selbst in yogischen und tantrischen Kreisen für höchst selten und außergewöhnlich erachtet wird. Im Alter von dreiundzwanzig Jahren, so wird berichtet, betrachtete er sein Lebenswerk als vollendet und erbat von seinem Guru und Bruder Nivrittinātha die Erlaubnis, sich „zurückziehen" zu dürfen. Er soll eine Höhle betreten haben, deren Eingang er mit einem großen Felsen verschließen ließ.

90 S.G. Tulpule, "The Breath of Heaven Played Freely There", in: Darshan – In the Company of the Saints, Ausgabe Nr. 80 'The Poet-Saints of Maharashtra'. South Fallsburg 1993, S. 13.

Dann, so heißt es, ging er in *Sañjīvan-Samādhi* ein, d.h. er beendete sein Leben als Individuum und vereinigte sich willentlich mit dem Absoluten – eine höchst seltene Form des *Mahāsamādhi*, bei dem normalerweise die letztendliche Verschmelzung mit dem höchsten Bewusstsein im Moment des physischen Todes geschieht. Jñāneśvars *Samādhi*-Schrein in Āḷandī (nahe Poona), der sich genau über dem Eingang jener Höhle befindet und das Herzstück einer großen, faszinierenden Tempelanlage bildet, wird heute täglich von Tausenden von Pilgern besucht.

So außergewöhnlich und erhaben, wie er sein Leben als individuelle Seele beendete, so außerordentlich hatte er zuvor sein *Opus Magnum*, die *Jñāneśvarī*, mit dem berühmten Epilog *Pasāyadana* zum Abschluss gebracht. Das *Pasāyadana*, das noch heute vielerorts in Indien rezitiert und gesungen wird, ist Jñāneśvars Bitte um den Segen für alle Wesen auf der Welt:

> „Möge das Selbst des Universums zufrieden sein mit diesem Opfer von Worten und mir seinen Segen schenken.
> Mögen Übeltäter nicht länger schlechte Taten begehen, möge ihr Verlangen, Gutes zu tun, wachsen und mögen alle Lebewesen in Harmonie miteinander leben.
> Möge die Dunkelheit des Übels verschwinden. Möge die Welt die aufgehende Sonne der Rechtschaffenheit erblicken, und mögen die Wünsche aller Wesen erfüllt werden.
> Möge jeder die Gesellschaft der Heiligen suchen, hingegeben zu Gott, der seine Gnade auf sie herabregnen wird.
> Heilige sind wandelnde Gärten, gefüllt mit wunscherfüllenden Bäumen. Sie sind lebendige Orte mit wunscherfüllenden Steinen. Ihre Worte sind wie Ozeane voller Nektar.
> Sie sind Monde ohne Makel und Sonnen ohne Glut. Mögen diese Heiligen die Freunde aller Menschen sein.

Mögen alle Wesen in allen Welten erfüllt von Freude sein,
und mögen sie Gott ewig verehren.
Mögen all diejenigen, für die dieses Buch ihr Leben bedeutet,
mit Erfolg gesegnet sein – in dieser Welt und in der nächsten.
Dann sagte Nivṛrittināth, der große Meister, dass dieser Segen
gewährt wird. Dies brachte große Freude über Jñāneśvar."

Über **Kabīrs** Leben gibt es zahllose Legenden, aber die historischen Fakten über sein Leben lassen sich in einige wenige Sätze zusammenfassen. Sein eigentlicher Name war **Kabīr-Dās** „der Diener des Großen (Gottes)". Geboren wurde er 1440 in Benares (Nordindien), und zwar als Sohn eines Webers. Wie viele, die aus den niederen Gesellschaftsschichten kamen, so war auch Kabirs Familie zum Islam konvertiert. Man erhoffte sich hierdurch eine gewisse soziale Aufwertung. Als Schlusslicht in der hinduistischen Kastenhierarchie hatten die Familien der einfachen Handwerker nichts zu verlieren. Später schrieb Kabir in Dankbarkeit über seine soziale Herkunft:

„Kabir, diese meine Kaste ist ein Witz für jedermann.
Gesegnet in der Tat [war ich] durch eine solche Geburt,
die mich den Schöpfer anrufen ließ."

Kabir erlernte das Familienhandwerk, doch schon als Kind beschäftigte er sich sehr intensiv mit meditativen und devotionalen Praktiken. Um nun die Geschichte Kabirs weiter darzustellen, werde ich die bekannten Mythen und Legenden zu Wort kommen lassen, da es nun einmal hauptsächlich Mythen und Legenden sind, die uns etwas über sein Leben und sein spirituelles Wirken sagen. Wobei es unerheblich ist, ob es sich tatsächlich so abgespielt hat, da Mythen immer etwas mit einer umfassenderen, höheren Wahrheit zu tun haben, die sich im Herzen beziehungsweise inneren Wesen aller Menschen befindet. Die Welt der Mythen – derer sich auch die Dichter-Heiligen bewusst bedienten – ist für uns wichtiger und näher, als wir sogenannte „moderne Menschen" uns zuweilen eingestehen wollen. Mythos und Logos sind kein Gegensatzpaar, wobei das erstere für *falsch* und das zweite für *richtig* stünde. Das mythische und das logische (im Sinne von: auf den Logos bezogene) Denken und Erleben sind zwei sich ergänzende kognitive Formen. So schreibt K. Hübner:

„Die Philosophie, nach Schelling die Wissenschaft in ihrer höchsten Form, erfasst also die gleiche Wahrheit wie der Mythos, nur unter einem anderen, mehr die subjektive Seite der absoluten Indifferenz betonenden Aspekt. Beide, Wissenschaft und Mythos, sind im Grunde gleichwertig." Erneut auf Schelling verweisend, meint Hübner darüber hinaus, dass die Mythologie nicht allegorisch, sondern tautologisch sei, d.h. nicht als bloßes Gleichnis fungiere, also nur auf etwas verweise, sondern das Wahre selbst sei. [91]

Alles, was mit Mythen, Märchen und Erzählungen zu tun hat, wird von uns seit der Aufklärung – insbesondere natürlich von der modernen Wissenschaft – leider häufig unterschätzt, ja sogar misstrauisch beäugt. Auf diese Hybris des modernen Zeitgeistes verweisend, kritisiert C.G. Jung in „Über die zwei Arten des Denkens":

„Der moderne kulturschaffende Geist ist unablässig beschäftigt, alles Subjektive von der Erfahrung abzustreifen. ... Es wäre eine lächerliche und gänzlich ungerechtfertigte Selbstüberhebung, wenn wir annehmen wollten, wir seien energischer und intelligenter als das Altertum – unser Wissensmaterial hat zugenommen, nicht aber die intellektuelle

91 K. Hübner, Die Wahrheit des Mythos. München 1985, S. 61.

Fähigkeit. Darum sind wir neuen Ideen gegenüber geradeso borniert und unfähig wie die Menschen in den dunkelsten Zeiten des Altertums. An Wissen sind wir reich geworden, nicht aber an Weisheit."[92]

Doch zurück zu den eigentlichen Geschichten über Kabir. Eines Tages wanderte der junge Kabir auf der Suche nach Gott und dem Sinn des Lebens umher, als er eine Frau in einem Dorf am Straßenrand Korn mahlen sah (nach althergebrachter Weise, z.T. noch bis zum heutigen Tag, besteht die kleine „Mühle" aus zwei dicken, aufeinanderliegenden Steinscheiben; beim Mahlvorgang wird die durch einen Stock im Zentrum drehbar gelagerte obere Scheibe mit der Hand in langsame Drehbewegungen versetzt, wodurch die Körner zwischen den Scheiben zermahlt werden). Als Kabir nun sah, wie restlos alle Körner zermalmt wurden und das Mehl zwischen den Steinscheiben herausrieselte, fing er an zu weinen. Ein großer Weiser mit Namen Nipat Nirañjan, der Kabir schon eine Weile aufmerksam beobachtet hatte, ging auf ihn zu und fragte ihn, warum er denn weine. Kabir antwortete: „Ich beobachtete, wie all das Korn zwischen den Steinscheiben zu Mehl zerrieben wird. Nicht ein einziges Korn bleibt übrig. Und genauso wird die ganze Welt und jedes einzelne Wesen unter dem Mahlstein der Zeit und Vergänglichkeit ausgelöscht werden. Ich weinte aus der Erkenntnis heraus, dass es kein Entrinnen vor dem Tod gibt und unser Leben ohne Sinn ist. Nipat Nirañjan lächelte, denn er erkannte, dass sich Kabir an der Schwelle zur Erkenntnis befand. Er bat Kabir, näher an den Mühlstein heranzutreten, um den ganzen Vorgang noch einmal genauer zu betrachten. Dann bat er die Frau, die die Mühle betätigte, die obere Steinscheibe hochzuheben. Nun zeigte er auf den Stock im Zentrum, der die Achse der Mühle bildete, und sprach zu

92 C.G. Jung, Wandlungen und Symbole der Libido. Leipzig und Wien 1912, S. 21.

Kabir: „Schau genau hin! Einige wenige Körner, die sich ganz nahe im Zentrum befinden, wurden nicht zermahlen, sie sind völlig unversehrt. Nun höre: Diese Achse ist wie das Zentrum des Lebens, dieses Zentrum im Innern ist Gott, ist der Guru. Wenn du dich ihm zuwendest, wirst du nicht nur am Leben bleiben, sondern sogar zu höherem Leben aufsteigen. Begib dich nun nach Benares, dort lebt ein großes Wesen, ein großer Guru namens Rāmānanda. Geh' zu ihm, und du wirst vor dem Mahlstein des Todes gerettet werden."

„Wo weder Tod noch Alter hingelangt,
wo niemand je vom Sterben gehört hat,
Kabir, brich auf zu diesem Land,
wo *Vidhātā* (= Brahman, das Absolute), der Heiler, wohnt!"

Bevor wir nun Kabirs weiteren Weg verfolgen, hier noch ein paar Bemerkungen zu dem, was man als seine „spirituelle Herkunft" bezeichnen könnte. Wie Charlotte Vaudeville in ihrem Grundlagenwerk über Kabir bemerkt, muss er von seinen Vorfahren in dieser Hinsicht bereits einiges in die Wiege gelegt bekommen haben. Kabir sei zwar offiziell ein *Musalmān* gewesen – bezeichne sich selbst jedoch nie so –, dennoch sei es sehr wahrscheinlich, dass von Seiten seiner Familie irgendeine Form von Beziehung zu den Nāthas bestanden haben muss. Nur so sei die relative Unwissenheit über islamische Lehren und demgegenüber die bemerkenswerte Vertrautheit mit dem tantrischen Yoga und sein üppiger Gebrauch der tantrischen Terminologie zu erklären. Der Kontakt zwischen Nāthas und Moslems sei generell dadurch begünstigt gewesen, dass die Nāthas streng gegen jede Form des Konformismus wie auch des Kastenwesens waren. Auch die Tatsache, dass die Nāthas Monotheisten waren und an Parama-Śiva, eine alldurchdringende Gottheit, glaubten, habe sie für Moslems akzeptabler gemacht als für viele traditionelle Hindus. Obwohl, so Vaudeville, Kabir kein „Mitglied“ der Nātha-Tradition gewesen sei und sich – worauf ich oben schon hingewiesen habe – über die Nāthas z.B. wegen ihrer Vorstellung von körperlicher Unsterblichkeit zuweilen lächerlich gemacht habe, scheine er mit der Philosophie und den Lehren der Nāthas von Anfang an auffällig vertraut gewesen zu sein.[93] Kabir war – wie alle Mystiker – keiner Religion oder religiösen Tradition zugehörig. Er war sein eigener Weg und sein eigenes Ziel. Dennoch zeigt sein yogisches Ideal von Heiligkeit und sein Konzept von Befreiung seine enge Beziehung zu den Nāthas[94]:

„Der Jogi (Yogi) schreit ‚Gorakh, Gorakh!‘
Der Hindu ruft den Namen Rāms an.
Der Musalmān schreit: ‚Khudā ist Einer!‘
Aber der Herr von Kabir durchdringt alle und alles.“

„Diejenigen, die unabhängig sind von der weiblichen Form,
aber abhängig von Hari's Namen,
wie Gorakhnāth es bezeugt hat,
[die] wurden unsterblich in diesem Kali-Zeitalter.“

Kabir ging tatsächlich in die heilige Stadt Benares und traf dort auf besagten Guru Rāmānanda, der nebenbei bemerkt nach der Mahārāṣṭra-Tradition auch der Guru von Viṭṭhalpant, dem Vater von Jñāneśvar, gewesen sein soll. Als Nicht-Hindu konnte er sich dem orthodoxen Rāmānanda nicht so ohne weiteres nähern, geschweige darum bitten, als Schüler angenommen oder gar eingeweiht zu werden. Deshalb beobachtete Kabir Rāmānanda eine ganze Weile und ersann schließlich eine List – auch dies ist eine in Indien allseits bekannte Geschichte:

93 Ch. Vaudeville, Kabīr. Oxford 1974, S. 88-89.
94 ibid., S. 97.

Jeden Morgen ging Rāmānanda die Stufen zum heiligen Ganges hinunter, um im Wasser seine Morgenandacht zu verrichten. An einem dieser Morgen, es war noch völlig dunkel, legte sich der junge Kabir auf eine jener Stufen, die zu Rāmānandas üblichem Weg nach unten gehörten. Als nun Ramananda hinunter stieg, trat er, da er nichts sehen konnte, auf Kabirs Körper. Er erschrak, und es geschah das, was sich Kabir erhofft hatte. Ramananda rief laut sein Mantra aus: *Ram*! *Ram*! Kabir war überglücklich, denn nun hatte er die Kraft des Gurus gleich in zweifacher Form erhalten – zum einen durch die Berührung mit den heiligen Füßen des Gurus, in denen sich alle spirituelle Kraft des Gurus befand (die Berührung durch den Guru ist eine der klassischen vier Formen der höchsten tantrischen Initiation, *Śaktipāta-Dīkṣā* genannt, die ich später noch eingehend besprechen werde) und durch sein persönliches *Mantra*, das eine Manifestation des Gurus selbst ist. Eine intensivere Form der Initiation als diese zweifache – *Sparśa-Dīkṣā* und *Śabda*- beziehungsweise *Nāma-Dīkṣā* – konnte sich Kabir wohl kaum wünschen. Ob sich diese Begegnung wirklich so ereignet hat, sei dahingestellt. Tatsache ist, dass Kabir in seinen Versen immer wieder auf die außerordentliche Bedeutung des *Mantra*s beziehungsweise Namen Gottes hinweist, wie diese Beispiele zeigen:

„Kabir, ich wiederhole ihn unablässig, und jedermann kann es hören.
Indem er *Rām* ruft, ist der Mensch gerettet. Ohne ihn ist alles Kummer."

„Kabir, ich habe es ihnen gesagt, und ebenso taten das Brahmā und Śiva.
Rām's Namen ist die Essenz der Wirklichkeit. Dies ist meine Lehre für alle."

„Wenn Du plündern kannst, plündere! Lass den Namen Rām's Deine Beute sein.
Sonst wirst Du es später bereuen, wenn Du Deinen letzten Atemzug machst."

An dieser Stelle sollte darauf hingewiesen werden, dass bei Kabir mit *Rām* nicht die Hindu-Gottheit, die Inkarnation Viṣṇus, der Held des Epos *Rāmāyaṇa*, gemeint ist. *Rām* oder auch *Hari* ist hier Gott in Form einer Klangschwingung beziehungsweise göttlicher Energie, ein *Mantra*, das nach Kabirs Auffassung jedem Befreiung schenkt, der es beständig wiederholt. Dieses besondere Wort (Skt. *śabda*) ist vor allem dann wirksam, wenn der Schüler es direkt vom Guru erhalten hat:

„Lass den Guru den Polierer sein, mit der Weisheit als seinem Werkzeug.
Schabend mit dem *Śabda* als Schaber, lass ihn Deine Seele wie einen Spiegel polieren."

„Der *Sadguru* (wahrer Guru) ist der wahre Held, der nur ein einziges Wort (*Śabda*) entließ. In dem Augenblick, da es traf, fiel ich zu Boden, und eine Wunde öffnete sich in meiner Brust."

Śabda (im Sinne von Wort, Klang, Mantra), ein von Kabir häufig verwendeter Begriff – und ein weiterer Hinweis für seine Verbindung zum Tantrismus, denn, wie Vaudeville in diesem Zusammenhang schreibt: „Alle tantrische Sādhanā ist charakterisiert durch die Bedeutung, die sie dem ‚Klang' (*Śabda*) gibt."[95] – wird hier, wie auch anderswo bei Kabir, verglichen mit einem Pfeil, der eine unsichtbare Wunde reißt. Gemeint ist das Gefühl der Trennung (Skt. *viraha*, ein sehr wichtiger Begriff

95 ibid., S. 128

bei Kabir) und die brennende Sehnsucht nach der Vereinigung mit dem Göttlichen, verursacht durch das Mantra des Gurus:

> „Inmitten des Herzens brennt ein Feuer, dennoch sieht man keinen Rauch.
> Der, den sie verzehrt, kennt diese Flamme; und er, der sie entzündet hat, auch."

Der Guru ist bei Kabir, ebenso wie wir es auch bei Jñāneśvar gesehen haben, von außerordentlicher Bedeutung – eines der Merkmale in Kabirs Lehren, die deutlich den tantrischen Einfluss zeigen; denn im Tantrismus bewirkt nicht Gott, sondern der Guru die Befreiung. Der Guru ist hier das einzige Mittel zur Befreiung und die Verkörperung der gnadenspendenden Kraft Gottes (*Śiva Sūtra 2. 6 – gururupāya,* „der Guru ist das Mittel [zur Befreiung], *Śrī Mālinī Vijaya Tantra – gururvā parameśvarī anugrāhikā śaktiḥ,* "Der Guru ist die segensspendende Kraft/ Macht (*Śakti*) des höchsten Herrn.") Wobei hinzugefügt werden muss, dass Kabir – ganz im Sinne der Lehre der Siddhas – mit Guru meistens nicht den verkörperten, menschlichen Guru, sondern das übergeordnete Guru-Prinzip meint.

Wie dem auch sei, Kabir entwickelte sich offensichtlich im Laufe der Zeit selbst zu einem mächtigen spirituellen Lehrer und brillanten Poeten. Seine Werke sind einzigartig in ihrer Intensität und Unvermitteltheit – seine Sprache ist eine Kombination von Rauheit und Kraft, was möglicherweise mit seiner sozialen Herkunft, sicherlich aber auch mit seiner ungewöhnlich starken und charismatischen Persönlichkeit zu tun hat. Er wird häufig sehr persönlich und direkt mit seiner Zuhörerschaft. Andere *Sants* sprechen in ihren Gedichten Gott an – Kabir spricht unmittelbar uns an. Hier ein Beispiel:

„Denke nicht, dass ich außerhalb der Stadt bin.
Ich bin in Eurem Atem. Ich bin in Euch.
Kabir sagt: Meine Freunde, hört mir zu!
Das, wonach Ihr sucht, ist immer in Euch."

Seine zahllosen Verse wurden von ihm mündlich komponiert und später von seinen Schülern und Bewunderern gesammelt. Es wird gemeinhin davon ausgegangen, dass er des Lesens und Schreibens unkundig war – wie er selbst offen in einem berühmten Vers bemerkt:

„Ich berühre keine Tinte und kein Papier, diese Hand hat nie einen Stift gehalten,
die Großartigkeit der vier Zeitalter erzählt Kabir mit seinem Mund allein."

Überhaupt war Kabir, alter indischer Tradition folgend, der Auffassung, dass allein das gesprochene Wort die Kraft der Transformation enthält, insbesondere wenn es sich um die Vermittlung spirituellen Wissens durch den geistigen Lehrer, den *Guru*, handelt.

Tantrisch ist, wie gesagt, seine Terminologie und Philosophie. Hier einige Beispiele für diese Sprache, die häufig – ganz der tantrischen Tradition entsprechend –, in sehr kryptischem und geradezu paradoxem Stil daherkommt und deshalb als *Sandhā-Bhāṣā* oder *Saṃdhya-Bhāṣā* bezeichnet wird, wörtlich die „Zwielicht-Sprache", also eine Sprache, die bewusst doppel- oder mehrdeutig ist – kein Uneingeweihter sollte von diesem göttlichen Wissen Gebrauch machen können:

„Es war eine gute Sache, dass der Hagel auf den Boden fiel,
da er seine eigene Selbstheit (= Natur) verlor:

Schmelzend wurde er zu Wasser und floss hinab zum Teich."

Hier wird der *Jīva*, die individuelle Seele, mit dem Hagel(-korn) verglichen. Genauer betrachtet, ist der Hagel ja nichts als Wasser, das in diesem Bild für die höchste Realität steht. Sobald nun, wie es in diesem Gedicht von Kabir beschrieben wird, das Hagelkorn auf den Boden fällt, schmilzt es und gelangt auf natürliche Weise zum Teich. Das will sagen: Sobald sich die individuelle Seele in einem Körper inkarniert beziehungsweise sich in dieser Welt manifestiert hat, verliert sie im Laufe der Zeit (= viele Inkarnationen) durch den Prozess der Erkenntnis und der unmittelbaren Erfahrung ihre begrenzte, individuelle Natur und wird wieder eins mit dem Höchsten:[96]

„Der Vogel ist zum Himmel empor geflogen
während der Körper in einem fremden Land blieb:
Dort: der Vogel trinkt ohne Schnabel
und hat sein Land vergessen."

Ich teile die Auffassung von Charlotte Vaudeville, dass hier die Befreiung der Seele durch die mystische Erfahrung in einer Weise beschrieben wird, die eindeutig auf die tantrische *Sādhanā* hinweist. Der „Vogel", der zum „Himmel" geflogen ist, steht für die *Kuṇḍalinī-Śakti*, die in der *Suṣumnā-Nāḍī* zum Himmel aufsteigt, in den tantrischen Kreisen bekannt als *Gagana-Maṇḍala*, der sich im Kopf befindet. Durch diesen Prozess erlangt der Yogi den höchsten Zustand des *Sahaja* und wird vom *Saṃsāra* befreit. Nur der Körper bleibt „in dem fremden Land", d.h. in dieser Welt.[97]

96 ibid., S. 199.
97 ibid., S. 200. Die einschlägigen yogisch-tantrischen Begriffe und Abläufe beim Erwachen und Aufsteigen der Kundalini, die hier in den Gedichten von Kabir vorkommen, bisher jedoch noch nicht besprochen wurden, wie *Sahaja*, *Gagana* etc., werden in den nachfolgenden Kapiteln ausführlich

Oftmals wird von den tantrischen Yogis gesagt, dass sie unablässig vom Nektar der Unsterblichkeit trinken. Dieser Nektar, der in der yogisch-tantrischen Fachsprache *Amṛta* oder *Rasa* heißt, tropft vom Mond ins *Sahasrāra*-Chakra herab, weshalb es bei Kabir heißt:

„Im Himmel ist ein Brunnen, der auf dem Kopf steht.“[98]

Der Himmel – Kabir benutzt hier den einschlägig tantrischen Begriff *Gagana-Maṇḍala* (wörtl. „Region des Raumes) – ist der unendlich weite Raum, oberhalb dessen sich der tausendblättrige Lotos befindet, wo die Quelle entspringt, hier dargestellt als umgedrehter Brunnen, wo der *Amṛta* bei jedem Menschen ausströmt. Doch nur der geübte Yogi weiß sich an diesem sprichwörtlichen *Lebenssaft* zu laben. In dem nachfolgenden Vers aus der *Gorakh-Bānī* („Stimme *Gorakhnāthas*“) wird dieser Unsterblichkeitstrank, wie so oft, mit einem hochprozentigen alkoholischen Getränk verglichen:

Gorakh-Bānī 137 –

„Derjenige Yogi ist ein Held, der den Wein Tag und Nacht trinkt.“[99]

Auch Kabir spricht von diesem yogischen Phänomen – und gebraucht auffälligerweise dieselben geheimsprachlichen Begriffe:

„Kabir, ich trank den Wein Hari's
ich trank, bis nichts mehr übrig war!“

---

behandelt.
98 ibid., S. 207
99 ibid., S. 134.

Dass Kabir, als tantrischer Meister, selbstredend mit dem Haṭha-Yoga und der Chakra-Lehre vertraut war, erfahren wir aus den nachfolgenden Versen:

„Die Sonne verschmolz mit dem Mond,
beide wohnten in einem Haus zusammen."

„Das *Caupaḍ* ist an den Kreuzungen ausgebreitet
in der Mitte des Auf-und-Ab-Basars:
mit dem Sadguru als deinem Partner
wirst du das Spiel nie verlieren."

Zu dem ersten Vers lässt sich sagen, dass hier das Verschmelzen der beiden hauptsächlichen *Nāḍīs Iḍā* (Mond) und *Piṅgalā* (Sonne) angesprochen ist. Das Verschmelzen dieser beiden ist das höchste Ziel und gleichzeitig die Definition des Haṭha-Yoga. In Svātmarāmas Kommentar zu *Haṭhayoga-Pradīpikā 1.1*, dem grundlegenden Werk des Haṭha-Yoga, heißt es:

„Das Wort *haṭha* besteht aus den beiden Silben *ha* und *ṭha*, was Sonne und Mond bedeutet, d.h. *Prāṇa* und *Apāna*. Ihr Yoga, d.h. ihre Vereinigung, wird *Haṭha-Yoga* genannt."

Durch die Verschmelzung oder Vereinigung dieser beiden *Nāḍīs* mit der in der Mitte verlaufenden, allerwichtigsten *Suṣumnā-Nāḍī* wird, so Vaudeville in ihrem Kommentar zu dem oberen Kabir-Vers, alle Dualität vernichtet und das höchste Ziel der tantrischen *Sādhanā* erreicht – der *Sahaja-Samādhi*. Im zweiten Doppelvers/Gedicht bedient sich Kabir der Begrifflichkeit des in Indien so populären Würfelspiels, um seine esoterischen Aussagen in geschickter tantrischer Manier dahinter zu verbergen. Der oben von Kabir verwendete Begriff *Caupaḍ* bezeichnet eben dieses Würfelspiel. Das

Brett, auf dem die Würfel gespielt werden, heißt *Caupāḍ*, und steht für den menschlichen Körper. Mit den „Kreuzungen" oder „Kreuzungspunkten" ist das Chakra zwischen den Augenbrauen gemeint, beziehungsweise der Kreuzungspunkt (*Triveṇī, Trikuṭī*) der eben schon genannten drei Haupt-*Nāḍīs*. Nach Vaudeville steht der Basar für den *Saṃsāra*, und dessen „Auf-und-Ab" interpretiert sie als Anspielung auf die obersten und untersten Chakras im menschlichen Körper, also *Sahasrāra* und *Mūlādhāra*-Chakra, und die Bewegung der *Prāṇa*-Ströme in *Iḍā*- und *Piṅgalā-Nāḍī*.[100]

Was Kabirs metaphysisch-philosophische Ausrichtung betrifft, so ist er eindeutig ein monistischer *Nirguṇī* oder *Nirguṇa-Bhakta*. Nach dieser Lehre ist die höchste Gottheit jenseits von Eigenschaften und Formen (Skt. *nir-guṇa*, wörtlich „keine-Eigenschaft"). *Nirguṇa-Bhaktas* wie Kabir glauben an die eine, absolute Realität, die jedoch unmittelbar im Herzen erfahren werden kann. Was Kabir in seinen Werken als ‚Hari' oder ‚Ram' anruft, ist diese höchste, allgegenwärtige Realität, die Grundlage allen Seins. Nur vor dem Hintergrund dieses Glaubenskonzepts sind Gedichte und Lieder wie die folgenden zu verstehen:

> „Oh mein Diener, wo suchst Du mich? Siehe, ich bin bei Dir.
> Ich bin weder im Tempel noch in der Moschee, weder in Kāśi noch auf dem Kailāś.
> Weder bin ich in Riten und Zeremonien noch in Yoga oder Entsagung.
> Wenn Du ein wahrhaft Suchender bist, wirst Du mich sogleich sehen,
> mir begegnen im gleichen Augenblick.
> Kabir sagt: Oh Sādhu höre! Ich bin die Ursache von allem."

100 ibid., S. 159 und 203.

„Ich lache, wenn ich höre, dass den Fisch dürstet im Wasser.
Du siehst nicht, dass zu Hause die Wirklichkeit ist.
Und Du wanderst und wanderst von Wald zu Wald, lustlos.
Hier ist die Wahrheit!
Gehe hin, wo immer du willst, nach Benares oder Mathurā – wenn Du dein eigenes Selbst nicht findest, bleibt Dir die Welt unwirklich."

Das Geheimnis der Befreiung liegt nach Kabir im Menschen selbst verborgen, in jener unbekannten Tiefe, wo das Leben, wie wir es bisher kennen, stirbt und wo *Kāla* (bei Kabir häufig verwendeter Begriff für die Zeit als Form des Todes) verschwindet wie ein Geist bei Tageslicht – wenn die unauslöschliche Erfahrung „wie Millionen Sonnen" aufsteigt und dem *Jīva* (individuelle Seele) erlaubt, endlich in dem mystischen *Sahaja*-Zustand aufzugehen. Nach Kabir ist der *Sahaja*-Zustand nur zu erkaufen, indem man mit dem eigenen Leben dafür bezahlt. Wer ein *Jīvanmukta* sein will, ein zu Lebzeiten Befreiter, muss nach Kabir notgedrungen ein „*Jivanmṛita*" sein, einer der tot ist noch während er lebt – gemeint ist natürlich der Tod des „Ich", der begrenzten und daher falschen Identität des Menschen. Die nachfolgenden Verse drücken dies sehr anschaulich in der bereits erwähnten tantrischen *Zwielicht-Sprache* aus:

„Als ich war, war Hari (Gott) nicht. Nun ist Hari, und ich bin nicht mehr.
Alle Dunkelheit verschwand, als ich das Licht in meinem Herzen sah."

„Als die Flammmen aufstiegen, wurde die Tasche verbrannt,[101]
die Bettelschale zerbrach in Stücke.

101 Der hier verwendete Begriff *Jholī* bezeichnet eine bestimmte Art Tasche, die einige *Nātha*-Yogis bei sich tragen.

Der Jogi (= Yogi), der da war, ist verschwunden,
allein die Asche verbleibt in der [Yoga-]Haltung."

„Du suchst, du suchst, oh mein Freund,
aber Kabir ist verschwunden.
Der Ozean ist verschwunden im Tropfen,
wie dann könnte er [je wieder] gefunden werden?"

Bemerkenswert im letzten Gedicht ist die Umkehrung dessen, was man eigentlich erwarten würde, und was auch so in anderen mystischen Traditionen zu finden ist: das bekannte „Aufgehen des Tropfens im Ozean" wird bei Kabir zum „Aufgehen des Ozeans im Tropfen". Es macht von der Sinnhaftigkeit her einen Unterschied, ob der Tropfen im Ozean oder der Ozean im Tropfen aufgeht.

Das Ideal des *Sahaja-Avasthā* oder *Sahaja-Samādhi* zeigt ebenfalls einen deutlichen Einfluss des tantrischen Yoga, insbesondere den der *Nātha-Yogi*s. Anders als der *Samādhi* im klassischen Yoga Patanjalis, ist dieser höchste Bewusstseinszustand nicht von der Abkehr vom Leben gekennzeichnet. Da nach tantrischer Philosophie alles Existierende ein Ausdruck des höchsten göttlichen Bewusstseins ist, erlebt derjenige, der sich schließlich selbst als identisch mit diesem erfährt, alles im Lichte dieses Bewusstseins – auch im Wachzustand, mit offenen Augen, bei all seinen Handlungen. Diesen ekstatischen Zustand des *Sahaja* (Skt. selbstgeboren, ursachelos, spontan) beschreibt Kabir im nachfolgenden Gedicht in authentischer und höchst beeindruckender Art und Weise:

„(Refrain):
sādhu sahaja samādhi bhali,
guru pratāpa jo din se jāgi,
din din adhika chali,

Oh, Sucher, der natürliche Zustand des Samadhi ist der größte. Vom Tage an, da er erweckt wurde durch die Gnade meines Gurus, wuchs er Tag für Tag.

Wo immer ich gehe, gehe ich in der Nähe des Herrn.
Was immer ich tue, ist Verehrung an Ihn.
Wenn ich schlafe, liege ich ausgestreckt vor Ihm.
Ich verehre niemanden und nichts, außer den Herrn selbst.
Was immer ich sage, wird zur Wiederholung Seines Namens.
Wenn ich esse und trinke, verehre ich Ihn.
Wenn ich unter Menschen bin, bin ich alleine mit Ihm.
Da gibt es kein Gefühl der Zweiheit, ich sehe keinen Anderen.
Ich sehe Ihn, ohne meine Augen schließen zu müssen,
ohne meine Ohren schließen zu müssen, ohne meinen Körper zu quälen.
Mit weit geöffneten Augen sehe ich Gott überall,
und ich lache und lache vor Freude, da ich Seine wunderbare Form in jedermann sehe.
Ich höre unablässig Sein göttliches Wort in mir.
Es beschäftigt meinen Geist, und all mein Verlangen wird weggewaschen.
Ob ich stehe, sitze oder spreche, immer ertönt dieser Klang in mir.
Mein Geist besingt Seine Großartigkeit Tag und Nacht.
Kabir sagt: Dieser Zustand, über den ich singe, ist jenseits des menschlichen Geistes,
er ist der höchste Zustand des Bewusstseins.
Oh, ich gehe auf in dieser einen höchsten Glückseligkeit.
Ich überschreite Freude und Leid."

Kapitel 5

Der Beginn einer langen kosmischen Reise – Kuṇḍalinīs Abstieg in die Unterwelt

Kabir beschreibt das höchste Ziel. Aber um dort hin zu gelangen, muss die Reise erst einmal begonnnen werden. Die Frage ist daher: Wo beginnt dieses größte aller menschlichen Abenteuer? Es beginnt genau dort, wo die göttliche Śakti, selbst eine weite Reise gemacht habend, diese beendet hat – *in uns.* Aber wo genau befindet sie sich in uns? Und was für den Anfang vielleicht noch viel wichtiger ist: Wie ist sie überhaupt dort hingekommen? Zur Beantwortung dieser Frage müssen wir es in gewissem Sinne der erwachenden Kuṇḍalinī gleich tun, wir müssen die Angelegenheit „von hinten aufrollen" und zum Ursprung oder Ausgangspunkt zurückkehren. Da die erweckte Kuṇḍalinī-Śakti einen *Involutionsprozess* auslöst – also eine Bewegung, die vom Manifestierten zurück zum unmanifestierten, undifferenzierten Ursprung führt – muss es logischerweise zuvor einen *Evolutionsprozess* gegeben haben – einen Ent-Wicklungs-Prozess. Wo also ist dieser Nullpunkt der Entwicklung beziehungsweise Schöpfung, an dem die Śakti ihre Reise ursprünglich begann, um sie dann in uns zu beenden?

Śakti[102], die allumfassende, allgegenwärtige und alles bewirkende Energie, beginnt ihre große Reise (die sie, zumindest auf der individuellen Ebene, in und als uns beendet) mit nichts Geringerem als der Erschaffung der Welt, der kosmischen

102 Die höchste göttliche Energie ist grundsätzlich eins. Doch zur Unterscheidung nennt man sie *Citi, Śakti* oder auch *Citi-Śakti,* so es die makrokosmische Dimension betrifft, und *Kuṇḍalinī* oder *Kuṇḍalinī-Śakti,* wenn es den menschlich-individuellen Aspekt ihres Wirkens betrifft.

Evolution. Die Schöpfung ist Ausdruck der Kontraktion und Selbstbegrenzung der kosmischen Energie, *Śakti* genannt. Also eine Art Verdichtung, wie bei der Veränderung der Aggregatzustände: Wasserdampf > Wasser > Eis. Daher lauten die ersten beiden *Sūtras* der alten kaschmirischen Schrift *Pratyabhijñā-Hṛdayam* („Herz der Wiedererinnerung"), eines der fundamentalen Werke des Shivaismus von Kaschmir:

citiḥ svatantrā viśva-siddhi-hetuḥ

„Höchstes Bewusstsein (*Citi* ist hier gleichbedeutend mit *Śakti*) erschafft aus freiem Willen heraus das Universum."

svecchayā svabhitau viśvam unmīlayati

„Durch die Kraft/Macht des eigenen Willens entfaltet es (Bewusstsein) das Universum als einen Teil von sich selbst."

In einem anderen Werk, der *Śiva Stotrāvalī Ṭīkā* von Kṣemarāja heißt es:

„Śakti springt auf in Entzücken und lässt sich selbst als Erscheinungsformen entstehen."[103]

Sie erschafft also aus sich selbst heraus das Universum – wird zum Universum. Und da alles, was den Makrokosmos betrifft, auch den Mikrokosmos angeht, gilt das oben Gesagte auch für die Entstehung des menschlichen Wesens: *Citi-Śakti* ist die kreative Kraft/Macht im Menschen. Der makrokosmische Prozess, durch den sich das entfaltet, was wir Realität nennen, ereignet sich unzählige Male auch auf der individuellen Ebene des Seins. Lange bevor es zur tatsächlichen Verkörperung in

103 Swami Kripananda, The Sacred Power. New York 1989, S. 23.

dieser Welt kommt, entwickelt sich die menschliche Seele, genauer gesagt, offenbart sich das höchste göttliche Bewusstsein, aus freiem Willen heraus, a l s die individuelle Seele:

Pratyabhijñā-Hṛdayam Sūtra 9 -

cidvat-tac-chakti-saṃkocāt malāvṛtaḥ saṃsārī

„Das, was von Bewusstsein erfüllt ist, wird durch die Kontraktion seiner Kräfte zur im Saṃsāra herumwandernden Seele, die bedeckt ist mit Unreinheiten."

Ob und in welchem Maße die *Śakti,* vor unserer *allerersten* Inkarnation in dieser Welt, als Matrix für all die feinstofflichen Phänomene wie Chakras, *Nāḍīs* usw. in uns vorhanden ist – denn irgendetwas müsste ja auch *davor* vorhanden sein – darüber finden wir bei den Kuṇḍalinī-Yogis leider keine Aussage. Worüber sie sehr wohl etwas aussagen ist, wie die *Śakti alle weiteren Inkarnationen* vorbereitet, wie sie jeweils von ihrer höchsten Ebene herabsteigt und sich in jedem Menschen manifestiert und wie sie dabei alle Ebenen mitnimmt – von der höchsten bis zu niedrigsten. Eine Beschreibung dieser Entfaltung im beziehungsweise als Individuum/Körper finden wir z.B. im *Viveka-Darpaṇa*:

„Inmitten von Samen, Menstrualblut [und] Wind manifestiert sich die individuelle Seele (*Jīva*) entsprechend ihrem *Karma*. Nachdem eine Zusammenballung von Eindrücken (*Vāsanās*), *Tamas* [und] Leere entsteht, wird der Fötus erschaffen." (aus *Kapitel 3.2*)

Auf den Begriff *Vāsanā,* wie auch auf den Begriff *Saṃskāra,* möchte ich an dieser Stelle kurz eingehen, da es sich um zwei

– für den Yoga allgemein und unser Verständnis von der Wirkungsweise der Kuṇḍalinī im Besonderen – sehr wichtige und immer wiederkehrende Begriffe handelt. *Saṃskāra* bezeichnet eine latente Neigung oder unterbewusste mentale Disposition, die durch ein Ereignis in einem vorangegangenen Leben verursacht wurde. Nach *Yoga Sūtra 4. 8-9* hinterlassen die Nachwirkungen einer bestimmten Handlung einen Eindruck (*Vāsanā*) im Unterbewusstsein, der den Empfindungsmustern der Erfahrung, die aus einer solchen Handlung resultiert, entspricht. Diese Eindrücke werden im Unterbewusstsein gespeichert und manifestieren sich in einem späteren Leben. Da dies fortwährend geschieht und die menschliche Existenz aus einer ununterbrochenen Entladung von *Vāsanās* besteht, wird nicht nur der Charakter, sondern alles Eigentümliche eines Individuums durch diese unbewussten Tendenzen bestimmt. Das Leben, wie wir es normalerweise führen – gemeint ist „ohne Initiation durch den Guru und ohne *Yoga-Sādhanā*" – ist nach Auffassung der Yogis nichts als eine Art Marionetten-Dasein, bei dem die *Vāsanās* die Fäden darstellen, deren Bewegungen alle unsere Erfahrungen bestimmen, weshalb von Entscheidungsfreiheit überhaupt nicht die Rede sein kann. Die *Vāsanās* sind also die „Transporteure" des Karmas von einem Leben ins nächste.

In den nachfolgenden Auszügen aus dem *Viveka Darpaṇa* finden wir die weitere Entwicklung der Kuṇḍalinī im Verlauf der Schwangerschaft in selten ausführlicher Form beschrieben:

„Anfangs, im ersten Monat, entsteht der Raum. Im zweiten Monat geschieht die Ausdehnung des Raumes. Im dritten Monat entsteht der *Bindu* und der Mond. Im vierten entsteht zur Linie die Sonne. Im fünften entsteht der *Haṃsa*. Der *Trikūṭa* einschließlich des Mondes ist nun fertiggestellt. Der Fötus ist eingepflanzt." (aus *Kapitel 3.3*)

Wie im Universum *dort draußen*, so ist das erste der fünf Elemente, das Kuṇḍalinī im Mikrokosmos erschafft, der Raum (*Ākāśa*). Die Ontogenese verläuft im kleinen wie im großen Kosmos, und zwar vom Feinstofflichen zum Materiellen.[104]

„Im sechsten Monat entsteht der *Meru* und die drei Welten, der Himmel kopfunter, die sechs Chakras in der Stirn. Im siebenten Monat sind die sieben Körperkonstituenten vollständig. Im achten Monat sind die Äste und Sprossen ausgebreitet und die acht Körper. Im neunten Monat bekommt der Fötus Haare, Nägel und die Erinnerung. Im zehnten Monat wird der Fötus geboren." (Kapitel 3.4)

„*Meru*" ist gemäß der indischen Kosmologie der *Axis Mundi* im Zentrum konzentrisch angeordneter Ringkontinente – eine alte indische Vorstellung über den Aufbau des indischen Subkontinents. Hier jedoch bezeichnet es, wie so oft in yogischen Werken, die Wirbelsäule. Der Satz „Die sechs Chakras in der Stirn" bedeutet sehr wahrscheinlich, dass sich die sechs Chakras anfänglich im Kopf befinden, um sich im weiteren Verlauf der Entwicklung im gesamten Körper zu verteilen. Die nachfolgend genannten „sieben Körperkonstituenten" (*Sapta-Dhātus*) sind sowohl im *Āyurveda* als auch im *Haṭhayoga* von grundlegender Bedeutung.[105] Mit „Äste und Sprossen" sind eventuell die Gliedmaßen des Körpers gemeint, wobei angenommen wird, dass der menschliche Körper ähnlich einer Pflanze aus einem Samen entsteht, sprosst, heranwächst und Äste und Blätter in Form der Organe und Körperteile ausbildet. Sehr viel wahrscheinlicher aber ist, dass die Metaphern „Äste" und „Blätter" für das feinstoffliche Adergeflecht der *Nāḍīs* stehen. Bemerkenswert ist

104 Auf die oben im Text des *Viveka-Darpaṇa* genannten mikrokosmischen Phänomene werde ich zu einem späteren Zeitpunkt noch eingehen.

105 Die sieben Körperkonstituenten sind gemäß dem Kommentar *zu Haṭhayoga Pradīpikā 1. 63: Lymphe, Muskelfleisch, Blut, Knochen, Mark, Fett* und *Samen*".

im Übrigen, dass bei der obigen Darstellung der Entwicklung des Mikrokosmos grobstoffliche und feinstoffliche Bestandteile in einem Atemzug genannt werden. Dies ist möglicherweise ein Hinweise darauf, dass – wie so oft bei den Yogis – die feinstoffliche und die grobstoffliche Dimension, wenn auch nicht als *gleichartig*, so doch als *gleichwertig* aufgefasst wird. Was ja auch nicht weiter verwundern sollte, da ja beides die Manifestation derselben kosmischen Kraft ist.

„Sobald der, der im Mutterleib ist, aus dem Bauch herausfällt, vergisst er das Verlangen. Sobald der Wind des *Saṃsāra* ihn berührt, ergreift die *Māyā* Besitz von ihm, durch Hunger und Durst, dennoch ist die individuelle Seele (*Jīva*) immer dieselbe." (aus Kapitel 3. 6)

Der erste Satz dieses Kapitels ist hoch interessant, da er uns etwas über den Bewusstseinszustand der sich gerade inkarniert habenden Seele, beziehungsweise des noch im Mutterleib befindlichen Kindes aussagt – etwas worauf übrigens viele yogische Meister und Schriften in diesem Zusammenhang hinweisen. Das „Verlangen", von dem hier die Rede ist, ist das Verlangen nach Befreiung (Skt. *mumukṣutva*, der Begriff wurde von dem Philosophen Shankara geprägt) aus dem Kreislauf von Tod und Wiedergeburt, die sich das Kind angesichts der Erinnerung an die leidvollen vergangenen Leben wünscht. Diese in indischen Yoga- und Asketenkreisen verbreitete Vorstellung findet sich z.B. in *Mārkaṇḍeya Purāṇa 11. 22-24*, wo es heißt, dass sich ab einem bestimmten Zeitpunkt der Entwicklung beim Fötus die Erinnerung an frühere Existenzen einstellt, beziehungsweise nach *Garbha Upaniṣad 3. 4* die Erinnerung an das gesamte intrauterine Leben. Diese Information geht jedoch bei der Geburt wieder verloren – kommt durch spirituelle Praktiken, insbesondere durch die erwachende und aufsteigende Kuṇḍalinī, welche die

Blockaden in den entsprechenden feinstofflichen Zentren, in denen diese Information gespeichert ist, löst, wieder zurück, wie ich aus eigener Erfahrung bestätigen kann. Daher schreibt O'Flaherty, bezugnehmend auf *Brahma Purāṇa 217. 23-23*:

„Im Mutterleib erinnert sich der Embryo seiner früheren Leben und ist deshalb einer doppelten Qual ausgesetzt, die zum einen von dem Ärger über die Vergehen in der Vergangenheit herrührt und zum anderen von der Angst über die zu erwartende Wiederholung seiner Dummheit... . Der Embryo beschließt daher, es beim nächsten Mal besser zu machen, aber – wie alle Neujahrsversprechen – ist auch dieser Beschluss nur kurzlebig. Und der *Jiva* (Seele) wird bei der Geburt durch die Macht der Maya so verwirrt, dass er (es sei denn, es handelt sich um einen besonders begabten Yogi) seine früheren Leben vergisst."[106]

Was uns dieses tantrische Originalwerk *Viveka-Darpaṇa* hier ermöglicht, sind außergewöhnlich tiefe Einblicke in bestimmte Phasen und Bereiche der mikrokosmischen Entwicklung. Doch gibt uns das noch kein vollständiges Bild von der gesamten Entfaltung der *Śakti* im beziehungsweise als Individuum. Indem die *Śakti* „herabsteigt" (das ist nicht wörtlich zu nehmen, sondern weist auf einen Prozess der *Ent-Wicklung* hin), wendet sie sich, wie die Yogis es nennen, von innen nach außen. In oder besser als das Individuum bildet sie ihre *äußere Form*. Im Prinzip ist alles Leben, alle Existenz in diesem Universum, ihre äußere Form. Jedes einzelne Atom ist ihre Form, jede winzige Bewegung des Atoms ist ihre Bewegung. Jede Galaxie, die geboren wird, geht auf die Mutterschaft der *Śakti* zurück. Die unaufhörliche Ausdehnung unseres Universums ist ihr

106 Wendy Doniger O'Flaherty, Karma and Rebirth in the Vedas and Puranas, in: Karma and Rebirth in Classical Indian Traditions. Delhi 1983, S. 20.

ureigenes Spiel. Von daher kennen wir alle *Kuṇḍalinī-Śakti* ja bereits, ist sie genau genommen in uns allen schon erweckt.

Es ist wichtig, das zu konstatieren: *Kuṇḍalinī-Śakti* ist jedem Menschen offenbar – allerdings nicht in ihrer Gesamtheit. Das große Geheimnis liegt in ihrem *inneren* Aspekt verborgen. Beide Aspekte befinden sich in uns. In ihrem unentfalteten Aspekt[107] – in Vereinigung mit Śiva – befindet sie sich beim Menschen im *Sahasrāra*-Chakra am Scheitelpunkt des Kopfes. Auf dieser höchsten und reinsten Ebene ihres Seins erfährt der Yogi, so er dort hingelangt, die Einheit mit dem Absoluten. Von hier nun – allerdings ist das nur ein bildhaftes Modell, eine Näherung sozusagen, die uns helfen soll, diesen hochkomplexen Prozess ansatzweise zu verstehen – bildet die *Śakti* aus sich selbst heraus die *Suṣumnā-Nāḍī*, vom Scheitelpunkt des Kopfes bis zum unteren Ende der Wirbelsäule, und steigt in ihr sukzessive herab (an dieser Stelle scheint mir ein Hinweis auf die alte upanishadische Metapher von der „Spinne“ angebracht, die den Faden, an dem sie sich hinauf und hinunter bewegt, aus sich selbst heraus spinnt). Im *Ājñā*-Chakra ereignet sich die große Spaltung. Was zuvor eins war, wird zwei, Einheit wird zu Dualität; auf der feinstofflichen Ebene entstehen *Iḍā* und *Piṅgalā*, auf der Ebene unserer Wahrnehmung entsteht Täuschung, Maya, und damit die Trennung in „Ich“ und „Welt“. Hier ist der entscheidende Punkt, an dem unsere Einheit verlorengeht. Deshalb ist den autoritativen Werken des Yoga und Tantra dieses Chakra so überaus wichtig; denn auf der „Rückreise“ ereignet sich exakt hier der *Yoga* im allerwörtlichsten Sinne – die Vereinigung

107 Wir kennen alle den Begriff der „heiligen Einfalt“, der meines Erachtens ursprünglich nicht oder nicht nur psychologisch zu verstehen war, sondern auf eben diesen Urzustand des *noch-nicht-entfaltet-Seins* hinweist, und zwar sowohl in makrokosmischer als auch mikrokosmischer Hinsicht (beim Menschen). Etwas, was nur *eine Falte* hat, ist noch nicht ent-faltet, ist noch nicht aufgespaltet, ist ein Ganzes und somit heil(ig).

der Gegensätze. An dieser Stelle entsteht, sozusagen auf der Hinreise, das „Ich", unsere begrenzte Identität, die wir nicht aus eigener Anstrengung heraus auflösen können – so wie man seinen eigenen Schatten nicht einfach auflösen oder auch nur überspringen kann. Hierzu bedarf es der Kraft der Gnade, des göttlichen Segens.

Neben der Individualisierung des Bewusstseins schafft die *Śakti* auf dieser Ebene der „ersten großen Spaltung", die mikrokosmisch dem *Ājñā*-Chakra zuzuordnen ist, den sogenannten *Antaḥkaraṇa*, bestehend aus den vier psychischen Elementen: Intellekt, Geist/Verstand, Ego und Unterbewusstsein. Dieses Konzept des mehrteiligen *Antaḥkaraṇa* ist relativ alt und begegnet uns bereits in dem philosophischen System des *Sāṃkhya*. Schon sehr früh entwickelte die indische Philosophie und Psychologie ein Modell vom Menschen, das insbesondere in der Frage nach dem letztendlichen Wesenskern des Menschen ganz andere Wege ging, als dies später – insbesondere nach der Aufklärung – die westliche Wissenschaft tat. Das der westlichen Psychologie geradezu heilige „Ich" – vielfach wissenschaftlich erforscht und als Kern des menschlichen Seins erachtet – spielt in der *Psychologie des Yoga* eine nur marginale Rolle. Wohingegen es nach Auffassung der indischen (wenn nicht gar aller östlichen esoterischen Traditionen) erst jenseits dieses „Ich" anfängt, interessant zu werden.

Im weiteren Verlauf des absteigenden Evolutionsprozesses lässt die *Śakti* die Chakras entstehen, die unter anderem auch die fünf grobstofflichen Elemente repräsentieren, wodurch (von oben betrachtet) Kuṇḍalinīs Entwicklungsprozess vom Subtilen zum Grobstofflichen noch einmal deutlich wird:

Viśuddha	–	Äther
Anāhata	–	Luft
Maṇipūra	–	Feuer
Svādhiṣṭhāna	–	Wasser
Mūlādhāra	–	Erde

Parallel hierzu bildet die *Śakti* vier Körper aus. Zuerst die drei feinstofflichen und zum Schluss den grobstofflichen Körper. Das Konzept der feinstofflichen Körper, die, einer im anderen steckend, den *Jīva* umgeben, ist im Yoga und Tantra weit verbreitet, wie das nachfolgende Beispiel aus der *Jñāneśvarī (6. 29ab)* zeigt:

piṇḍeṃ piṇḍācā grāsu / to hā nāthasaṃketīṃcā dāṃśu /

„Ein Körper verschlingt den anderen. Das ist das Geheimnis in der Übereinkunft der *Nāthas*."

Anzahl und Bezeichnungen für die Körper variieren indes manchmal. In *Varāha Upaniṣad 1. 6a* lauten sie: *Sthūla-* (grobstofflich), *Sūkṣma-* (feinstofflich) und *Kāraṇa-Śarīra* (Kausalkörper). Statt des *Sūkṣma-Śarīra* nennt das *Vivekasindhu* (*1. [4]. 9, 10, 68*) einen *Liṅga-Deha* (wörtl. „Kennzeichen-Körper", dieser feinstoffliche Körper wird deshalb so bezeichnet, weil er alle Merkmale oder Eigenschaften der sich immer wieder verkörpernden Seele mit sich führt; siehe *Sāṃkhya-Kārikā 20 u. 40*).[108] In der *Yogapar Abhaṅga-Mālā* wird ein weiterer Körper genannt, der *Mahākāraṇa-Deha* („Körper der großen Ursache"), der, wie in manchen Yoga-Texten der *Kāraṇa-Śarīra,* mit dem Zustand der Transzendenz korreliert, in dem der Yogi die Verbindung mit dem *Saṃsāra* aufzulösen vermag:

108 Auch im *Sāṃkhya* wird nach S. Radhakrishnan der feinstofflich Körper *Liṅga-Deha* genannt; Indian Philosophy Vol II. Delhi 1990, S. 284.

Yogapar Abhaṅga-Mālā 65. 2ab

jāgṛti sthūḷa turyā mahākāraṇa /

„Der Wachzustand [entspricht] dem grobstofflichen, *Turyā* dem [Körper der] großen Ursache (*Mahākāraṇa*)."[109]

Dieser „Körper der großen Ursache", von manchen auch „Suprakausalkörper" genannt, wird von Yogis oftmals als die bereits erwähnte „Blaue Perle" (Skt. *nīla bindu*) wahrgenommen. In *Viveka Darpaṇa* 16. 2 entspricht dieser subtilste aller Körper einem Zustand jenseits aller geistigen Aktivitäten, in *Yogapar Abhaṅga-Mālā* 4. 4 einem Zustand frei von Unwissenheit beziehungsweise *Māyā*:

sthūḷa sūkṣma kāraṇa āvīdyā te māyā /
mahākāraṇācyā ṭhāyāṃ righa karā //

„Der grobstoffliche, der feinstoffliche und der Ursachen[-Körper] sind Unwissenheit, [die] *Māyā* [ist]. Geh' ein in den Ort des *Mahākāraṇa*!"[110]

In dem Maße, wie Śakti von ihrer höchsten Ebene immer weiter herabsteigt, wird sie im Menschen zu allen konstituierenden grobstofflichen wie feinstofflichen Bestandteilen, Elementen und Organen. In dieser Weise mit den erforderlichen Komponenten des menschlichen Körpers von *Śakti* ausgestattet, beginnt jede neue Lebensrunde in dieser Welt. Doch lässt *Śakti* uns nach getaner Arbeit keineswegs im Stich. Im mikrokosmischen Universum gleichzeitig zu allem geworden seiend und darin herabgestiegen, begibt sie sich schließlich in das *Mūlādhāra*-

109 C. Kiehnle, Jñāndev Studies I und II, Songs on Yoga. Stuttgart 1997, S. 292.
110 ibid.; S. 244.

Chakra. An diesem Punkt endet der Prozess der Evolution – so wie im äußeren Universum der Prozess mit der Schöpfung der materiellen Welt zum Abschluss kommt – und *Śakti* legt sich, erst jetzt *Kuṇḍalinī-Śakti* genannt, wie die Kuṇḍalinī-Yogis sagen, „gleichsam einer Schlange, die sich zusammenrollt", schlafen.

Einiges von dem bisher Gesagten über die Kuṇḍalinī lässt sich bereits dem Wort *Kuṇḍalinī* selbst entnehmen. *Kuṇḍalinī* leitet sich von Sanskrit *kuṇḍala*, „Ring, Spirale", ab. Von daher ist die wörtliche Bedeutung von *Kuṇḍalinī* „die Aufgerollte/Zusammengerollte". Was war und ist also naheliegender, als sie mit einer Schlange zu vergleichen, die sich zum Schlafen zusammenrollt. *Kuṇḍalinī-Śakti* ist jener Teil der allumfassenden kosmischen Kraft, der, im wahrsten Sinne des Wortes, *in uns schlummert* – es ist der weitaus größere Teil unseres Potenzials. Der Vergleich mit einem Eisberg drängt sich hier auf; denn auch seine wahre Größe und Masse bleibt dem Betrachter erst einmal unter der Wasseroberfläche verborgen.

Eine im Zusammenhang mit der – sozusagen auf sieben Stufen herabsteigenden und auf der siebenten einschlafenden – Kuṇḍalinī höchst interessante Parallele, die sich in der Genesis der Bibel findet, sollte hier ebenfalls nicht unerwähnt bleiben. Im ersten Buch Mose (2. 2) legt sich Gott nach der Erschaffung des Universums am *siebenten* Tag schlafen:

„Und also vollendete Gott am siebenten Tage seine Werke, die er machte, und ruhte am siebenten Tage von allen seinen Werken, die er machte."

Auch Kuṇḍalinī-*Śakti* legt sich nach Erschaffung des siebten mikrokosmischen Abschnitts *in* und *als* selbigem schlafen. Das *Mūlādhāra*-Chakra, in dem sie von nun an ruht, ist von oben, d.h. dem Ursprung und Beginn der Schöpfung, gezählt das siebte Chakra. Die Vertreibung aus dem Paradies, wie sie ein wenig später im ersten Buch Mose (3. 23) vorkommt, findet nach dem Kuṇḍalinī-Yoga zwar nicht wegen Übertretung göttlicher Gesetze und moralischer Verfehlungen statt; doch auch nach Auffassung der Kuṇḍalinī-Yogis verliert das menschliche Wesen, dessen Kuṇḍalinī vom im *Sahasrāra*-Chakra befindlichen Śiva getrennt im untersten Chakra eingeschlafen ist, sein wahres Zuhause – seine göttliche Identität. Allerdings gibt es – zumindest was den vorliegenden Zusammenhang betrifft – bei aller Gemeinsamkeit auch einen ganz eklatanten Unterschied zwischen der Lehre des Alten Testamentes und der des Kuṇḍalinī-Yoga. Wo nach alttestamentarischer Vorstellung die Schlange nur die böse Urheberin des ganzen Unheils ist, ist sie gemäß dem Kuṇḍalinī-Yoga die göttliche Kraft selbst, die – sich selbst aus freien Stücken in die Tiefe begebend – sowohl für unsere Gefangenschaft als auch für unsere Befreiung verantwortlich zeichnet. Wohl eher im Sinne der Traditionen, die diese tantrische Auffassung teilen, schreibt C.G. Jung in „Der Mensch und seine Symbole": „Das Symbol der Schlange wird gewöhnlich mit Transzendenz verbunden, weil sie der Überlieferung nach ein Geschöpf der Unterwelt ist und dadurch ein ‚Vermittler' zwischen zwei Welten."[111]

Für den Zustand des Menschen drückt sich das Schlafen der Kuṇḍalinī so aus, dass er – in Anlehnung an das Alte Testament könnte man sagen „vertrieben aus dem göttlich-himmlischen Zentrum" – nur noch die äußeren Dimensionen des Lebens kennt. Er hat sein inneres Selbst, seine wahre göttliche Natur vergessen und ist verstrickt in die Phänomene der äußeren Welt. Das Individuum erwacht gewissermaßen in dem Augenblick zum Leben in dieser Welt oder erhält seine Existenz

111 C.G. Jung, Der Mensch und seine Symbole. Olten 1986, S. 152.

als Individuum – in dem Kuṇḍalinī sich zur Ruhe begibt. So gesehen, ist jeder Einzelne nichts anderes als die schlafende und träumende Kuṇḍalinī, die Fleisch gewordene (die übrigens wörtliche Bedeutung von *Inkarnation* – „Fleisch-Werdung"), sich nach Rückkehr und Wiedervereinigung sehnende Kuṇḍalinī. Nichts im menschlichen Leben ist real, insofern alles, was uns begegnet, immer nur ein winziges Fragment, beziehungsweise eine kontrahierte Form des höchsten Bewusstseins ist, selbst das eigene Ich. Der Mensch lebt buchstäblich in der Fremde und weiß nicht, wer er ist. Das ist das Spiel von *Māyā*, hinter der sich ja auch niemand anders als die höchste Śakti verbirgt. Māyā bedeutet: Leben in schmerzhaften, illusorischen Kreisläufen – das bekannte Sanskritwort hierfür ist *Saṃsāra*. Verstrickt in die von Maya geschaffene Dualität, jagt der Mensch äußeren Vergnügungen nach und wehrt sich erbittert gegen Schmerz, Leid und Tod. Saṃsāra ist die im ewigen Kreis verlaufende Erfahrung, dass sich in jedem Augenblick ein kleiner Tod ereignet, dem eine Wiedergeburt folgt: Gedanken tauchen auf, verweilen eine Zeit lang und verschwinden wieder. Wünsche werden geboren, treiben zu Handlungen an und vergehen wieder.

Der Mensch kann das, was er sucht, schlichtweg nicht finden – weil er, wie die Yogis sagen, „in die falsche Richtung blickt". Es ist fast so, als würde die Abwärtsbewegung, mit der die Kuṇḍalinī-Śakti den Menschen gewissermaßen erschaffen hat, in ihm weiter fortwirken. Dennoch, und das sollte nie vergessen werden, ist all das Teil ihres kosmischen Spiels, in welchem sie die immer wache und über jedes Detail wachende Herrscherin ist. Das Schlafen der Kuṇḍalinī, wie später ihr Aufwachen, sind nichts als der Traum des Individuums. Dieser Traum ist nicht nicht-real, sondern so real wie eben ein Traum für denjenigen ist, der diesen träumt. Könnte der Träumer seine eigene mikrokosmische Schöpfung und die anschließende Reise durch all die Zeiten und ebenso die makrokosmische Schöpfung des Universums vom Standpunkt Kuṇḍalinīs aus betrachten – dies ist der Standpunkt beziehungsweise die Erfahrung eines *Siddhas* – würde er erkennen, dass nichts wirklich geschehen ist und Kuṇḍalinī immer eins mit Śiva war und ist. Wir haben unseren göttlichen Zustand nie verlassen und waren und sind immer „zu Hause".

Was in diesem Zusammenhang noch zu sagen bleibt, ist, dass die Kuṇḍalinī-Śakti – wenn sie eines Tages aus ihrem selbst auferlegten Dornröschenschlaf erwacht – genau den Weg, den sie gekommen ist und gleichzeitig erschaffen hat, auch wieder zurückgehen und in sich resorbieren wird:

Viveka Darpaṇa 5. 1 –

„Die *Suṣumnā* verschlingend, durchstieß sie [auf ihrem Weg nach oben zum *Sahasrāra*] die sechs Chakras. Da sie selbst die sechs Chakras ist, wurde sie auch zur *Ādhāra-Śakti* im *Mūlādhāra*-Chakra."

Der gesamte Mikrokosmos, der nichts anderes als Kuṇḍalinī selbst ist, wird also auf ihrem Rückweg wieder mitgenommen, d.h. die Kontraktion, die die Grundlage aller Manifestation in diesem Universum ist, wird sukzessive wieder aufgelöst – alles Erschaffene, Konkrete, alle Phänomene, auch die des feinstofflichen Körpers – und der Mensch selbst – werden dann wieder zum Licht des höchsten Bewusstseins.

Kapitel 6

Die letzte Runde im kosmischen Reigen

An irgendeinem Punkt – nach einem Zeitraum des Schlafes als Individuum, über dessen Ausdehnung beziehungsweise Länge uns die Yogis im Dunklen lassen – ereignet sich etwas Entscheidendes: Der permanent weiterlaufende Prozess der nach unten beziehungsweise außen gehenden Bewusstseinsenergie hält plötzlich an und kehrt sich um. Zu dem, was dieser reversive Prozess für den Yogi – der auf diesen Punkt lange und intensiv hingearbeitet hat – bedeutet, findet man bei Mircea Eliade folgende Darstellung:

„Es ist dies nur eine Anwendung des ‚gegen den Strom Schwimmens' (*ujāna sādhana*) oder des ‚regressiven' (*ulṭā*) Prozesses der Nātha-Siddha, der eine totale Inversion aller psychophysischen Prozesse in sich schließt; es ist im Grund die geheimnisvolle *parāvṛtti*, die bereits in den mahayanischen Texten bezeugt ist und im Tantrismus auch die ‚Rückkehr des Samens' bezeichnet. Die ‚Rückkehr', der ‚Regress' schließt bei dem, der ihn verwirklicht, die Vernichtung des Kosmos ein und damit das ‚Heraustreten aus der Zeit', den Zugang zur ‚Unsterblichkeit'."[112]

Der Symbolismus der „Umkehrung der natürlichen Prozesse" im Zusammenhang mit dem Erwachen zum höheren, wahren Leben begegnet einem in vielen Werken des Yoga. Hier ein Beispiel aus der *Bhagavad Gītā* (2. 69):

112 M. Eliade, Yoga, Unsterblichkeit und Freiheit. Zürich 1985, S. 278-79.

„Was für alle Wesen Nacht ist, ist Zeit des Wachens für den Gezügelten. Was für alle Wesen die Zeit des Wachens ist, ist Nacht für den Sehenden."

Obwohl Krishna hier nicht von der aufsteigenden Kuṇḍalinī spricht, macht er deutlich, dass der Zustand des erwachten Yogi auch in der vollständigen Umkehrung der sogenannten „normalen" Wahrnehmung besteht. Während alle anderen Wesen vom Glitzern der Sinnesobjekte angelockt werden und im Glasperlenspiel der Welt der äußeren Erscheinungen versunken sind, ist derjenige, der beginnt, zur wahren Realität zu erwachen, darauf bedacht, die Wirklichkeit verstehen zu lernen. Er ist gegenüber dem Leben höherer Ordnung wachsam, während der Unerwachte eben schläft. Das glitzernde Leben der Dualität hingegen, das für den Erwachten tiefste Dunkelheit bedeutet, ist Tag, das heißt der normale Zustand, für all die anderen Wesen, die nicht einmal etwas von ihrer wirklichen Natur ahnen. Interessanterweise gebrauchte auch Goethe in „Maximen und Reflexionen" in Bezug auf dieses Thema einen ganz ähnlichen bildhaften Vergleich und schrieb: „Der Irrtum verhält sich gegen das Wahre wie der Schlaf gegen das Wachen."

Einfach ausgedrückt, ist der Impuls, der die Umkehr einleitet, eine Erschütterung des bisherigen mikrokosmischen Prozesses. Hierbei ist die Frage nach der Ursache dieses Impulses nicht leicht zu beantworten. Was wir definitiv sagen können, ist, dass nach yogischer Auffassung bereits in dieser anfänglichen Erschütterung des Prozesses, der wie eine riesige Maschine unaufhaltsam für jedes Individuum seit Urzeiten abläuft, in diesem Keim des Erwachens, das Wirken der göttlichen Segenskraft, also das „Prinzip des Gurus", steckt. Wie und vor allem wann diese „göttliche Erschütterung" auf den Plan und in unser Leben tritt, scheint von vielen Faktoren abhängig zu sein, die das jeweilige Individuum betreffen. Auffällig ist, dass dabei die innere und äußere Dimension des Lebens des jeweiligen Menschen eine Einheit bilden – wenn sie denn überhaupt je getrennt sind – und zusammenwirken. Was ich damit meine ist, dass im inneren Wesen des Betreffenden so etwas wie ein „energetischer Schwellenwert“ erreicht zu sein scheint, an dem nun auch äußere Ereignisse und Lebensumstände, die mit dem inneren Zustand korrelieren, dazu beitragen, dass das große Ereignis stattfinden kann. Die äußere Dimension spiegelt sich in der inneren wider. Daher kann man mit geübtem Blick auch an äußeren Dingen mitunter erkennen, dass sich bei jemandem dieses größte aller Ereignisse „zusammenbraut“.

Ende 1979, nach etwa zwei Jahren intensiver Meditationspraxis und einer ganzen Reihe von heftigen und geradezu klassischen Kuṇḍalinī-Erlebnissen – die ich zu diesem Zeitpunkt jedoch als solche noch nicht zu identifizieren vermochte – drängten sich bei mir immer wieder Erinnerungen aus meiner Kindheit auf.

Obgleich ich Autoritäten eigentlich ablehnte, stellte sich das Verlangen nach einer solchen plötzlich ein. Auf meinem bisherigen spirituellen Weg war ich ohne fremde Autorität außerordentlich gut ausgekommen. Nun allerdings erwachte der brennende Wunsch nach einem Guru, obwohl ich keine Ahnung hatte, warum. Dieser Wunsch war fortan der Inhalt intensiver Gebete und innerer Gespräche – drei Monate lang. Der Zustand, in dem ich mich befand, ist jedoch nicht leicht zu beschreiben. Es war, als hätte mich eine liebevolle innere Kraft gepackt, die mich einem – mir gänzlich unbekannten – Ziel zuführte. Woran ich mich heute noch sehr gut erinnern kann, ist die Intensität, mit der ich jeden Augenblick meines Lebens erfuhr, wie auch die Zuversicht und Gewissheit, dass sich sehr bald etwas Entscheidendes ereignen würde. Um Neujahr hörte ich dann von Freunden, mit denen ich regelmäßig zusammen meditierte, dass am folgenden Wochenende ein Yoga-Lehrer, Schüler eines bekannten indischen Meisters, in dessen Auftrag ein Meditations-Seminar leiten würde. Wir nahmen an diesem Seminar Teil – und mein Leben sollte sich für immer verändern. Ich begegnete in meinem Inneren demjenigen, nach dem ich offensichtlich so lange gesucht hatte, meinem Meister – auch wenn dieser zu dem Zeitpunkt rein physisch Tausende von Kilometer entfernt war. Die Intensität und die Ereignisse dieser ersten Begegnung ließen keinen Zweifel zu: Ich hatte an diesem Wochenende meinen Heimweg angetreten. Die erste wahre „Begegnung" mit dem Sadguru ist kein bloßer sozialer Akt, sondern impliziert den oben erwähnten göttlichen Impuls, *Śaktipāt-Initiation* – und als Folge davon das Erwachen der Kuṇḍalinī, die Umkehr aller bisherigen Prozesse, sowie die Begegnung mit dem eigenen inneren Selbst.

Diese mit nichts zu vergleichende Situation des spirituellen Auf- und Umbruchs kommt dem sehr nahe, was C.G. Jung als „Individuationsprozess" bezeichnet, wenn man Individuation mit „Verselbstung" oder „Selbstverwirklichung" übersetzt.[113] Was sich bei diesem Vorgang aus psychoanalytischer Sicht ereignet, zeigt erstaunliche Ähnlichkeit mit der Auffassung der Kuṇḍalinī-Yogis:

„Diese Befreiung beginnt allerdings meistens mit einem Zusammenbruch der bisherigen bewussten Einstellung, einem kleinen Weltuntergang, bei dem sich alles in ein Chaos zu kehren scheint. Man ist ausgeliefert, desorientiert, ein steuerloses Schiff, den Launen der Elemente preisgegeben, beschreibt Jung diesen Zustand. In Wirklichkeit ist man auf das kollektive Unbewusste zurückgefallen, das nunmehr die Führung

113 W. Schwery, Im Strom des Erwachens, Der Kundaliniweg des Siddha-Yoga und der Individuationsprozeß nach C.G. Jung. Interlaken 1988, S. 139.

übernimmt. Treibendes Motiv ist ein unwiderstehlicher Drang zu höherer Bewusstheit, ein Trieb zur Selbstverwirklichung. Es handelt sich aber nicht um einen «allgemeinen Trieb», denn «ganzen Bevölkerungsschichten kommt es, trotz notorischer Unbewusstheit, nicht bei, neurotisch zu werden. Es sind wenige, die von einem solchen Schicksal betroffen werden», schreibt Jung. Er bezeichnet sie als eigentlich «höhere» Menschen, die aber aus irgendwelchen Gründen zu lange auf einer primitiven Stufe geblieben sind und die es auf die Dauer nicht ertragen, in ihrer natürlichen Dumpfheit zu verharren."[114]

Wie bereits gesagt, spielt bei diesem Vorgang – der einer Vollbremsung bei Höchstgeschwindigkeit und dem gleichzeitigen Herumreißen des Steuerrades gleicht, und bei dem deshalb erst einmal alles durcheinander purzelt – nach yogischer Auffassung die göttlichen Segenskraft/Gnade (*Anugraha*) die wesentliche Rolle. Wann und bis zu welchem Grade die Segenskraft, die identisch ist mit dem Guru, von einem spirituellen Sucher aufgenommen wird, hängt von dem Grad des Aufnahmevermögens der jeweiligen Person ab. Die Segenskraft – die in einschlägigen Yoga-Werken häufig mit der Sonne verglichen wird, die auf alle und alles ohne Unterschiede gleichermaßen scheint – ist immer ausreichend vorhanden. Doch ob wir etwas davon erhalten, und wenn ja wie viel, wird von unserem jeweiligen spirituellen Reifegrad beziehungsweise unserer Qualifikation bestimmt, im Sanskrit *Adhikāra* genannt.

Im Gegensatz zu C.G. Jung bin ich daher nicht der Auffassung, dass nur wenige Zugang zu diesem höheren Potenzial haben. Nahezu jeder Mensch hat meiner Erkenntnis nach im Verlauf seines Lebens irgendwelche spirituellen Erlebnisse. Die Erfahrung der Sehnsucht und des Dranges nach Höherem

114 ibid., S. 140-41.

ist nur wenigen wirklich fremd. So findet man Hinweise auf derartige Transzendenzerfahrungen nicht nur in den Werken der Heiligen und Mystiker, sondern auch in den Werken solcher Persönlichkeiten, die nicht unbedingt das Etikett „religiös“ oder „spirituell“ tragen. Man betrachte unter diesem Gesichtspunkt z.B. einmal Goethes bekanntes Gedicht „Selige Sehnsucht“, in dem von Empfindungen die Rede ist, die sehr wahrscheinlich auf genau solchen „höheren“ Erfahrungen beruhen:

> „Sag es niemand, nur den Weisen, weil die Menge gleich verhöhnet:
> Das Lebendge will ich preisen, das nach Flammentod sich sehnet.
> In der Liebesnächte Kühlung, die dich zeugte, wo du zeugtest,
> überfällt dich fremde Fühlung, wenn die stille Kerze leuchtet.
> Nicht mehr bleibest du umfangen in der Finsternis Beschattung,
> und dich reißet neu Verlangen auf zu höherer Begattung.
> Keine Ferne macht dich schwierig, kommst geflogen und gebannt,
> und zuletzt, des Lichts begierig, bist du Schmetterling verbrannt.
> Und solang du das nicht hast, dieses: Stirb und werde!
> Bist du nur ein trüber Gast auf der dunklen Erde.“

Aber viele Menschen schenken solchen Erlebnissen kaum Beachtung – vor allem in der heutigen Zeit und in unserem westlichen Kulturkreis. Oft fehlt das entsprechende Umfeld – in kultureller, wissenschaftlicher, religiöser und spiritueller Hinsicht – das den Menschen helfen könnte, derartige Erlebnisse auf angemessene Weise zu verarbeiten und vor allem einzuordnen. Es ist also nicht so, dass der göttliche Impuls zu schwach wäre. In solchen Fällen mangelt es eben auch an – wie es die Yogis ausdrücken – *Adhikāra*. Was fehlt, ist die spirituelle Kapazität, den Wert des Erlebten zu ermessen – und entsprechend zu handeln. Für diese Reife oder Kapazität sind wir selbst verantwortlich. Nach dem *Kulārṇava Tantra*, wo die Guru-Schüler-Beziehung ausführlich thematisiert wird, ist es daher Aufgabe des Meisters, den suchenden Schüler auf genau jene entscheidende Qualifikation hin zu prüfen:

Kulārṇava Tantra 14. 66 -

vedhadīkṣākaro loke śrīgurur durlabhaḥ priye /
śiṣyo ´pi durlabhas tādṛk puṇyayogena labhyate /
na dadyād yasya kasyāpi ity ājñā parameśvari /

„Oh Geliebte, der Guru, der *Vedha-Dīkṣa* (wörtl. „Durchbohrungs-Einweihung“ = *Śaktipāt*) durchführt, ist schwer zu finden in der Welt. Schwer zu finden ist auch ein derartiger (= geeigneter) Schüler. [Diese Qualifikation] wird durch religiöses Verdienst erlangt. [Diese Einweihung] sollte daher nicht irgendjemandem gegeben werden. So lautet mein Befehl, oh höchste Göttin.“

Gemäß den Lehren des tantrischen Yoga liegt der Beitrag des Schülers/der Schülerin in dem hier erwähnten „religiösen Verdienst“ (*Puṇya*) beziehungsweise in der religiös-spirituellen Reife, um die ersehnte Śaktipāt-Initiation möglich zu machen. Denn nach den Lehren der Tradition des Śaiva-Siddhānta ereignet sich Śaktipāt beziehungsweise das Erwecken der Kuṇḍalinī, wenn die „Konten“ des guten und des schlechten Karmas ausbalanciert sind (weshalb es im Prinzip richtig ist, dass die Kuṇḍalinī spontan erwachen kann). Die akkumulierte Energie der guten und schlechten Taten aus den vergangenen Inkarnationen muss dabei in etwa gleich sein. Da jedoch, so wird gesagt, in den allermeisten Fällen das (sogenannte) schlechte Karma überwiegt, müssen spirituelle Sucher durch das Vermehren des religiösen Verdienstes und/oder das Ausüben bestimmter Yoga-Praktiken – beides beinhaltet auch die Hingabe/Liebe zu Gott (*Bhakti*) – und die hierdurch bewirkte Erhöhung ihres spirituellen Reifegrades versuchen, das schlechte Karma so weit zu verbrennen, dass es mit dem guten Karma in etwa auf einem Niveau steht. Selbst der Sadguru, der Śaktipāt gibt, beziehungsweise der *Siddha-Guru*, tut im Prinzip durch die Śakti-Gabe an den Schüler/die Schülerin nichts anderes, als das Karma-Niveau auszugleichen, so dass die Kuṇḍalinī erwachen kann. Der Guru muss bei diesem Vorrang daher einen gewissen Teil des Karmas des Schülers auf sich nehmen. Authentische Informationen über den Augenblick der Kraftübertragung vom Meister auf den Schüler sind naturgemäß schwer erhältlich, weshalb der nachfolgend zitierte Ausschnitt eines dokumentierten Gespräches zwischen Swami Muktananda und einem seiner Schüler von ausgesprochen hohem Informationswert ist:

– Frage: „Nimmst du das Karma der Menschen [denen du Śaktipāt gibst (Ergänzung d. Autors)] an, und fühlst du dabei das Leid/den Schmerz?"

– Antwort von Muktananda: „Wenn Śaktipāt gegeben wird, muss ich das Karma der jeweiligen Person nicht annehmen – es kommt automatisch zu mir, und es verursacht Schmerz. Das hält so ein bis zwei Stunden in der Nacht an. In diesem Zeitraum schmerzt mein ganzer Körper, die Spitze meines Kopfes wird heiß, und ich bin in einer gereizten Stimmung. Aber dann, wenn ich in Meditation eintauche, geht es weg. Nur einen Augenblick der vollkommenen Versenkung in Meditation kann die Sünden von tausend Leben verbrennen."[115]

115 From the Finite to the Infinite, S. 41.

Kapitel 7

Die Göttin des Universums erwacht

Man könnte nun die Frage stellen: Warum ist es denn überhaupt so schwer, ein Potenzial, das so natürlich wie das Leben selbst ist und uns allen, zumindest in latenter Form, zur Verfügung steht, zu erwecken? – zumal dieser Prozess viel schwerer ist, als es sich viele Yoga-Praktizierende in den westlichen Ländern vorzustellen vermögen. Kuṇḍalini-Erweckung ist in aller Munde, und wenn man in den Yoga-Foren im Internet stöbert, bekommt man den Eindruck, als sei die Erweckung der höchsten schöpferischen Macht des Universums eine Angelegenheit, die man mit etwas Übung und Einsatz im Verlauf eines überschaubaren Zeitabschnittes schon irgendwie hinbekommt. Warum nur glauben die Menschen hier im Westen immer, alles so viel besser und schneller machen zu können als die Menschen in anderen Teilen der Welt (vor allem im Süden und Osten)? Kuṇḍalinī-Yogis zu früheren Zeiten gingen mitunter davon aus, dass sich die Anstrengungen, die eventuell zur Kuṇḍalinī-Erweckung führen, über mehr als eine Lebensspanne erstrecken. Voraussetzung dabei war natürlich, dass man sein ganzes Leben dieser Aufgabe widmete.

Aber zurück zu der eingangs formulierten Frage bezüglich der Schwierigkeit der Kūṇḍalinī-Erweckung. Die Antwort lautet: Weil ein natürliches Potenzial nie in ausgereifter Form vorhanden ist und Entwicklung keine Abkürzung kennt (auch die Śaktipāt-Initiation ist keine Abkürzung, weil man nach Aussage der tantrischen Meister ihrer würdig und für sie reif sein muss). Das universale Gesetz der Entwicklung verfährt auch hierbei wie bei allen natürlich angelegten Potenzialen, etwa dem Laufen und Sprechen. Alle Potenziale müssen entwickelt werden; und bei all diesen Entwicklungsprozessen benötigten und benötigen wir angemessene Unterstützung. Doch was ist angemessene Unterstützung, wenn es sich um die Entwicklung der, im wahrsten Sinne des Wortes, *Mutter aller Potenziale* handelt? Sicherlich nicht die Unterstützung durch schlaue Bücher oder Persönlichkeiten, deren Halbwissen selbst wieder ausschließlich auf Büchern beruht. In diesem Zusammenhang sollte erwähnt werden, dass die großen Yoga-Autoritäten zu allen Zeiten gegenüber dem Buchwissen skeptisch waren, da es zwar eine große Hilfe auf dem Yoga-Weg darstellen, nur eben keine direkte Erfahrung vermitteln kann – zumindest keine Erfahrung des höchsten Bewusstseins.[116] Daher befindet das *Kulārṇava Tantra (1. 116)*:

„Nur solange man noch nicht das höchste Prinzip gefunden hat, sind Askese, Gelübde, Wallfahrten, *Japa* (Mantra-Wiederholung), Feueropfer, Lobpreisungen und [das heilige Wissen aus den] *Veden, Śāstras, Āgamas* und alten Erzählungen noch von Bedeutung."

Um nun Kuṇḍalinī, deren Aufstieg und Vereinigung mit Śiva schließlich zur Erfahrung des „höchsten Prinzips" führt, zu erwecken, gab und gibt es in der Domäne des Haṭha-Yoga eine Vielzahl von Methoden, die speziell zu diesem Zweck vor

116 In unserer heutigen Zeit kommt allerdings noch hinzu, dass die Kenntnisse vieler, die Yoga unterrichten oder darüber schreiben, ausschließlich auf *Sekundärliteratur* beruht. Kaum jemand macht sich die Mühe – ausreichende Sanskrit-Kenntnis vorausgesetzt – und studiert die Originalwerke des Yoga und Tantra. Daher fehlt oftmals das grundlegende Wissen, das die *Yoga-Sādhanā* eigentlich voraussetzt. Es hat schon seinen Grund, warum z.B. auch das Studium der Theologie schon immer das Studium des Latein, Altgriechisch und Althebräisch mit einschloss. Gleiches gilt für das Studium des Yoga: Wer die Werke im Original lesen kann, ist in der Lage, sich sein eigenes Bild zu machen. Obwohl dies natürlich nicht die Erfahrung der Sādhanā *ersetzt*.

langer Zeit ersonnen wurden. So heißt es im vierten Vers des *Gorakṣa Śataka* („Hundert Verse Gorakṣas"), dessen Autor ca. 1100 nach Christus lebte:

gorakṣaḥ śhatakam vakti yogīnām hitākamyayā,
dhruvam yasyāvabodhena jāyate paramampadam.

„Mit (seinem) Verlangen nach dem Wohl für die Yogis legt Gorakṣa die Hundert Verse [über den Haṭha-Yoga] dar, durch deren Wissen sicherlich der höchste Zustand erlangt wird."

Doch dieser Weg ist außerordentlich mühselig und langwierig; und es ist durchaus zu verstehen, warum die Yogis ihrer geliebten Göttin den Namen „Durgā" gaben – wörtlich „die Schwer(*dur*)-zu-Erlangende(*ga*)". Hier ein Beispiel aus der unmittelbaren Kuṇḍalinī- Praxis, das zeigt, wie kompliziert und aufwendig derartige Techniken sein können:

aus *Yogakuṇḍalī-Upaniṣad Kapitel 1* -

„Ein Weiser, im vollkommenen *Padmāsana* sitzend, sollte Kuṇḍalinī von ihrem Ruheort (*Mūlādhāra*-Chakra) bis [zum Ort] zwischen den Augenbrauen führen. Wenn der *Prāṇa* durch das linke Nasenloch kommt, sollte er sechzehn Einheiten tief einatmen. Dann sollte er die *Sarasvatī-Nāḍī* mit dem ausgedehnten Atem festhalten und die beiden Rippen in der Nähe des Nabels mit den Daumen und Zeigefingern beider Hände fest zusammenhalten. Er sollte die Kuṇḍalinī mit aller Kraft immer wieder von rechts nach links aufrühren/quirlen. Er sollte dies furchtlos achtundvierzig Minuten lang tun. Dadurch gelangt die Kuṇḍalinī in den Mund der *Suṣumnā-Nāḍī*. Dann sollte er sich etwas aufrichten, den Hals zusammendrücken und den Nabel weiten. Durch wildes Schütteln der *Sarasvatī*-

Nāḍī steigt dann der *Prāṇa* durch die *Suṣumnā-Nāḍī* empor in den Brustraum. Durch Zusammenziehen des Halses steigt der *Prāṇa* vom Brustraum aus weiter nach oben."

All die Sitz- beziehungsweise Körperhaltungen (*Āsana*), Atemübungen (*Prāṇāyāma*), Verschlusstechniken (*Bandha*) und Siegel (*Mudrā*) sollen das Feuer des Yoga (*Yogāgni*) entfachen und auflodern lassen, um Kuṇḍalinī zu erwecken. Das war der eigentliche Grund für die Errichtung des Systems des *Haṭha-Kuṇḍalinī-Yoga*. Viele Hinweise dafür finden wir natürlich in der *Haṭhayoga Pradīpikā* selbst. So heißt es in 1. 27: „Dieser *Matsyendāsana* ... erweckt bei täglicher Praxis die Kuṇḍalinī..." In 3. 11 wird darauf hingewiesen, dass durch die Ausführung der *Mahā-Mudrā* „Kuṇḍalinī sofort gerade wird, so wie eine Schlange, die sich gerade ausstreckt, wenn sie mit einem Stock geschlagen wird." Und in 3. 61-69, wo der *Mūla-Bandha* ausführlich dargestellt ist, heißt es unter anderem, dass durch diese Verschlusstechnik „die schlafende Kuṇḍalinī die extreme Hitze spürt und erwacht, zischt und sich streckt ... dann in die *Suṣumnā* hineingeht, wie eine Schlange, die in ein Loch schlüpft."

Immer wieder – ganz besonders im Zusammenhang mit der Erweckung und dem nachfolgenden reversiven Prozess – tauchen die beiden diametral entgegengesetzten Wesenszüge beziehungsweise Modi des Seins der Kuṇḍalinī-Śakti auf, die uns bereits im Zusammenhang mit der Erschaffung des Mikrokosmos begegneten und sich in der Tat mit kaum einem anderen Tier als eben der Schlange bildhaft besser darstellen ließen:

Der Prozess ihres allmählichen Einschlafens steht für das sukzessive Erwachen als Individuum, als *alles* Leben dieser Welt. Sie ist gleichzeitig Geben und Nehmen, Zerstörung und Entstehung. So wie sie Schlafen und Erwachen ist, ist sie auch

Gift und Nektar, Zeit und Ewigkeit, die den Menschen verwirrende *Māyā* und die ihn befreiende Göttin. Im normalen Leben zerstört oder verschlingt sie als „Feuer der Zeit" unseren Körper und damit unser menschliches Dasein. Als „yogisches Feuer" verzehrt sie wiederum die Zeit und führt den Yogi von der Dimension der Erschaffung und zeitweiligen Erhaltung des makrokosmischen Daseins in die Auflösung und damit in die Dimension jenseits von Zeit und Schöpfung – sie ist zugleich transzendent und immanent. Diese beiden gegensätzlichen und doch auch komplementären Aspekte ihres Wesens werden sehr treffend als ihr „Gift" und ihr „Nektar" bezeichnet. Sie ist sozusagen Gift, solange sie schläft – das Individuum irrt in der Welt umher und leidet – und sie wird zu Nektar, wenn sie aufwacht, aufsteigt und sich im *Sahasrāra* mit dem Absoluten wieder vereint. Sie schenkt dem Yogi, dem sich auflösenden begrenzten Individuum, die höchste Glückseligkeit. In den autoritativen Haṭhayoga-Werken ist dieser *Nektar* (Skt. *amṛta*, wörtl. „das, was unsterblich macht") allerdings nicht nur ein abstrakter Aspekt der Kuṇḍalinī, sondern ein Phänomen, das vom Yogi konkret erfahren wird.

Die im Zusammenhang mit der Erweckung der Kuṇḍalinī häufig auftauchenden Begriffe beziehungsweise Symbole „Quirlung/Aufrührung", „Gift", „Nektar" gehen auf die alte Hindu-Mythologie zurück. Das „Quirlen des kosmischen Milchozeans" (*Mahābhārata 1. 366* und *Rāmāyana 1. [45]. 18*), bei dem die Götter unter Zuhilfenahme des Schlangenkönigs Vāsuki als Quirlseil den Unsterblichkeitstrank, das bekannte *Amṛta*, produzierten, förderte, wie könnte es in einem vollkommenen Kosmos anders sein, eine weitere Substanz zutage, das gefährlichste Gift des Universums – *Kālakuṭa*. Dieses Gift, um die Geschichte kurz weiter zu erzählen, stellte eine tödliche Bedrohung für das gesamte Universum dar. Doch war Śiva glücklicherweise, aufgrund seiner Yoga-Kräfte, in der Lage, das Gift vollständig zu verschlingen und damit die Gefahr zu bannen. Da hierbei das Gift zwar unschädlich gemacht wurde, die Wirkung jedoch nicht völlig negiert beziehungsweise aus dem Kosmos ausgeschlossen werden konnte – auch hierin zeigt sich die holistische indische Denkweise – vermochte das Gift Śiva zwar nichts anzuhaben, doch färbte es seinen Hals blau. Deshalb findet sich unter den vielen Namen, mit denen Śiva angerufen wird, auch der des „Blau-Hälsigen" (Skt. *nīlakaṇṭha*).

Die körperbezogenen und zum Teil äußerst rigiden Erweckungspraktiken, wie wir sie im Haṭha-Yoga-System vorfinden – das nicht ohne Grund die Bezeichnung *Haṭha* trägt (Skt. wörtl. „Gewalt, Zwang" (die bekannte Etymologie *ha* + *ṭha* = Sonne + Mond ist eine esoterische) – sind allerdings nur eine Möglichkeit. Andere Formen, Kuṇḍalinī zu erwecken, die in der einschlägigen westlichen Literatur vermutlich aus Unkenntnis leider selten erwähnt werden, nennt Swami Vishnu Tirtha in seinem Standardwerk „Devatma Shakti":

„Kundalini wird auch zum Aufwachen veranlasst durch Göttliche Liebe und außerordentliche Selbsthingabe an Gott, durch *Japam* oder Wiederholung Seiner göttlichen Namen, durch Meditation auf Ihn und spirituelles Wissen. Sie wird auch durch die Gnade spiritueller Meister geweckt, die durch eine bloße Berührung oder einen gütigen Blick in einer einzigen Sekunde die Kundalini Shakti bei denen erwecken, die sie damit beschenken möchten. Dieser Prozess ist bekannt als Initiation durch *Shakti-Pāt*, das heißt die Übertragung der Shakti."[117]

Auf letztgenannte Initiationsform verwendet Swami Vishnu

117 Swami Vishnu Tirtha, Devatma Shakti, (Kundalini) Divine Power. Rishikesh 1993, S. 43.

Tirtha im weiteren Verlauf seiner Ausführungen zum Thema „Kuṇḍalinī-Erweckung“ einige Aufmerksamkeit, und das nicht ohne Grund. *Śaktipāt* wird von den tantrischen Traditionen als die einzig sichere Form, die Kuṇḍalinī zu erwecken, aufgefasst. Denn selbst wenn eine Kuṇḍalinī-Selbsterweckung endlich geklappt haben sollte, lauern große Gefahren auf dem weiteren Weg „nach oben“. Wir sollten uns im Zusammenhang mit der Erweckung der Kuṇḍalinī-Śakti ab und zu vergegenwärtigen, womit beziehungsweise mit wem wir es da zu tun haben. Mit der Erweckung der Kuṇḍalinī packt man den Tiger am Schwanz. Und jede Kraft manifestiert sich gerade so, wie sie hervorgerufen wurde. Begegne ich einem Tiger im indischen Dschungel zufällig, unvorbereitet und ohne Kenntnis seiner Natur – also ohne angemessene Kompetenz – rüttele ich ihn dann auch noch wach? .... Welcher Mensch mit einigermaßen gesundem Menschenverstand würde so etwas tun? Es greift auch niemand an ein nacktes, unter Spannung stehendes Stromkabel mit der Begründung: „Das ist doch bloß Energie.“

Ebenso verhält es sich mit der höchsten Energie/Kraft/Macht des Universums. Das Feuer von den Göttern zu stehlen, war schon nach den Erzählungen der Antike die Bestrebung vieler Helden, doch war es auch gefährlich – man konnte dabei umkommen. Das Feuer der Kuṇḍalinī „zu stehlen“, ist nicht minder gefährlich. Eines der bekanntesten Beispiele aus der neuzeitlichen Yoga-Literatur für eine aus meiner Sicht verunglückte Kuṇḍalinī-Erweckung schildert Gopi Krishna in seinem Klassiker „Kundalini“. Dort beschreibt er die Begleitumstände einer Erweckung, auf die er nach eigener Aussage „ganz unvorbereitet“ war, und deren schreckliche Folgen – weshalb ich mich frage, wieso er zuweilen als „*Meister* der Kuṇḍalinī“ bezeichnet wird. [118]

118 Gopi Krishna, Kundalini – Erweckung der geistigen Kraft im Menschen.

Sollte die Kuṇḍalinī nun doch durch unsere eigene Anstrengung erweckt worden sein, und sollten wir die erste Begegnung mit dem „kosmischen Tiger" einigermaßen gesund überstanden haben, gibt es keine Gewähr dafür, dass sie auch weiter aufsteigt und je ihr Ziel erreicht. Das hat mehrere Ursachen. Nach tantrischer Auffassung gibt es eine natürliche Grenze für den Kuṇḍalinī-Yogi, der die Erweckung von sich aus betreibt. Die Erweckung der Kuṇḍalinī ist prinzipiell zwar möglich, wie wir gesehen haben, doch was ihre Entfaltung beziehungsweise ihr Aufstieg betrifft, enden unsere individuellen Möglichkeiten an einem ganz bestimmten Punkt. Dieser Punkt, besser gesagt diese Grenzmarke, ist nach den tantrischen Traditionen das *Ājñā*-Chakra, wörtlich „Befehls-Chakra". Spätestens an dieser Stelle muss der Befehl oder die Erlaubnis des Gurus – der, wie wir uns erinnern, die Verkörperung der höchsten kosmischen Energie beziehungsweise unseres inneren Selbst ist – an die aufsteigende Kuṇḍalinī erfolgen. Dieser Befehl ist die *Conditio sine qua non* für den nach Befreiung strebenden Yogi beziehungsweise die Yoginī, um sein/ihr Ziel erreichen zu können. So finden wir diesbezüglich folgende Aussage bei Swami Muktananda:

„Indem nun *cit-kundalini* weiter aufsteigt, werden alle unteren Chakras nacheinander geöffnet, bis die Wahrnehmung den Punkt zwischen den Augenbrauen erreicht. Dieser wird *Ajna-Chakra* genannt. Dieses Chakra wird auch als der Sitz des Guru bezeichnet. *Ajna* bedeutet ‚Befehl'. Ohne die Anweisung des inneren Guru wird Kundalini sich nicht über diesen Punkt hinaus erheben."[119]

Weilheim 1968

119 Swami Muktananda, Kundalini – Die Erweckung der kosmischen Energie im Menschen. Freiburg 1979, S. 55-56.

Diese natürliche Barriere ist sehr wahrscheinlich der Grund dafür, dass einige der elementarsten Werke des tantrischen Yoga die Möglichkeit der Eigen-Erweckung der Kuṇḍalinī durch Haṭha-Yoga-Praktiken erst gar nicht in Betracht ziehen. Die *Siddha Siddha Siddhānta Paddhati,* die in Grundzügen die Lehren und Praktiken der Nāthayogis enthält, „lehnt", so C. Kiehnle, „den Gebrauch von *daihika,* ‚körperliche' Methoden, gänzlich ab und beschreibt mehr die subtilen Handlungsweisen des Gurus."[120]

Wird die Kuṇḍalinī nur erweckt – und das ist selten genug – ist damit die Gesamtheit aller Voraussetzungen, um Selbstverwirklichung zu erlangen, also noch nicht erreicht. Wie bereits erwähnt, bedarf es einer höheren oder umfassenderen Kraft, die uns beziehungsweise unsere innere, sich noch in den Kinderschuhen befindende Kraft lenkt und leitet. Das heißt jedoch nicht, dass unsere innere kosmische Kraft/Macht unvollkommen ist – so wie wir als Kinder auch nicht unvollkommen sind, sondern nur eine Phase des „Noch-nicht-gänzlich-entfaltet-Seins" durchlaufen. Die Knospe einer Rose enthält das gesamte Potenzial der Rose in sich – aber in unentfalteter Form. Doch ist das Heranwachsen einer Rose ein relativ einfacher Vorgang. Komplexere Prozesse, die auf Entfaltung ausgerichtet sind, benötigen häufig einen angemessenen Katalysator, das heißt irgendetwas oder irgendjemand muss den Schalter umlegen, um den Prozess in Gang zu setzen. Jetzt ist noch die bereits genannte zweite, mindestens ebenso wichtige Voraussetzung notwendig, damit die Entwicklung erfolgreich abgeschlossen werden kann: Jemand muss die Prozessentwicklung lenkend und leitend begleiten. Gehen wir, um dies kurz zu erläutern, zu dem Beispiel der Kindesentwicklung zurück.

120 C. Kiehnle, Jñāndev Studies I and II, Songs on Yoga. Stuttgart 1997, S. 144.

Im Kind ist alles angelegt, nicht nur das Potenzial, das uns in ausgereifter Form später einmal in Gestalt des jeweiligen Erwachsenen begegnen wird, sondern auch die dynamische Kraft, die diesen Prozess schlussendlich (vorausgesetzt es treten keine schwerwiegenden Probleme auf) zur Entfaltung bringt. Als Kinder haben wir mit dem Laufen-Lernen begonnen, als die entsprechenden physiologischen und neurologischen Voraussetzungen gegeben waren. Aber außer diesen Voraussetzungen zur Motorik war da noch etwas anderes, das für das Laufen-Lernen von entscheidender Bedeutung ist, nämlich jener in allen Kindern (wenn nicht gar allen Lebewesen) angelegte Drang, sich zielgerichtet fortzubewegen: Erst krabbeln Kinder, dann versuchen sie sich an allem hochzuziehen (Eltern wissen hiervon ein Lied zu singen), und schließlich fangen sie an, mehr oder weniger aufgerichtet zu laufen. Entscheidend bei diesem Prozess – wie prinzipiell bei jedem Entwicklungsprozess, der auf Versuch und Irrtum, in diesem Fall auf *Hinfallen* und *Aufstehen*, beruht – ist die Begleitung, Beobachtung und das Vorbild der Eltern. Denn dieser Lauf-Lernprozess ist alles andere als ungefährlich für das Kind, da es (obgleich durch seine kindliche Figur und Haltung relativ geschützt – Kinder plumpsen beim Fallen in sich zusammen) mit jedem Schritt Gefahr einlädt. Die Eltern sind hierbei die Begleiter des Prozesses. Ohne ihr Wirken würde ihn das Kind nicht schadlos und vermutlich auch nicht erfolgreich abschließen können. Was für das Laufen-Lernen des Kindes gilt, gilt für das Sprechen-Lernen in mindest ebensolchem Maße. Ohne als Kinder die Worte von unserer Eltern immer wieder zu hören (aber auch zu sehen, wie sie gebildet werden), blieben wir stumm wie Kaspar Hauser, obgleich das Potenzial zum Sprechen vorhanden ist. Bei diesem Prozess sind also die Eltern ein unbedingt notwendiger Katalysator.

Das Prozess-Entwicklungs-Gesetz ist ein universales. Auch der Prozess des allumfassenden, höchsten Potenzials, das wir *Kuṇḍalinī-Śakti* nennen, verläuft nach diesen Prinzipien: Es bedarf eines Katalysators und der den Prozess begleitenden Kraft. Im Unterschied zu den anderen Prozessen beziehungsweise Prozessentwicklungen kommt jedoch hier die Kraft der Initiation und der Begleitung nicht von außen, sondern von innen; denn das Guru-Prinzip i s t die aufstrebende Kuṇḍalinī-Śakti, der Guru i s t unser inneres Selbst. Die eigentliche Führung und Leitung des Sadgurus ist daher keine äußere Angelegenheit, sondern geschicht im Inneren des Menschen. Aus eigenem Vermögen können wir die Kuṇḍalinī nicht ihrem höchsten Ziel zuführen – so wie wir uns als Kinder beim Laufen- oder Sprechen-Lernen nicht selbst führen oder hüten können. Man kann sich einfach nicht an den eigenen Haaren aus dem Sumpf ziehen! Daher ist es auch ein Irrtum zu glauben, dass man die Kuṇḍalinī beherrschen könnte. Es ist bei weitem nicht so, dass der Yogi die Kuṇḍalinī leiten oder antreiben würde. Kuṇḍalinī ist kein Mechanismus, den man für sich arbeiten ließe. Es ist vielmehr so, dass Kuṇḍalinī nach Maßgabe der jeweiligen Erfordernisse und Bedürfnisse des Yogis den Verlauf ihres Erwachens und ihrer weiteren Entfaltung bestimmt. Gemäß den Lehren der Kuṇḍalinī-Meister ist sie im höchsten Maße intelligent, frei und wohltätig – aber gleichzeitig auch wild und unbändig. Ein Kuṇḍalinī-Yogi „meistert" sie also nicht, sondern ist eher ihr Schüler. Als solcher versucht er, sich vollständig auf sie und ihre Führung auszurichten und in Einklang mit ihr zu leben und zu handeln. Grundlage seiner Beziehung zu ihr ist seine Hingabe an sie und das Verlangen, mit ihr eins zu werden.

Kapitel 8

Wenn der Blitz einschlägt – Śaktipāt

Glücklicherweise gibt es neben den Selbsterweckungs-Praktiken noch einen anderen, allerdings schwer zu findenden und höchst geheimen Weg, um die Kuṇḍalinī zu erwecken. Das Zauberwort, das bereits genannt wurde, lautet *Śaktipāt*.[121] Diese Art der Einweihung durch einen *Sadguru* ist die einzige, dafür aber absolute Gewähr, dass *Kundalini* erweckt wird, wach bleibt und so geleitet wird, dass sie sicher und in relativ kurzer Zeit ihr Ziel erreicht. Das Sanskritwort für Einweihung beziehungsweise Initiation ist *Dīkṣā*. Dieser Terminus impliziert gemäß dem kaschmirischen Philosophen und Yoga-Meister Kṣemarāja, dass es sich hier um einen Vorgang handelt, durch den Befreiung gewährt wird (Skt. *dī* = *dā*, „geben") und Unreinheiten (des Geistes) zerstört werden (Skt. *kṣa*, „zerstören").[122] Die einzige *Dīkṣā*, bei der dies tatsächlich geschieht, und die daher nach Ansicht der tantrischen Meister auch als einzige dieser Bezeichnung gerecht wird, ist jene *Śaktipāt-Dīkṣā* – die Initiation des, so wörtlich, „Herabfallens der göttlichen Segenskraft".

Kulārṇava Tantra XIV. 38 –

śaktipātānusārena śiṣyo `nugrahaṃarhati / yatra śaktir na patati tatra siddhir na jayate //

(Wörtlich:) „Der Schüler ist gemäß dem *Śaktipāt* [durch den

---

121 Eigentlich *Śaktipāta* oder auch *Śaktinipāta*. Ich verwende hier jedoch das Hindi-Wort *Śaktipāt*, da es sich in Yoga-Kreisen etabliert hat.

122 Swami Shantananda, The Splendor of Recognition. New York 2003, S. 212.

Guru] zur Segenskraft (*Anugraha*) fähig. Wo Śakti nicht fällt, dort erlangt [der Yogi] das [höchste] Ziel nicht."

Dieser Vers aus einem der wichtigsten Tantras bringt es auf den Punkt: Ohne *Śaktipāt* gibt es keine Befreiung. Bei der *Śaktipāt-Dīkṣā* überträgt der Guru seine Kraft/Macht (*Śakti*), die als identisch erachtet wird mit der allumfassenden, kosmischen Śakti, auf den Schüler beziehungsweise die Schülerin, wodurch die Kuṇḍalinī erwacht und, wie es in *Kulārṇava Tantra 14. 61ff.* heißt, dem Betreffenden (im Laufe der Zeit, in seltenen Fällen auch sofort) „*divya bhāva*" – „der göttliche Bewusstseinszustand" zuteil wird. Durch *Śaktipāt* rückt die Erfahrung der wahren Identität – „Ich bin das absolute Bewusstsein" – in greifbare Nähe. So schreibt Gurumayi Chidvilasananda, ein *Śaktipāt*-Guru unserer Zeit:

„*Shaktipat-diksha* ist der Schlüssel, der uns den Zugang zum Tempel der Wahrheit ermöglicht. *Shaktipat*-Initiation, die Erweckung der Kundalini, ist der entscheidende Akt der Gnade des Meisters. Es ist der Blitzstrahl, der den größten Schatz im Inneren offenbart. Es ist die höchste Geste des Mitgefühls, der Atem des Absoluten, der die Ketten unaufhörlicher Geburten und Tode sprengt, und der dich ein für alle Mal befreit. Wenn *Kundalini Shakti* durch die Gnade des Meisters erweckt wurde, löst sich der Knoten im Herzen auf. Alle *karma*s werden hinfort geschwemmt, und das reine Wesen offenbart sich im Inneren."[123]

Der alles entscheidende Faktor bei dieser Angelegenheit ist der Guru – der *Sadguru*. Er (oder sie) ist eins mit dem höchsten Bewusstsein und der höchsten Schöpfungsmacht und besitzt

123 D.R. Brooks, Swami Durgananda, P.E. Muller-Ortega, W.K. Mahony, C. Rhodes Bailly, S.P. Sabharathnam, Meditation Revolution – A History and Theology of the Siddha Yoga Lineage. New York 1997, S. 418.

die überaus seltene Befähigung und Autorität, *Śaktipāt-Dīkṣā* zu gewähren. Diese und keine andere Initiation ist gemeint, wenn es in *Kulārṇava Tantra 17. 7* heißt:

„Von Śiva wurde dargelegt, dass es keine Befreiung ohne *Dīkṣā* geben kann, und diese *Dīkṣā* kann nicht geschehen ohne einen traditionellen Meister (= *Sadguru*)."

Die Institution des Gurus ist für die moderne westliche Welt nur schwer zu verstehen. Obgleich sie in ihrer eigenen, christlichen Tradition nur wenige Jahrhunderte zurück gehen müssten, um zu erkennen, dass auch hier in Europa der spirituelle Meister und die Meister-Schüler-Beziehung für die Menschen von großer Bedeutung war. Eines der bekanntesten Beispiele für eine tiefe Verbindung von Meister und Schüler(in) findet man übrigens in der spirituellen Beziehung der beiden großen spanischen Mystiker Johannes vom Kreuz und Theresa von Avila. Im Vergleich hierzu hat der Guru in der tantrischen Tradition jedoch eine einzigartige und absolute Stellung. Diese zu erfassen, ist für unser Verständnis von der Kuṇḍalinī und ihrer Erweckung außerordentlich wichtig. Der spirituelle Meister oder Guru wird im Yoga und Tantra nicht nur als Vermittler zwischen dem Göttlichen und dem nach Befreiung strebenden Yogi erachtet, sondern als die Verkörperung des Göttlichen selbst. So heißt es beispielweise in *Viveka Darpaṇa 14. 1*:

„Der Guru wird die Verkörperung des höchsten Herrn genannt. Der Guru ist die höchste Ursache."

Ähnliche Aussagen über den Guru finden sich auch in der *Guru Gītā*, die in diesem Zusammenhang gerne zitiert wird, da ihre Darstellung des Gurus und Guru-Schüler-Verhältnisses als typisch für den Tantrismus aufgefasst werden kann. Nach

R.M. Steinmann ist die *Guru Gītā* „ein in tantrischen *Sādhaka*-Kreisen beliebtes Werk, das in Form einer esoterischen Belehrung Pārvatīs durch Śiva, dem mythischen *Guru-Śiṣya*-Paradigma, die tantrische Spielart der *Guru-Bhakti* verherrlicht."[124] Hier einige Beispiele aus diesem Werk:

Guru Gītā 32 – gurur brahmā gurur viṣṇur gurur devo maheśvaraḥ /gurur eva parabrahma tasmai śrīgurave namaḥ, „Der Guru ist Brahmā, der Guru ist Viṣṇu, der Guru ist Maheśvara (= Śiva), der Guru ist in der Tat das höchste Absolute. Verehrung [sei] dem Guru."

GG 44a (hier ist sogar von einer Superiorität des Gurus über die höchste Gottheit, Śiva, die Rede). *śive kruddhe gurus trātā gurau kruddhe śivo na hi.* „Wenn Śiva erzürnt ist, [ist] der Guru der Beschützer. Wenn der Guru erzürnt ist, [kann dich selbst] Śiva nicht [beschützen]."

GG 33a – hetave jagatām eva..., „[Verehrung sei dem Guru], der Ursache des Universums."

GG 36a – yatsatyena jagat satyaṃ..., „Durch wessen Realität die Welt real ist."

Ähnliche Aussagen zum Guru findet man in den Yoga-Upanishaden, wie z.B. der *Advayatāraka Upaniṣad (17-18)*:

gurur eva paraṃ brahma gurur eva parā gatiḥ /
gurur eva parā vidyā gurur eva parāyanam // (17)
gurur eva parā kāṣṭhā gurur eva paraṃ dhanam /
yasmāt tadupadeṣṭāsau tasmād gurutaro guruḥ // (18)

„Der Guru ist das höchste Brahman, der Guru ist das höchste Schicksal, der Guru ist das höchste Wissen, der Guru ist die

124 R.M. Steinmann, Guru-Śiṣya-Sambandha - Das Meister-Schüler-Verhältnis im traditionellen und modernen Hinduismus. Stuttgart 1986, S. 98.

letzte Zuflucht. Der Guru ist das höchste Ziel, der Guru ist der höchste Reichtum. Weil er das (*Brahman*/Absolute) lehrt, deswegen ist der Guru sehr bedeutsam."

Worin nun das Amt oder die besondere Aufgabe des Gurus besteht – weshalb ihm beziehungsweise ihr solch hohe Verehrung zuteil wird – erfahren wir aus dem Kommentar zu *Śiva Sūtra 2. 6* (*-gururupāya*, „der Guru ist das Mittel [zur Befreiung])", in dem Kṣemarāja aus dem bekannten und bedeutenden *Śrī Mālinī Vijaya Tantra* zitiert:

gururvā parameśvarī anugrāhikā śaktiḥ

"Der Guru ist die segensspendende Kraft/Macht (*Śakti*) des höchsten Herrn."

In diesem überaus wichtigen Vers wird deutlich gemacht, dass der Guru und die göttliche Segenskraft (*Anugraha*) – die während der *Śaktipāt*-Initiation in den Schüler/die Schülerin eingeht und dort so lange verweilt (auch über mehrere Inkarnationen, wenn dies nötig sein sollte), bis Kuṇḍalinī ihr höchstes Ziel erreicht hat – identisch sind. Wie ein bekannter *Śaktipāt*-Guru einmal sagte: „Der Guru ist die *Śakti* – nicht die *Vyakti*", was so viel bedeutet wie: Der Guru ist die göttliche Kraft, nicht das Individuum *Guru* oder der Mensch *Guru* – weshalb es oftmals besser ist, statt vom *Guru* vom *Guru-Prinzip* zu sprechen. Der menschliche Guru, so könnte man sagen, ist das allumfassende, göttliche Guru-Prinzip, das sich in einem beziehungsweise als ein Mensch manifestiert, um auf dieser Ebene des Seins und Bewusstseins zu wirken und in angemessener Form das jeweilige Individuum zu erreichen. Hierbei ist zu bemerken, dass der Guru außer diesem äußeren auch einen inneren Aspekt hat, beziehungsweise in einem solchen besteht. Die Realität des Gurus als Ganzes wirkt auf den Schüler nicht nur von außen, sondern ebenso von innen. In eben diesem Sinne ist folgender Vers Kabirs zu verstehen:

> „Der Meister ist der Töpfer, der Schüler der Topf.
> Der Meister setzt ihn auf die Töpferscheibe und beseitigt seine rauen Kanten.
> Er knetet den Topf von außen, aber innen hält er seine Hand und stützt ihn."

Der Guru existiert ja streng genommen bereits im Inneren als die schlafende Kuṇḍalinī, die irgendwann erwacht und dann auch als „innerer Guru" den Aufstieg und die Entfaltung lenkt und leitet. Er offenbart sich bereits in der Sehnsucht des spirituellen Suchers nach Erweckung seiner Kuṇḍalinī – weshalb es schwer zu bestimmen ist, wann nun die erste „wirkliche" Begegnung des Schülers mit dem Meister stattgefunden hat. In meinem persönlichen Fall z.B. fand die Begegnung mit dem Guru in Person einige Monate nach meiner Kuṇḍalinī-Erweckung statt. Doch was hat die Kuṇḍalinī veranlasst aufzuwachen? Waren meine intensiven Begegnungen mit dem Göttlichen in meiner Kindheit nicht möglicherweise bereits Folgen des Wirkens des Guru-Prinzips? Bereits das Verlangen nach Erweckung, nach der Begegnung mit Gott und/oder dem Guru – in welcher Form und Gestalt auch immer – *ist* das Werk des Gurus.

Es gibt herzergreifende Berichte von der „ersten" Begegnung zwischen Guru und Schüler, bei welcher der Guru gegenüber dem Schüler deutlich zu erkennen gibt, dass er ihn schon seit vielen Jahren beobachtet und nur darauf gewartet hat, dass der Schüler endlich den entscheidenden Schritt unternimmt und dem inneren Verlangen nach Befreiung und der Begegnung mit dem Guru nachgeht. Der Beginn der Guru-Schüler-Beziehung zwischen Bhagawan Nityananda und Swami Muktananda – auf die ich mich auch deswegen gerne beziehe, weil sie als geradezu paradigmatisch für die Guru-Schüler-Beziehung betrachtet werden kann – ereignete sich relativ spät im Leben Muktanandas, als dieser bereits auf fünfundzwanzig Jahre intensivster spiritueller Praxis zurückblicken konnte und selbst schon als spiritueller Lehrer relativ bekannt war. Als Jugendlicher, im Alter von fünfzehn Jahren, war er Nityananda bereits begegnet, der zu jener Zeit als berühmter nackter Asket (*Avadhūta*) das Land durchwanderte. Nityananda gab ihm bei einer dieser Gelegenheiten ein paar Süßigkeiten. Speisen, die die *Śaktipāt*-Gurus verschenken, werden in Indien nicht ohne Grund als *Prasād* (Skt. *prasāda*, synonym für *anugraha*, „Gnade, Segen") bezeichnet, denn sie enthalten nach tantrisch-yogischer Auffassung die Segenskraft des Gurus und können *Śaktipāt* auslösen –, woraufhin der Junge kurze Zeit später sein Zuhause mit einer brennenden Sehnsucht nach Gott verließ und nie wieder zurückkehrte. Auf der Suche nach einem Guru durchwanderte er – mittlerweile unter dem Namen *Muktānanda* (wörtl. „Glückseligkeit des Befreiten") im *Sarasvatī*-Zeig des von Śaṅkara gegründeten *Daśanāmī*-Ordens ordiniert – einige Male ganz Indien. Nachdem er von einigen Siddhas immer wieder den deutlichen Hinweis bekommen hatte, dass Nityananda sein Guru sei, begab er sich irgendwann endlich zu dessen Ashram. Als Nityananda ihn erblickte, war er alles andere als überrascht. So als wären seit der letzten Begegnung nicht Jahrzehnte, sondern nur ein paar Stunden vergangen, und als hätte er seinen Schüler nicht einen Moment aus den Augen verloren, begrüßte er Muktananda lapidar mit den Worten: „Nun bist du also gekommen."

Es stellt sich die Frage: Wie ist dieses sonderbare Verhalten Nityanandas, der Muktananda fünfundzwanzig Jahre nicht gesehen hatte, zu erklären? Desinteresse? – Wohl kaum. Aus yogischer Sicht existiert zwischen Guru und Schüler einfach keine Trennung. Weder die räumliche noch die zeitliche Dimension haben hier irgendeinen Einfluss. Selbst der physische Tod, worauf ich bereits hingewiesen habe, kann sich nicht zwischen die beiden stellen. In dem Maße, wie Kuṇḍalinī erwacht und aufsteigt, offenbart sie dem Schüler genau dies – dass letztendlich das innere Selbst, der Guru und Gott eins sind. Wie sie überhaupt die fragmentarische und begrenzte Wahrnehmung des Betreffenden von sich selbst und dem Universum, das ihn umgibt, zu einem integralen Ganzen zusammenfügt – vergleichbar einem zerbrochenen Spiegel, dessen Teile wieder harmonisch zusammengefügt werden – indem sie die Myriaden von karmischen Eindrücken im Laufe der Zeit auflöst und dadurch die gesamte Erfahrung vom Bedingten und Begrenzten zum Unbedingten und Unbegrenzten führt.

Es gibt im tantrischen Yoga eine alte Formel, die lautet: Der Guru beobachtet den Schüler/die Schülerin *drei Leben lang*, bevor er ihm/ihr als *Śaktipāt*-Guru begegnet und Initiation erteilt. Das Erhalten von *Śaktipāt* ist folglich niemals ein Zufall, sondern das Ergebnis des Wirkens verschiedener Faktoren. Zu diesen zählt sicherlich das Karma (beziehungsweise der Entwicklungsgrad) des jeweilig Betroffenen. Doch andererseits spielt auch die göttliche Segenskraft, das heißt der Guru in personifizierter oder auch unpersonifizierter Form, eine entscheidende Rolle. Die göttliche Segenskraft (*Anugraha*), worauf ich oben bereits hingewiesen habe, ist jedoch vollkommen frei (*svatantrya*) und vom karmischen Gesetz unabhängig, wie die tantrischen Gurus allenthalben lehren. Naht nun der Moment des großen Aktes, dann können auch keine noch so widrigen äußeren Umstände dieses Ereignis aufhalten. Im Umkehrschluss bedeutet dies, dass niemand „zufällig" *Śaktipāt* erhält – wenngleich es manchmal auch so aussehen mag. Wie ein tantrischer Guru einmal sagte: „Keine Macht der Welt kann einen Menschen, dessen Zeitpunkt noch nicht gekommen ist, auch nur in die Nähe eines Gurus bringen, der *Śaktipāt* erteilt."

Für die *Śaktipāt*-Initiation gibt es seit jeher eine Metapher, die anschaulicher und eindrücklicher wohl nicht sein könnte: Eine Flamme entzündet eine Flamme. Allein schon der Terminus *Guru* als solcher zeigt, worin die Aufgabe des Gurus besteht. Einer alten, in Indien allseits bekannten esoterischen Etymologie zufolge besteht das Sanskrit-Wort *Guru* aus den beiden Silben *gu* und *ru*, wobei ersteres für „Dunkelheit" steht und zweites für „Licht". Der Guru steht also für die Entwicklung in uns, einer Bewegung oder eines Heranreifens von der Unwissenheit und Unbewusstheit zu Wissen und Bewusstheit – eben von der „Dunkelheit" zum „Licht". Das lateinische Wort *educare* (wörtlich: „herausziehen, emporführen"), aus dem sich unser deutsches Wort „Erziehung" ableitet, bedeutet im Wesentlichen dasselbe: Jemanden zum Wissen führen. Eine solche Entwicklung verläuft generell in zwei Phasen – zuerst muss das angelegte Potenzial geweckt werden, und dann wird die Entfaltung desselben in die richtigen Bahnen gelenkt.

In *Viveka-Darpaṇa 14. 1* wird diese, in zwei Phasen verlaufende Entwicklung folgendermaßen dargestellt:

> *jaisā dīveyāpāsīni āṇika dīpu lāvīleyā tohī jaisā prabhā āgaḷā dīse taisā śiṣyu guruprasādeṃ laghutva sāṃḍīni gurutva pāve //*
>
> „So, wie von einem Licht ein anderes Licht angezündet wird, und wie dieses [zweite Licht] durch außerordentliches Strahlen sichtbar ist, so gibt der Schüler durch die Gnade des Gurus seine Unbedeutendheit (*Laghutva*) auf und erlangt Bedeutsamkeit/Guru-schaft (*Gurutva*)."

Amaranāth, der Autor dieses Werkes, nutzt hier die Doppeldeutigkeit der Worte *Laghu-tva* und *Guru-tva* für ein geschicktes Wortspiel, das uns die Entwicklung und grundlegende Transformation des Schülers, die durch *Śaktipāt* eingeleitet wird, veranschaulichen soll. Die wörtliche Bedeutung von *Laghu* ist „leicht, klein". *Guru* bedeutet im Sanskrit wörtlich „schwer, gewichtig" – die oben genannte und im Tantra und Yoga so populäre Etymologie „dunkel-hell" ist esoterischer Natur, sie ist deshalb nicht falsch, sondern erklärt den Begriff *Guru* lediglich aus einer anderen Warte. Aus diesen beiden Adjektiven entstehen nun durch Anhängen des Suffix *-tva* die Abstrakta *Laghu-tva*, „Leicht-/Klein-heit (im Sinne von *Unbedeutendheit*) und *Guru-tva*, „Schwer-heit" (im Sinne von *Bedeutsamkeit*, aber auch *Guru-schaft*). Mit *Laghutva* ist hier der Bewusstseinszustand des Schülers gemeint, der Zustand der Unwissenheit und Begrenztheit. *Gurutva* hingegen bezeichnet den Zustand des Gurus, die Guru-schaft oder, wie es bei Jñāneśvar heißt, das *Guru*-Amt (*Jñāneśvarī 9. 47b*). Die Funktion des Gurus/Sadgurus besteht also darin, den Schüler aus dessen begrenzten Zustand zu befreien und in den erhabenen Zustand des Gurus zu führen, wie auch das hier verwendete Bild des Lichtes, das ein weiteres Licht entzündet, illustriert. Durch *Śaktipāt-Dīkṣā*, die einer tiefen inneren Berührung auf höchster Ebene mit dem Guru gleichkommt, überträgt sich der Zustand des Gurus, und somit auch der Status der *Guru*-schaft (*Gurutva*), mehr oder minder schnell auf den Schüler. Nach Agehananda Bharati heißt es bei dem kaschmirischen Philosophen und Meister Abhinavagupta (zitiert aus *Tantrasāra*, leider ohne Stellenangabe):

„Wie eine Lampe an der Flamme einer anderen [Lampe] angezündet wird, so wird die göttliche Śakti, die aus dem *Mantra* besteht, vom Körper des Gurus auf den des Schülers übertragen. Ohne [diese] *Dīkṣā* sind Japa oder das Mantra, Pūjā und andere Rituale vollkommen nutzlos."[125]

Das Übertragen von Licht beziehungsweise Feuer ist sicherlich ein altes und vermutlich in vielen Kulturen verbreitetes Motiv, das für geistige Entwicklung steht. Im tantrischen Yoga bezieht sich dieses Bild allerdings ganz besonders auf die Initiation durch den Guru. Die Frage ist allerdings: Handelt es sich dabei wirklich nur um eine *Metapher*? Mitnichten, wie der nachfolgende Ausschnitt aus einem Erfahrungsbericht eines Schülers von Bhagawan Nityananda zeigt:

„Nityananda stand da, und dieser andere Mann stand vor ihm ... Ich sah blaues Licht [aus den Augen von Bhagawan Nityananda] kommen, wie das Licht einer Taschenlampe, die man in der Dunkelheit hält. Das blaue Licht ging in ihn hinein, es drang einfach so in seine Stirn. Es ging von Nityanandas Augen aus zu der Stirn des Mannes. Es drang ein wie ein ununterbrochener Lichtstrahl. Der Mann rief „Om" und fiel dann auf den Boden. Er lag zitternd auf dem Boden wie ein Vogel. All das sah ich. Ich weinte wie ein Kind, weil [ich dachte]: ‚Ich habe einen Mann mitgebracht und er stirbt hier'. Dann ließ Bhagawan von ihm ab und kam zu mir. Er blies in meine Nase[126] und sagte [zu mir] in Hindi: ‚Sei stark, sei stark'. Es dauerte einige Zeit, mich stärker zu machen, sonst hätte ich laut weiter geweint wie ein Kind. Später habe ich bei Freunden

---

125 Agehananda Bharati, The Tantric Tradition. London 1992, S. 193. Dieses einzigartige Werk von Professor Bharati, einem mittlerweile verstorbenen Österreicher mit bürgerlichem Namen Poldi Fischer, gehört seit seiner ersten Veröffentlichung (1965) zu den Standardwerken über Tantra.

126 Der Leser möge sich an meine Ausführungen in Kapitel 1 erinnern, in dem bereits von dieser speziellen Methode der Energie-Übertragung bei dem auferstandenen Jesus die Rede war: Johannes 20. 21-22 : „Da sprach Jesus abermals zu ihnen: Friede sei mit euch. Und da er das gesagt hatte, blies er sie an und spricht zu ihnen: Nehmet hin den heiligen Geist."

nachgefragt und erzählte ihnen diese Geschichte. Sie sagten: ‚Das ist es, was man Shaktipat nennt'."[127]

Ein weiteres typisches Beispiel für eine *Śaktipāt-Dīkṣā* findet man in der Initiation des berühmten Swami Vivekananda durch seinen Guru Ramakrishna, wiedergegeben in Christopher Isherwoods bekannter Ramakrishna-Biographie:

„Nachdem ich viele Leute nach dem Weg gefragte hatte, erreichte ich schließlich Dakshineshwar und ging unverzüglich zum Zimmer des Meisters. Ich fand ihn, tief in Meditation, auf dem kleineren Bett sitzend, das neben dem größeren steht. Es war niemand bei ihm. Sobald er mich sah, rief er mich freudig zu sich und hieß mich an dem einen Ende des Bettes Platz zu nehmen. Er war in einer sonderbaren Stimmung. Er murmelte irgendetwas zu sich selbst, das ich nicht verstehen konnte, schaute mich streng an, stand dann auf und kam auf mich zu. Ich dachte, wir würden gleich wieder eine verrückte Szene erleben. Kaum war mir dieser Gedanke durch den Kopf gegangen, als er seinen rechten Fuß auf meinen Körper setzte. Sofort hatte ich ein wunderbares Erlebnis. Meine Augen waren weit geöffnet, und ich sah, dass alles in dem Raum, einschließlich der Wände, schnell herumwirbelte und verschwand. Und gleichzeitig schien es mir, dass mein Bewusstsein von mir selbst, zusammen mit dem gesamten Universum, sich aufzulösen begann in eine weite, alles verschlingende Leere. Diese Zerstörung des Bewusstseins von mir selbst schien mir dasselbe wie der Tod zu sein. Ich hatte das Gefühl, dass der Tod direkt vor mir stand, sehr nahe. Unfähig, mich zu beherrschen, schrie ich laut: „Oh, was machst Du mit mir? Weißt du nicht, dass ich Eltern zu Hause habe?" Als der Meister das hörte, lachte er

127 Meditation Revolution – A History and Theology of the Siddha Yoga Lineage. New York 1997, S. 19.

laut. Dann, meine Brust mit seiner Hand berührend, sagte er: „Also gut – lass es uns jetzt beenden. Es muss nicht alles auf einmal getan werden. Es wird alles zu seiner Zeit geschehen." Zu meinem Erstaunen verschwand diese außergewöhnliche Vision genauso plötzlich, wie sie gekommen war. Ich kehrte zu meinem normalen Zustand zurück und sah die Dinge innerhalb und außerhalb des Raumes so fest und unverändert wie zuvor. --- Obwohl es so viel Zeit in Anspruch genommen hat, all das zu beschreiben, geschah es tatsächlich in nur wenigen Augenblicken. Und dennoch veränderte es mein Denken völlig. Ich war verwirrt und versuchte ständig zu analysieren, was sich da zugetragen hatte. Ich hatte gesehen, wie diese Erfahrung begann und endete in Übereinstimmung mit dem Willen dieses außergewöhnlichen Mannes."[128]

Hier bekommen wir Einblick in das Phänomen der *Śaktipāt*-Initiation, insbesondere in das für den Schüler beziehungsweise die Schülerin nicht zu unterschätzende Moment des unmittelbaren Erlebens: Im Augenblick der Initiation vermittelt der Guru eine direkte Erfahrung des Absoluten und dadurch einen Ausblick auf das Ziel. Dies ist entscheidend für den Schüler, denn nun kennt er die Richtung. Er hat zum ersten Mal das Ziel konkret gesehen, wenn auch nur – wie zumindest in den meisten Fällen – für wenige Augenblicke. Ein solches Erlebnis schafft nicht nur Orientierung, sondern auch Vertrauen in den Weg, den man anschließend geht – und schafft Vertrauen in die von nun an im Inneren befindliche lebendige Kraft. Es ist aber auch deshalb ein so mächtiges und hinsichtlich seines spirituellen Wertes mit nichts zu vergleichendes Ereignis, weil nach yogischem Verständnis hier das Göttliche selbst interveniert, weshalb Agehananda Bharati schreibt:

---

128 C. Isherwood, Ramakrishna and his Disciples, Calcutta 1994, S. 197.

„Wann immer eine plötzliche Verwirklichung des höchsten spirituellen Objekts erlangt wird, geht man davon aus, dass eine *Śāṃbhavī-Dīkṣā* („Initiation durch Śiva selbst") stattgefunden hat."[129]

Über diesen in den allermeisten Fällen von einem vollkommenen Meister bewirkten, alles entscheidenden Schritt in der spirituellen Entwicklung eines Menschen schreibt R.M. Steinmann:

„Die verschiedenen formellen und informellen *Dīkṣā*-Formen, in welchen der *Sādhaka Śakti-pāta*, den ‚Niedergang der *Śakti*', erfährt, sind ein machtvolles Mittel des Gurus, um in diesem eine allmähliche geistige Transformation zu bewirken."[130]

Doch welcher Guru vermag ein solches Ereignis herbeizuführen, bei dem der Schüler das Höchste unmittelbar erfahren kann – nicht irgendwann, sondern hier und jetzt? Es ist wohl ein wichtiger Teil der großen Prüfung, die an den Schüler gerichtet ist, genau dies herauszufinden. Denn leider – das war zu allen Zeiten so – sind hierzu nur ganz wenige Gurus imstande, wie wir z.B. aus *Lākhoṭā (3. 3ab),* wörtl. „versiegelter Brief"[131], einem bemerkenswerten Yoga-Text der Nāth-Yogis, erfahren:

cākhavitā viruḷā bahutāmājī yeka

„Einer, der schmecken lässt, ist selten, einer unter vielen."

Ein derartiger Guru wird als *Mokṣa-Guru* bezeichnet, da er

129 Agehananda Bharati, The Tantric Tradition. London 1992, S. 157.
130 R.M. Steinmann, Guru-Śiṣya-Sambandha. Stuttgart 1986, S. 103.
131 Dieses in der mittelalterlichen indischen Sprache Alt-Marathi verfasste Werk wurde von Catharina Kiehnle im Rahmen ihrer Habilitationsarbeit ausführlich untersucht und kommentiert.

in der Lage ist, Befreiung (Skt. *mokṣa*) zu gewähren. Nur ein solcher (oder eine solche) ist auch nach Auffassung des *Viveka-Darpaṇa (14. 1)* „der wahre Guru (*Sadguru*)". An dieser Stelle möchte ich kurz erwähnen, dass das Amt eines solchen Gurus, das eben auch darin besteht, *Śaktipāt* zu geben und den Schüler das Höchste „schmecken zu lassen", ein vollkommener und befreiter Yogi von seinem Guru *direkt übertragen* bekommen muss. Einzig diese direkte Bestimmung zur Nachfolge – die es auch in der christlichen Tradition gibt, man denke an den bekannten, an Petrus gerichteten Ausspruch von Jesus: „Du bist Petrus, und auf diesen Felsen will ich bauen meine Gemeinde, und die Pforten der Hölle sollen sie nicht überwältigen" (Math. 16. 18) – gilt bei den tantrischen Traditionen als Legitimation zur Guruschaft. Es gibt im Tantrismus (von ganz wenigen Ausnahmen abgesehen) keine selbsternannten Gurus, man *muss* ernannt, das heißt von einem anderen Sadguru oder Siddha-Guru dazu berufen werden.

Tatsache ist, dass es zu allen Zeiten und in allen spirituell-geistigen Traditionen solche Meister gab, die mit dieser Art Einweihung vertraut waren. Nehmen wir das Beispiel einer der berühmtesten Persönlichkeiten des alten Griechenlands – Sokrates (469-399 v. Chr.). Er war, wie so viele seiner „Kollegen" (z.B. Thales, Pythagoras, Heraklit oder Parmenides), nicht nur Philosoph und/oder Naturwissenschaftler – worauf die moderne Wissenschaft solche außergewöhnlichen Menschen gerne reduziert. Abgesehen von seinen handwerklichen Fähigkeiten (sein eigentlicher Beruf war Bildhauer), werden Sokrates noch ganz andere Befähigungen nachgesagt. So schreibt D. L. Tiede in seiner Dissertation an der Harvard Universität über „Die charismatische Persönlichkeit als Wundertäter" (Titel wurde von mir aus dem Englischen übersetzt):

„Das *daimonion*[132] von Sokrates war noch für einen anderen hellenistischen Schreiber von besonderer Faszination, den Autor des pseudo-platonischen Dialogs *Theages*.... Dieser Schreiber stellt die spirituelle Kraft/Macht des Sokrates' in einer solchen Weise dar, dass das *daimonion* als eine übernatürliche, gar magische Funktion seiner Persönlichkeit erscheint, die auf geheimnisvolle Weise seine Begleiter beeinflusst.... Darüber hinaus [wirkt] diese Kraft/Macht wie ein magisches Mana ... und nimmt durch Sokrates' Anwesenheit quantitativ zu, insbesondere durch seine Berührung (*Theages 130 E*)."[133]

Was genau ein indischer Sadguru „macht", wenn er oder sie *Śaktipāt* erteilt, wird wohl für immer ein Geheimnis bleiben. Auch wenn uns daher die Informationen aus erster Hand nicht zugänglich sind, so ist doch in den Tantras dargelegt, auf welche *Art und Weise* die Übertragung der Kraft geschieht. In *Kulārṇava Tantra 14. 34* werden drei Arten dieser Initiation beschrieben: 1. durch Berührung (*Sparśa*), 2. durch den Blick (*Dṛksaṃjñā*), 3. durch den Gedanken (*Mānasa*). In Übereinstimmung mit diesem Tantra heißt es in *Siddha Siddhānta Paddhati 5. 69*[134]:

„Deshalb wird in der Lehre der großen Siddhas verkündet: Wer mittels bloßer Rede, des bloßen Blickes oder rechten Gna-

---

132 Das altgiechische Wort *daimonion* (δαιμονιον) hat im Laufe der Zeit einen bemerkenswerten Bedeutungswandel erfahren. Ursprünglich, noch zu Sokrates' Zeiten, wurde es im Sinne von „innerer Wesenskern, inneres Ich, unpersönliche Lebenskraft" gebraucht. Später hatte es die Bedeutung von „innerer Schutzgeist". Durch den Einfluss des erstarkenden Christentums wurde dieser Begriff schrittweise immer negativer besetzt, und *daimonion* bekam schlussendlich die Beutung von „böser Geist" – aus *daimonion* wurde der *Dämon*. Siehe hierzu A. Bertolet, *Wörterbuch der Religionen*.

133 David Lenz Tiede, The Charismatic Figure as Miracle Worker, SBL Dissertation Series 1 (Library of Congress Catalog Card No. 72-87359). 1972, S. 35.

134 ebenso in *Siddha Siddha Siddhānta Paddhati* 5. 61-62 und 5. 66-67.

denwillens wiederholt im selben Augenblick in den Zustand der inneren Stille führt, der ist ein wahrer Guru."[135]

Ähnlich heißt es bei der bekannten indischen Heiligen und Mystikerin Ānandamāyī Mā (1896 – 1982):

„Es gibt verschiedene Arten der Initiation: durch Mantra, durch Berührung, durch einen Blick, durch Unterweisung. Der Kontakt mit einem hochentwickelten Menschen hat fürwahr eine Auswirkung. Jeder wird entsprechend seiner eigenen Empfänglichkeit und Aufrichtigkeit Nutzen daraus ziehen. Es existiert auch so etwas wie besondere Gnade, durch welche ungewöhnliche Kraft zur weiteren Entwicklung erlangt wird... . Bei *Mantra Dīkshā* wird das Mantra in das Ohr des Schülers geflüstert, und der Initiator wird so viel Kraft übertragen, wie er selbst besitzt. Wenn er allmächtig ist, wird er den Schüler durch seine bloße Berührung oder bloßen Blick zum letzten Ziel bringen... . Derjenige, von dem du Initiation erhältst, wird dich mit den Ebenen in Verbindung bringen, die er selbst erreicht hat. Es verhält sich wie beim Anhören eines religiösen Vortrags: der Sprecher wird den Zuhörern so viel vermitteln, wie in seiner Macht steht. Dabei gibt es zwei Faktoren: die Kraft, die den Worten der Wahrheit innewohnt, und die Macht des Sprechers. Beide werden empfangen, und wenn der Empfänger ein außergewöhnliches Fassungsvermögen besitzt, so wird ihm das Höchste Wissen im gleichen Moment aufgehen, in dem er die Unterweisung erhält."[136]

---

135 Jyotishman Dam, Shiva-Yoga – Indiens großer Yogi Gorakshanatha. München 1998, S. 244-45.

136 Worte der glückseligen Mutter Ānandamāyī Mā. Heiligkreuzsteinach 1980, S. 122-123.

Kapitel 9

Die vier Arten der Energie – Übertragung bei Śaktipāt-Dīkṣā

Klassischerweise werden in den einschlägigen Werken des Tantra und Yoga und von vielen bekannten Meistern, wie z.B. auch Swami Shivananda Sarasvatī[137], jedoch die folgenden *vier Typen* der Śakti-Übertragung genannt[138]:

1. Durch die unmittelbare körperliche Berührung des Gurus (*Sparśa-Dīkṣā*).

2. Durch das Wort des Gurus (*Mantra-Dīkṣā*), was tatsächlich durch ein Mantra, aber auch durch ein völlig alltägliches Wort, das der Guru spricht, geschehen kann.

3. Durch einen Gedanken oder den Willen des Gurus (*Saṅkalpa-* oder *Mānasa-Dīkṣā*).

4. Durch den Blick des Gurus (*Dṛg-Dīkṣā*).

„Berührung" kann im Zusammenhang mit der Kraftübertragung während *Śaktipāt* Verschiedenes bedeuten. Es gibt sicherlich die Initiationsform der vom Guru bewusst durchgeführten und direkten Berührung, wie sie oben beschrieben wurde. Doch *muss* die *Sparśa-Dīkṣā* keineswegs immer so ablaufen, wie bei der Initiation Vivekanandas durch seinen Guru Ramakrishna. Sie muss überhaupt nicht so stattfinden,

137 Siehe unter www.sivanandadlshq.org/teachings/guru.htm
138 Siehe D.B. SenSharma, The Philosophy of Sadhana. Albany 1990, S. 98.

wie man sich eine Einweihung vorstellt und wie sie tatsächlich auch häufig in den einschlägigen Werken beschrieben ist. So befindet auch Jyotishman Dam, bezugnehmend auf die „Lehren der Tantras und Siddhas“:

„Oder der Guru weiht den Schüler ohne rituelle Handlungen durch seinen Segen, den er durch die Hände oder seinen Blick übermittelt, ein. In jedem Fall gewährt er dem Schüler Śaktipāta.“[139]

Das oben genannte Beispiel einer Initiation durch Bhagawan Nityananda zeigt keinerlei Anzeichen einer formellen Einweihung. Gerade solche *Avadhūta*s wie Nityananda sind eher bekannt, um nicht zu sagen berüchtigt, für ihre unkonventionelle Art, *Śaktipāt-Dīkṣā* zu geben. Ein solcher Guru ist an keinerlei äußere Form gebunden. Er oder sie mag jemanden am Scheitelpunkt des Kopfes berühren, zwischen den Augenbrauen oder eben an anderen Stellen, an denen sich Chakras beziehungsweise wichtige Energiezentren befinden – so wie man es in manchen tantrischen Werken explizit erläutert findet (verschiedene formelhafte Methoden der *Śaktipāt*-Einweihung sind in L. Silburns „Kundalini und Tantra – Die geheimnisvolle Lebenskraft des Menschen“ ausführlich beschrieben).

Eines der bekanntesten historisch belegten Beispiele dieser Form der Kraftübertragung finden wir in den Schilderungen von Paramahamsa Yogananda – und man ist unwillkürlich an einen der Aussprüche William Blakes erinnert: „Würden die Pforten der Wahrnehmung gereinigt, so würde jedes Ding dem Menschen als das erscheinen, was es ist – als unendlich.“

„'Die Berge können dir nicht geben, wonach du dich sehnst',

139 ibid., S. 54-55.

sagte der Meister tröstend und voller Zärtlichkeit. Sein Blick war still und unergründlich, als er fortfuhr: ‚Dein Herzenswunsch soll in Erfüllung gehen!' Shri Yukteshwar sprach selten in Rätseln, und so wusste ich nicht, wie ich seine Worte verstehen sollte. Da schlug er mir in die Gegend des Herzens. Sogleich stand ich wie festgewurzelt da. Der Atem wurde mir, wie von einem gewaltigen Magneten, aus der Lunge gesogen. Geist und Seele sprengten augenblicklich ihre irdischen Fesseln und strömten gleich einer blendenden Lichtflut aus jeder Pore meines Körpers. Das Fleisch fühlte sich wie abgestorben an, und dennoch war ich im Besitz intensiver Wahrnehmungskraft und wusste, dass ich nie so lebendig gewesen war. Mein Ichbewusstsein beschränkte sich nicht mehr auf den Körper, sondern alle in meinem Bereich liegenden Atome. Menschen aus fernen Straßen tauchten plötzlich in meinem Blickfeld auf, das sich ins Unermessliche erstreckte. Die Wurzeln der Pflanzen und Bäume schimmerten durch den transparent gewordenen Boden hindurch, und ich konnte den inneren Saftstrom erkennen.... Meine gewöhnliche Sicht erweiterte sich zur unermesslichen sphärischen Sicht, so dass ich alles gleichzeitig wahrnehmen konnte.... Alle Gegenstände innerhalb meines panoramischen Blickfeldes zitterten und vibrierten wie Filmbilder. Mein Körper, der Körper des Meisters, der von Säulen umstandene Hof, die Möbel und der Fußboden, die Bäume und der Sonnenschein gerieten zeitweise in heftige Bewegung, bis sie sich alle in einem leuchtenden Meer auflösten.... Der ganze Kosmos flimmerte wie eine ferne nächtliche Stadt in der Unendlichkeit meines eigenen Selbst."[140]

Sparśa-Dīkṣā kann sich jedoch auch durch eine „zufällige"

140 Paramahamsa Yogananda, Autobiographie eines Yogi. Weilheim 1973, S. 157-59.

Berührung des Guru beziehungsweise im Vorübergehen ereignen, wie wir dem nachfolgenden Bericht entnehmen können:

„Nick Yaffe, ein Lehrer aus Boston, wurde von Baba [Muktananda] in dessen Ashram in Ganeshpuri getraut. Baba zog das Paar an sich, um es zu segnen, und Nick spürte, wie durch die Umarmung unermessliche Energie in ihn floss. Er ging zu seinem Platz zurück und setzte sich hin; er kam sich wie ein tonnenschwerer Baum vor. Dann verwandelte sich seine Umgebung; alle Schöpfung war von blauem Licht erfüllt, und mit einem Mal überkam Nick die Erkenntnis: ‚So ist die Welt wirklich, und so ist sie immer gewesen.' Er blickte zu Baba hin, der gar nicht mehr richtig da zu sein schien. Babas Körper war blaues Licht, sein Kopf ein hell leuchtendes weißes Licht. Seine Gesichtszüge traten hervor und lösten sich als pulsierende Energie aus diesem weißen Strahlen heraus… . Vierhundert Menschen, die meisten waren Inder aus der Umgebung, hatten sich aufgereiht, um dem Paar Glück zu wünschen und dafür das traditionelle Gebäck in Empfang zu nehmen. Als nun einer nach dem anderen herantrat, erkannte Nick, dass sein eigenes Selbst auch in ihnen war, dass jeder einzelne seinerseits diese Einheit verkörperte, dass sie alle eins waren."[141]

Oft ereignet sich diese Initiation in Anwesenheit vieler Menschen und geschieht doch im Verborgenen, für anwesende Dritte als solche also überhaupt nicht erkennbar. Die Meister der mystischen Traditionen Indiens sind auch bekannt dafür, dass Gegenstände, die sie berührt haben, mit ihrer spirituellen Kraft „aufgeladen" sind. In Maharashtra, wo ich mich längere Zeit aufgehalten habe, nennt man Speisen (z.B. Obst, Süßigkeiten, Wasser usw.), die von einem Heiligen oder Guru

141 Joseph C. Pearce, Die heilende Kraft – Östliche Meditation in westlicher Deutung. Tübingen 1983, S. 188.

– insbesondere der *Siddha-* und *Sufi-*Traditionen – berührt und dadurch gesegnet wurden, *Prasād* (von Skt. *prasāda*, „Gnade, Segenskraft"). „Segnen" bedeutete in den alten Kulturen ganz konkret „Kraft verleihen". Im Laufe der Zeit verwässerte allerdings in unseren westlichen Kulturen und Religionen sowohl die Vorstellung als auch das unmittelbare Erleben eines solchen Segnungsaktes. Segenskraft kann eben nur dann erlebt werden, wenn sie tatsächlich vorhanden ist.

Der Akt der Segnung, im Sinne von Kraftübertragung, der durch die Vergabe von entsprechend „kontaminierten" Speisen erfolgt, begegnet uns in der christlichen Religion in Form des Abendmahls. Das Besondere und höchst Sakrale an diesem Akt – zu dem seit geraumer Zeit in der christlichen Tradition nach meiner Auffassung der Zugang fehlt, da die Eucharistie, wie sie heute zelebriert wird, eben nicht identisch ist mit dem ursprünglichen Akt der Segensübertragung[142] – bestand ursprünglich darin, dass Jesus die Speise in die Hände nahm und dann an seine Jünger verteilte. Hierdurch, weil Jesus mit der göttlichen Segenskraft identisch ist – übergibt Jesus mit dem Akt der Segnung (ähnlich einem Sadguru, der *Śaktipāt* erteilt) s i c h s e l b s t an seine Schüler: *Markus 14. 22* – „Und indem sie aßen, nahm Jesus das Brot, dankte und brach's und gab's ihnen und sprach: Nehmet; das ist mein Leib. Und nahm den Kelch und dankte und gab ihnen den; und sie tranken alle daraus. Und er sprach zu ihnen: Das ist mein Blut des neuen Testaments, das für viele vergossen wird."

---

142 Über die Auffassung, ob das beim Abendmahl gebrauchte Brot und der Wein nur Erinnerungsobjekte oder aufgrund einer Verwandlung reale Vergegenständlichungen Jesu bedeuten, kam es innerhalb der katholischen Kirche schon ab dem 9. Jahrhundert zum Streit. Auf dem vierten Laterankonzil (1215) wurde die Transsubstantiation, d.h. die Verwandlung des Brotes in den Leib und des Weines in das Blut Christi, zum Dogma erklärt.

Die Aussage von Jesus: „Ich und der Vater sind eins" (*Johannes 10. 30*), findet seine tantrische Entsprechung in dem oben zitierten Satz aus dem *Śrī Mālinī Vijaya Tantra,* in dem nicht nur die prinzipielle Einheit von Gott und Guru, sondern auch das Wesen des Gurus als solches erklärt wird: *gururvā parameśvarī anugrāhikā śaktiḥ,* "Der Guru ist die segensspendende Kraft/ Macht (*Śakti)* des höchsten Herrn".

Die Übertragung der Segenskraft durch Berührung (*Sparśa-Dīkṣā*) kann sich jedoch auch durch jedes andere Objekt, das der Guru berührt hat, ereignen. Bhagawan Nityananda war, wie viele Siddhas, bekannt für sein eher „normabweichendes" Verhalten, was auch seine Art, *Śaktipāt* zu gewähren, betrifft. So berichtet sein Schüler Swami Muktananda:

„Er pflegte selten formelle Initiation zu geben.... Manchmal bat er jemanden zu gehen, und die Person zögerte. Dann hob mein Guru den Arm und warf ein Handtuch oder irgendeinen anderen Gegenstand nach ihm und rief „Geh' jetzt!" Im selben Augenblick erhielt die Person Śaktipāt."[143]

Eine *Sonderform* der Einweihung durch Berührung ist die bereits erwähnte Energieübertragung durch den Atem des Gurus. Es handelt sich dabei um eine bei weitem nicht auf indische Traditionen beschränkte Form der Energieübertragung (siehe das im ersten Kapitel genannte Beispiel aus dem Neuen Testament). Außergewöhnlich offene und detaillierte Beschreibungen hiervon finden wir in Abhinavaguptas *Tantrāloka,* zusammengefasst und kommentiert von Lilian Silburn in ihrem Werk „Kundlini und Tantra" unter der Überschrift „Das Eindringen des Gurus in den Atem des Schülers":

143 Swami Muktananda, Where are You going? A Guide to the Spiritual Journey. New York 1994, S. 60-61.

„Sein Bewusstsein in das des Schülers hauchend, dringt er dann stufenweise in dieses ein. Eine dieser Stufen wird als Equinox (*viṣuvat*) bezeichnet, eine vollkommene Gleichheit der Leere, in der Ein- und Ausatmen ihr Ende nehmen.... Der Guru legt dieses Ausatmen als Opfergabe in das Einatmen, indem er bis zum Kern seiner eigenen Glückseligkeit vordringt und diesen anfänglichen heftigen Strom (*piṇḍa*) des *prāṇa* festigt und stetig fließen lässt, um ihn anschließend dem Schüler einzuflößen.... Daraufhin tritt der Meister in den Körper des Schülers ein und bringt über den Atem erneut die zweifache Opfergabe von *prāṇa* und *apāna* und umgekehrt dar.... Wird das Ausatmen im Augenblick innerer Fülle (*pūraka*) im Einatmen dargebracht, taucht der Guru in seine eigene Glückseligkeit, nimmt den ungeläuterten Atem des Schülers in sich auf und reinigt ihn.... Der Guru fährt auf diese Weise fort, bis der Atem des Schülers den *brahmarandhra* erreicht und das jeweilige Bewusstsein der beiden vollkommen still ist. Spontan äußert der Guru dann das *praṇava* OṂ in seinem eigenen Wesen, atmet ein und wird eins mit dem Schüler."[144]

Kommen wir nun zur *Śaktipāt*-Einweihung, die durch das „Wort des Gurus" erfolgt. Wie die „Berührung durch den Guru", so kann auch das „Wort des Gurus" Verschiedenes bedeuten. Zunächst einmal bezieht sich „Wort" auf das vom Guru erhaltene Mantra, weshalb diese Art der *Śaktipāt*-Einweihung auch als *Mantra-Dīkṣā* bezeichnet wird. Das Mantra des Gurus, häufig auch als Klang des Gurus (*Guru-Śabda*) oder als Rede des Gurus (*Guru-Vāc*) bezeichnet, wie etwa bei Kabir, nannte die kaschmirische Mystikerin Lalla-Ded: *gwaran vonanam kunuy vacun*, „Der Guru gab mir nur ein Wort"[145]. Dies ist

144 Lilian Silburn, Kundalini und Tantra. Grafing 2005, S. 97-99.
145 B.N. Parimoo, The Ascent of the Self – A Reinterpretation of the Mystical Poetry of Lalla-Ded. Delhi 1978, S. 59.

nach Auffassung vieler tantrisch-yogischer Traditionen der Schlüssel zur Befreiung:

Kulārṇava Tantra 1. 107a –

muktidā guruvāg eka vidyāḥ sarvā viḍambakāḥ /

"Die Rede/das Wort des Gurus allein schenkt Befreiung. Alle Wissenschaften sind Imitationen."
Śiva Saṃhitā 3. 11 –

bhavedvīryavatī vidyā guruvaktra samudbhavā /
ānyathā phalahīnā syānnirvīryāpyatiduḥkhadā //

„Nur das Wissen, das vom Guru, das von den Lippen des Gurus kommt, besitzt Energie/Kraft. Anderes [Wissen] ist fruchtlos, energielos und verursacht Leid."

Über die besondere Wirkung des während der Initiation (*Dīkṣā*) vom Guru erhaltenen Mantras schreibt R.M. Steinmann:

„Hauptübertragungsmittel stellt dabei das persönliche oder *Iṣṭa-Mantra* dar, welches als eigentlicher Kraftträger mit der Potenz des Gurus identisch ist. Im *Guru-Mantra* des *Mantra-Rāja* (‚*Mantra*-König'), genannt *Sadguru,* durch die selbst die passive höchste Gottheit in Form ihrer *Jñāna-Śakti* (Kraft/Macht d. Wissens)[146] die Erlösung erwirkt, ist deren schöpferisch-kosmische Energie in reiner, geballter Form enthalten."[147]

Nur ein solches, vom Guru erhaltenes Mantra wird nach yogischem Verständnis der Bezeichnung *Mantra* gerecht. Für eine derartige Auffassung gibt es gute Gründe, denn generell

146 Anmerkung des Autors.
147 R.M. Steinmann, Guru-Śiṣya-Sambandha. Stuttgart 1986, S. 103.

unterscheiden die tantrischen Yogis zwischen zwei Klassen von Mantras. Da gibt es die Klasse derjenigen Mantras, die man irgendwelchen Werken entnehmen kann oder von irgendeiner Person gesagt bekommt. Solche Mantras werden als *Jaḍa-Mantras,* leblose Mantras, klassifiziert. Dem gegenüber existieren die sogenannten *Caitanya-Mantras,* Mantras, die lebendig sind, lebendige Manifestationen des höchsten Bewusstseins. Ein solches *Caitanya*-Mantra erhält man ausschließlich von einem Sadguru. Die einem *Caitanya-Mantra* innewohnende Kraft i s t die Kraft der gesamten Tradition beziehungsweise Linie des jeweiligen Gurus. Jeder Guru dieser Tradition, die möglicherweise weit in die Vergangenheit zurückreicht, hat dieses Mantra, als er selbst noch Schüler war, von seinem Guru erhalten. Durch seine Hingabe an das Mantra und die intensiven Übungen damit, offenbarte ihm das Mantra im Laufe der Zeit das gesamte inhärente Kraftpotenzial (die Erschließung beziehungsweise Entfaltung der dem Mantra innewohnenden Kraft ist Aufgabe des Schülers/der Schülerin). So lesen wir bei Ānandamāyī Mā:

„Das Mantra, das dem *Shishya* (Schüler) während *Dīkshā* gegeben wird, darf kein totes Wort sein, wie in gewöhnlichem Sprachgebrauch, sondern muss eine Silbe oder Silbenreihe sein, die mit Leben oder spiritueller Energie erfüllt und imstande ist, aktiv im psychophysischen Organismus des *Shishya* zu wirken… .Wenn ein gewöhnlicher Guru ein Mantra vergibt, findet keine Übertragung von Kraft statt. Doch sind uns die Mantras, die durch die Rishis – die Seher der Mantras – offenbart wurden, durch die Tradition der Meister überliefert worden, und daher enthalten sie Kraft. Somit ist das Mantra ein Träger von Kraft. Entsprechend der eigenen Veranlagung kann sich das offenbaren."[148]

148 Worte der glückseligen Mutter Ānandamāyī Mā. Heiligkreuzsteinach 1980,

Durch seine *Sādhanā* mit dem Mantra und die höchste Verwirklichung durch das Mantra hat jeder Guru (und Schüler) im Laufe der Jahrhunderte, wenn nicht gar Jahrtausende, zur Ausweitung des Kraftpotenzials des Mantras der jeweiligen Tradition, die von Guru zu Schüler weitergegeben wurde, beigetragen. Ein *Caitanya-Mantra* beinhaltet daher die Kraft (*Śakti*) aller, die durch seinen Gebrauch Befreiung erlangt haben.

Persönlich habe ich die ungeheure Kraft eines Mantras, dass von einer alten Guru-Tradition stammt, zum ersten Mal 1978 erlebt, als ich an einem Meditations-Retreat teilnahm. Es handelt sich nicht um die Tradition, in die ich später initiiert wurde und der ich seitdem angehöre; dennoch denke ich mit Achtung und Dankbarkeit an jene Einweihung zurück. Wir, das heißt ungefähr fünfzig Frauen und Männer, saßen in einem großen hellen Raum zusammen, um zum Abschluss unserer mehrmonatigen intensiven Meditationspraxis – in deren Verlauf ich bereits außergewöhnliche Meditationserfahrungen machen durfte – ein, wie es hieß, ganz besonderes Mantra zu erhalten. So saß ich an jenem Sonntagmorgen ziemlich unbedarft in der Runde der Teilnehmer, da ich mir nicht vorzustellen vermochte, dass mich jetzt noch etwas überraschen könnte. Ich wusste, dass der Meister dieser Tradition nicht persönlich anwesend sein würde; dass wir das Mantra jedoch per Video empfangen sollten, fand ich allerdings doch absurd! Wie sollte das funktionieren? Ich saß also mehr oder weniger erwartungsvoll mit all den anderen auf den Matten, die den Boden des gesamten Raumes bedeckten. Die (inzwischen verstorbene, noch heute von mir geschätzte) Leiterin des Seminarhauses legte die Videokassette ein, und der besagte Meister der Yoga-Tradition kam ohne Umschweife zur Verkündung des von uns so ersehnten Mantras. Was nun

S. 117 u. 124.

folgte, kann man sich nach meinem Dafürhalten einfach nicht einbilden, noch kann man es bewusst herbeiführen. Kaum waren die Worte dieses Meisters bei mir angekommen – ich hatte gar keine Zeit, um das Gehörte zu verarbeiten, einzuordnen oder irgendwie bewusst darauf zu reagieren – ereignete sich eine Explosion in mir. Es war, als wenn eine seit ewigen Zeiten in meinem inneren Wesen ruhende Kraftquelle das entscheidende *Sesam-öffne-Dich*-Zauberwort vernommen hätte und nun mit rasender Geschwindigkeit zu neuem Leben erwacht wäre. Mein Herz begann plötzlich zu rasen, und heftige Hyperventilation packte mich. Zum Glück saß ich auf dem Boden, denn gleichzeitig griff diese innere Kraft meinen Körper und schüttelte ihn hin und her, so dass ich mich auf einem Stuhl niemals hätte halten können. All dies beobachtete ich gleichsam aus einer Position des unbeteiligten Zeugen. Zu Beginn dieses etwa eine Stunde anhaltenden Ereignisses kam Angst in mir hoch. Als ich jedoch bemerkte, dass diese Energie nicht zerstörerisch war, sondern einen heilenden Prozess einleitete, fing ich an, ihr mit großem Staunen bei der Arbeit zuzuschauen.

Das Mantra ist also eins mit dieser höchsten Energie, wie auch mit dem Guru beziehungsweise Guru-Prinzip. Die Meisterinnen und Meister des Yoga und Tantra wiederholen es unablässig – weil es so wichtig und für Schüler so schwer fassbar ist – „Guru und Mantra sind Eins. Indem der Guru dem Schüler sein persönliches Mantra gibt, schenkt der Guru sich selbst", oder mit den Worten Ānandamāyī Mā's:

„Im Mantra, das durch den Guru gegeben wurde, ist der Guru selbst wahrlich gegenwärtig. Du magst seinen Körper sterben sehen, doch der Guru verlässt dich nie."[149]

149 ibid., S. 120.

Doch nach tantrischer Auffassung bezieht sich „Wort des Gurus" nicht nur allein auf das Mantra des Gurus – sondern unter Umständen auf tatsächlich j e d e s Wort, das der Guru spricht. Seit der Zeit der Upanishaden ist in den esoterischen Werken Indiens von dem unschätzbaren Wert der Unterweisung durch den Guru (Skt. *upadeśa*) die Rede. Diese Unterweisung, so heißt es, besteht oftmals nur aus wenigen Worten, die jedoch eine vollkommene Transformation des Schülers vom Begrenzten zum Unbegrenzten bewirken. Je nach dessen Reifegrad, verläuft diese Transformation langsam oder schnell – oder ereignet sich gar in einem einzigen Augenblick, wie wir bei Abhinavagupta erfahren:

„Wenn der Meister [seine Unterweisungen] spricht, mit Worten vertieft in das Gedankenfreie, wird [der Schüler] hier und jetzt befreit, und alles, was bleibt [von dessen vorherigem Zustand], ist die Maschine [des Körpers]."[150]

Es ist sehr wahrscheinlich, dass bei diesen sogenannten Unterweisungen nicht der Informationsgehalt, sondern die Energie, die den Worten innewohnt, im Vordergrund steht – das heißt, dass es sich hier in Wirklichkeit um Einweihung handelt. Dies gilt ganz allgemein für alle alten geistigen Traditionen – denken wir an all die Erzählungen, in denen die Worte des Meisters die anwesenden Zuhörer für immer veränderten oder in ihnen eine Sehnsucht nach Gott bewirkten – auch und insbesondere jedoch für die Meister des Tantra und Kuṇḍalinī-Yoga. So finden wir beispielsweise folgende Aussage in *Viveka Darpaṇa 17.3*:

„Wahre Unterweisung ist die, welche sich in den wenigen

150 Aus der *Ratnā-Mālā*, zitiert von Maheshvarananda in der *Mahārta-Mañjarī*, S. 166; diese Angaben finden sich in Mark S.G. Dyczkowski, The Doctrine of Vibration. Delhi 1989, S.178

Worten des Sadguru offenbart, wie die Wurzel der großen Heilpflanze *Amṛt-Sañjīvanī*, die einzige Heilpflanze, durch welche man befreit wird und Unsterblichkeit erlangt."

Die „wenigen Worte" des *Sadguru* werden hier mit der sagenumwobenen Heilpflanze *Amṛt-Sañjīvanī* (wörtlich „die unsterblich und ewig lebendig Machende") verglichen und als so mächtig beschrieben, dass man durch sie sogar Unsterblichkeit erlangen kann. Es könnte sich hierbei also um das Mantra des Gurus handeln und auf Einweihung durch das Mantra (*Mantra-Dīkṣā*) beziehen. Möglich wäre jedoch auch etwas ganz anderes. Im Tantrismus gibt es die weit verbreitete Vorstellung, dass selbst das völlig beiläufig gesprochene Wort eines vollkommen verwirklichten Yogis oder Sadgurus von dessen Kraft derartig erfüllt ist, dass es die Wirkung eines Mantras hat. Für den vorliegenden Fall bedeutet dies, dass es sich bei den „wenigen Worte des Sadguru" um ganz „normale", aber dennoch mit der *Guru-Śakti* geladene Worte handelt, mit welchen der Guru den Schüler auch ohne feierliche oder zumindest förmliche *Dīkṣā* initiiert. Diese Auffassung wird auch in *Viveka Darpaṇa* 19. 3 zum Ausdruck gebracht, wo es über den erleuchteten Yogi heißt: *tyaceṃ bolaṇeṃ vaidīku japū*, „Sein [alltägliches] Reden ist vedische Rezitation."

Als ich vor vielen Jahren mein Indologie-Studium an der Heidelberger Universität begann, erzählte mir mein damaliger, erster[151] Sanskrit- und Philosophie-Dozent, dass er einige Monate zuvor in Kashmir Swami Muktananda begegnet sei und mit ihm ein außergewöhnliches, faszinierendes Erlebnis gehabt hätte. Mein Dozent war für ein halbes Jahr in diesen hochgelegenen nördlichsten Teil Indiens gefahren, um bei

151 „Erster" ist hier nicht nur zeitlich, sondern auch im Sinne meiner persönlichen Achtung und Wertschätzung ihm gegenüber zu verstehen.

Lakshman Joo, dem berühmten letzten Meisterphilosophen des *Śivaismus von Kaschmir,* die philosophischen Lehren dieser tantrischen Tradition zu studieren. Er erlebte eine aufregende und lehrreiche Zeit im erlesenen Kreis der Schüler Lakshman Joos. Gegen Ende seines Aufenthaltes meldete sich ein seltener Gast bei Lakshman Joo an. Swami Muktananda, der den letzten großen Meister der kashmirischen Tradition hoch schätzte, besuchte diesen im Zuge einer ausgiebigen Reise durch Kashmir. Die beiden Meister trafen sich, und wie so üblich ist, hatte jeder von beiden seine Schüler und Schülerinnen im Gefolge. Im Verlauf des Gespräches richtete Swami Muktananda nun das Wort an meinen Dozenten und fragte ihn, was er denn hier studiere. Woraufhin mein Dozent ihm mitteilte, dass er im Kreise der anderen Schüler mit Lakshman Joo längere Zeit einen Text studiert habe, in dem es insbesondere um die Erörterung des göttlichen Bewusstseins gehe. In seiner verschmitzten, nonchalanten Art meinte dann Swami Muktananda zu ihm: „Wozu du so viele Monate gebraucht hast, um es bloß theoretisch zu verstehen, kann ich dich in einem Augenblick unmittelbar erfahren lassen… ."[152] – und indem er es sagte, geschah es – einfach so. Mein Dozent erzählte mir, dass er plötzlich die Welt nicht mehr so sah, wie er es gewohnt war. Alles um ihn herum schien keine festen Konturen zu haben (erinnern wir uns an die Einweihungserlebnisse Swami Vivekanandas), die Unterschiede zwischen den einzelnen Gegenständen, zwischen innen und außen, lösten sich auf. Alles war nur noch eine Masse aus Licht.

Die Worte solcher Siddha-Meister sind von schier unbegreiflicher Macht. Da sie eins sind mit der höchsten Realität, fließt

152 Hiermit wollte er die Arbeit Lakshman Joos keineswegs geringschätzen, Lakshman Joo war selbst in der Lage, *Śaktipāt-Dīkṣā* zu erteilen. Doch in diesem Moment war es vermutlich einfach der „göttliche Job" von Swami Muktananda, meinem damaligen Dozenten Einweihung zu geben.

die schöpferische Energie des Absoluten (*Parā-Śakti*) aus jedem Wort, das sie sprechen, und macht es – egal wie profan oder zufällig gesprochen es sein mag – zu einem Mantra, das die Natur des Höchsten offenbart. Deshalb heißt es in *Śiva Sūtra 3.27*, ähnlich wie in der oben zitierten Textstelle des *Viveka Darpaṇa*: *kathā japaḥ*, „[Seine] gewöhnliche Rede ist die Wiederholung des Mantras." Weil gerade Swami Muktananda für diese spielerisch-beiläufige – bei weitem jedoch nicht zufällige – Art der „Initiation durch das Wort" bekannt war, möchte ich hier noch einen weiteren beispielhaften Erlebnisbericht anfügen, nämlich den von Pratap Yande, der Muktananda zum ersten Mal 1960 in dessen Ashram in Ganeshpuri traf:

„Mein Freund ging auf Baba [Muktananda] zu, aber ich zog es vor, Abstand zu wahren. Ich faltete meine Hände aus reiner Höflichkeit und setzte mich auf den Marmorboden. Baba hielt ein Schwätzchen mit einem älteren Ehepaar, die gerade zum ersten Mal in England gewesen waren, und befragte sie ausführlich über ihre Reise. Ich zollte ihnen wenig Aufmerksamkeit.

Als ich so auf dem Boden saß, begann ich mich wohler und wohler zu fühlen und entspannte mich. All mein Ärger und meine Anspannung verflogen [Yande war zuvor von Nityananda, Muktanandas Guru, in dessen ebenfalls in Ganeshpuri gelegenem Ashram gänzlich ignoriert worden – ein Angriff auf das Ego, dem sich Siddha-Gurus gerne bedienen...]. Binnen kurzem war ich völlig entspannt. Die Atmosphäre um mich herum war dicht und wohltuend. Plötzlich stieg ein Gefühl der Wonne aus meinem tiefen Inneren herauf. Dieser Zustand verstärkte sich mehr und mehr, bis ich schließlich das Gefühl hatte, als ob ich auf Wellen der Glücks schwimmen würde. Mir war Glück oder Freude zuvor schon widerfahren, aber nichts, was auch nur annähernd so war, wie das, was ich da gerade erlebte. Als ich wieder zu mir kam, dachte ich: ‚Er muss ein

Siddha sein. Lass mich wissen, dass Du dafür verantwortlich bist, was mir gerade widerfahren ist!' Genau in diesem Moment schaute er mir geradewegs in die Augen. Er lachte laut auf, mit seiner vollen und warmen Stimme, und zeigte mit seinem Finger direkt auf mich."[153]

Die dritte klassische Form der Energie- oder Kraftübertragung geschieht durch einen Gedanken (*Mānasa-Dīkṣā*) oder den Willen (*Saṅkalpa-Dīkṣā*) des Gurus. Aufgrund der vollkommenen Identität des Gurus mit Śiva, dem höchsten Bewusstsein, ist der Wille des Gurus göttlicher Wille. Einfacher ausgedrückt: Der göttliche Wille überträgt sich auf oder *ereignet* sich durch den Guru. Nicht nur das Handeln des Gurus, sondern überhaupt die Existenz, das Auftreten des Gurus in dieser Welt, ist nach yogischem und tantrischem Verständnis göttlicher Wille. Unser individueller, menschlicher Wille hingegen ereignet sich zwar auch i n der Gesamtheit des göttlichen Willens, insofern wir Ausdruck und Teil der Schöpfung sind, die als Ereignisfeld eingebettet im göttlichen Bewusstsein existiert. Doch ist der Wille des Individuums nur ein Bruchstück und nicht Ausdruck des gesamten göttlichen Willens. Dies ist durchaus so *gewollt*, ist Teil der Choreographie des göttlichen Spiels. Die tantrischen Philosophen kämen daher niemals auf die Idee, in dem Eigen-Willen des Menschen etwas Verwerfliches oder von Gott nicht Gewolltes zu sehen.

Gemäß dem Ursache-Wirkungsgesetz – um das Ganze einmal an einem Bild zu verdeutlichen – folgt auf die Ausformung des Tropfens und seiner Loslösung vom Ozean (auch wenn er immer noch in diesem eingebettet ist) die Minderung der

153 Interview mit Pratap Yande, 25. März 1989, in: Brooks, Durgananda, Muller-Ortega, Mahony, Rhodes Bailly, Sabharathnam, Meditation Revolution – A History and Theology of the Siddha Yoga Lineage. New York 1997, S. 413.

Kräfte. Der Tropfen hat einfach nicht die gesamte Kraft des Ozeans zur Verfügung. Erst dann wieder, wenn er im Ozean aufgeht und eins mit ihm wird. Individuation bedeutet daher den Verlust an geistigen Kräften, insbesondere der Kraft des unbegrenzten Willens (Skt. *icchā-śakti*), mit dem nach der Philosophie des Śivaismus von Kashmir das göttliche Bewusstsein ausgestattet ist. Durch die Ausformung des eigenen Willens spaltet sich das Individuum vom umfassenden Willen des Göttlichen ab und erfährt dadurch – um einmal christliche Vorstellungen zu bemühen – die Vertreibung aus dem Paradies. Letztere als moralisches Fehlverhalten seitens der Menschen aufzufassen, die Gott dann bestraft, halte ich für ein folgenschweres Missverständnis; denn auch unsere Individuation ist Teil des göttlich-kosmischen Spiels. Unser Verlangen nach dem göttlichen Ursprung – die Sehnsucht des Tropfens nach dem Ozean – führt uns schließlich nach langer Reise in ein Zuhause zurück, das wir paradoxerweise nie verlassen haben (von Novalis stammt der Satz: „Wohin gehen wir? – Immer nach Hause!").

Der Vollkommene, der *Siddha* oder *Jīvanmukta*, ist nun einer oder eine, der beziehungsweise die zu diesem unendlichen, ewig neuen, unaufhörlich pulsierenden Ausgangspunkt zurückgekehrt ist, jemand, in dem sich das „Herr, D e i n Wille geschehe!" vollendet hat. Der *Siddha-Guru* hat darüber hinaus noch den göttlichen Auftrag, genau dass dem reifen und genügend entschlossenen Individuum zu ermöglichen – durch die Vergabe von *Śaktipāt*, welche sich unter anderem durch den [illegible] Willen des Gurus ereignet. Doch ist dieser Wille – wie wir nun verstehen werden – eben nicht der Wille eines Guru-Individuums, da für den Sadguru oder Siddha-Guru Vorstellungen wie „mein" und „ich" keine Bedeutung mehr haben.

In dem nachfolgenden Ausschnitt eines Interviews mit Professor Mahony spricht dieser über jene wohl verborgenste und geheimnisvollste Art der Gurus, *Śaktipāt* zu geben. William K. Mahony ist Professor für Religion am Davidson College in North Carolina, USA[154], und in diesem Interview beleuchtet er aus wissenschaftlicher wie auch aus persönlicher Sicht, was die Besonderheit der *Saṅkalpa-Dīkṣā* ausmacht.

Mahony: „Der lebende Meister, der äußere Guru, ist ein Mensch, der vollkommen eins geworden ist mit dem Guru Tattva, dem Guru Prinzip… ."

Interviewer: „Haben wir somit hier ein Paradox?"

Mahony: „Ja, in gewisser Weise ist es ein Paradox. Denn wie ist es möglich, dass sich ein unendliches Bewusstsein und eine unendliche Kraft/Macht in Zeit und Raum in einem physischen Körper offenbart? Worin besteht der Prozess der göttlichen Verkörperung? Wie ist es möglich, dass ein menschliches Wesen Gottes gnadenspendendes Wirken in der Welt offenbaren kann? Ich denke, ich würde eher sagen, dass es ein göttliches Mysterium ist, als ein Paradox, und ich würde es mit Großbuchstaben schreiben, weil ich denke, dass es sich hier um das absolute, letztendliche Mysterium der Existenz selbst handelt – dass Gott tatsächlich in uns ist, als wir. Der Guru offenbart uns dieses Mysterium."

Interviewer: „Im *Intensiv*(-Seminar) erhalten wir Śaktipāt, die spirituelle Erweckung, vermittelt durch die Gnade des Gurus. Wir sprechen vom Guru als dem inkarnierten Prinzip der Gnade. Diese Erweckung geschieht durch ihren (Gurumayi

154 Mahony hat zahllose Werke veröffentlicht, u.a. „The Artful Universe – An Introduction to the Vedic Religious Imagination".

Chidvilasanandas) *Saṅkalpa*, ihre Intention, ihren Willen, und er ist nicht abhängig von ihrer körperlichen Präsenz."

Mahony: „Sie haben das Wort *Saṅkalpa* verwendet. Das ist ein wichtiger Begriff. Die Intention des Gurus ist nicht einfach ein Wunsch oder Verlangen unter vielen anderen Wünschen, Verlangen. Es ist nicht einfach so, dass der Guru sich wünscht, dass wir [Anwesenden] alle Śaktipāt erhalten, obwohl das auch wahr ist. Der *Saṅkalpa* des Gurus ist ein Ausdruck der göttlichen Intention, des göttlichen Willens, die/der sich auf außerordentlich mysteriöse und wunderbare Weise entfaltet. Durch ihn drückt sich Gottes *Saṅkalpa* aus."[155]

Ist die *Saṅkalpa-Dīkṣā* also eine Form der Kraftübertragung, bei welcher der Guru physisch nicht unbedingt anwesend sein muss, so verhält sich das mit der *Dṛg-Dīkṣā*, der „Übertragung durch den Blick des Gurus", anders. Bei ihr steht der Guru dem Schüler direkt gegenüber, und der Schüler wird mit der geballten Kraft der Gnade konfrontiert, die sein inneres Wesen zum Erblühen bringt. So berichtet Paramahamsa Yogananda über eine Begegnungen mit seinem Meister Shrī Yukteśvar, die zwar nicht die eigentliche Einweihung (siehe oben) bedeutete, doch wohl so etwas wie ein initiatorisches Präludium:

„Wir schauten uns schweigend an, und unsere Augen wurden feucht. Eine Welle der Glückseligkeit überflutete mich, und ich fühlte, wie Gott selbst – in Gestalt meines Guru – die kleine Flamme meines Herzens zum allumfassenden Feuer kosmischer Liebe erweiterte."[156]

---

155 Das gesamte Interview ist nachzulesen unter www.siddhayoga.org/guru/mahony.html

156 Paramahamsa Yogananda, Autobiographie eines Yogi. Weilheim 1973, S. 158.

Ob dabei der Schüler den Meister oder der Meister den Schüler anblickt, scheint unerheblich, wichtig ist, dass sich die Blicke der beiden treffen und dadurch ein Kanal gebildet wird, durch den, wie Gurumayi Chidvilasananda es einmal nannte, „der Guru das Feuer abschießt". Der Begegnung der Blicke zwischen Meister und Schüler hat man in Indien schon immer großen Platz eingeräumt. Ein spezieller „Raum" oder „Moment" hierfür ist die ritualisierte Begegnung, die den tiefgründigen Sanskrit-Namen *Darśan* trägt. *Darśan* bedeutet wörtlich „das Sehen, Schauen". *Darśan* ist in Indien der tief empfundene Moment der äußeren und inneren Begegnung mit dem Göttlichen auf Erden, in Form beziehungsweise Gestalt einer heiligen Stätte oder Götterstatue, vor allem aber eines Heiligen oder Gurus. Die Menschen kamen schon immer – auch hier im Westen – zu den Meisterinnen und Meistern, um ihren heilenden und segensreichen Blick zu erhaschen. Ganz besonders ersehnten ihn wohl auch diejenigen, die sich besagte Kraftübertragung davon erhofften. Doch dieses unvergleichbare Geschenk, diesen – im wahrsten Sinne des Wortes – göttlichen Augen-Blick, in dem sich die Śakti des Gurus in den Schüler ergießt, erhielten vermutlich nur wenige.

Obgleich *Dṛg-Dīkṣā* also jederzeit während einer Begegnung zwischen Guru und Schüler/Schülerin geschehen kann, kennen wir diese Art des *Śaktipāt* eher aus Berichten der formellen, als solche erkennbaren Formen der Initiation. Die wohl detailreichste und beeindruckendste Schilderung über die Energie- beziehungsweise Kraftübertragung durch den Blick des Gurus finden wir in Swami Muktanandas Schilderung seiner eigenen *Śaktipāt*-Initiation durch Bhagawan Nityananda. Swami Muktananda, das sollte an dieser Stelle betont werden, berichtete wie kein anderer Yogi über seine *Sādhanā*-Erlebnisse in einer Offenheit, dass man in der Yoga-Literatur Vergleichbares vergeblich sucht – weshalb sich Wissenschaftler, die sich aus Forschungsgründen mit derartigen Erfahrungen befassen, gerade seiner spirituellen Autobiographie „Spiel des Bewusstseins – Chitshakti Vilas“ gerne bedienen[157]):

„Er stand direkt vor mir. Er schaute noch einmal in meine Augen. Ich beobachtete ihn aufmerksam. Ein Lichtstrahl kam aus seinen Pupillen und ging unmittelbar in mich ein. Seine Berührung war sengend, rotglühend, und seine Helligkeit blendete meine Augen wie eine starke Glühbirne. Als dieser Strahl von Bhagawan Nityanandas Augen in meine floss, standen mir alle Haare vor Staunen, Ehrfurcht, Ekstase und Angst zu Berge. Ich wiederholte weiterhin sein Mantra *Guru OM* und beobachtete die Farbe dieses Strahls. Es war ein ununterbrochener Fluss von göttlichem Glanz. Manchmal hatte er die Farbe von flüssigem Gold, manchmal war er safrangelb, manchmal tiefblau, glänzender als ein leuchtender Stern. Ich stand da, überwältigt, und beobachtete die hell leuchtenden Strahlen, die in mich drangen. Mein Körper war völlig regungslos... . Ich machte immer wieder meine Augen auf und zu. Wenn ich sie schloss, sah ich unzählige funkelnde Strahlenbündel und Millionen von winzigen glitzernden Punkten, die in mir zerbarsten. Ich beobachtete sie weiter. Was für ein schöner Anblick! Diese unendlich kleinen Funken schimmerten und bewegten sich mit unglaublicher Geschwindigkeit durch meinen ganzen Körper.... Ich war von Ehrfurcht und Ekstase überwältigt. Hier entfaltete sich etwas völlig Neues, nicht wie auf einer Leinwand, sondern überall um mich herum.... Noch heute kann ich mich an diese Erfahrung der Einheit erinnern. Ich sehe noch immer diese winzigen blauen Punkte.“[158]

157 Siehe Frau Dr. Kiehnles Habilitationsschrift *Jñãndev Studies I u. II.*

158 Swami Muktananda, Spiel des Bewusstseins – Chitshakti Vilas. Freiburg 1986, S. 98-99, 103-104.

Weitere Formen der Energieübertragung, die ich hier nicht aufgeführt habe, da sie nicht unbedingt zu den klassischen Übertragungsformen zu zählen sind – wie z.B. *Nāvavedha*, die Einweihung durch mystische Resonanz, oder *Binduvedha*, die Einweihung durch die Manneskraft – finden sich ausführlich in Lilian Silburns „Kundalini und Tantra" beschrieben.

Kapitel 10

Die Entfaltung

Die Auswirkungen, die Art und Weise und die Geschwindigkeit der Entfaltung der Kuṇḍalinī – die ihrer Erweckung so sicher folgt wie der Tag dem Aufgehen der Sonne – sind so unterschiedlich und vielfältig wie die Menschen selbst. Doch möchte ich an dieser Stelle ein Missverständnis ansprechen, das mir im Laufe der Jahre bezüglich der Yoga-Sādhanā immer wieder begegnet ist: Die Auswirkungen der Kuṇḍalinī-Erweckung und der Fortschritt auf unserem spirituellen Weg nach dem Erhalt der Initiation hängt nicht vom Guru ab – ich gehe hier von einem Guru aus, der diese Bezeichnung verdient, also von einem Sadguru beziehungsweise Siddha-Guru – sondern allein von uns, beziehungsweise unseren Bemühungen. Zuweilen haben Menschen das Empfinden, dass ihnen die Initiation (auch die *Śaktipāt-Dīkśā*) nichts gebracht hat, dass die Kuṇḍalinī nicht erweckt wurde und daher der Weg, den sie bisher gegangen sind, nichts taugt. Hierzu sei mir gestattet, Folgendes kurz zu bemerken: In der heutigen Zeit, besonders in den westlichen Gesellschaften, bringen wir oftmals nicht mehr die Geduld auf, einen solchen Prozess längere Zeit durchzustehen. Alles muss schnell gehen, und dass möglichst mühelos, und zudem sollte es auch noch unterhaltsam sein. Am besten Initiation und Erleuchtung während eines der heutzutage so beliebten Wochenendkurse. Wenn das nicht sofort klappt, geht man zum nächsten Meister… . und erlebt dort vermutlich das Gleiche.

Was vor Tausenden von Jahren galt, gilt auch noch heute: Entwicklung kennt keine Abkürzungen. Wir müssen – so wir das höchste Ziel zu erreichen wünschen – dasselbe auf uns nehmen, was Suchende, Sādhakas und Yogis schon vor Urzeiten auf sich nahmen. Der entscheidende, variable Faktor in unserer Sādhanā ist nicht das Guru-Prinzip, sondern wir selbst, unsere Haltung und unsere eigene Anstrengung. Es gibt bei den indischen Yoga-Meistern eine Metapher, die das Verhältnis von göttlichem Segen und eigener Bemühung illustriert – der Vogel. Der Vogel, so sagen sie, fliegt nur ins Land der Befreiung, wenn er gleichermaßen beide Flügel einsetzt – der eine Flügel steht für die immerwährende Segenskraft beziehungsweise Gnade des Gurus, der andere Flügel steht für die individuelle Bemühung der Schülerin beziehungsweise des Schülers. Was wir an spiritueller Entwicklung erfahren, ist also in erster Linie das Resultat unseres „Anteils". Wenn es vielleicht auch hart klingen mag, unser spiritueller Entwicklungsstand entspricht unserem bisherigen Einsatz, ist also exakt das, was uns nach dem Kausalitätsgesetz (Ursache-Wirkung) zusteht.

Dabei ist nicht nur zu beachten und einzubeziehen, was wir jetzt für unsere Yogapraxis investieren, sondern auch das, was wir bisher getan haben, also was wir aus vorherigen Leben in dieses mitgebracht haben. Bereits die Entscheidung, ob wir überhaupt Initiation bekommen oder nicht, wird, wie wir oben gesehen haben, eben davon bestimmt, welchen Grad der Entwicklung wir bereits erreicht haben. Manchen Yogis oder Sādhakas muss der Guru seine Energie gar nicht geben – sie *nehmen* sie sich einfach. Sie besitzen einen Grad der Reife, dass sich die Kuṇḍalinī-Erweckung sozusagen nur noch wenige Millimeter unter der Ereignisoberfläche befindet – wie eine Tigerin, die zum Absprung bereit ist. Bei solchen Menschen springt der göttliche Funke in der Nähe eines Sadgurus einfach über. Genauso verhält es sich mit der weiteren Entfaltung der Kuṇḍalinī. „Wer hat, dem wird gegeben werden", heißt es in der Bibel, womit gemeint ist: Nur wer stark genug ist zu empfangen, für den werden sich die göttlichen Tore öffnen. Auf die Entfaltung unseres göttlichen Potenzials und im Zusammenhang mit Śaktipāt bedeutet das: Wer in seinen vergangenen Inkarnationen Yoga oder irgendeine andere spirituelle Praxis ausgeübt hat, wessen feinstoffliche Körper schon gereinigt wurden, wer durch *Sādhanā* seine *Saṃskāras* – latente Neigungen oder unterbewusste mentale Dispositionen, die durch ein Ereignis in einem vorangegangenen Leben verursacht wurden – bereits begonnen hat, aufzulösen, derjenige wird die Energie des Gurus nicht nur in einem umfassenden Maße aufnehmen können, sondern bei einer solchen Person wird sich die Kuṇḍalinī sehr schnell entfalten, weil sie bei ihrer Entfaltung einfach auf weniger Hindernisse und Widerstände trifft. Ramana Maharshi verglich einst die Gnade des Gurus mit einem Ozean und meinte, dass wenn ein Suchender eben mit einer Tasse käme, er auch nur eine Tasse voll erhalten würde. Es läge daher nicht am Ozean, wie viel man erhalten würde, sondern an uns selbst, beziehungsweise an dem Gefäß, dass wir mitbrächten.[159]

„Gefäß" ist in diesem Zusammenhang eine sehr passende und daher von den Yoga-Meistern auch häufig gebrauchte Metapher – insbesondere für unseren Körper oder unser Körpersystem, denn wir besitzen außer dem grobstofflichen mehrere feinstoffliche Körper. Je nachdem, wie kräftig und gesund insbesondere das feinstoffliche System ist, das unser innerstes Wesen umgibt, kann der Guru eben mehr oder weniger Energie im Moment des *Śaktipāt* hineingeben. Davon wiederum ist auch abhängig, wie schnell die Kuṇḍalinī-Energie aufsteigt

159 Swami Kripananda, The Sacred Power. New York 1995, S. 46

und ihr Ziel erreicht, obwohl hierbei auch noch andere Faktoren eine Rolle spielen, wie z.B. die Intensität unserer eigenen Bemühungen nach dem Erhalt von *Śaktipāt*.

Hinsichtlich der Intensität des *Śaktipāt* gibt es nach tantrischer Auffassung mehrere Stufen oder Grade. Nach dem System des Śivaismus von Kaschmir werden dabei drei Intensitätsgrade unterschieden: *Tīvra-Śaktipāta* (intensiv), *Madhya-Śaktipāta* (mittel), *Manda-Śaktipāta* (mild beziehungsweise schwach). Im *Tantrāloka* nennt der große Philosoph und Guru Abhinavagupta allerdings eine noch ausführlichere Klassifikation, indem er jede der drei Intensitätsgrade nochmals in drei Stufen unterteilt, beginnend mit *Tīvra-Utkṛṣṭa-Śaktipāta* (außerordentlich intensives *Śaktipāt*, durch das der Yogi sein höchstes Ziel unmittelbar erlangt), *Tīvra-Madhyasta-Śaktipāta* (eine immer noch sehr intensive Form des *Śaktipāt*, die nur für den sehr weit vorangeschrittenen Yogi angewendet werden kann), usw.[160] An dieser Stelle möchte ich jedoch betonen, dass nach Auffassung der Meister des Śivaismus von Kaschmir all diese Klassifikationen und Unterteilungen nur aus Sicht des begrenzten Individuums existieren. Aus Sicht *Parama-Śivas*, des Höchsten Bewusstseins, gibt es keine Unterschiede, also auch keine verschiedenen Intensitäten der Segenskraft – göttlicher Segen ist göttlicher Segen.

Was die Geschwindigkeit betrifft, mit der sich die Kuṇḍalinī entfaltet, gibt es eine ebenso große Bandbreite an Unterschieden. Manche Menschen erzählen, dass sich nach ihrer Initiation gar nichts großartig verändert. Solche Berichte sind mir immer suspekt. Wann immer ich mit solchen Menschen unmittelbar zu tun habe, gehe ich der Sache nach. Häufig erzählen sie dann, dass sie keine Visionen haben, keine Erlebnisse mit dem Fließen von Energieströmen, keine ekstatischen, übernatürlichen Zu-

160 D.B. SenSharma, The Philosophy of Sadhana. Albany 1990, S. 93.

stände – so wie „sich das eben nach der Kuṇḍalinī-Erweckung gehört. …“ Wenn man dann aber nachfragt, ob sich im täglichen Leben vielleicht etwas geändert hat, bekommt man unter anderem zur Antwort: „Na ja, ich bin irgendwie glücklicher im Leben, zufriedener … Ach ja, zu Hause in der Familie und auch am Arbeitsplatz läuft's besser. Irgendwie klappt es jetzt immer, wenn ich mir etwas vornehme.“ Kundalini ist keine ausschließlich „spirituelle Kraft“. Sie umfasst das gesamte Leben und wirkt, wenn sie wach wird, auf allen Ebenen. Wo genau sie ihre Arbeit beginnt und wo für uns erkennbar sie wirkt, ist individuell ganz und gar unterschiedlich. So wie jede Person ihre einzigartige, unvergleichliche Beziehung zum Guru hat, so hat sie auch ihre individuelle Beziehung zur innewohnenden Kuṇḍalinī-Śakti.

Doch es gibt natürlich auch Menschen, denen, nachdem sie die Einweihung erhalten haben, die typischen Kuṇḍalinī-Erlebnisse widerfahren. Ein besonderes Phänomen ist es, dass manche von ihnen – zumindest in ihrem gegenwärtigen Leben – nie Yoga praktiziert haben, und einige davon sind sogar kleine Kinder. In solchen Fällen handelt es sich nach allgemein anerkannter Auffassung um sogenannte *Yoga-Bhraṣṭas,* um Menschen, die in vorherigen Leben intensiv Yoga ausgeübt haben, doch vor dem Erreichen des höchsten Ziels gestorben sind. Da nichts in diesem Universum verloren geht und wir immer dort weitermachen, wo wir aufgehört haben, weisen derartige Erlebnisse und Fähigkeiten bei Kindern auf hochentwickelte Seelen hin, die nun mit einem enormen spirituellen Potenzial und großer yogischer Kraft die letzten Schritte zur Vollkommenheit und Freiheit unternehmen. Wenn *Yoga-Bhraṣṭas Śaktipāt* erhalten, ereignet sich in ihnen oft geradezu eine Explosion von spirituellen Erlebnissen, und ihre anschließende spirituelle Entwicklung erfolgt mit atemberaubender Geschwindigkeit.

Dieses Phänomen veranschaulicht der nachstehende kurze Bericht von Swami Kripananda, in dem sie von den Erlebnissen solcher Kinder berichtet:

„Vor einigen Jahren kam ein neun Jahre alter Junge zusammen mit seinen Eltern in den South Fallsburg Ashram[161]. Er hatte sofort Visionen verschiedenster Art, sogar mit offenen Augen. Er reiste zu verschiedenen Galaxien[162] und sah Szenen aus vorherigen Leben. Ein anderer, acht Jahre alter Junge kam von seinem Zuhause in Bombay zum Gurudev Siddha Pīth[163], und seine Mutter nahm ihn mit zur Meditationshalle im Turiya Mandir. Als er sich zur Meditation setzte, so erzählte er, begann eine mächtige Kraft sich vom unteren Ende seiner Wirbelsäule in Schlangenbewegungen durch verschiedene Zentren zu bewegen. Als sie seine Kehle erreichte, gab es eine Lichtexplosion, und dann stieg eine kleine Schlange weiter nach oben zum Scheitelpunkt seines Kopfes. Danach fertigte er ein Wasserfarben-Bild von seiner Vision an, das die Chakras mit der *Suṣumnā*, dem Zentralkanal, zeigte und die *Iḍā-* und *Piṅgalā-Nāḍīs* an den beiden Seiten."[164]

Solche Erlebnisse fallen einem Menschen nicht einfach zu, sondern sind das Resultat der Bemühungen aus vergangenen Inkarnationen. Nicht alle von uns sind gleich zu Beginn mit solchen Erfahrungen gesegnet, doch bei vielen Menschen ist eine deutliche Transformation zu erkennen; denn der Reinigungs- und Entfaltungsprozess der Kuṇḍalinī hat begonnen und führt oft zu den erstaunlichsten Veränderungen im Leben des jeweiligen

161 Gurumayi Chidvilasanandas Ashram in den Catskill-Bergen im Norden des Staates New York.

162 Reisen in andere Welten als Auswirkung der erwachten Kuṇḍalinī haben viele Yogis erlebt und davon berichtet.

163 Der Siddha-Yoga Haupt-Ashram in Ganeshpuri, im Bundesstaat Maharashtra, (Indien).

164 Swami Kripananda, The Sacred Power. New York 1995, S. 50.

Individuums. Ich weiß von mehreren Frauen, die *Śaktipāt-Dīkṣā* erhielten und nach einiger Zeit Nonnen in katholischen Orden wurden. Dies war eben ihr Weg, der sich ihnen deutlich eröffnete, sobald die kosmische Kraft in ihnen zu wirken begann. Kuṇḍalinī ist die transformierende Kraft/Macht, die jedem Menschen das gibt, was er benötigt, um auf seinem ureigensten Weg das höchste Ziel zu erreichen. Da unser Inneres nach alter tantrischer Lehre mit der äußeren Welt korrespondiert, führen Veränderungen in unserer inneren Dimension – hervorgerufen durch den Reinigungsprozess der Kuṇḍalinī – automatisch zu Veränderungen in der äußeren Dimension.

Während eines meiner längeren Studienaufenthalte an der Universität von Poona (Indien) traf ich eine junge Amerikanerin, die Nonne in einem tibetisch-buddhistischen Orden war. Bonnie, wie sie sich nach wie vor nannte (ihr Ordensname war wohl etwas kompliziert), war eine aufgeweckte und interessante Persönlichkeit. Wir schrieben zu jener Zeit beide an unserer Doktorarbeit, und so hatten wir uns im Kreise der anderen Studierenden immer viel zu erzählen. Als sie irgendwann berichtete, wie ihr spiritueller Weg begonnen hatte, war ich verblüfft. Bonnie war 1974 am Flughafen von Melbourne (Australien) und traf dort Swami Muktananda, der im Zuge seiner ersten Weltreise im Begriff war, Australien zu verlassen und in die Vereinigten Staaten zu reisen. Er saß dort, umringt von seinen Schülern, und gab in seiner spontanen Art noch einigen Leuten *Śaktipāt*. „Zufällig“ war eben Bonnie gerade in unmittelbarer Nähe – und es geschah, was nach dem Willen der kosmischen Śakti wohl geschehen sollte. Bonnie erzählte, wie Muktananda sie auf dem Kopf berührte. Diese nur Sekunden währende Begegnung mit dem Guru-Prinzip erweckte ihre innere Kraft und veränderte ihr Leben gänzlich. Sie fand den Weg, der für sie persönlich bestimmt war.

Vieles verändert sich in unserem Leben durch das Wirken der sich entfaltenden Kuṇḍalinī. Dadurch, dass wir Schritt für Schritt von dem Ballast der *Saṃskāras* befreit werden, finden wir mehr und mehr zu unserem wahren inneren Potenzial und werden freier in unseren Handlungsweisen und Reaktionen. So schreibt auch Gopi Krishna:

„Beim Erwachen der Kundalini ist das gesamte Nervensystem bald auf die Aufgabe konzentriert, so dass ein stärkerer Brennstoff in Form von Strahlung in das Gehirn einströmt. Dieser steigert das Gehirn zu einer solchen Aktivität, dass ein äußerst erweitertes Bewusstsein, das einen überwältigenden Einfluss auf den Eingeweihten ausübt, nun zu anderen Seinsebenen aufsteigt und das alte, enge, von Sinnen beherrschte Bewusstsein, das sich niemals über streng abgesteckte Grenzen erheben kann, ablöst.[165]

Interessanterweise berichten Menschen häufig, dass sich nach der Kuṇḍalinī-Erweckung ihre Energie beziehungsweise Kraft – psychische und physische – enorm gesteigert hat. Auch die Zunahme von Kreativität und Selbstvertrauen gehört zu den häufigsten unmittelbaren Auswirkungen. Wir erfahren – vielleicht zum ersten Mal in unserem Leben – unser Inneres als Quelle der Liebe, Kraft und Furchtlosigkeit. Besonders eklatant ist allerdings die Veränderung, was unsere Wahrnehmung betrifft – und zwar sowohl die Wahrnehmung von uns selbst als auch von unserer Umwelt. Wer mehr von sich selbst entdeckt und erkennt, sieht und spürt unweigerlich auch mehr von der äußeren Welt – bei den Geschöpfen, Dingen und Ereignissen um sich herum. Die Wahrnehmung wird insgesamt schärfer, intensiver und sensibler.

---

165 Gopi Krishna, Carl Friedrich von Weizsäcker, Biologische Basis der Glaubens-Erfahrung. Weilheim 1973, S. 84-85.

All dies ist nicht verwunderlich, weil die Kuṇḍalinī unsere *Saṃskāras* – welche die Eigenschaft haben, unsere Wahrnehmung zu vernebeln und uns in festgelegten Mustern denken und reagieren zu lassen – langsam auflöst. Da, so Karl H. Potter, unser Karma aus *Saṃskāras* besteht beziehungsweise von diesen begleitet wird[166] (in Kapitel 5 nannte ich sie „Transporteure des Karma"), bedeutet also das Wirken der Kuṇḍalinī letztendlich, dass wir von unserem Karma befreit werden. Dies mag übrigens ein Grund dafür sein, dass indische Astrologen sagen, dass das Horoskop eines Menschen, dessen Kuṇḍalinī erweckt wurde, immer weniger aussagekräftig wird, da er sich mehr und mehr von der ursprünglichen individuellen Gestirnkonstellation, die im Geburtshoroskop sichtbar wird, entfernt. Karma ist das, was uns in dieser Welt als begrenztes Wesen festhält, wie man einem der wichtigsten Haṭha-Yoga Werke, entnehmen kann:

Gheraṇḍa Saṃhitā 1. 6 –

sukṛtair duṣkṛtaiḥ kāryair jāyate prāṇīnāṃ ghaṭaḥ /
ghaṭād utpadyate karma ghaṭiyantraṃ yathā bhramet //

„Der Körper der Lebewesen entsteht auf Grund von guten und schlechten Handlungen. Vom Körper her entsteht Karma, das sich dreht wie ein Mühlrad."[167]

Wenn Kuṇḍalinī unser Karma auflöst, bedeutet das also, dass wir frei werden vom Kreislauf des *Saṃsāra*, uns von der begrenzten und begrenzenden Individualität lösen und uns unserer wahren Natur bewusst werden. Dieser Prozess – wie

---

166 W.D. O'Flaherty, Karma and Rebirth in Classical Indian Traditions. Delhi 1983, S. 243.

167 Eine ähnliche Aussage wie diese findet sich in *Śiva Saṃhitā 1. 24-30.*

jeder Heilungsprozess – läuft oftmals nicht ohne Widerstände, Zweifel oder Schmerzen ab. Da manchmal auch große karmische Blockaden aufgelöst werden, wird unter Umständen eine Lawine ausgelöst, und das ganze bisherige Leben kommt ins Rutschen. Das kann bedeuten, dass einige Menschen plötzlich den lang ersehnten Partner fürs Leben finden und andere geschieden werden. Die einen werden reich und die anderen verlieren alles. Gerade zu Beginn der großen Reise ereignen sich oft gewaltige Veränderungen. Doch egal wie wir diese Veränderungen nach unseren bisherigen Maßstäben bewerten mögen, wie auch immer es sich im Moment anfühlen mag, nach einiger Zeit wird deutlich, dass hier eine Macht im Spiel ist, die für den Betreffenden nur das Beste will – Freiheit und Vollkommenheit. Das meiste von dem, was sich dabei abspielt, ist für uns, insbesondere zu Beginn, nicht wahrnehmbar. Wir haben so viele verschiedene und höchst subtile Ebenen der Existenz und stecken in so vielen karmischen Verwicklungen fest, dass das Werk der Kuṇḍalinī, die keinen noch so kleinen Winkel unseres Wesens übersieht oder auslässt, unser Wahrnehmungs- und Fassungsvermögen einfach übersteigt. Vor einigen Jahren traf ich einen indischen Mönch, der verglich unser persönliches Karma mit einer riesigen Schüssel Spaghetti. Was auch geschieht, wir sollten Kuṇḍalinī in jedem Fall vertrauen. Egal, was wir aus all den vergangenen Leben mitgebracht haben, sie erfüllt in jedem Fall ihre Aufgabe.

Auch für mich erfolgte nach der Kuṇḍalinī-Erweckung eine radikale und atemberaubende Umwandlung meines Lebens. Vieles von dem, was ich mir lange gewünscht hatte, wurde auf einmal möglich, sowohl durch Veränderungen in meinem Inneren als auch durch Umgestaltungen auf der äußeren Ebene des Lebens. Der erste große Schritt in ein wahrlich neues Leben bestand für mich darin, dass sich mir plötzlich die Möglichkeit eröffnete, mein Abitur auf dem Abendgymnasium nachzuholen. Eine Chance, um die ich mich zuvor vergeblich bemüht hatte. Doch es waren, wie gesagt, nicht nur diese äußeren Konstellationen, die sich auf wundersame Weise so veränderten, dass ich in meinem Leben plötzlich eine Tür nach der anderen öffnen konnte – was nutzen Chancen, wenn man sie nicht festhalten, nutzen und umsetzen kann. Innerlich wuchsen auch die notwendigen Eigenschaften, um die nun vom Schicksal ausgestreckte Hand ergreifen zu können, Eigenschaften wie Selbstvertrauen, Beharrlichkeit, Mut, Wissbegier oder Konzentrationsvermögen. Es war in jeglicher Hinsicht eine Zeit des Lernens und Wachsens; denn nicht nur der Intellekt wurde geschult, auch im Bereich der Emotionen tat sich für mich Entscheidendes. Tiefe innere Verletzungen und psychische „Frakturen" aus meiner Kindheit begannen auszuheilen, und eine bis dahin verzögerte Entwicklung wurde mit Vehemenz vorangetrieben. Daher kann ich aus meiner heutigen Sicht sagen, dass ich durch die erwachende Kuṇḍalinī so etwas wie eine Nachsozialisation erfuhr. Hierzu ein passender Vers von Abhinavagupta:

„Der unwissende Mensch beachtet nicht den außerordentlichen Reichtum, der sich in seinem Körper befindet, und fühlt überwältigende Niedergeschlagenheit in seinem Herzen. Wenn die höchste Göttin, die große Freude daran hat, das gesamte Universum entstehen zu lassen, in das Herz hineingeht, verbrennt sie die Niedergeschlagenheit, die ihn gequält hat, zu Asche."[168]

In dieser ganzen Zeit jedoch zog ich mich vom üblichen sozialen Leben sehr zurück. Ich meditierte viel und begann mich neben dem Studium der indischen mystischen Literatur

168 Aus dem *Parātriṃśikā Vivaraṇa*, zitiert in Swami Kripananda, The Sacred Power, S. 60.

auch intensiv Mantra-Gesängen und Sanskrit-Rezitationen zu widmen. Dies waren natürlich ideale Bedingungen für den Entfaltungsprozess der Kuṇḍalinī, was zu vielen heftigen und außergewöhnlichen Erfahrungen führte. Es war eine Zeit, an die ich mit großer Dankbarkeit zurückdenke, eine Zeit, in der der Samen für so vieles gelegt wurde, was viel später erst aufblühen sollte (und vermutlich noch aufblühen wird). Nach einigen Jahren – zwischenzeitlich hatte ich die Hochschulreife erlangt und mit dem Studium der vergleichenden Sprachwissenschaft (Indogermanistik) an der Universität Frankfurt am Main begonnen – war diese Phase meines Lebens zu Ende. Kuṇḍalinī schlug ein neues Kapitel in meinem Leben auf und stieß mich wieder hinaus in die Welt.

Die Entfaltung der Kuṇḍalinī umfasst also jede Dimension des Lebens. Dabei manifestiert sie sich, wie wir sahen, ganz und gar individuell. Deshalb sagt Dhyanyogi zutreffend:

„Wir haben nicht alle die gleichen Erfahrungen in der Meditation. Auf unserem Pfad der Meditation sollten wir keine solche Uniformität erstreben. Jedermanns Erfahrungen sind bedingt durch seine vorherigen Eindrücke oder Saṃskāras. Es geschieht manchmal im Bewusstsein des Sādhakas, dass nach Śaktipāt alle sechs Chakras oder Lotosblüten von der aufsteigenden Kuṇḍalinī durchbohrt werden und er beziehungsweise sie in Samādhi geht. Manchmal ist ihm das Durchbohren der sechs Chakras nicht bewusst, weil möglicherweise die Kriyās [unbeabsichtigte Bewegungen, die im menschlichen Körper auftreten als Auswirkung des Yoga], die dadurch hervorgerufen werden, flüchtig und minimal sind."[169]

169 Dhyanyogi, Light on Meditation, S. 111; in: Ajit Mookerjee, Kundalini – The Arousal of the inner Energy. London 1995, S. 76.

Kriyā ist ein im Kuṇḍalinī-Yoga sehr wichtiger Terminus. Wörtlich bedeutet er „Handlung, Tat" und bezieht sich generell auf alle physischen und psychischen Auswirkungen und Erfahrungen, die auf die Arbeit der Kuṇḍalinī in uns zurückgeht. Während der Reinigungsprozesse durch die Kuṇḍalinī führt die Beseitigung von grobstofflichen und feinstofflichen Blockaden zu spontanen und teilweise sehr heftigen Reaktionen, die sich als Emotionen, Körperbewegungen oder Körperempfindungen zeigen. Sie sind sozusagen ein Nebenprodukt des Entfaltungsprozesses der Kuṇḍalinī. Jñāneśvar beschreibt in seiner *Jñāneśvarī (6. 211-216, 219-221, 224)* die *Kriyā*-Erfahrung der Yogis folgendermaßen:

„Dann erscheinen die Zeichen der Yoga-Erfahrung außen im Körper, und innerlich stellt der Geist/Verstand seine Funktion ein. Gedankentätigkeit flaut ab, mentale Energie lässt nach und Körper und Geist finden Ruhe. Hunger ist vergessen und Schlaf verschwindet. Sogar die Erinnerung davon verliert sich. Keine Spur [davon] bleibt zurück. Die sich abwärts bewegende Lebenskraft, die im Körper eingeschlossen ist, kehrt zurück. Zusammengedrückt werdend, beginnt sie sich [wieder] auszudehnen. Indem sie immer stärker aufgewühlt wird in dem freien Raum darüber, poltert und kämpft sie gegen den Solarplexus. Wenn der Kampf nachlässt, erzittert der ganze Körper bis ins Mark. Auf diese Weise werden die [feinstofflichen] Verunreinigungen aus der Kindheit hinausgeworfen… .

Der Suchende sollte sich nicht gestatten, vor diesen Dingen Angst zu haben. Sie (Kuṇḍalinī-Energie) offenbart und beseitigt Krankheiten und bringt die Elemente ‚Erde' und ‚Wasser' in Wallung. Oh Arjuna, die Hitze, die durch die Praxis dieser [Yoga-]Übung[170] erzeugt wird, erweckt die Kraft/Macht namens Kuṇḍalinī… .

170 Bezieht sich auf die von Jñāneśvar zuvor beschriebenen Verschlusspraktiken

Sie ist wie ein Ring aus Blitzen, Windungen aus flammendem Feuer oder ein Stab aus reinem Gold."

Auch Swami Shivananda schreibt im Zusammenhang mit den Auswirkungen der erwachten Kuṇḍalinī von einem „schlimmen" Zucken in Händen, Beinen oder auch dem gesamten Körper, das durch die „neuen pranischen Einflüsse" ausgelöst werde. Darüber hinaus erwähnt er, dass durch die Macht der Kuṇḍalinī die Nāḍīs gereinigt und hierdurch sogar völlig neue Nervenbahnen gebildet würden. Nach seiner Auffassung rührt dass Zucken während der Meditation daher, dass während einer bestimmten Phase des Gesamtablaufs Prāṇa ins Gehirn gelangt.[171] Natürlich finden sich auch in den Originalwerken, in den Tantras und anderen tantrischen Werken, wie etwa den Yoga-Upanishaden, Hinweise auf das Phänomen der *Kriyās*. In *Kulārṇava Tantra 14. 64* ist von sechs Zuständen beziehungsweise Erfahrungen die Rede, in die man nach der *Śaktipāt-Dīkṣā* gelangen kann, hierzu gehören unter anderem Ekstase, Zittern oder heftiges Schütteln. Hier ein weiteres Beispiel aus der *Yogaśikhā Upaniṣad (6. 28)*:

„Die Śakti wird erweckt durch Prāṇāyāma oder durch die Gnade der Kraft/Macht des Guru. Angetrieben durch die Ātmā-Śakti, wenn der Prāṇa angeregt und im Mūlādhāra-Chakra aufgenommen wird, beginnt der Körper des Suchenden zu zittern und vor Freude zu tanzen."

Nach dem berühmten Kuṇḍalinī-Meister Swami Vishnu Tirtha sind diese Auswirkungen der erwachten Kuṇḍalinī in

---

Mūla Bandha, Jālāndhara-Bandha und *Uḍḍiyāna-Bandha.*

171 Swami Shivananda, Spiritual Experiences (Amrita Anubhava). Himalayas, India 1969, S. 69.

vier Klassen zu unterteilen, über die er in seinen *Śaktipāt-Sūtras (2.16)* schreibt:

> *caturvidhā sā saṃdiṣṭā kriyāvatyādi bhedataḥ /*
> *kriyāvatī varṇamayī kalātmā vedhamayyapi //*

> „Gemäß ihrer Manifestation wird Kuṇḍalinī als *Kriyāvatī, Varṇamayī, Kalātmā* und *Vedhamayī* erachtet."[172]

Kriyāvatī sind die Auswirkungen der Kuṇḍalinī auf der körperlichen Ebene. Konkret bedeutet das, dass die betreffende Person spontan Haltungen oder Übungen aus dem Haṭha Yoga ausführt. Allerdings nicht vorsätzlich, sondern, unter dem Einfluss der sich entfaltenden Kraft, völlig spontan und intuitiv. Häufig verstehen die Betreffenden die Bedeutung dessen, was sie da tun, überhaupt nicht und wären im „normalen" Zustand niemals in der Lage, Derartiges durchzuführen. Einige dieser teilweise sehr komplizierten Bewegungen, Haltungen oder Atemübungen sind in keinem Yoga-Werk zu finden, doch in jedem Fall sind sie reinigend und heilsam. Was da geschieht, ist das Werk Kuṇḍalinīs, und die betroffenen Personen nehmen sehr deutlich wahr, dass sie in diesem Moment nicht die Handelnden sind. Bonnie Greenwell schreibt dazu: „Es fühlt sich an, als führe der Körper, gewissermaßen am Bewusstsein vorbei, eine zielgerichtete, fließende Bewegung aus, die einen in eine bestimmte Gestalt presst und dreht."[173] Eine ähnliche Erklärung für diese erstaunlichen Vorgänge und den davon begleiteten Bewusstseinszustand, der nichts mit Einbildung oder Autosuggestion zu tun hat, findet man auch bei Swami Vishnu Tirtha:

---

172 Swami Vishnu Tirtha, Devatma Shakti, S. 79.

173 B. Greenwell, Kundalini, Erfahrungen mit der geheimnisvollen Urkraft der Erleuchtung. Bergisch Gladbach 1998, S. 56.

„Die automatische Vollführung der Übungen durch die Kraft der erweckten Kundalini in systematischer Weise trennt den Geist/Verstand vom Nervensystem, und der Geist/Verstand, auf diese Weise befreit von der Nervenaktivität, agiert für diesen Zeitraum als stiller Beobachter; das gesamte System ist in dieser Zeit autonom… .“[174]

Viele solcher Kriyā-Erlebnisse, auch bei Yoga-Praktizierenden aus westlichen Ländern, wurden in den letzten Jahren dokumentiert, hier ein besonders anschauliches Beispiel:

„David war vierundzwanzig Jahre alt, New Yorker und durch Arthrose vollständig verkrüppelt. Seine Gelenke hatten sich stark vergrößert, er musste spezielle Schuhe tragen, konnte nur am Stock gehen und stand immer unter starken Schmerzmitteln. Er hatte sich jeder bekannten Behandlungsmethode unterzogen, doch ohne Erfolg. Nach seiner Shaktipat-Erfahrung verbesserte sich sein Zustand zusehends. Als er dann ein paar Monate später an einer Einweihung bei Baba in Oakland teilnahm, setzte er sich in den Lotus-Sitz – was ihm normalerweise nicht möglich gewesen wäre – begann mit der Bhastrika-Atmung und fing an – ohne dass er es wollte –, in großen Froschsprüngen vom Boden hoch zu hüpfen. Die Leute, die dabei waren, erzählten, dass sein Körper 18 bis 20 Inches [ca. 45-50 cm] über dem Boden war; man konnte laut krachende Geräusche hören. Diese heftigen Bewegungen dauerten mehrere Stunden, und nach diesem Erlebnis war er geheilt, seine Gelenke waren wieder normal.“[175]

Die im höchsten Maße intelligente Kuṇḍalini weiß nicht nur, was die betreffende Person benötigt, um auf allen Ebenen

174 Swami Vishnu Tirtha, Devatma Shakti, S. 82.
175 Joseph C. Pearce, Die heilende Kraft, S. 213.

geheilt und damit heil, im Sinne von vollkommen, zu werden, sie kennt natürlich auch die individuelle Belastbarkeit und „weiß" daher, wieweit sie jeweils gehen kann. Mit der in diesem Zusammenhang geäußerten Vermutung, dass die Yoga-Haltungen, wie wir sie aus den einschlägigen Werken kennen, ursprünglich aus solchen spontanen Bewegungen, welche die Kuṇḍalinī-Meister an sich entdeckt haben [um sie später zu systematisieren und an ihre Schüler weiterzugeben], entstanden sein könnten, steht Bonnie Greenwell nicht alleine.[176] Nach Swami Vishnu Tirtha führen genau diejenigen Haṭha-Yoga Praktiken zur Erweckung der Kuṇḍalinī, die den Bewegungen und Haltungen entsprechen, welche durch die erweckte Kuṇḍalinī spontan hervorgerufen werden.[177] Auch Greenwells These, dass wir in solchen außergewöhnlichen Momenten Zugang haben zu einem vererbten individuellen oder kollektiven Erfahrungspool – man ist unwillkürlich an Rupert Sheldrakes „morphogenetische Felder" erinnert – aus vergangenen Leben, entbehren nicht eines gewissen Reizes.[178] Genau das wäre aus meiner Sicht eine mögliche Erklärung dafür, dass die Erfahrungsdichte sowie die Häufigkeit der Kuṇḍalinī-Erfahrungen in den letzten Jahren so eklatant zugenommen hat. Der stetig wachsende Pool an derartigen spirituellen Erfahrungen stellt offensichtlich ein Potenzial dar, das ja im Prinzip frei verfügbar ist, wodurch es immer mehr Menschen immer leichter möglich ist, in den Bereich solcher Erfahrungen vorzudringen. Was jedoch nicht bedeutet, dass der Einzelne etwas geschenkt bekäme. Jeder, der solche Erfahrungen macht, hat sie sich, in welcher Form auch immer, „erarbeitet", und ist, um dorthin zu gelangen, einen sehr weiten Weg gegangen.

---

176 B. Greenwell, Kundalini, S. 57
177 Swami Vishnu Tirtha, Devatma Shakti, S. 83
178 B. Greenwell, Kundalini, S. 57

Kommen wir nun zur zweiten Form der Kuṇḍalinī-Manifestation, zur *Varṇamayī* (von Skt. *varṇa*, „Laut, Ton, Wort"). Hiermit sind unter anderem alle Klang-Kriyās gemeint. Als ich während eines Yoga-Seminars 1980 Śaktipāt erhielt, hatte ich in der Meditation plötzlich Visionen von Welten, Wesen, Städten und Landschaften, die mit nichts zu vergleichen waren, was ich bisher in meinem Leben in dieser Welt gesehen hatte; und ich sah all dies unabhängig davon, ob ich die Augen geschlossen hielt oder öffnete. Das war schon an und für sich faszinierend genug. Doch nach einiger Zeit begann ich, in einer mir (bis heute) völlig unbekannten Sprache, das, was ich sah, in singender Weise zu kommentieren. Mit dem, was ich da erblickte, waren außerordentlich intensive Empfindungen verknüpft, so als hätte es unmittelbar mit mir zu tun oder einmal zu tun gehabt. Sowohl diese Visionen – die nicht einfach aus Bildern, sondern aus lebendigen farbigen Szenen bestanden, die ich sehr genau betrachten konnte – als auch das davon begleitete Sprechen und Singen, das Mantra-Gesängen nicht unähnlich war, sprudelte mit unglaublicher Vehemenz aus meinem Inneren. Gleichzeitig konnte ich mich und meine Reaktionen darauf völlig unbeteiligt beobachten. Es blieb mir auch gar nichts anderes übrig, denn ich war nicht imstande, diesen Prozess zu stoppen. Der ganze „Spuk" dauerte etwa eine Stunde und ließ mich geistig gestärkt, aber körperlich vorübergehend völlig erschöpft zurück.

Wenn Kuṇḍalini sich als *Varṇamayī* offenbart, nimmt sie die Gestalt oder Rolle von Sarasvatī, der Göttin oder des Prinzips der Weisheit und Sprache, an. „Als Varṇamayī", so schreibt Vishnu Tirtha, „erweckt sie die vokalen göttlichen Kräfte eines Yogi, die bisher ruhten. Er beginnt automatisch, Silben, Worte, Sätze und Mantras in Sanskrit und verschiedenen anderen Sprachen zu sprechen, die ihm selbst manchmal völlig unbekannt sind."[179]

179 Swami Vishnu Tirtha, Devatma Shakti, S. 87.

Diese lautlichen Kriyās, wie Vishnu Tirtha bemerkt, umfassen aber auch Tierlaute. Auch dies ist ein in Kuṇḍalinī-Yoga-Kreisen durchaus bekanntes Phänomen. Wenn man bedenkt, dass alles, was wir je gedacht, gesprochen, gesagt, getan und erlebt haben, in der *Suṣumnā-Nāḍī* – dem zentralen Kanal im feinstofflichen Körper, in dem die Kuṇḍalinī aufsteigt – gespeichert ist, dann verwundert es nicht, das unter Kuṇḍalinīs reinigender Wirkung eben diese Eindrücke, die manchmal sehr alt sind, hinausgeschleudert werden. Manche Menschen, denen solche *Varṇamayī*-Kriyās widerfahren, berichten, dass zuweilen Tierlaute nicht nur aus ihnen hinausbrechen, als sei es das Selbstverständlichste auf der Welt, sondern dass sie sich in diesem Moment auch so bewegen und fühlen wie eine Schlange, Katze oder Krähe, wie ein Affe, Hund, Löwe, Vogel etc.[180] Es jedoch auch denkbar, dass diese Erlebnisse nicht oder nicht nur auf unsere persönlichen Eindrücke zurückzuführen sind, sondern auf den oben angesprochenen kollektiven Bereich aller je gemachten Erfahrungen.

Doch *Varṇamayī* betrifft nicht nur das Sprechen, sondern auch alle Erfahrungen und besonders Fähigkeiten im Bereich der Kreativität und Kunst. Viele Mystiker begannen, ab einem gewissen Punkt in ihrer Sādhanā Erstaunliches auf diesen Gebieten zu leisten, obgleich sie, wie wir am Beispiel des Heiligen Tukārām sahen, hierfür zuvor gar nicht sonderlich begabt waren. Allerdings kamen und kommen nicht nur Mystiker und Yogis in den Kontakt und unter den schöpferischen Einfluss von *Varṇamayī*. In jedem Menschen ist das gleiche göttliche Potenzial angelegt, und gerade der *Varṇamayī*-Aspekt der Kuṇḍalini zeigt sich manchmal auch bei Menschen, die mit Kuṇḍalini (noch) nichts im Sinn haben. Allgemein ist es jedoch

180 Einiges davon habe ich vor vielen Jahren selbst erlebt, aber auch bei anderen wiederholt beobachten können.

eher so, dass insbesondere Menschen, die sich dem Bereich der Kreativität schon geöffnet haben, sehr leicht mit diesem Aspekt der kosmischen Macht der Kuṇḍalinī in Berührung kommen.

In *Pratybhijñā-Hṛdayam Sūtra 10* heißt es nicht ohne Grund: *tathāpi tadvat pañcakṛtyāni karoti*, „Selbst dann führt [die gefangene Seele] den fünffachen [Schöpfungs-]Akt Śivas aus." Was so viel bedeutet wie: Selbst als Wesen, das durch die eingebildete, begrenzte Identität in dieser Welt gefangen ist, besitzen wir alle schöpferischen Kräfte (allerdings in begrenztem Maße), da wir identisch mit Śiva, dem höchsten Bewusstsein, sind. Große Komponisten, wie z.B. Mozart, Wagner oder Strauss, aber auch Maler wie van Gogh, berichten davon, dass sie ihre Werke zuweilen in berauschenden, tranceartigen Zuständen fertigten. Beethoven schrieb: „Während des Aktes des Komponierens fließen die Ideen auf mich hernieder, direkt von Gott." Ähnlich meinte William Blake einmal: „Ich selbst tue nichts. Der Heilige Geist vollendet alles durch mich." Nach Blakes Auffassung entstehen alle wahren Kunstwerke in einem „ewigen Augenblick". Es deutet vieles darauf hin, dass Künstler beziehungsweise kreative Persönlichkeiten über ihre Tätigkeit Zugang zur *Varṇamayī*, dem schöpferischen Aspekt der Kuṇḍalinī-Śakti, fanden, und/oder durch sie ihre Inspiration erhielten. Im Unterschied zu einem Dichter, Musiker, Maler oder Bildhauer, der ab und an von der Muse beziehungsweise *Varṇamayī*-Kuṇḍalinī „geküsst" wird, öffnet sich jedoch demjenigen, dessen Kuṇḍalinī erwacht ist und als *Varṇamayī* Gestalt annimmt, unter Umständen das Tor zur uneingeschränkten schöpferischen Kraft des höchsten Bewusstseins in vollem Maße. So hat Bonnie Greenwell bei ihren Untersuchungen von Kuṇḍalinī-Erfahrungen festgestellt, dass viele Menschen ein Erwachen der Kreativität erfahren und ohne irgendwelche Vorkenntnisse anfangen zu schreiben oder anderen künstlerischen Tätigkeiten nachgehen. Greenwell erwähnt in diesem Zusammenhang auch Śrī Aurobindo, der den gewaltigen Ausbruch kreativer Schaffenskraft explizit auf eine Verbindung mit dem „lichtvollen Bewusstsein" zurückführt, die man durch die spirituelle Erweckung erlange.[181]

Hier eine Erfahrung von einer Künstlerin und Lehrerin (aus der Sammlung von Lee Sannella), die dem *Varṇamayī*-Aspekt zuzuordnen ist:

„Ich bin dieser 45-jährigen Frau erstmals vor zehn Jahren begegnet. Zu jener Zeit übte sie schon vierzehn Jahre lang automatisches Malen. Seit nunmehr zwei Jahren produziert sie spontane Gemälde, die ihre inneren Zustände darstellen, welche gewöhnlich unmittelbar bevorstehende Ereignisse ankündigen. Der Kuṇḍalinī-Zyklus begann in diesem Fall, als die Frau einmal beim Malen das Bewusstsein verlor. Als sie wieder aus der Ohnmacht erwachte, lag ihr Körper auf dem Boden, er schüttelte sich heftig und war mit starker Energie aufgeladen. Dieser Zustand hielt ungefähr eine halbe Stunde lang an und wiederholte sich am folgenden Abend. Der Energieschub und das Zittern des gesamten Körpers traten am nächsten Morgen erneut auf, während sie Yoga-Übungen machte. An diesem Morgen entstand ihr erstes spontanes Bild."[182]

Auch die Intuition, die intuitive Erkenntnis – dieses *Heureka*, der Blitz, der wie aus einer anderen Welt zu uns zu kommen scheint und den wir alle schon einmal in irgendeiner Form kennengelernt haben – ist, ähnlich wie die innere Stimme, die einem zu unmittelbarem Verständnis und müheloser, spontaner Einsicht führt, dem *Varṇamayī*-Aspekt der Kuṇḍalinī

181 B. Greenwell, Kundalini, S. 84.
182 Lee Sannella, Kundalini-Erfahrung. Synthesis Verlag, S. 56.

zuzuordnen. Theresa von Avila schrieb über ihre Erfahrungen mit der Kraft der Einsicht:

„Wenn ich – kaum etwas von dem verstehend, was ich in Latein rezitiere, besonders die Psalme – in diesem Zustand der Stille bin, bin ich nicht nur fähig, den Text zu verstehen, als ob er in Spanisch wäre, sondern – wie ich zu meiner Freude festgestellt habe – auch in der Lage, die [tiefere] Bedeutung im Spanischen zu erfassen."[183]

Der dritte *Kriyā*-Aspekt ist *Kalātmā* oder auch *Kalāvatī* (von Skt. *kalā*, „Bestandteil, Phase, Ebene). *Kalā* bezieht sich hier in erster Linie auf die bereits in Kapitel 3 behandelten sechsunddreißig Schöpfungsebenen oder Schöpfungsprinzipien. *Kalātmā/Kalāvatī* ist nun derjenige Aspekt der Kuṇḍalinī, der all diese in uns befindlichen Ebenen des Kosmos reinigt. Dies ist nach Swami Vishnu Tirtha allerdings nur unter einer Bedingung möglich:

„Durchdringung oder Reinigung der Prinzipien in ihrer Essenz kann nicht erfahren werden, außer durch Śaktipāt."[184]

Dieser Prozess, bei dem jede niedere, gröbere Ebene in die nächst höhere, subtilere transformiert wird, führt sukzessive zur Auflösung des Mikrokosmos in das *Śiva-Tattva*, dem Nullpunkt der Schöpfung. Dass aus diesem höchsten geistigen Prinzip die Elemente hervorgehen, ist übrigens eine sehr alte Lehre und findet sich bereits in *Taittirīya Upaniṣad 2. 1. 1* beschrieben:

… tasmād vā etasmād ātmana ākāśaḥ sambhūtaḥ, ākāśād vāyuḥ vāyor agniḥ, agner āpaḥ, adbhyaḥ pṛthivī …

183 The Life of Teresa of Jesus, übersetzt und herausgegeben von E. Allison Peers. New York 1960, S. 158; zitiert in: Swami Kripananda, The Sacred Power, S. 73.

184 Swami Vishnu Tirtha, Devatma Shakti, S. 86.

„Aus diesem Selbst ist der Äther entstanden, aus dem Äther der Wind, aus dem Wind das Feuer, aus dem Feuer das Wasser, aus dem Wasser die Erde ... ."

Hier eine Beschreibung des Umkehrungs- oder Auflösungsprozesses, allerdings nur in Bezug auf die fünf grobstofflichen Elemente (bei den 36 Tattvas die fünf untersten, grobstofflichsten Tattvas) nach der *Śiva Saṃhitā (1. 78)*:

„Die Erde verging [und] wurde aufgelöst im Wasser, und das Wasser wurde aufgelöst im Feuer. Ebenso löste sich das Feuer auf in der Luft. Die Luft verschmolz im Äther. Der Äther ging auf in *Avidyā* (Unwissenheit) und diese im Absoluten."

Der hier beschriebene Prozess bezieht sich zwar auf die Auflösung des Makrokosmos, doch gilt das Gleiche natürlich auch für den Mikrokosmos, den inneren Kosmos des Individuums, dessen Kuṇḍalinī ihrem höchsten Ziel entgegenstrebt; denn im Verlauf seiner Sādhanā, wie Mircea Eliade es treffend ausgedrückt hat, „nimmt der Yogi diesen Resorptionsprozess vorweg".[185] Dieser regressive Prozess – der sich im Idealfall, dann eben, wenn der Schüler beziehungsweise die Schülerin *Śaktipat-Dīkśā* erhalten hat, unter der Regie von Kuṇḍalinī automatisch vollzieht, ansonsten als Yoga-Technik willentlich durchgeführt werden muss – wird in den tantrischen Werken *Ulṭā-Sādhanā* oder *Ujāna-Sādhanā*[186] genannt. Hierzu schreibt S. Dasgupta:

185 M. Eliade, *Yoga*, S. 281.

186 Als Literaturquellen, in denen der Begriff *Ulṭā-Sādhanā* vorkommt, zitiert S. Dasgupta in *Obscure Religious Cults*, Kap. IX, S. 229 aus *Gorakṣavijaya S. 115, 116, 145; Gorakhbodh Vers 38; Gorakhbānī S. 97, 98*. Bei dem offensichtlich weniger häufig verwendeten Begriff *Ujāna-Sādhanā* zitiert er in einer Fußnote auf S. 231 aus *Gorakṣavijaya* S. 147: *„saṭ-cakra bheda guru khelauk ujān"*.

„Yoga besteht im Emporziehen der Śakti – von der niedrigsten Ebene der Veränderung und Aktivität zur höchsten Region der Ruhe – wo sie mit Śiva vereint und von ihm aufgenommen wird. Diese Vereinigung von Śiva und Śakti symbolisiert im weiteren Sinne das Anhalten des gewöhnlichen Prozesses des Werdens und der Rückentwicklung des gesamten Welt-Prozesses zur Erlangung des unveränderlichen Zustandes des Unsterblichen Wesens. Wie bewirkt man diese Rückentwicklung? Durch eine vollkommene Kontrolle der physischen, biologischen und psychischen Prozesse, und indem man ihre umgekehrte Bewegung in Gang setzt, durch einen langsamen und graduellen Prozess des Yoga – das ist es, was man unter *Ulṭā-Sādhanā* versteht."[187]

Eine Übung, durch welche dieser Weg zurück aktiv vollzogen werden kann, ist im tantrischen Yoga unter der Bezeichnung *Bhūta-Śuddhi*, „Reinigung der Elemente", bekannt und wird z.B. in *Vijñāna Bhairava* Vers 54 folgendermaßen beschrieben:

svadehe jagato vāpi sūkṣmasūkṣmatarāṇi ca /
tattvāni yāni nilayaṃ dhyātvānte vyajyate parā //

„Über die subtilen und immer subtileren Prinzipien im eigenen Körper oder auch von der Welt – welche zu ihrem jeweiligen Ursprungsort gelangen – meditiert habend, offenbart sich schließlich die höchste Göttin."

Jaideva Singh erläutert, dass dieser Vers sich auf die yogische Technik der *Vyāpti*, „Durchdringung, Verschmelzung", bezieht, durch welche die grobstofflichen *Tattva*s in das Subtile, das Subtile in das Subtilere und das Subtilere in das Subtilste wiedereingeht, also von den fünf grobstofflichen Elementen

187 S. Dasgupta, *Obscure Religious Cults, Kap. IX: The Religion of the Nāth Siddhas*, S. 230-31.

am unteren Ende der Evolutions-Stufenleiter bis hinauf zu Śiva, wo sich die höchste Śakti dem Yogi schließlich offenbart.[188]

Da sich Kuṇḍalinīs reinigendes und sublimierendes Wirken auf alle Ebenen unseres Wesens bezieht und auch unsere getrübte, eingefärbte und fragmentierte Wahrnehmung im Laufe der Zeit verfeinert und erweitert wird, gehören zum *Kalātmā/ Kalāvatī*-Aspekt – abgesehen von einer enormen Intensivierung der Wahrnehmung durch die Sinne – Kuṇḍalinī-Erfahrungen wie Visionen und andere übernatürliche Formen der Wahrnehmung. Hierdurch werden wir in die Lage versetzt, in die feinstofflichen und hochenergetischen Bereiche unseres Wesens vorzudringen und z.B. die Energiezentren, die höheren Körper und nicht zuletzt das Licht des Höchsten Selbstes zu sehen. Derartige Erfahrungen haben die Meister des Yoga und Tantra zu allen Zeiten für sehr wichtig erachtet, da sie von niemandem erwarten, dass er oder sie irgendetwas blind glaubt. Die eigene unmittelbare Erfahrung (Skt. *anubhava*) steht immer im Vordergrund und ist eines der wichtigsten Elemente der Sādhanā; denn zum einen erhält der Schüler beziehungsweise die Schülerin durch solche Erlebnisse die Gewissheit, auf dem richtigen Weg zu sein und weiteren Ansporn zur Vollendung der spirituellen Reise, zum anderen haben diese Erfahrungen auch die Funktion eines „spirituellen Gradmessers", die dem Betroffenen anzeigen können, auf welcher Entwicklungsstufe er/sie jeweils steht. Aus diesem Grunde findet man bei tantrischen Gurus, wie z.B. Jñāneśvar, Aussagen wie die folgende:

Yogapar Abhaṅgamālā 89. 4cd, 82. 1cd, 67. 3[189] –

188 J.D. Singh, Vijñānabhairava – Divine Consciousness. Delhi 1979, S. 80-81.
189 C. Kiehnle, Jñāndev Studies I and II – Songs on Yoga, S. 118, 122, 167.

dehiṃca pāhāvī ātmajyotī, „Man sollte das Licht des Selbst in eben diesem Körper erblicken."

jo dekhe muktatā toci lāhe, „Allein der, der [solches] sieht, erlangt den Zustand der Befreiung."

jñānadeva mhaṇe anubhava jetha / toci jīvanmukta saṃta yogī // – „Jñānadeva sagt: In wem eine solche Erfahrung ist, nur der ist ein zu Lebzeiten Befreiter (*Jīvanmukta*), ein Heiliger (*Santa*), ein Yogi."

Erfahrungen der inneren Bereiche, die durch die Kuṇḍalinī ausgelöst werden, sind vielfältiger Natur und beschränken sich übrigens keineswegs auf die Versenkung. Manche Kuṇḍalinī-Yogis sehen im völligen Wachzustand, in einer Art mystischer Schau, die Chakras direkt vor sich[190]. Oder sie sehen beziehungsweise erleben andere Elemente oder Phänomene des feinstofflichen Körpers, wie z.B. die *Nāḍīs*, den Fluss des *Prāṇas* oder die verschiedenen feinstofflichen Körper. Eine typische *Kalātmā/Kalāvatī*-Erfahrung, die man übrigens nicht nur bei den Yogis und indischen Mystikern, sondern auch bei Vertretern anderer spiritueller und mystischer Traditionen beschrieben findet, ist die Auflösung des Kosmos. Diese Erfahrung steht in unmittelbarem Zusammenhang mit dem oben erläuterten Prozess der Zurückbildung und Auflösung des Mikrokosmos im Verlauf des Aufstiegs der Kuṇḍalinī. Hier als Beispiel Ausschnitte aus Swami Muktanandas Bericht aus seiner Zeit der Sādhanā:

„Ich setzte mich auf meinen *Asana* und nahm sofort die Lo-

190 Ein solches Erlebnis wurde mir vor vielen Jahren zuteil, als ich gerade meine Meditation beendet hatte und im Begriff war aufzustehen. Urplötzlich zeigte sich ein riesiger weißer Lotos direkt vor meinen Augen. Ich empfand mich in einer Position direkt über dem Lotos stehend und sah, wie er sich langsam, geradezu majestätisch, um seine Achse drehte.

tusstellung ein. Ich sah, wie sich überall um mich herum Feuer ausbreitete. Das ganze All stand in Flammen. Ein brennendes Meer war aufgebrochen und verschlang die ganze Erde. Eine Armee von Geistern und Dämonen umringte mich.... Jetzt sah ich die ganze Erde bedeckt von den Wassern der kosmischen Auflösung. Die Welt war zerstört worden, und ich allein war übriggeblieben.... Nach einer Weile öffneten sich meine Augen. Ich sah überall ein sehr weiches rotes Licht schimmern. Es flimmerte leicht, und Funken, die von ihm ausgingen, breiteten sich im ganzen All aus."[191]

Ähnliches scheint die Heilige Katharina von Genua erlebt zu haben, die im 15. Jahrhundert in Italien ihr Leben der Mildtätigkeit, Selbstaufopferung, Enthaltsamkeit und Kontemplation widmete. Auffällig, da auch für den Kuṇḍalinī-Yoga typisch, sind ihre Schilderungen von Erfahrungen unerträglicher Hitze in ihrem Inneren sowie ihre Ekstasen. Es ist bekannt, dass sie lange Phasen durchlebte, in denen sie keinerlei Nahrung zu sich nahm. Bonnie Greenwell berichtet über sie:

„In diesem Stadium wurden ihr Gottesvisionen zuteil, sie blieb zwei Tage lang in Trance und hatte währenddessen eine Vision ihrer selbst ohne Körper und ohne Seele, ihr Geist war darin ‚ganz in Gott und ohne jeden Blick auf den Himmel oder auf Erden, als ob sie nicht mehr existiere'. Das ist eindeutig die ‚Auflösung', von der die Yoga-Sutras berichten.

Ein andermal fühlte sie, wie ihr ein Nagel ins Herz geschlagen wurde – der starke Schmerz hielt zehn Stunden an. Am nächsten Tag verspürte sie große Freude und ‚sah einen Strahl göttlicher Liebe, der kaum zu ertragen war und ihre Menschlichkeit verbrannte, und sie ‚sah eine Flammenleiter und fühlte sich an ihr hinaufgezogen, was ihr die große Freude bereitete'.

191 Swami Muktananda, Spiel des Bewusstseins, S. 111, 112.

Die Hitze, die sie verspürte, veranlasste sie zu fragen, ob die Welt in Flammen stünde, und alle waren sehr verblüfft, dass sie angesichts der Intensität des Brennens und ihrer Unfähigkeit zu essen oder zu trinken überhaupt noch lebte."[192]

Unter all den vielfältigen spirituellen Erfahrungen, die in diesem Zusammenhang beschrieben werden, stellen die Meister der Kuṇḍalinī immer wieder eine bestimmte als die alles entscheidende heraus – die Erfahrung der „Blauen Perle" (Skt. *nīla bindu,* wörtl. „blauer Tropfen"). Die Blaue Perle, verborgen im Inneren eines jeden Menschen, ist das Zentrum, der Suprakausalkörper, um den sich alle subtilen Körperhüllen und schließlich der grobstoffliche Körper aufbauen. Sie ist der innerste Kern unseres Seins, das innere Selbst, das identisch ist mit dem höchsten Absoluten. Sie wird auch *Mahākāraṇa[-Deha]* genannt, „Körper der höchsten Ursache". Wer die Blaue Perle auch nur ein einziges Mal gesehen hat, wird nicht wiedergeboren, ist für immer frei. Die „Vision der Blauen Perle" ist die letzte Erfahrung, die ein Yogi macht, bevor er seine begrenzte Identität ein für alle Mal verliert und eins wird mit dem Licht des höchsten Bewusstseins. Daher ruft Jñāneśvar, der die Blaue Perle vielfach beschrieben hat, in nachfolgendem Vers (*Yogapar Abhaṅgamālā 84. 2*)[193] den Yogi zu Folgendem auf:

niḷārarṇa deha mahākāraṇa sājirā / jyotīcā moharā alakṣa lakṣī //

„Konzentriere Dich auf den blaufarbenen Körper, den wunderschönen *Mahākāraṇa*[-Körper], [der Schlange] nahezu unsichtbares Kopfjuwel aus Licht."

Jñāneśvar hat die Blaue Perle sehr anschaulich auch als die

192 B. Greenwell, Kundalini, S. 154-155.
193 C. Kiehnle, Jñāndev Studies I and II, S. 168.

„Tempelwand der Leere" (*śūnyācī vovarī*) bezeichnet, das heißt als die letzte feine Hülle, die das unendliche Bewusstsein, die Höchste Leere (*Mahāśūnya*) beziehungsweise das *Nirvāṇa*, von dem Buddha sprach, umgibt. Durch diese feine Hülle scheint das Licht des Bewusstseins ungehindert hindurch, weshalb Jñāneśvar, wie viele andere Mystiker, die Blaue Perle auch das „Dunkelblaue Licht" (*suniḷa prabhā*) nennt.[194] Der *Nīla Bindu* – Anfang- und Endpunkt allen Seins – bildet das Zentrum des bekannten *Śrī Yantras* (siehe Vorderseite dieses Buches) und wird in verschiedenen Tantras, wie dem *Sammohana*- und dem *Bhūta-Śuddhi-Tantra*, erwähnt. Nach Sir John Woodroffe ist der Bindu beziehungsweise die Blaue Perle sogar identisch mit der im *Ṣaṭ-Cakra-Nirūpaṇa* (*Vers 41b*), dem wohl elementarsten Werk über die sechs Chakras, beschriebenen „Großen Leere" im *Sahasrāra-Chakra*[195]:

trikoṇam tasyāntaḥ sphurati ca satataṃ vidyudākārarūpaṃ /
tadantaḥśūnyaṃ tatsakalasuragaṇaiḥ sevitaṃ cātiguptam //

„Im Inneren [des *Candra-Maṇḍala*] befindet sich das unaufhörlich blitzartig leuchtende Dreieck, und in diesem wiederum strahlt die Große Leere (nach Woodroffe = *Parabindu*, „höchster Bindu"), die insgeheim von allen Göttern verehrt wird."

Es ist nicht leicht, den tantrischen Gurus und Yogis Erfahrungen über die Blaue Perle zu entlocken, doch bei Swami Muktananda wird man fündig:

194 ibid., S. 106.

195 John Woodroffe, The Serpent Power – The Secrets of Tantric and Shaktic Yoga. New York 1974, S. 428-429. In seinem Kommentar zu dieser Textstelle des *Ṣaṭ-Cakra-Nirūpaṇa* zitiert Woodroffe das *Toḍala Tantra (Kapitel 6)*: „Das höchste Licht ist formlos (*Nirākāra*), und der Bindu ist unvergänglich. Bindu bezeichnet die Leere und umfasst auch die Guṇas."

„. .Während das geschah, schoss mit der Geschwindigkeit des Lichts ein winziger, ungemein leuchtender Punkt aus meinen Augen heraus, und ging dann wieder in sie zurück. Das ist ein geheimer, rätselhafter und wunderbarer Vorgang. In einem Augenblick erleuchtete er alles in allen Richtungen."[196]

Um den Zustand der höchsten Vollkommenheit zu erlangen, ist es nach yogischer Auffassung allerdings notwendig, dass das höchste Bewusstsein auch noch seine allerletzte Gestalt – die Blaue Perle – aufgibt:

„Als ich die winzige Blaue Perle betrachtete, sah ich, wie sie sich ausdehnte und ihren Glanz in alle Richtungen ausbreitete, so dass der ganze Himmel und die ganze Erde von ihr erhellt waren. Sie war jetzt keine Perle mehr, sondern war zu einem leuchtenden, lodernden unendlichen Licht geworden, das Licht, das die Verfasser der Schriften und die Kenner der Wahrheit das göttliche Licht Citis nannten. Überall breitete sich das Licht in Form des Alls aus… . Ich konnte tatsächlich die Welt in diesem Licht des Bewusstseins sehen und das Licht in der Welt, genauso, wie Fäden zu einem Stück Stoff verwoben sind… . In diesem Zustand löste sich die Welt der Erscheinungen auf, und ich sah nur reines Strahlen."[197]

Doch diese, dem *Kalātmā/Kalāvatī*-Aspekt zuzuordnende, außergewöhnliche Erfahrung der Blauen Perle beziehungsweise des Blauen Lichtes scheint man auch in den Traditionen der christlichen Mystik zu kennen oder zumindest gekannt zu haben.[198] Denn wie sonst wäre zu erklären, dass das folgende

196 Swami Muktananda, Spiel des Bewusstseins, S. 169.

197 ibid., S. 224.

198 Auch die schwer zu analysierenden, höchst mystischen Erfahrungen, die in der *Johannes-Offenbarung* geschildert sind, könnte man diesem Aspekt der Erfahrungen der Kuṇḍalinī-Entfaltung zuordnen. Hier ein Auszug

spirituelle Ritual, das Paulo Coelho in seinem Werk „Auf dem Jakobsweg" dem Leser darbietet, eine solch erstaunliche Ähnlichkeit mit der oben genannten Kuṇḍalinī-Erfahrung aufweist:

„Setze dich bequem bin und entspanne dich. Lass dein Herz sich frei fühlen, voll freundschaftlicher Gefühle, über alle kleinlichen Probleme erhaben, die dich vielleicht gerade beschäftigen.... Stelle dir vor, wie dein Herz wächst und dein Zimmer und dann deine Wohnung oder dein Haus mit einem starken, strahlenden blauen Licht erfüllt. Wenn du an diesem Punkt angelangt bist, beginne die Gegenwart der Heiligen zu fühlen, denen du als Kind deinen Glauben schenktest. Merke, wie sie bei dir sind, von überallher kommen, lächeln und dir Glauben an dein Leben, Vertrauen in dein Leben geben.... Wenn dieses Gefühl stark geworden ist, fühle, wie das blaue Licht in dich hinein- und aus dir herausströmt wie ein leuchtender Fluss. Dieses blaue Licht beginnt nun, sich in deiner Wohnung oder deinem Haus, dann in deinem Stadtteil, deiner Stadt, deinem Land zu verbreiten und umgibt am Ende die ganze Welt wie eine riesige blaue Kugel. Sie ist die Manifestation der Höchsten Liebe, die jenseits unserer Alltagskämpfe liegt, dich jedoch stärkt, dir Kraft, Energie und Frieden gibt. Halte dieses über die Welt gebreitete Licht so lange wie möglich aufrecht."[199]

(*Offenbarung 1. 12-20*), bei dem sich übrigens viele durch die Art der Verwendung der 7-Zahl an die Chakras (6 + 1) erinnert fühlen: „Und ich wand mich um, zu sehen nach der Stimme, die mit mir redete. Und als ich mich wandte, sah ich sieben goldene Leuchter und mitten unter den Leuchtern einen, der war eines Menschen Sohn gleich... und er hatte sieben Sterne in seiner rechten Hand ... und er legte seine rechte Hand auf mich und sprach zu mir: Fürchte dich nicht! Ich bin der Erste und der Letzte und der Lebendige ... Schreibe, was du gesehen hast ..."

199 P. Coelho, Auf dem Jakobsweg – Tagebuch einer Pilgerreise nach Santiago de Compostela. Zürich 1999, 133-134.

Die vierte Form der Kuṇḍalinī-Entfaltung wird als *Vedhamayī* bezeichnet. Das Sanskritwort *Vedha* bedeutet „Durchbohren, Durchstoßen". Wenn die Kūṇḍalinī erwacht, stößt sie die Tür zum Zentralkanal (*Suṣumnā*), der im feinstofflichen Körper vom unteren Ende der Wirbelsäule nach oben zum *Sahasrāra* im Scheitelpunkt des Kopfes verläuft, auf. Gemäß dem Model oder Konzept der sukzessive aufsteigenden Kuṇḍalinī durchdringt diese auf ihrem Weg nach oben nacheinander sechs Energiezentren, die sogenannten Chakras (wörtl. „Rad"). Diesen Vorgang beschreibt Jñāneśvar im sechsten Kapitel der *Jñāneśvarī (6. 226)* sehr detailliert. Unter anderem schreibt er:

„Dann [wenn sie erwacht ist] schießt sie hervor wie ein Stern, der durchs All schießt, wie die Sonne, die von ihrem Platz am Himmel fällt, oder wie ein Lichtpunkt, der hervorbricht wie ein aufgehender Same."

Da jedes Chakra mit einem der grobstofflichen Elemente in enger Beziehung steht, löst sie beim Durchdringen der Chakras gleichzeitig diese Elemente auf und dadurch auch unsere Verhaftung mit der Materie. Der Kosmos – innen wie außen – ist unter Kuṇḍalinī-Śaktis Wirkung durch das Zerbrechen der all-einen „Bewusstseins-Substanz" in Dualität, Gegensätzlichkeit und Vielfältigkeit entstanden. Aus Einheit wurde Vielfalt, aus dem Subtilen wurde das Grobstoffliche – und wenn Kuṇḍalinī nun erweckt ist, geht sie den ganzen Weg wieder zurück – oder wie Bettina Bäumer es ausdrückt: „Die Schöpfung bewegt sich vom Transzendenten über das Subtile zum Materiellen in absteigender Ordnung, während die Auflösung vom Materiellen bis zum Transzendenten stufenweise aufsteigt."[200] Dieser Umkehrungsprozess – den wir oben bereits im Zusammenhang mit den Vorgängen der

200 B. Bäumer, Vijñāna Bhairava – Das Göttliche Bewusstsein, S. 104.

Ulṭā-Sādhanā, Bhūta-Śuddhi und *Vyāpti* kennengelernt haben – ereignet sich nun auch in den Chakras. Was dabei mit den Elementen geschieht, beschreibt Śaṇkara in seiner berühmten Hymne an die göttliche Śakti – *Saundarya Laharī Vers 9*:

mahīṃ mūlādhāre kamapi maṇipūre hutavaham,
sthitaṃ svādhiṣṭhāne hṛdimarutamākāśamupari /
mano'pi bhrūmadhye sakalamapi bhitvā kulapatham,
sahasrāre padme saha rahasi patyā viharasi //

„Die Erde im Mūlādhāra und ebenso das Wasser, das Feuer im Maṇipūra, mit seiner Basis im Svādhiṣṭhāna, im Herz[-Chakra] die Luft, der Äther darüber, ebenso der Geist/Verstand [im Chakra] zwischen den Augen – [auf diese Weise] den ganzen Weg der Śakti durchdrungen habend, vergnügst Du Dich zurückgezogen im tausendblättrigen Lotos mit Deinem Gatten [Śiva]."

Zwar umfasst dieser Prozess der Rückführung beziehungsweise Rückkehr zum uranfänglichen Zustand der Nichtdifferziertheit weitaus mehr als die Entfaltung (und damit letztendlich auch die Auflösung) der Chakras – denn *alle* mikrokosmischen und feinstofflichen Komponenten und Gegensatzpaare werden wieder zusammengeführt beziehungsweise geeint – doch kommt den Energiezentren entlang der *Suṣumnā* bei dem Transformationsvorgang vom Weltlichen zum Geistigen in der Tat eine kaum zu überschätzende Bedeutung zu – *Jñāneśvarī 6. 244*:

„Die *Nāḍīs* verschließen sich, die neun Arten des *Prāṇa* verschwinden und die (grobstofflichen) Körperfunktionen lassen nach. Die beiden *Nāḍīs Iḍā* und *Piṅgalā* verschmelzen mit der *Suṣumnā*, die drei Knoten werden gelöst und die sechs Blätter des *Svādhiṣṭhāna* öffnen sich."

Normalerweise, also bei Menschen, deren Kuṇḍalinī sich noch im Zustand des Schlafens befindet, sind die Chakras geschlossen. Auch die hier erwähnten *drei Knoten* (in der Terminologie der Yogis *Granthi* genannt) – ebenfalls wichtige Energie- und Vitalzentren, die mit den Chakras zusammen auf einer Linie entlang der Suṣumnā liegen – teilen mit diesen den gleichen Zustand der Blockierung und Undurchlässigkeit. Kuṇḍalinī-Yogis sagen uns, dass die Chakras in diesem Zustand erscheinen wie Blüten, deren Blätter abwärts zeigen und völlig geschlossen sind. In dem Augenblick jedoch, in dem sie durch das Feuer der aufwärts strebenden Kuṇḍalinī zu Leben erwachen, ändert sich praktisch alles. Um es in den Worten C.W. Leadbeaters zu erläutern:

„Wenn sie (Chakras) unterentwickelt sind, erscheinen sie als kleine Scheiben, ungefähr 2 Inches (ca. 5 cm) im Durchmesser. Beim gewöhnlichen Menschen glühen sie matt und glanzlos. Wenn sie jedoch erweckt und wiederbelebt sind, offenbaren sie sich als flammende, funkelnde Wirbel, deren Größe nun um ein Vielfaches zugenommen hat. Sie gleichen nun kleinen Sonnen."[201]

Das Öffnen der Chakras kommt zuweilen einem Erdbeben gleich, denn die Betreffenden, deren Kuṇḍalinī sich im Verlauf ihres heilsamen Wirkens eben auch den Energiezentren zuwendet, erleben in solchen Momenten ja nicht nur Kuṇḍalinīs drängende, glühende Kraft, die versucht, die Blockierungen und Sperren in den jeweiligen Chakras aufzulösen, sondern als Folge davon auch – um es in der Symbolik der tantrischen Yogis auszudrücken – das anschließende „Aufbrechen und Entfalten der Lotosblüten" und das hierdurch zunehmend freiere Fließen der Energieströme. Daher führt die – im wahrsten Sinne des

201 C.W. Leadbeater, The Chakras. Madras 1987, S. 4.

Wortes – „Reanimation“ der Chakras unter Einwirkung der Kuṇḍalinī-Kraft unter Umständen zu heftigen Auswirkungen, eben zu den bereits genannten Kriyās. Manche von ihnen rühren auch daher, dass alte Erinnerungen, mentale Verschlüsse und ungelöste Probleme, die mit dem jeweiligen Chakra in Verbindung stehen beziehungsweise in diesem eingelagert sind (was ja ursprünglich zu den Blockierungen des Chakras führte), nun noch einmal hochgeschwemmt und für kurze Zeit erfahren werden. Auch muss das gesamte Geist-Körper-System sich erst einmal an das neue, durch die Revitalisierung der Chakras weitaus höhere Gesamtenergieniveau gewöhnen. Um es in einen modernen Vergleich zu fassen: Der Fahrer, der zuvor kaum fünfzig PS gewöhnt war, muss sich nun an ein Gefährt gewöhnen, dem einige tausend PS zur Verfügung stehen. Dass dieser Umgewöhnungsprozess nicht ohne Schwierigkeiten vonstatten geht, kann niemanden wirklich wundern.

Abgesehen von den eher außergewöhnlichen Fähigkeiten, auf die ich noch zu sprechen komme, entwickelt sich durch das Aufbrechen der Chakras auch eine Entfaltung der Psyche, die ja ihre Wurzeln im feinstofflichen Körper hat. Yogis sprechen interessanterweise von der Psyche als von einem „Instrument“, einem Instrument, durch das der *Ātman* mit dieser Welt in Beziehung treten kann. Die Psyche ist also ein wichtiges Bindeglied zwischen dem Bewusstsein und der Materie. Durch das Aufbrechen, Wiederbeleben und Erstrahlen der Chakras geschieht etwas, das C.G. Jungs „Individuationsprozess“ sehr ähnlich ist. Nach C. G. Jung führt besagter Prozess dazu, dass die Psyche „ganz“ wird, und zwar indem sich folgende vier Funktionen im Gleichgewicht zueinander befinden: Denken, Fühlen, Wahrnehmen und Intuition. Auch die Chakras haben ihre jeweilige Funktion, besitzen eine individuelle Qualität und repräsentieren jeweils ein ganz bestimmtes Element (Erde,

Wasser, Feuer, Luft, Äther). All dies wird bei dem Prozess der Entfaltung der Chakras aufeinander abgestimmt. *Vedhamayī* beinhaltet also auch einen Prozess der Harmonisierung der Chakras (wie überhaupt aller Organe und Funktionen des grobstofflichen, insbesondere jedoch des feinstofflichen Bereichs). Doch das ist bei weitem nicht alles. Paradoxerweise führt die Revitalisierung der Chakras nicht nur zu Sprüngen in der psychischen Entwicklung, sondern gleichzeitig zu einer Loslösung von der Psyche. Da unser Bewusstsein seine selbstgewählten oder sogar eingebildeten Fesseln – wie letztendlich die gesamte Ich-Identiät (Skt. *ahaṃkāra*), die nur ein Konzept ist – langsam ablegt und immer höher steigt, beziehungsweise sich immer weiter ausdehnt, ist auch unsere Wahrnehmung immer weniger an das „Instrument" Psyche gebunden. Die wiederbelebten Chakras ermöglichen uns eine Wahrnehmung und Beurteilung aus einem übergeordneten, kosmischen Standpunkt, von dem aus wir sogar die Psyche wie aus einer vierten Dimension betrachten können.

All das macht verständlich, warum *Vedhamayī* gerade solche *Kriyā*-Phänomene wie innere Bilder, Visionen, Intuitionen, Klangwahrnehmungen und andere Formen der übernatürlichen Wahrnehmung sowie Druckgefühle und Schmerzen in den Regionen der jeweiligen Chakras umfasst. Es wird jedoch gerade hier auch deutlich, dass der gesamte Vorgang des Durchdringens der Chakras (Skt. *Cakra-bheda*) zu diffizil, komplex und subtil ist, als dass man als *Sādhaka* beziehungsweise Yoga-Schüler hierbei – sozusagen von außen – durch bestimmte Techniken etwas erzwingen könnte oder sollte. Dies ist die Auffassung vieler Kuṇḍalinī-Meister, wie z.B. auch die des Gurus von Irina Tweedie, den sie in ihrer Autobiographie „Wie Phönix aus der Asche" wie folgt zitiert:

„Wenn Kundalini durch Hatha-Yoga geweckt wird, ist das meist problematisch. Es ist ein sehr schwieriger Weg. Man muss wissen, wie man sie durch die Chakren emporsteigen und dann wieder herabholen kann. Das ist äußerst schwer. Bei uns werden wir der Kundalini erst gewärtig, wenn sie das Herz-Chakra erreicht hat. Das bedeutet dann Frieden, Glückseligkeit und ein erweitertes Bewusstsein. Wir wecken nur den ‚König', das Herz-Chakra, und überlassen es dem ‚König', auch die weiteren Chakras zu wecken."[202]

Diese Aussage sollte uns jedoch aus noch einem anderen Grunde aufhorchen lassen, denn sie zeigt, welche herausragende Bedeutung das Herz-Chakra innerhalb des Gesamtprozesses überhaupt hat. Sucht man detaillierte Informationen über die geheimnisvollen, subtilen Vorgänge im Herz-Chakra, insbesondere im Zusammenhang mit dem Aufsteigen und der Entfaltung der Kuṇḍalinī, hält man sich am besten wieder einmal an das sechste Kapitel der *Jñāneśvarī* (Verse *271, 274-276, 281, 287*):

„Höre! Den Prāṇa bei der Hand packend und die Treppe zum Äther hinaufsteigend, betritt Kuṇḍalinī das Herz über die Stufen der Suṣumnā Nāḍī. Wenn die junge Kuṇḍalinī das Herz betritt, wird das Chakra dort erweckt und man hört Klänge. Sie werden schwach vom Bewusstsein des klaren Verstandes gehört, das mit der Kuṇḍalinī verbunden ist. In der Fülle des Klanges liegen die vier Ebenen der Sprache ausgebreitet in der Form der heiligen Silben. Im innersten Hohlraum des Herzens breitet die göttliche Kuṇḍalinī vor dem Bewusstsein das Fest ihres eigenen Glanzes aus. Indem sie in die Höhle des Herzens eingeht, verliert sie ihre Getrenntheit und verschmilzt mit der Kraft/Macht, die sich darin befindet."

202 Irina Tweedie, Wie Phönix aus der Asche – Mein Abenteuer der Selbstfindung auf dem Weg der Sufis. Reinbeck 1996, S. 217.

Die Klänge, von denen hier die Rede ist, werden von den Yogis *Nāda* genannt und gehören zu den klassischen Kuṇḍalinī-Erfahrungen. Diese Klänge könnte man theoretisch immer hören, denn sie befanden und befinden sich zu allen Zeiten in uns. Doch ist unsere Wahrnehmung im Allgemeinen zu grob und zu schwach. Durch intensive Yoga-Praxis, insbesondere jedoch wenn Kuṇḍalinī erweckt wurde und beginnt in den Chakras zu „arbeiten" beziehungsweise sie zu durchdringen, erhalten wir zunehmend die Fähigkeit – das subtile Gehör – solche Klänge in unserem Inneren wahrzunehmen. Fortgeschrittene Kuṇḍalinī-Yogis erfahren *Nāda,* indem sie sich ganz bewusst auf die subtilen Ebenen begeben, von denen aus diese Klänge aufsteigen. Das Spektrum solcher Klangerfahrungen ist recht weit gefächert. Einige Klänge ähneln dem Laut von Glöckchen, andere dem einer Flöte, einer *Vīṇā* (ind. Saiteninstrument), einer großen Trommel oder einem gewaltigen Donner. Häufig berichten Yogis, wie sie in tiefster Meditation völlig berauscht über sehr lange Zeiträume diesen Klängen lauschen. Die höchste *Nāda*-Erfahrung, das Ziel, das z.B. auch im *Laya-Yoga* angestrebt wird, ist die Erfahrung des *Anāhata-Nāda,* dem, so wörtlich, „Unerzeugten Klang". Gemeint ist damit der *OM*-Laut, der nicht nur der Ursprung des *Nāda,* sondern überhaupt der gesamten Schöpfung ist. Über die gewaltige Erfahrung des Nāda heißt es in *Yogaśikhā Upaniṣad 2. 20*:

„Großartiger als dieser Nāda ist kein Mantra, und großartiger als das offenbarte Selbst, das diesen Nāda erfährt, ist keine Gottheit."

Aus einem anderen Blickwinkel betrachtet, sind der Klang beziehungsweise die Schwingung des *Nāda,* wie auch die von Jñāneśvar genannten „vier Ebenen der Sprache" (*Parā-, Paśyantī-, Madhyamā-* und *Vaikharī-Vāk,* ausführlich erläutert in Kapitel 2) und die „heiligen Silben" (die Silben des Sanskrit-Alphabets) nichts anderes als Manifestationen der Kuṇḍalinī-Śakti. In einer Beschreibung der vielfältigen Manifestationen von *Kuṇḍalinī-Śakti* heißt es bei Swami Chidvilasananda:

„Die Kundalini-Energie ist feiner als das Feinste. Sie erscheint als die Sonne und der Mond und alle Sterne. Sie offenbart sich als die verschiedenen Klänge, verschiedenen Silben, verschiedenen Objekte und verschiedenen Wesen... . Wenn sie sich sanft in dir und um dich herum bewegt, singt sie sich selbst zu. Höre also auf ihren Klang. Was immer du hörst, jeder Klang entsteht aus ihr. Indem du in den inneren Klang der Shakti versinkst, gleitest du in Meditation. Dein Atem ist ihr Flüstern. Dein Atem ist ihr Tanz."[203]

Die *Kriyā*-Erfahrungen, die durch die Öffnung des Herz-Chakra ausgelöst werden und daher zur *Vedhamayī* – alle Kuṇḍalinī-Entfaltung, die auf Durchdringung der Chakras zurückgehen – gehören, umfassen jedoch noch mehr als nur Klang- und Licht-Erfahrungen. Die Vielfältigkeit der Erfahrungen im Zusammenhang mit dem Herz-Chakra – nicht zu verwechseln mit dem *Anāhata*-Chakra, das sich in der Region des Solarplexus befindet – hängt wohl mit dessen besonderer Funktion und Stellung bei den Chakras zusammen. Das Herz-Chakra (Skt. *hṛdaya-cakra*) besitzt acht Blütenblätter. Diese stehen nach Aussage einiger Yoga-Upanishaden (z.B. *Dhyānabindu Upaniṣad 93* und *Haṃsa Upaniṣad 8*) für bestimmte Stimmungen beziehungsweise Gemütsverfassungen (Freude, Hass Lust, Angst oder Gier), die vom Menschen immer dann erfahren werden, wenn die Seele (*Jīva*) jeweils auf ihnen herumwandert. Im Herz befindet sich also nach yogischer und tantrischer Auffassung

203 Swami (Gurumayi) Chidvilasananda, Creating a Body of Light, in: Darshan Nr. 41/42. South Fallsburg 1990, S. 164-65.

neben vielem anderen auch die Quelle unserer Gefühle. Wenn nun das Herz-Zentrum erweckt wird, kommt es häufig zu den bereits erwähnten mentalen *Kriyās*, die von den Betroffenen als äußerst heftige und plötzlich wechselnde Emotionen erlebt werden, die sich auf keinerlei äußere Ursachen zurückführen lassen. Manche vergleichen solche Momente oder Phasen bildhaft mit einem wilden, stürmischen Ozean, dessen Wellen und Wogen sie hilflos ausgesetzt sind. Ähnliche Aussagen zu diesem Phänomen finden wir bei Bonnie Greenwell:

„Bailey schrieb, dass unter allen Problemen, mit denen die Anhänger einer esoterischen Lehre zu kämpfen haben, diejenigen, die von der Erweckung des Herz-Chakras ausgehen, vielleicht am weitesten verbreitet und am schwierigsten zu bewältigen sind. Sie sagte, in der Frühphase führe der Zustrom der Liebeskräfte zu neuen zwischenmenschlichen Kontakten, die seitens der Person, in der diese Kräfte wirken, zwischen äußerster Hingabe und tiefempfundenem Abscheu hin- und herpendeln können. Das bringt eine Menge Turbulenz in das Leben des Schülers; bis man sich endlich an die Effekte dieser Energieumverteilung gewöhnt hat und sich entsprechend verhält, gehen viele Beziehungen in die Brüche."[204]

Zu dem, wie man als Yoga-Schüler mit diesem Phänomen umgehen kann, um es in den Prozess der Sādhanā zu integrieren, meint Greenwell – ganz im Sinne auch der yogisch-tantrischen Lehrmeinung:

„Die Öffnung des Herzens erzeugt intensive Liebesenergie, die oft auf den Guru oder Lehrmeister gerichtet wird, sich aber auch als überwältigende Woge des Mitgefühls für die ganze Welt äußern kann. Mystiker werden diese Leidenschaft in

204 B. Greenwell, Kundalini, S. 344.

Gottesliebe oder Liebe zur Natur verwandeln oder sie in den Dienst der praktizierten Nächstenliebe stellen."[205]

Doch hält das feinstoffliche Herz-Zentrum oder Herz-Chakra, wenn Kuṇḍalinī es wieder zum Leben erweckt, noch ganz andere wundersame Erfahrungen bereit – wie ich vor vielen Jahren mit großem Staunen an beziehungsweise in mir selbst erfahren durfte. Es war eine Erfahrung, die jeden Zweifel gegenüber Reinkarnation beziehungsweise früheren Leben für immer beseitigen sollte. Eigentlich begann alles damit, dass ich irgendwann zu Beginn meines Studiums in Heidelberg eine Bekannte, die in der Nähe wohnte, besuchen wollte. Also schnappte ich mir an jenem Sommerabend mein Fahrrad und fuhr los. Ich kann mich noch gut erinnern, dass ich mich, nachdem ich eine Weile gefahren war, einer Autobahnbrücke näherte. In diesem Moment begann ich deutlich mein Herz zu spüren – es schlug ohne jeden erkennbaren Anlass immer schneller und stärker. Gleichzeitig bemerkte ich, wie sich meine Wahrnehmung veränderte. Sie erweiterte sich beziehungsweise hatte mehrere Dimensionen gleichzeitig. Einerseits war ich mir wie bisher meines Handelns (ich fuhr während des ganzen Vorfalls weiter Rad) und der Vorgänge im Äußeren bewusst. Gleichzeitig jedoch nahm ich eine andere Realität war.

Was ich nun beschreibe, sah oder erlebte ich mit geöffneten Augen – und gleichzeitig fand es auch *in mir* statt. Es öffnete sich etwas, das ich in Ermangelung eines passenderen Wortes oder Bildes nur als „Ereignis-Blase" beschreiben kann. Im nächsten Augenblick war ich selbst Teil dieses Ereignisses und wusste intuitiv, dass sich dieses Ereignis genau so einmal abgespielt und mit mir zu tun gehabt haben musste. Dieses Ereignis war eine Schlacht. Menschen schlugen gegenseitig aufeinander ein, und ich hörte die Schreie dieser Menschen,

205 ibid., 344.

das Schnauben von Pferden und viele andere Geräusche. Ich sah diese Schlacht nicht, ich erlebte sie unmittelbar, denn ich befand mich mitten unter all diesen Menschen und kämpfte mit ihnen. Doch ich konnte Einzelheiten nicht klar erkennen. Irgendwie war ich zwar dabei, und doch war ich gleichzeitig wie durch einen Schleier oder Nebel davon getrennt. Jedes Mal, wenn ich versuchte, tiefer in das Geschehen einzudringen, um alles deutlicher zu sehen, schlug mein Herz so stark, dass es weh tat und ich Angst bekam. Es blieb jedoch nicht bei einer Ereignis-Blase. An die erste war eine zweite und an diese eine dritte geknüpft und so fort. Wie aus einer zusätzlichen, erweiterten Perspektive sah ich, dass all diese mehr oder weniger heftigen Ereignisse miteinander verbunden waren – sie bildeten regelrecht eine Kette aus Ereignis-Blasen, die weit in die Ferne führte. Wie viele von diesen Ereignissen ich erlebte, weiß ich nicht mehr. Mein Verstand schlug natürlich Purzelbäume. Das waren einfach zu viele Informationen gleichzeitig. Und, wie gesagt, währenddessen fuhr ich ja auch noch Rad.

Nach einigen Minuten ebbten die Ereignisse ab, und ich blieb mit meiner „normalen" Wahrnehmung zurück. Bei meiner Bekannten schließlich angekommen, unternahm ich den hilflosen Versuch zu erklären, was ich da eben erlebt hatte. In einem unbeobachteten Moment konzentrierte ich mich noch einmal auf mein Herz-Zentrum – weil ich fühlte, dass die Verbindung noch nicht abgebrochen war. Und in der Tat kehrten die „Ereignis-Blasen" zurück. Diesmal nahm ich meinen ganzen Mut zusammen und versuchte, den oben beschriebenen Schleier oder Nebel zu durchdringen. Doch als ich dies tat, verkrampfte sich mein Herz und schmerzte derartig, dass ich es wirklich mit der Angst zu tun bekam. Ich verstand nun, dass sich hier durch Kuṇḍalinīs Wirken in meinem Herz-Chakra zwar kurzzeitig eine Tür geöffnet hatte, doch dass mir das Überschreiten der Schwelle – vermutlich aus gutem Grund – verwehrt blieb. Einige Zeit später fiel mir eine alte Yoga-Schrift in die Hände, in der ich „zufälligerweise" auf eine Erklärung dafür stieß, warum mir dieser letzte Schritt zu früher Erlebtem verwehrt worden war. In diesem Werk war davon die Rede, dass ein Yogi jenseits des spontan auftretenden Wissens von früheren Leben keine Anstrengungen unternehmen sollte, sein Wissen hierüber willentlich zu vermehren. Als Grund hierfür wurde genannt, dass solche Erinnerungen den Yogi zurückschauen ließen, was zu erneuter Bindung beziehungsweise Gefangenschaft führen würde. Dass ich, ohne die Gefahr auch nur zu ahnen, von dieser ferngehalten wurde, ist wohl auf Kuṇḍalinīs kosmisch-intelligente und segensreiche Intervention zurückzuführen.

Die durch die Aktivitäten der Kuṇḍalinī hervorgerufenen Symptome sind, wie gesagt, sehr unterschiedlich. Um eine Orientierungshilfe bei der häufig gestellten Frage: „War das eine *echte* Kriyā, was ich da erlebt habe?" zu geben, habe ich nachfolgend einige der charakteristischsten Kriyās beschrieben, die auch häufig in eben der Kombination, wie ich es unten dargestellt habe, auftreten[206]:

- unwillentliches, tiefes Ein- und Ausatmen; Hyperventilation; spontan auftretender *Kumbhaka* (tiefes Einatmen und Anhalten der Luft); Atemluft wird heftig ausgestoßen; heftiges und kaum kontrollierbares Zittern und Schütteln des gesamten Körpers; Hitzegefühl.

- Sitzposition (*Āsana*) wird spontan perfekt ausgeführt und so fest, dass man sich für einen längeren Zeitraum nicht mehr

206 Ich beziehe mich hierbei u.a. auf Swami Vishnu Tirthas Ausführungen zu diesem Thema in „Devatma Shakti".

daraus lösen kann; unwillkürliches Nach-innen-Ziehen der Bauchdecke oder gar spontane Verschlusstechniken wie *Mūla-*, *Jālāndhara-* und *Uḍḍiyāna-Bandha*; in seltenen Fällen ereignet sich auch spontan *Khecarī-Mudrā*, normalerweise eine Praktik, bei der der Yogi seine Zunge rückwärts nach oben in den oberen Rachenraum (Epipharynx) drückt.

- Sitzposition wird unwillkürlich fest beziehungsweise starr, und die Augen (geschlossen oder geöffnet) werden fast gewaltsam auf den Punkt zwischen den Augenbrauen fixiert; heftiges Rotieren oder nach außen Drücken der Augäpfel; Atemstillstand; gedankenfreier Geisteszustand.

- während der Meditation fällt der Körper plötzlich um (meistens nach vorn) oder rotiert wild um die Körperachse; über den Boden springen wie ein Frosch; spontan auftretende, häufig der jeweiligen Person bisher unbekannte Haṭha-Yoga-Haltungen (*Āsanas*) und Hand- beziehungsweise Finger-Haltungen (*Mudrās*), und zwar mühe- und schmerzlos, oft begleitet von unwillkürlich durchgeführtem *Prāṇāyāma*.

- Energie- oder *Prāṇa*-Fließen im gesamten Körper; starkes Kribbeln, wie das Fließen von elektrischem Strom, besonders in den Händen und Armen; Wellen der Glückseligkeit, die den Körper durchziehen; Gefühl der unendlichen Ausdehnung des Körpers beziehungsweise des gesamten Wesens.

- stechende, bohrende Schmerzen oder Druckgefühle in den Chakras oder anderen Energiezentren des feinstofflichen Körpers (besonders in der Region des *Sahasrāra*, *Ājñā-*, *Herz-* und *Mūlādhāra*-Chakra); Visionen dieser Zentren; tiefe Meditationen bis hin zu verschiedenen Formen des *Saṃādhi*.

- Hören von inneren Klängen (*Nāda*); Wahrnehmen göttlicher Düfte, vorübergehendes Verschwinden des Ich-Bewusstseins; Geschmäcker und Gefühle der Berührung; Gefühl von Berauschtheit; völliges Sich-Verlieren in innere Welten, fehlendes Zeitempfinden und Körperbewusstsein (führt u.U. zu Meditationen über viele Stunden, was von den Betroffenen erst im Anschluss bemerkt wird).

- plötzlich auftretende Lachanfälle; heftiges Weinen – verbunden mit beziehungsweise verursacht durch ein grenzenloses Gefühl der Trauer und des seelischen Schmerzes, von dem man sich dann, wie von einer uralten Last, auf einmal befreit fühlt.

- Artikulieren von lauten Tönen, unbekannten Wörtern, Mantras, Tierstimmen; Sprechen in unbekannten oder fremd anmutenden Sprachen; Singen von unbekannten Melodien (all diese Lautäußerungen bringen den Betreffenden häufig in eine ekstatische Stimmung).

- kurzzeitiges oder auch lang anhaltendes Gefühl von unbändiger Energie im Körper (häufig verknüpft mit dem Drang, weite Strecken zu laufen oder andere extreme körperliche Übungen durchzuführen) und/oder im Geist/Verstand; Gefühl der körperlichen Leichtigkeit, außergewöhnliche Konzentrationsfähigkeit; Gefühl der Furchtlosigkeit; Zustand des Wachschlafs beziehungsweise bewussten Schlafes.

- verstärkte Kreativität; spontaner Drang (und häufig auch die hierzu notwendige Fähigkeit) Musikstücke zu komponieren und Poesie zu verfassen oder sich gestalterisch auszudrücken; intuitives Wissen; Erkenntnisse über kosmische Zusammenhänge; „Botschaften“ in Träumen.

- vorübergehendes Verschwinden des Ich-Bewusstseins; Empfindung der höchsten kosmischen, alles umfassenden Liebe und des Eins-Seins mit allen Wesen.

Ein weiteres Phänomen, das in Verbindung mit der erwachten Kuṇḍalinī bei Menschen auftreten kann, sind paranormale Erfahrungen beziehungsweise Fähigkeiten, die sogenannten *Siddhis*. Hierzu gehören unter anderem:

- Wissen von zukünftigen Ereignissen

- verschiedene Formen der übersinnlichen Wahrnehmung

- psychokinetische Erfahrungen/Fähigkeiten (z.B. Bewegen von Gegenständen oder Körper-Levitation)

- Erinnerungen an frühere Inkarnationen (bei sich selbst und/oder anderen Personen)

- Wahrnehmen von feinstofflichen Phänomenen (Energiefelder, Chakras, Auren etc.)

- spontanes Erfassen von spirituellen/religiösen Werken oder Wahrheiten

- spontane Heilkräfte

- Wahrnehmung von Gedanken anderer Menschen

- Fähigkeit, in das Bewusstsein anderer Menschen einzudringen und sie zu manipulieren

- Verlassen des Körpers

- Reisen in andere Lebensdimensionen beziehungsweise Welten

Kapitel 11

Kuṇḍalinī-Erfahrungen

Um dem Leser einen Einblick in die Bandbreite der Erfahrungsmöglichkeiten insbesondere im Zusammenhang mit dem *Erwachen* der Kuṇḍalinī-Energie zu geben, habe ich hier eine kleine Sammlung von Kuṇḍalinī-Erfahrungen zusammengestellt. Hauptsächlich beinhaltet die Sammlung Erfahrungen, die direkt oder indirekt mit der *Śaktipāt*-Initiation in Zusammenhang stehen, weil ich bei meinen Recherchen und Befragungen gerade in dieser Hinsicht am meisten fündig wurde – was nicht verwunderlich ist, denn gerade *Śaktipāt* ist für den Betreffenden ein außerordentliches, unvergleichliches Erlebnis. Die Erfahrungsberichte, die *Śaktipāt* betreffen, stammen in der Regel von Schülern der beiden *Siddha-Gurus* Swami Muktananda und Swami Chidvilasananda, da diese wohl die bekanntesten *Śaktipāt-Gurus* im westlichen Kulturkreis sind. Die Berichte sind vollkommen authentisch, sie wurden also hinsichtlich ihres Inhaltes und individuellen Stils so belassen, wie ich sie erhielt.[207] Der erste Bericht – für den ich ganz besonders dankbar bin, weil er als geradezu klassisch einzustufen ist – handelt von einer spontanen, „ungeführten" Kuṇḍalinī-Erweckung, mit all ihren schmerzhaften und beängstigenden Folgen.[208] Alle nachfolgenden Berichte über Kuṇḍalinī-Erweckung und/oder

207 Aus Gründen des Datenschutzes nenne ich nur den Vornamen der jeweiligen Person.

208 Dennoch ist die betreffende Person, deren Mut und Kraft ich beeindrukkend finde – dem Bericht nach zu urteilen ist sie alles andere als labil – als gesegnet und glücklich zu preisen, dass dies seltene Ereignis überhaupt seinen Weg zu ihr fand.

Kuṇḍalinī-Erfahrungen handeln von Erlebnissen und Ereignissen, die sich im unmittelbaren Umfeld der Segenskraft des *Sadgurus* ereignet haben.

Helga

Nach Entfernung der Gebärmutter erlebte ich nach großer Angst eine innere Explosion. Ich hatte zuvor dauernd und intensiv an die Operation denken müssen, die wegen meiner seltenen Blutgruppe zeitlich verschoben werden musste. Ich hatte nur noch diesen Angstgedanken, der nichts anderem mehr Raum ließ. Statt mich darüber zu freuen und dankbar zu sein, dass das entfernte Myom gutartig war, waren nur gespaltene Gefühle in mir. Mein Körper war wie ein Motor, der eigentlich für Normalstrom ausgelegt war und nun auf Starkstrom lief. Die Körpertemperatur war lange Zeit erhöht. Ich *hatte* keine Unruhe, sondern *war* die Unruhe selbst – äußerste Übererregbarkeit und ein einziges Puckern und Klopfen. Ein unangenehmes Stromkribbeln in Armen und Beinen ließ mich tags und nachts nicht zur Ruhe kommen. Alle Körperfunktionen waren total übersteuert, Herz und Puls rasten, und der Blutdruck ging manchmal ganz plötzlich in die Höhe. Essen konnte ich nur in kleinen Mengen bei mir behalten. Oft würgte mich ein Brechreiz bis auf den Grund.

Als sehr schlimm empfand ich, dass meine Körperschichten nicht mehr überein zu stimmen schienen. Oft überfiel mich ein wellenartiges inneres Zittern, bei dem ich aus mir selbst ins Leere oder in absolute Dunkelheit fiel. Es gab keine Begrenzung mehr, was mich sehr erschreckte. Manchmal riss ich gleichsam von der Kette meiner Vorfahren väterlicherseits ab und fiel in unbekannte Gefilde. Das Rilke-Zitat „Und doch ist einer, welcher dieses Fallen unendlich sanft in seinen Händen hält", das ich seit meiner Jungend so liebte, bedeutete mir nichts mehr, da ich von nichts mehr gehalten wurde. Das Ganze war von größter innerer Not begleitet. Oft litt ich unter starken Kopfschmerzen und manchmal unter dem Gefühl (besonders, wenn mich das überflutete, was ich die „Stromwelle" nannte), ich würde sterben, wovor ich in diesem Zustand große Angst hatte. Meine Stimmung war sehr wechselhaft, und ich war sehr unausgeglichen. Kurzzeitig eingenommene Medikamente belasteten den Körper nur noch mehr, und ich fühlte in mir, dass mir Derartiges nicht helfen würde. Der behandelnde Arzt verstand mich nicht, wenn ich vorsichtig und andeutungsweise erzählte, wie es in mir aussah, und schob alles auf die Folgen der Operation. So war ich diesem Überdruck meistens hilflos ausgeliefert. Hin und wieder gab es zwei oder drei sehr schöne, ruhige Tage, an denen ich mich so gut fühlte, als sei das alles nicht passiert und meine alte Ruhe und Nervenstärke noch immer da.

Meine liebe Familie (ich bin 1947 geboren, bin verheiratet und habe 2 Kinder), meine guten Freunde, Literatur, die ich liebe – vor allem Lyrik (Lieblingsdichter Rilke, Whitman, Rumi, Kabir u.a.), Musik, Kunst, Garten, Natur – bedeuteten mir nichts mehr. Ich war absolut haltlos und musste immer wieder darüber nachdenken, warum gerade mir so etwas Schreckliches passiert und alles bis dahin so Schöne leer und bedeutungslos geworden war. Nur mit äußerster Disziplin konnte ich den Tag und seine Pflichten bewältigen. Als die Operationsnarbe halbwegs verheilt war, fuhr ich stundenlang bei Wind und Wetter Fahrrad, arbeitete intensiv im Garten und nahm manchmal am Tag zwei kalte Kneipp-Vollbäder, was etwas Erleichterung verschaffte.

An manchen Tagen hatte ich das Gefühl, verrückt zu werden, an anderen war mir klar, dass dies nicht der Fall sein würde.

Oft nahm ich flackernde leuchtende Pünktchen und sich verändernde Farben – meist blau und gelb – wahr. Dabei war ich sehr übererregt und schreckhaft. Ich machte mir große Vorwürfe, selbst an dem Ganzen schuld zu sein, da ich immer so viel über Religionen, Philosophie, alte Kulturen oder Psychologie gelesen hatte und nun in diesem Chaos jegliche Orientierung verloren zu haben schien. Ich konnte mich nicht mehr konzentrieren, nichts mehr behalten und war körperlich, geistig, seelisch und vor allem emotional gestört. Mein Atem ging nach einem sehr eigenwilligen Muster. Etwas geholfen hat mir in dieser Zeit die Bibelstelle „Ich bin das Licht der Welt…". Immer, wenn mich die „Stromwelle" überflutete, habe ich mich darauf besonnen.

Nachdem ich etwa ein Jahr in diesem Zustand verbracht hatte, nahm ich an einem Yoga-Wochenende über die „Fünf Tibeter" teil. Diese Übungen brachten mich nach kurzer Zeit wieder in ein erträgliches Gleichgewicht. Seitdem praktiziere ich sie jeden Abend und meditiere danach. Die praktischen Übungen sind sehr wohltuend. Vorher war mir Yoga nur aus der Bhagavad Gita bekannt, deren poetische Schönheit ich immer bewundert hatte.

Jetzt ist das Erlebte in mir heimisch geworden, und der Körper scheint sich an die Spannung gewöhnt zu haben. „Bleibende Schäden" hat der ganze Prozess wohl nur an den Augen angerichtet, seitdem brauche ich eine Lesebrille, und auch die Stimme ist etwas angekratzt. Rückblickend bin ich für das Geschehene allerdings sehr dankbar, da es mir viel Weite und persönliche Klarheit gebracht hat. Aus der großen Orientierungslosigkeit ist eine neue Ordnung im Werden begriffen, die mich mehr fordert und stetiges Bemühen beinhaltet.

Jutta

„Was hat man mir denn da für eine Droge verabreicht?", fragte ich mich, nachdem ich an einem Meditations- und Yoga-Seminar teilgenommen hatte. Eigentlich hatte ich gar nicht die Absicht, jemals ein solches Seminar zu besuchen. Als vernünftig denkender Mensch wollte ich mich „auf gar keinen Fall mit dieser esoterischen Spinnerei abgeben". Dachte ich damals....

Das Yoga-Seminar fand zentral gelegen in einem Hotel in der Stadtmitte Münchens statt. Einige saßen wie ich auf Stühlen, andere auf Kissen am Boden. Die Halle war mit Blumen geschmückt, und an der Stirnseite hing ein Bild der Meditations-Meisterin in rotem Gewand. Es wurde still im Saal, als die beiden weiblichen Swamis auf der Bühne erschienen. Sie sprachen abwechselnd über Meditation und berichteten über Erlebnisse mit der Yoga-Meisterin und über etwas, das *Shaktipat* hieß. Ehrlich gesagt, konnte ich damals recht wenig damit anfangen. Aber das sollte sich bald ändern. Nach den Vorträgen sangen wir alle eine Weile gemeinsam ein Mantra. Ich sang Worte, die ich noch nie zuvor gehört hatte. Dann erlosch das Licht im Saal, und die Meditation begann. Ich saß still und aufrecht, die Hände auf den Knien, und dachte über die Vorträge nach.

Plötzlich spürte ich einen sehr starken Druck auf meinem Kopf, als ob mich eine Zentnerlast, einem Mühlstein gleich, niederdrücken würde. Es drückte auf Ohren und Augenbrauen. In der Mitte der Stirn, beim sogenannten „Dritten Auge", spürte ich sehr viel Energie, die von dort weiter in die Nase floss. Der Druck war so stark, dass ich es fast nicht mehr aushielt. Ich wusste nicht, wie mir geschah und was ich machen sollte. Um mich herum war es still. Nur der Atem der anderen war zu hören. Ich bewegte meinen Kopf, drehte mich und rutschte auf meinem Stuhl hin und her. Der Druck blieb. Ich atmete schwer und wartete ungeduldig auf das Ende der Meditation. Endlich erklang ein Gong. Es wurde wieder hell im Raum. Die Leute um mich herum bewegten sich. Auch ich streckte mich. Doch der Druck am Kopf blieb. Ich hatte zudem Kopfschmerzen und den Eindruck, zusammengedrückt zu werden.

Als ich nach dem Seminar wieder zu Hause war, legte ich mich sofort ins Bett, zusammen mit meinem „Mühlstein" am Kopf. Liegen konnte man das eigentlich nicht nennen. Nein, es war eher ein Schweben. Der „Stein" am Kopf löste sich plötzlich auf, und Welle um Welle von Energie strömte, floss und spülte durch meinen Körper, vom Kopf bis über die Füße hinaus. Mein ganzer Körper war angefüllt mit Energie. Jede Körperzelle schien sich zu drehen. Ich hatte das Gefühl, mich über meine Körpergrenzen hinaus auszudehnen. Es war ein angenehmes, warmes Gefühl. Zuerst war ich erstaunt und erschrocken, was mit mir geschah, und wollte mich dagegen wehren. Doch die Energie war so stark, dass jeder Widerstand zwecklos war. Ich konnte nicht anders, ich musste mich dem ergeben, musste loslassen und es mit mir geschehen lassen. Ich schaukelte auf Wellen, in Wellen und die Wellen in mir. Jede Zelle schien zu tanzen und zu vibrieren. Ich war benommen und doch wach, berauscht und doch nicht betrunken Alles schien sich zu drehen und zu schweben. Mir wurde heiß.

Irgendwann stand ich auf, lief durch meine Wohnung, trank etwas und ging zur Toilette. Alles war wie immer. Auch taumelte ich nicht. Doch kaum lag ich wieder in meinem Bett, ging das Ganze weiter. Wellen auf Wellen strömten durch mich. Rote, gelbe, blaue Blitze flammten vor meinen inneren Augen auf. Dann spürte ich einen starken Druck auf meinem Herz-Chakra. Ein wohlig warmes Gefühl erfüllte mich. Ich fühlte, wie sich sämtliche Chakras zu drehen begannen. Irgendwann hörte das alles auf. Nun floss Energie schubweise durch meinen Körper. Es prickelte angenehm auf der Haut, so als würde ich in Champagner baden. Gleichzeitig hatte ich das Gefühl, als wäre die Yoga-Meisterin geistig bei mir und würde liebevoll lächelnd mit mir sprechen. Als ich auf die Uhr schaute, war es bereits früher Morgen. Irgendwann bin ich dann erschöpft eingeschlafen.

Theresa

Die Einladung zu meinem ersten Yoga-Seminar bekam ich von einem Freund (mein heutiger Ehemann), der einen Yoga-Meister in Indien kennengelernt hatte und begeistert von dort zurückgekommen war. Ich hatte zuvor einige Male meditiert und war sehr interessiert an Yoga. Bei diesem mehrtägigen Meditations-Seminar sollte man „Shaktipat" erhalten, worunter ich mir überhaupt nichts vorstellen konnte, was aber sehr interessant klang. Ich wollte für alles offen sein, jedoch mit der nötigen Aufmerksamkeit (eine gewisse Skepsis war vorhanden).

Es wurden Vorträge über alte indische Schriften, asiatische und christliche Mystiker gehalten, Mantras gesungen und meditiert. Bei der Meditation am ersten Tag wurde ich gleich stark nach innen gezogen. Auch um mich herum hatte sich eine starke Meditations-Energie aufgebaut. Ich spürte plötzlich einen starken Drang zu weinen, und brach in Tränen aus. Mir war, als fühlte ich allen Schmerz, den ich je gehabt hatte, ja „allen Schmerz der Welt", und müsste diesen Schmerz herausweinen. Obwohl ich anfangs sehr traurig war, fühlte ich danach eine große Befreiung, so als sei eine schwere Last von mir gefallen.

Bei der Meditation am zweiten Tag saß ich sehr still und verweilte innerlich an einem ruhigen See, der in meiner

Herzgegend angesiedelt schien. Plötzlich überkam mich eine unbeschreibliche Welle von Glück und Wohlgefühl, und ich fing an, immer lauter zu lachen. Es (ich?) wurde immer ausgelassener, und ich fühlte mich sehr leicht und unbeschwert. Mir fiel auf, dass dieses Lachen von dem gleichen tiefen Punkt in mir ausging, der am Vortag das Weinen ausgelöst hatte. Ich erkannte, beziehungsweise erlebte, dass Freude und Leid denselben Ursprung haben und zusammengehören! Diese Erkenntnis war einfach da. Während des Seminars kam ich mit einem Ort in mir in Verbindung, an dem ich Glück und Kraft erleben durfte. Die Erfahrung von „Shaktipat", die Erweckung der innewohnenden Energie, war für mich lebendig geworden. Seitdem hat sich mein Leben verändert, und die Erfahrung des Shaktipat hat mir Hilfestellung in allen Lebenslagen gegeben. Durch Meditation erfahre ich immer wieder diesen Ort in mir, der Kraft und Ausgeglichenheit schenkt.

Philine

Was wusste ich schon von den inneren Wundern, als ich in meiner neuen Heimat Hong Kong der Einladung zu einem Yoga-Seminar folgte? Das starke Gefühl innerer Sehnsucht und Verwandtheit war aufregend. Mein Herz war voll und offen, als über „Shaktipat" berichtet wurde. Der Gesang der Sanskrit-Texte ließ die Sehnsucht Gestalt annehmen, das vielstimmige *OM* öffnete die Türen und Fenster zu meinem Inneren. Das zweitägige Intensiv-Programm, das auf die Vortragsabende folgte, brachte die Erfüllung einer lange gehegten Sehnsucht – die Erweckung zu einer weiteren Ebene des Seins.

Frühmorgens begann es mit dem Gesang, der sich schon tags zuvor aus meinem Inneren heraus nach außen gesungen hatte. Die Meditationen wurden tiefer und tiefer, Gedanken waren nicht mehr vorhanden. Ich trank buchstäblich alles – die Energie und die Gefühle. Am zweiten Tag geschah es in der tiefen Meditation. Die starke innere Verbindung mit der Meisterin bekam ganz plötzlich auch eine körperliche Entsprechung. Energie schoss entlang meiner Wirbelsäule von unten nach oben, streckte meinen Rücken gerade. Die Kundalini war erwacht. Vor oder in meinen geschlossenen Augen wurde es Licht. Das Ajna-Chakra pulsierte. Es war wie eine Geburt in eine neue Dimension, eine neue Welt. In den folgenden vierzehn Jahren haben so viele Entwicklungen in dieser neuen Welt stattgefunden; sichtbar, fühlbar und wunderbar! Heute weiß ich, dass ich diesem Geschenk viel verdanke – meinen Platz in dieser Welt, die Sicherheit in meiner Existenz und meine Entwicklung zu einem volleren Leben, mit nicht enden wollenden inneren und äußeren Wundern.

Liane

Es war 1977. Ich hatte einen Knoten in der Brust und sehr starke Schmerzen. Bei der leisesten Berührung hätte ich schreien können. Ich ging also zum Arzt. Er diagnostizierte Krebs und wollte, dass ich sofort ins Krankenhaus gehen sollte, um die Brust entfernen zu lassen. Es war für mich ein ungeheurer Schock. Ich hatte es niemandem erzählt und stellte fest, dass ich nicht um jeden Preis leben wollte, d. h. ich wollte mich nicht operieren lassen. Andererseits geriet ich in Panik, wenn ich daran dachte, dass ich sterben sollte. Ich setze mich also ganz intensiv mit dem Tod auseinander. Immer wieder stellte ich mir vor, wie meine Todesstunde aussehen würde, bis schließlich der Tod seinen Schrecken einigermaßen verloren hatte. Plötzlich tauchte der Gedanke auf: „Nun muss aber Schluss sein mit dem Wiedergeborenwerden!“ Über diesen Gedanken war ich ganz überrascht, denn ich war in dem Glauben aufgewachsen, dass wir nur einmal leben. Ich erinnerte mich, dass ich zwanzig Jahre zuvor einmal etwas über Kundalini gelesen hatte und vermutete, dass dieser starke Gedanke oder innere Impuls eventuell mit der Kundalini zusammenhängen könnte. Da ich mich aber nicht mehr genau daran erinnern konnte, was ich damals über dieses Thema gelesen hatte, beschloss ich, mir ein Buch über Kundalini zu kaufen.

Ich kaufte mir das Buch „Spiel des Bewusstseins" von Swami Muktananda. Das las ich dann sehr kritisch. Sobald ich das Buch ausgelesen hatte, fing ich wieder von vorne an und las es viermal hintereinander. Das hatte ich noch mit keinem Buch gemacht. Bis dahin hatte ich noch nie ein Buch auch nur zweimal gelesen, geschweige denn viermal hintereinander, sozusagen im Nonstop-Verfahren. Jedes Mal, wenn ich zu der Stelle kam, dass es schwierig sei, einen menschlichen Körper zu erlangen, geriet ich in einen eigenartigen Zustand. Es wurde mir heiß, der Puls beschleunigte sich und ich hatte das Gefühl, dass es höchste Zeit sei, etwas Wichtiges, das ich bisher versäumt hatte, nachzuholen. In dem Segensspruch von Baba, am Ende des Buches, hätte ich mich so gerne einbezogen gefühlt, aber ich dachte, dass er nur für seine Schüler bestimmt sei. „Und wer weiß", so war meine Überlegung, „ob dieser Muktananda überhaupt noch lebt. Meistens ist es doch so, dass der Autor bereits gestorben ist." Das Ganze ließ mir aber keine Ruhe. Ich musste so schnell wie möglich nach Indien. Dort, im Ashram Swami Muktanandas in Ganeshpuri, hatte ich viele wundersame und transformierende Erlebnisse, darunter das folgende: Nach ein paar Wochen meines Aufenthaltes wurden die Schmerzen in der Brust, die ich bis dahin hatte, von Tag zu Tag weniger, und obwohl ich nie Baba Muktananda deswegen gebeten oder ihm innerlich mein Leid geklagt hatte, bildete sich der Knoten zurück, und die Schmerzen verschwanden ganz.

Einige Jahre später, während eines weiteren Ashram-Aufenthaltes bei Baba, nahm ich an einem Yoga-Seminar teil. Ich bat Baba wieder: „Baba, zeige mir bitte, ob ich Shaktipat erhalten habe oder nicht." In dem Seminar war ich dann voller Erwartung. Jedes Mal, wenn Baba mit den Pfauenfedern durch die Reihen ging, dachte ich, es müsse nun etwas passieren [während dieser Intensiv-Seminare pflegte Swami Muktananda mehrmals durch die Reihen zu gehen und Shaktipat mit einem großen Büschel Pfauenfedern zu geben; Anm. d. Autors]. Es passierte aber nichts. Also versuchte ich, mich nach dem dritten Mal damit abzufinden, dass ich keinen Shaktipat empfangen hatte. Bei der letzten Meditation am zweiten Tag war ich also ganz entspannt und ohne Erwartung, als Baba zum letzten Mal durch die Reihen ging. Mit aller Wucht schlug er mir die Pfauenfedern auf den Kopf, und plötzlich setzte eine Atmung ein, als ob sie mit einem Schwungrad angetrieben worden wäre. An der Basis der Wirbelsäule entstand eine fürchterliche Hitze. Ich musste an Moses denken, der im brennenden Dornbusch saß. So kam ich mir auch vor, als ich das Aufsteigen der Kundalini spürte und wusste, dass das Ganze nicht mehr meiner Kontrolle unterworfen war. Es machte mir Angst, obwohl ich wusste, dass Baba da war und ich ihm voll vertrauen konnte. Aber es war alles so gewaltig, jenseits aller bisherigen Erfahrungen. Aus Angst unterbrach ich die Atmung und damit auch das weitere Aufsteigen der Kundalini. Später machte ich mir große Vorwürfe, aber wiederum dachte ich, dass ich wahrscheinlich nicht reif dafür gewesen war und Baba mir nur zeigen wollte, dass ich doch Shaktipat bekommen hatte."

Dorothee

In den Wochen zwischen meinem ersten und zweiten Intensiv-Seminar mit Baba Muktananda hatte ich recht heftige physische *Kriyas*. Manchmal saß ich drei Stunden auf meinem Bett und meditierte, und während der gesamten Zeit drehte sich mein Körper ununterbrochen, eine Bewegung, bei der mir normalerweise nach zehn Minuten schlecht geworden wäre. Ich spürte ganz deutlich, wie eine Kraft in mir lebendig geworden war, die meinen Körper im Kreis drehte. Nach den drei Stunden war ich dann in einem glückseligen Zustand und fühlte mich wunderbar. Auch mein Körper war vollkommen entspannt und gelöst. Bei dem Intensiv-Seminar saß ich ziemlich weit vorne in der Halle. Während der Meditation berührte Baba mich mit seinen Pfauenfedern auch an meinem Kopf. Sofort danach hatte ich das Gefühl, als ob ich in Flammen aufging. Mein Körper schüttelte sich so massiv und heftig, dass meine Nachbarn ein Stück zur Seite rückten. Ich machte meinen Mund ganz weit auf, weil ich mich fühlte, als ob ich innerlich brannte und Flammen aus mir herausschossen. Mein Körper schüttelte und drehte sich während der gesamten Meditation. Am Ende war ich total nassgeschwitzt. Bei der nächsten Meditation war alles anders. Es gab keine Schüttelbewegungen mehr, stattdessen durchströmte mich unendlicher Frieden, und mein Herz war angefüllt mit Liebe. Nach diesem Intensiv-Seminar hörten meine physischen *Kriyas* abrupt auf und sind nie wiedergekehrt.

Elisabeth

Bei meiner *Shaktipat*-Einweihung hatte ich hauptsächlich die Erfahrung intensiven Weinens. Irgendetwas löste sich in mir. Seither jedoch spüre ich regelmäßig, wie die Kuṇḍalinī-Śakti in verschiedenen Körperteilen „arbeitet", z.B. am Kopf. Das fühlt sich dann wie Schmerzen an, ist jedoch nur vorübergehend. Beim Singen von Mantras oder auch beim Meditieren arbeitet die Śakti öfters an Stellen, die nicht ganz in Ordnung zu sein scheinen. Das schmerzt dann ebenfalls leicht. Doch empfinde ich es als Heilung. Hin und wieder spüre ich, wie der Herzknoten durchbohrt wird oder wie die Śakti in Wellen durch den Körper auf- und abfließt. Wenn ich mit anderen zusammen meditiere, fühle ich regelmäßig starke Hitzewallungen. Manchmal zeigt sich mir die Śakti in der Meditation als gleißendes Licht oder als wunderbare Farben. Einmal sah ich ein sehr helles, perlendes Licht im Kronen-Chakra – eine unvergessliche Erfahrung.

Waltraud

1980 nahm ich an einem Intensiv-Seminar teil. Dabei handelte es sich um eine Veranstaltung, die von Swami Muktananda, einem erleuchteten Meister, ausging. Das Seminar wurde von Mönchen aus Muktanandas Ashram geleitet. In der Ankündigung hieß es, man könne während dieses Seminars *Shaktipat*, die Erweckung der spirituellen Energie durch den Guru, erhalten. Und so nahm ich an der zweitägigen Veranstaltung teil. An die Einzelheiten des Programms kann ich mich nicht mehr erinnern, nur noch an die außergewöhnliche Erfahrung während einer Meditation:

Wir saßen alle im Schneidersitz – oder wer konnte im Lotossitz – auf dem Boden. Ich versuchte, der Anleitung gemäß auf das Mantra zu meditieren. Plötzlich war es so, als ob etwas von oben auf mich herniederströmte. Dieses Herabströmen spürte ich wie sanften Regen auf der Haut. Ich fühlte und wusste: Dies ist Gnade. Es regnete Gnade auf mich herab! Ich wandte mein Gesicht nach oben, dem Strom der Gnade entgegen, und spürte sie auf meinem Gesicht. Die Innenseiten meiner Hände drehten sich nach oben und bewegten sich halbkreisförmig vor und seitlich von meinem Körper, um die Gnade auch mit den Handflächen aufzufangen. Die Hände schraubten sich höher, der Gnade entgegen. Ich war tief berührt. Am Liebsten hätte ich die Arme ganz nach oben gestreckt und weit ausholende Bewegungen gemacht, nur hatte ich damals Hemmungen, dass andere mein seltsames Verhalten bemerken könnten, und so ließ ich die Bewegungen nur bis zu einem gewissen Grad zu. Die Hände bewegten sich immer weiter, und die Gnade floss als nicht endender Strom auf mich, über mich und in mich hinein. Ich verlor jegliches Zeitgefühl, war ganz in den Vorgang absorbiert und in einer bisher nicht bekannten Weise von Freude erfüllt. Erst als ein Gong erklang, endete meine Meditation. Ich hatte tatsächlich *Shaktipat* erhalten.

Rudi

Im Frühjahr 1989 reiste ich, mit dem Rucksack auf dem Rücken, gemeinsam mit einer Bekannten durch Südindien. Meine Begleiterin praktizierte damals schon seit mehreren Jahren Yoga. Daher stand auf unserem Reiseplan auch ein 14-tägiger Aufenthalt in Ganeshpuri, einem bekannten Yoga-Ashram. Mein Wissen über Yoga war praktisch gleich Null. Meine Bekannte hatte mir nur wenig erklärt, zudem hatte ich wohl von dem, was sie erzählt hatte, tatsächlich nur sehr wenig verstanden. Meine Neugierde und meine Vorfreude auf den Ashram-Besuch waren trotzdem groß und unvoreingenommen.

Im Ashram angekommen, zeigte sich leider bald, dass der Vorfreude nur wenig Freude folgte. Das Geschehen und der Tagesablauf dort waren so fremd und seltsam für mich, dass ich mich schnell unwohl fühlte. Es begann schon damit, dass im

Ashram Rauchverbot herrschte. So war ich als starker Raucher gezwungen, zur Befriedigung meiner Sucht häufig vor die Pforte des Ashrams zu gehen. Wesentlich mehr machten mir aber andere Dinge zu schaffen, wie etwa das frühe Aufstehen oder der eineinhalbstündige Morgengesang. Dabei wurden mehr als einhundertachtzig Strophen eines Sanskrit-Textes gesungen, den richtig abzulesen ich nicht in der Lage war. Auch die Verpflichtung zur *Seva*, dem selbstlosen Dienen, gefiel mir nicht besonders, bedeutete das doch, jeden Tag mehrere Stunden zu arbeiten, darunter Geschirrspülen oder Bodenfegen.

Der entscheidende Grund für mein Unwohlsein war aber, dass ich mich nicht zugehörig fühlte. Es war den anderen Besuchern und Menschen im Ashram deutlich anzumerken, mit welcher Intensität und Begeisterung sie ihre Zeit dort verbrachten. Sie tauschten sich aus über ihre Meditationserfahrungen, ihre Kontemplationen, ihre *Seva* oder über Textpassagen aus den Yoga-Schriften. Mit einem Wort: Sie redeten über ihre spirituelle Praxis. Am deutlichsten wurde mir die Kluft zwischen uns im Verhältnis zum Guru, dem spirituellen Oberhaupt dieser Yoga-Tradition. Mir fehlte jegliches Verständnis für diese Art von Verehrung, und der Begriff *Guru* war für mich ohnehin negativ belegt und etwas, was mit großer Vorsicht zu genießen war. So verging – mehr schlecht als recht – die erste Woche. Am Ende dieser Woche stand ein besonderes Programm an, ein Intensiv-Seminar. Dabei sollte man *Shaktipat* erhalten, also die spirituelle Erweckung beziehungsweise die Erweckung der Kundalini. Ich erhoffte mir von dem zweitägigen Seminar vor allem mehr Zugang zum Yoga, und ich erwartete so etwas wie ein katholisches Hochamt, also eine sehr ernste, getragene und ritualisierte Veranstaltung.

Aber alles kam ganz anders: Es war eine fröhliche und heitere Veranstaltung, die mir gerade deshalb nicht gefiel, da ich ja etwas sehr Ernstes erwartet hatte. Neben meinem Missmut hatte ich zudem noch den ganzen Tag über mit einer großen Müdigkeit zu kämpfen. Als dann am Abend des ersten Tages zu einem ekstatischen Gesang und Tanz aufgerufen wurde, war meine Enttäuschung und mein Unverständnis groß. Enttäuscht und übel gelaunt ging ich zu Bett. Obwohl ich den ganzen Tag über müde gewesen war, wollte nun der Schlaf nicht kommen, und ich lag wach im Bett. Plötzlich bemerkte ich, dass ich nicht mehr atmete und auch mit gezielter Anstrengung nicht mehr atmen konnte. Der Vorgang hatte seltsamerweise nichts Panisches oder Beängstigendes, ich fand es nur höchst erstaunlich. Mehrere Minuten lang versuchte ich immer wieder einzuatmen, stets ohne Erfolg. Erst nach einigen Minuten, was mir wie eine kleine Ewigkeit vorkam, konnte ich wieder atmen. Ich konnte mir den Vorgang nicht erklären, schlief aber – nun endlich müde – bald ein.

Auch der zweite Tag des Seminars entsprach nicht meinen Vorstellungen, und keinerlei Begeisterung oder auch nur Befriedigung stellte sich bei mir ein. Enttäuscht ging ich also auch am zweiten Abend zu Bett. Als ich einige Minuten im Bett lag, begann auf einmal ein Gefühl, als ob sich mein Körper ausdehnen würde, so als ob ein Luftballon aufgeblasen wird. Gleichzeitig begann, wie es mir schien, jede einzelne Zelle in meinem Körper zu prickeln. Es war ein Gefühl, wie ich es noch nie erlebt hatte. Aber trotz aller Befremdlichkeit war das Gefühl angenehm, intensiv und erfrischend. Nach etwa fünfzehn Minuten hörte das Prickeln und das „Aufgeblasensein" wieder auf, und ich schlief ein.

Ich erzählte zuerst niemandem von meinen Erlebnissen und brachte sie auch nicht in Zusammenhang mit dem Yoga-

Seminar. Erst Monate später berichtete ich meiner Bekannten davon. Sie erklärte mir dann, dass diese körperlichen Erlebnisse *Kriyas* genannt werden und oft beim Erwecken der Kundalini auftreten. So war der wesentliche Akt des Seminars also auch bei mir geschehen, obwohl ich verschlossen, enttäuscht und sogar wütend auf diese Veranstaltung war und nicht einmal mitbekam, was da geschah.

In den Jahren danach hatte ich zwar immer wieder einzelne Berührungspunkte mit Yoga, wie z.B. das Lesen eines Buches oder Gespräche mit meiner Bekannten über Yoga. Meine Neugierde blieb, aber ich konnte keinen tieferen Zugang zum Yoga finden. Mein Leben drehte sich um andere Dinge. Erst acht Jahre später öffnete sich die Tür für mich. Ich besuchte – ebenfalls auf Initiative meiner Bekannten – eine weitere Yoga-Veranstaltung. Danach wuchs mein Interesse und auch mein Verständnis. Seit mehr als fünf Jahren praktiziere ich nun regelmäßig, und Yoga ist zum Mittelpunkt meines Lebens geworden. Dabei ist mir unumstößlich klar, dass meine spirituelle Reise mit der Erweckung meiner Kundalini, vor beinahe siebzehn Jahren, bei dem Seminar in Ganeshpuri begann. Und das sogar, obwohl ich trotzig und voll innerlichem Widerstand war. Der Gnade des Gurus konnte dies aber keinen Einhalt gebieten.

Helmtrud

Zwei Jahre nachdem ich mit Yoga in Kontakt gekommen war, war ich bereit für mein erstes Intensiv-Seminar. Meine Vorstellung von einem solchen Seminar war nicht gerade sehr positiv. Auch mit dem Wort „Shaktipat“, das die Übertragung spiritueller Energie bedeutet, wusste ich nichts anzufangen. Eigentlich war es pure Neugier, die mich am Intensiv-Seminar teilnehmen ließ.

Als nun eine Glocke den Beginn des Seminars ankündigte, war ich sehr erleichtert, denn es hatte sich in mir eine seltsame Unruhe eingeschlichen. Alle Teilnehmer wurden von einem Sprecher herzlich begrüßt und über den Tagesablauf informiert. Wir sangen Mantras und meditierten. Auf einer großen Leinwand war die Meditationsmeisterin zu sehen [es handelte sich um eine Direktübertragung aus dem Ashram der Meisterin; Anmerkung d. Autors]. Sie sprach über die Einweihung in ein wahrhaft menschliches Leben. Ich hörte mit großer Aufmerksamkeit zu. Plötzlich sah sie mir direkt in die Augen. Ich war verwirrt und dachte: „Das kann nicht wahr sein, es ist doch nur eine Leinwand!" Doch das Gleiche geschah ein zweites Mal. Wieder war es mir, als schaute sie mir direkt in die Augen. Nach kurzer Zeit schmerzte mein Rücken, und ich hatte das Gefühl, als würde jemand Luft in meinen Rücken pumpen. Der Druck war so groß, dass ich dachte: „Wenn es noch etwas weiter geht, platze ich."

Ein Gong kündete die Pause an, und der Druck wurde schwächer und schwächer. Durch diese Erfahrung verwirrt, wollte ich in der Pause alleine sein und suchte mir ein stilles Plätzchen. Nach der Pause begab ich mich erneut auf meinen Platz. Nachdem der Sprecher uns wieder begrüßt hatte, erschien die Meisterin erneut auf der Leinwand. Sie sang mit uns und führte dann in die Meditation. Kaum saß ich in der Meditations-Haltung, begannen auch wieder die Schmerzen in meinem Rücken, und eine Kraft, der ich mich nicht widersetzen konnte, zog mich nach hinten – immer wieder aufs Neue. Als dieses Nach-rückwärts-ziehen aufhörte, bekam ich Unterleibsschmerzen, so wie die Wehen bei der Geburt meiner Kinder. Ich muss wohl auch solche Schmerzenslaute von mir gegeben haben. Es berührte jemand meine Schulter und bat mich mitzukommen. Doch dazu war ich nicht fähig.

Mein Körper war vollkommen unbeweglich. Zwei Personen hoben mich sanft von meinem Sitz hoch und baten mich, mit ihnen zu gehen, doch meine Füße konnten sich nicht von der Stelle rühren. Auf einmal brach es aus mir heraus, mit Schmerz und großer Verzweiflung: „Meisterin, hilf mir!" Mein Körper gehorchte wieder, wie auf Befehl. Mit meinen beiden Helfern konnte ich die Halle verlassen. Sie gaben mir Schokolade und bemühten sich liebevoll um mich. Am Ende des Seminars hatte ich das Gefühl, wirklich durch eine Geburt gegangen zu sein. Ja, ich fühlte mich wie neu geboren. Seit diesem Tag hat sich mein Leben vollkommen verändert; denn ich durfte nun in meiner Familie die Liebe leben. Ja, ich darf diese Liebe bis auf den heutigen Tag leben.

Luise

Eines der wichtigsten Erlebnisse, die ich in meinem Leben erfahren durfte, hatte ich vor neunundzwanzig Jahren. Meine Scheidung hatte ich gerade verloren und somit auch meine Tochter, welche meinem Mann zugesprochen wurde. In diesen verworrenen und für mich sehr schlimmen Zeiten kam ich nach München und versuchte trotz alledem, mein Leben neu zu ordnen. Eines Tages traf ich zwei junge Männer, die mich mit Meditation und Baba Muktananda vertraut machten. Zu dieser Zeit war ich sehr offen für Meditation, denn ich spürte danach immer etwas Erleichterung mit meiner doch sehr starken Depression. Es geschah eines Abends, als ich das Buch von Swami Muktananda („Spiel des Bewusstseins") aufschlug und die ersten Zeilen zu lesen begann. Plötzlich versank ich in einen tieferen Zustand – ein Gefühl der tiefen Liebe und ein Gefühl, endlich zu Hause zu sein, brachten mich zum Weinen. Dieser Zustand hielt einige Zeit an. Doch als ich dieses Buch wieder zumachte und den Einband, auf dem sich ein Bild der

Blauen Perle befindet, einen Moment betrachtete, leuchtete plötzlich ein strahlendes weißes Licht mir entgegen, kam direkt auf mich zu und verschwand zwischen meinen Augenbrauen. Daraufhin versank ich in tiefe Meditation.

Ein weiteres Erlebnis in dieser Zeit folgte ein paar Tage später. Eines Nachts, etwa um 2.00 beziehungsweise 2.30 Uhr morgens, konnte ich wieder einmal nicht schlafen. Die Nacht wurde zur Qual, denn ich dachte in diesen Tagen oft auch an meinen Bruder, der zu dieser Zeit sich irgendwo im Nahen Osten aufhielt. Er war mit dem Sattelschlepper unterwegs, und seit mehr als sechs Monaten hatten wir keine Nachricht mehr von ihm bekommen. Die unruhigen Gedanken waren nicht abzustellen, darum setzte ich mich einfach auf das Bett, um zu meditieren. Mit Kissen überall ausgepolstert, konnte ich nun eine gewisse Zeit aufrecht und ohne Qualen sitzen und versuchte, das Mantra „Guru Om" zu wiederholen. Obwohl immer wieder neue Ängste und Befürchtungen hochkamen, saß ich so eine gewisse Zeit lang. Nun wusste ich bereits, dass ich nur im Innersten meines Wesens Frieden finden konnte. Meine Gedankenunruhe wurde langsam weniger, GURU OM wurde plötzlich zu CHRISTUS OM! Die Augen rollten sich plötzlich nach oben. Die inneren Augen öffneten sich. Es ereignete sich wie in einem Film, dieses wunderschöne Licht, welches auf mich zukam und sich in eine unendliche Pracht und Vielzahl an Blüten verwandelte, erschien als Nächstes. Danach kam eine hügelige Sandwüste, mit einem wunderschönen, groß gewachsenen Baum auf der linken Seite. Als dieses Bild verschwand, rückte plötzlich eine Sonne an den Horizont. Hinter den Hügeln kam sie in den Vordergrund, groß, mächtig und feuerrot, und verschwand dann langsam wieder. Danach sah ich Jesus auf der linken Seite, nahe, sehr nahe, wie nie zuvor in meinem Leben. Er meditierte ruhig – die Augen geschlossen. Tiefe Ruhe und ein unendlicher Friede strahlte von ihm aus – und eine Zeit lang durfte ich ihn so schauen. Noch heute bin ich von seiner klaren, reinen Erscheinung tief bewegt und dankbar für diese unbeschreiblich schöne Erfahrung.

Viele Jahre später – viel war geschehen, und irgendwie hatte ich meine innere Ausgeglichenheit gerade in dieser Zeit verloren. Ich suchte nach Wegen, die Sadhana zu vertiefen und neue Lebensfreude zu finden. Ein Zustand anhaltender Leere machte mein Leben traurig und trostlos. Zufällig fand ich in einer Arztpraxis einen Zettel mit der Aufschrift: „Spirituelle Therapie – Rückführung in die Vergangenheit, geleitet von erfahrenen und ausgebildeten Therapeuten." Mit der Zuversicht, dass diese Therapie mir vielleicht helfen könnte, entschied ich mich kurz danach, für eine Woche daran teilzunehmen. Die Leute in der Gruppe waren wirklich sehr verschieden, und jeder fühlte sich etwas fremd und unwohl am Anfang. Mit der Zeit gewannen wir Vertrauen zueinander – denn die ersten Übungen waren relativ einfach und uns vertraut. Wir wurden in tiefere Meditationsübungen zweimal täglich, morgens und abends, eingewiesen.

Doch, vom letzten Abend abgesehen, änderte sich bei mir noch nichts Wesentliches! Wir tobten uns wieder einmal richtig aus. Zunächst tanzend, dann übergehend in Gymnastik und Atemübungen, so lange, bis wir erschöpft auf dem Boden lagen. Bequem auf einer Matte, mit einem Kopfkissen unter dem Kopf und zugedeckt mit einer Decke, wurden wir nun ganz systematisch mit unserem Atem in einen außergewöhnlichen Trancezustand geführt. Wir sollten uns einen tiefen Tunnel vorstellen und versuchen, tief nach innen zu gehen. Mit Hilfe der Therapeutin gelang es mir, mich ruhig tiefer und tiefer in diesem unbekannten Tunnel fortzubewegen. Doch irgendwann gab es plötzlich den Befehl, sich doch wieder nach draußen beziehungsweise nach oben, wo sich ein rundes Loch befand, zu begeben. Ein helles Tageslicht kam mir entgegen. Da stand ich auf einem Plateau – vor mir ein Bergmassiv aus kahlen Bergkuppen, ein Gestein – öde, traurig, leer – nur ein winziger Grasfleck unter meinen nackten Füßen. Nicht gerade ein paradiesischer Zustand! Tiefe Trostlosigkeit und Traurigkeit beherrschten mich eine Zeit lang, bis ich mir selbst sagte, diesen Ort doch endlich zu verlassen.

Mit Hilfe meines vertrauten Mantras *Om Namah Shivaya* und der Erinnerung an meinen Guru kam ich jedoch schnell davon weg und machte nun eine völlig andere Erfahrung. Der Körper fing an, sich selbstständig, gleichmäßig, weich und wiegend zu bewegen. Mit plötzlich geöffneten Augen sah ich einen dichten weißen Nebel. Unmittelbar vor mir war eine Schlange. Ihre Bewegung war wunderschön, weich und im gleichen Rhythmus mit meiner Bewegung. Hell leuchtend smaragdgrün war ihre Erscheinung. Eine ganze Weile durfte ich dieses Schauspiel so erleben, und unglaubliche Freude stieg in mir hoch. Ein Gefühl von tiefer Liebe zu dieser wunderschönen Schlange veränderte mich augenblicklich. Mein vorheriger Zustand der Leere verwandelte sich in einen Zustand der Freude und Liebe.

Kapitel 12

Kuṇḍalinī-Praxis – die Sādhanā

Wir sollten uns davor hüten, diese Phänomene überzubewerten. Sie bedeuten noch nicht, dass wir schon wirklich etwas Nennenswertes erreicht hätten. Auf solche Erfahrungen hin wird noch kein Diplom verliehen. Es sind lediglich Begleiterscheinungen der Entfaltung der Kuṇḍalinī – die uns allerdings zeigen, dass wir hier auf dem richtigen Weg sind. Wir dürfen es nicht dabei belassen und die Hände in den Schoß legen, denn jetzt geht es erst richtig los: U n s e r Einsatz ist nun gefragt.

Voraussetzung dafür, dass wir *Sādhanā* (von der Sanskrit-Wurzel *sādh*, „ans Ziel gelangen"), die spirituelle Praxis, erfolgreich betreiben können, ist unsere Haltung beziehungsweise unser Selbstverständnis. Voraussetzung für die Teilnahme am spirituellen Transformationsprozess ist, dass wir uns als S c h ü l e r erachten. Gurus gibt es – so will es zumindest scheinen – wie Sand am Meer. Meister sein will jeder, wer aber will heutzutage Schüler sein. Doch in der wahren Schülerschaft liegt der Schlüssel zum Erfolg in der *Sādhanā*. Meister oder Meisterin kann nur werden, wer zuvor hinreichend Schüler oder Schülerin war. An dem englischen Wort für Schüler, *disciple*, lässt sich recht gut erkennen, um was es bei der Schülerschaft geht. Sucht man nach dem Ursprung des Wortes *disciple*, so ergeben sich etymologisch zumindest zwei Möglichkeiten. Die eine Möglichkeit ist das lateinische Wort *discipulus*, „Schüler". *Discipulus* wiederum ist auf das Wort [*dis*-]*capere*, „(im direkten wie übertragenen Sinne) [*be*-]*greifen*" oder „[*er*-]*fassen*" zurückzuführen. Das englische Wort *disciple*/

Schüler wie auch das deutsche Wort *Disziplin*, abgeleitet vom Lateinischen *disciplina*, beziehen sich also auf das Begreifen und Erfassen von Lehren und Übungen, vermutlich aber auch auf das „Gepackt"- beziehungsweise „Ergriffen-Sein" von den Lehren und natürlich von dem Streben nach dem Ziel. Die andere Möglichkeit des sprachlichen Ursprungs von *disciple* ist das lateinische Wort *discere*, „lernen". Übertragen wir diese etymologischen Überlegungen auf das vorliegende Thema „Yoga-Sādhanā", dann hat Schülerschaft offensichtlich damit zu tun, sich dem Prozess des Lernens und Übens vollkommen hinzugeben. Nur jemand, der diese Bedingung erfüllt, ist ein *Sādhaka*, einer, der *Sādhanā* praktiziert.

Ich sprach bereits von der im Zusammenhang mit dem spirituellen Weg häufig verwendeten Metapher des Vogels mit den beiden Flügeln *Gnade* und *eigenes Bemühen*, den beiden Eckpfeilern der Sādhanā. Nach altem yogischen Verständnis beginnt die Sādhanā durch einen Akt der Gnade, wird durch Gnade weiter fortgeführt und mündet auch durch Gnade schlussendlich im höchsten Zustand. Sādhanā ist also der spirituelle Prozess des Lernens, Übens und inneren Wachsens, der wesentlich von unseren Bemühungen abhängt; doch können diese eigenen Bemühungen nicht als getrennt von der Gnade betrachtet werden. Die treibende Kraft hinter dem persönlichen Verlangen, überhaupt Sādhanā zu praktizieren, dem Durchhaltevermögen während der häufig recht langen Zeit der Sādhanā, dem Immer-wieder-sich-Aufrappeln und dem Überwinden von Misserfolgen, Rückschlägen und Zweifeln, dem Glauben an den eigenen Weg und die Erreichbarkeit des Zieles – ist die Kraft der Gnade.

Doch wer erhält im Verlauf der Sādhanā wie viel von dieser Gnadens- oder Segenskraft? Die Antwort hierauf ist relativ simpel: Jeder Schüler beziehungsweise jede Schülerin erlangt diese Kraft nach Maßgabe der Intensität seiner oder ihrer Hingabe an den Guru beziehungsweise das Guru-Prinzip. Die Guru-Schüler-Beziehung galt den indischen Meistern zu allen Zeiten als Fundament und Nährboden für die spirituelle Entfaltung des Schülers/der Schülerin. Nicht ohne Grund sind die meisten religiösen Texte in Indien in Form eines Dialoges zwischen Guru und Schüler geschrieben. Die Upanishaden zum Beispiel offenbaren uns ihr erhabenes Wissen dergestalt, dass Schüler im Verlauf ihrer Sādhanā auf Fragen und Probleme stoßen, mit denen sie sich dann an ihren Guru wenden (das Sanskrit-Wort *upa-ni-ṣad* bedeutet nach einer bekannten Etymologie von Prof. Paul Thieme wörtlich „sich nahe bei jemandem oder etwas niedersetzen“[209], womit bereits anschaulich die konkrete Gesprächssituation zwischen Meister und Schüler beschrieben ist). Im Verlauf des sich daraus ergebenden Zwiegesprächs – der Schüler fragt, der Meister antwortet – erhält der Schüler (und damit jeder, der dieses Werk liest und sich damit eingehend befasst) Unterweisung. Auch die Tantras basieren auf der Form des pädagogischen Dialogs – hier jedoch, leicht abgewandelt, zwischen Śiva und seiner geliebten Gattin Pārvatī. In den meisten Tantras übernimmt Pārvatī die Rolle des fragenden und um Unterweisung bittenden Schülers und Śiva die des lehrenden Meisters (in einigen wenigen Tantras ist es jedoch umgekehrt). Auch von dem wohl bekanntesten aller indischen Werke, der *Bhagavad-Gītā*, kennen wir diese literarische Form des lehrreichen Frage- und Antwort-Gesprächs – nämlich zwischen dem Krieger und Bogenschützen Arjuna und Gott Kṛṣṇa.

Die Situation der Unterweisung in all diesen Werken ist generell kennzeichnend für die Guru-Schüler-Beziehung: Der Schüler ist an einem Punkt in seinem Leben beziehungsweise seiner

209 P. Thieme, Upanishaden – Ausgewählte Stücke. Stuttgart 1966, S. 83.

Sādhanā, an dem er nicht mehr weiterfindet. Er kommt mit einem tatsächlichen oder vermeintlichen Defizit zum Meister und fragt beziehungsweise bittet unumwunden um Hilfe. Was nun ist das Besondere, geradezu Einzigartige an dieser Situation? Um diese Frage zu beantworten, gebrauche ich ein in vielen spirituellen Traditionen des Ostens verwendetes Bild – die *sich-öffnende-Hand*. Die Hand des Schülers, die sich (vielleicht zum ersten Mal in seinem Leben) öffnet, steht für das Sich-Auflösen des Egos und den Beginn der Hingabe an die göttliche Segenskraft, die sich als Guru offenbart. Nur wer bereit ist, sich von ganzem Herzen hinzugeben und dem Befehl des Gurus Folge zu leisten, wird in die Guru-Schüler-Beziehung hineinwachsen. Der Schüler gelangt so in den Zustand der Ausrichtung auf die Segenskraft, die sich ja bereits in seinem Inneren befindet. Streng genommen, befolgt nur derjenige den höchsten Befehl des Gurus, der sich auf die universale Segenskraft ausrichtet und in Übereinstimmung mit ihr handelt. Durch dieses Sich-Ausrichten oder Einschwingen auf die Segenskraft, die identisch ist mit Kuṇḍalinī-Śakti, ist der Erfolg in der Sādhanā gewährleistet.

Damit ich nicht falsch verstanden werde: Die Guru-Schüler-Beziehung ist keine starre, einseitige Angelegenheit – wie es keine echte Beziehung jemals sein könnte. Die Guru-Schüler-Beziehung ist eine dynamische Beziehung der gegenseitigen Durchdringung (an dieser Stelle sei an das Gedicht von Jñāneśvar an seinen Schüler Cāngadev erinnert, in dem er ihn an die wesentliche Einheit von Guru und Schüler erinnert; siehe Kapitel 4). Daher schreibt Swami Muktananda über diese grundlegende Beziehung:

> „Derjenige ist ein Schüler, der sich im Guru verloren hat. Derjenige ist ein Guru, der in den Schüler eingegangen ist. Jnaneshwar Maharaj sagte:

Wenn Guru und Schüler zusammenkommen, wenn Guru und Schüler eins werden, dann offenbart sich Gott."[210]

Wenn es auch merkwürdig oder für manche gar ketzerisch klingen mag, aus alledem resultiert, dass bezüglich der Sādhanā die Gnade des Schülers mindestens ebenso wichtig ist wie die des Gurus. Gemeint ist damit die Macht/Kraft des Segens, die wir uns selbst gestatten, beziehungsweise der wir uns aussetzen. Ich möchte es mit einem klugen Satz auf den Punkt bringen, an den ich in diesem Augenblick erinnert werde und den ich vor vielen Jahren einmal gelesen und seitdem niemals vergessen habe: „Niemand kann mir geben, was ich nicht nehmen will!"[211]

Der Erfolg in der Sādhanā hat also nicht nur damit zu tun, wie viel wir bereit sind zu geben beziehungsweise zu investieren, sondern auch, ob und inwieweit wir in der Lage sind, uns für die Segenskraft (Skt. *anugraha-śakti*) zu öffnen und sie anzunehmen. Nach traditioneller Auffassung geschieht dies durch die Liebe für und Hingabe an den Guru. Das Wort *Hingabe* ist dabei durchaus wörtlich zu verstehen – also Hingabe im Sinne von *Sich-Hergeben* (nochmals möchte ich daran erinnern, dass *Bhakti* sich von der Sanskrit-Wurzel *bhaj* ableitet und wörtlich „teilhaben, Anteil haben" aber auch „Teil von etwas sein" bedeutet). Durch die Hingabe an den Guru richtet sich der Schüler oder die Schülerin auf die *Anugraha-Śakti* aus, beziehungsweise wird darauf ausgerichtet. Es geschieht etwas Ähnliches wie bei der Sendersuche im Radio- oder Fernsehapparat. Der Sender sendete bereits die ganze Zeit, doch erst wenn unser Apparat,

210 „Report from Ganeshpuri", Siddha Path (März 1978), S. 10; in: Meditation Revolution, S. 231.

211 Maria Erlenberger, Der Hunger nach Wahnsinn. Hamburg 1977, S. 37. In diesem bemerkenswerten Buch, das seinerzeit Furore machte, berichtet Maria Erlenberger u.a. über ihren Hunger-Selbstversuch, die gesellschaftlichen Reaktionen hierauf und ihre Erfahrungen in der Psychiatrie.

der Empfänger, auf die gleiche Frequenz eingestellt ist, kann der Empfang stattfinden.

Hingabe an den Guru wird seit Urzeiten in den yogisch-tantrischen Traditionen aus mehreren Gründen als das entscheidende Moment und eigentliche Geheimnis der Yoga-Sādhanā und damit der Transformation des Schülers gepriesen – wofür den „modernen" westlichen Kulturen oftmals leider der Sinn und die Bereitschaft fehlt. Einige Einwände im Zusammenhang mit dem Thema „Hingabe zum Guru" – insbesondere im Hinblick auf das einträchtige *Guru-Geschäft* und andere in diesem Zusammenhang zu beobachtende Auswüchse – sind jedoch durchaus berechtigt. Daher hier einige wichtige Punkte zu diesem Thema:

Hingabe ist nichts, was ein wahrer Meister je fordert. Das wäre paradox, denn das Wesen der Hingabe ist nicht Zwang, sondern, im wahrsten Sinne des Wortes, Frei-willig-keit. Hingabe bedeutet ja gerade, dass jemand aus freien Stücken heraus sein Ego-Ich hergibt. Hingabe ist auch untrennbar mit Liebe verbunden, und auch echte Liebe lässt sich nicht erzwingen. Ebenso wenig kann man von sich selbst Hingabe fordern. Hingabe entsteht nun einmal nicht auf Knopfdruck. Sie ist Ausdruck der Sehnsucht nach Befreiung (Skt. *mumukṣutva*). Ist diese Sehnsucht stark genug, dann ist Hingabe und Liebe für den Guru fast so etwas wie die logische Folge davon. Hingabe hat auch ganz und gar nichts mit Personenverehrung zu tun; denn wahre Hingabe ist nur möglich, wenn der Schüler oder die Schülerin den Guru als nicht verschieden von sich und die Liebe zum Guru als die Liebe sich selbst gegenüber wahrnimmt. Letztlich bedeutet die Hingabe zum Guru, wie jede Form der Hingabe, nicht, sich klein zu machen und im Staub zu kriechen, sondern – ganz im Gegenteil – die eigene Größe und den eigenen wahren Wert zu erkennen.

Was, wenn wir es einmal genau betrachten, geschieht im Augenblick der ernstgemeinten, wohl überlegten und bedingungslosen Hingabe beim Schüler beziehungsweise der Schülerin? Er oder sie gibt sein/ihr kleines Ich, die begrenzte Identität, her und bekommt dafür im Gegenzug das unendliche Ich, die Identität „Ich bin unendliches Bewusstsein", zurück. Dieser Tauschhandel ist eigentlich ein raffinierter Trick des Gurus, den ich bereits oben mit dem Bild der *sich-öffnenden* beziehungsweise *geöffneten Hand* angedeutet habe. Indem sich Schüler oder Schülerin öffnen, werfen sie ihren „karmischen Ballast" und ihre begrenzten und begrenzenden Vorstellungen und Konzepte von sich und der Welt ab. Was bleibt übrig? Mancher würde antworten: „Nichts!" Und das ist gar nicht so falsch. Doch wie bei dem Begriff *Nirvāṇa,* so bedeutet auch hier „Nichts" nicht *die Abwesenheit von allem* (was ja auch wieder nur ein Konzept ist, weil der menschliche Verstand einfach nicht in der Lage ist, sich ein *Nirvāṇa,* wie es Buddha meinte, oder das unendliche Bewusstsein vorzustellen), sondern *höchste Leere* und damit – wie bei der geöffneten Hand – die „unendliche Weite", von der Suzanne Segal in ihrem Werk „Kollision mit der Unendlichkeit" sprach[212].

Es ist der Ruhepunkt und gleichzeitig Quell aller Möglichkeiten, der Punkt unendlicher Ausdehnung, Anfangs- und Endpunkt in einem. Jesus sagte: „Ich bin Alpha und Omega." Wie hätte er diesen höchsten Zustand treffender beschreiben können? Doch meinte er damit nicht nur sich – sondern auch uns. Dies *ist* unser wahrer Zustand, *war* es immer und *wird* es immer sein. Und nun wird es paradox! Um zu dem zurück-

212 S. Segal, Kollision mit der Unendlichkeit – Ein Leben jenseits des persönlichen Selbst. Bielefeld 1997. In ihrem Werk beschreibt die promovierte Psychotherapeutin ihr Leben vor und nach dem plötzlichen und unerwarteten Verlust ihres persönlichen Ich, einer Erfahrung, die dem gleichkommt, was in den östlichen Traditionen, insbesondere in den tantrischen, als Erleuchtung, in der westlichen Kultur jedoch u. U. als psychische Erkrankung angesehen wird.

zukehren, was wir sind und immer waren, müssen wir etwas hergeben, was nie wirklich existiert hat – unsere Identität, wie wir sie bisher kennen und oft über alles lieben. Um also zu uns selbst zurückzukehren, bedarf es auf dem Weg der Sādhanā der Hingabe an den Guru beziehungsweise an das Guru-Prinzip – um etwas loszuwerden, was uns nie wirklich gehört hat, ja, was zu keinem Zeitpunkt mit unserem wahren Ich je zu tun hatte.

Die Hingabe – etwas, was den Transformationsprozess beschleunigt wie keine andere Methode oder Praxis der Sādhanā – wird noch um ein Vielfaches verstärkt durch den „Dienst am Guru" (Skt. *guru-sevā*). Den Zusammenhang zwischen dem spirituellen Wachstum auf der einen Seite und der Hingabe für den Guru sowie der Bereitschaft, ihm zu dienen, auf der anderen, beschreiben viele indische Mystiker, doch kaum einer so ausführlich wie der Nātha-Guru Jñāneśvar. Hier einige Beispiel aus der *Jñāneśvarī (13. 368-371, 373, 383-384, 451-54, 1040)*:

„Nun, oh Arjuna, werde ich dir das Wesen der Hingabe an den Guru darlegen. Auf welche Weise Hingabe die Mutter des Gedeihens ist und wie sie sogar einen gepeinigten, notleidenden Menschen das Absolute erlangen lässt.

Geradeso wie der Ganges mit all dem Reichtum seines Wassers in den Ozean fließt, wie die heiligen Schriften in das Höchste münden. Ebenso bietet jemand, der seinem Guru hingegeben ist, ihm alles dar, was er besitzt, und macht aus sich selbst einen Tempel der Hingabe.

Wenn du jemanden siehst, der eine derartige Liebe für seinen Guru[213] hat, wirst du erkennen, das ihm die Weisheit selbst zu dienen pflegt. Mit der Kraft der Liebe in seinem Herzen verehrt er den Guru und meditiert auf dessen Form/Gestalt.

213 Wörtlich: „für das Haus seines Gurus".

Jemand, der solche Hingabe hat, der sich an nichts so erfreut, wie am Dienst für den Guru, der ist eine Schatzkammer der Weisheit. Durch seine bloße Existenz wird die Weisheit geehrt. Er ist ein Gott, und die Weisheit ist sein Verehrer. Durch geöffnete Tore fließt die Weisheit in ihn hinein und lebt in ihm. [Es ist so viel Weisheit in ihm], dass es genug ist, die ganze Welt damit zu erfüllen.

Oh Arjuna, solche Menschen [die den Lehren des Gurus vertrauen] überqueren mit Leichtigkeit den Ozean des Todes."

Von diesem höchst geheimnisvollen Zusammenhang zwischen *Guru-Sevā* und spirituellem Wissen spricht auch die *Śiva Saṃhitā (3. 12)*:

„Wer dem Wissen ergeben ist und dem Guru in jeder Hinsicht dient, der erlangt sogleich die Frucht dieses Wissens."

Doch nur an der Oberflächliche unseres Daseins scheint der *Schüler* dem *Guru* zu dienen. Schaut man genauer hin, erkennt man recht bald, dass es in Wirklichkeit eher umgekehrt ist. Der wahre Guru (*Sadguru*) lässt sich nicht bedienen, benutzt Schüler beziehungsweise Schülerin nicht als billige Hilfs- oder Arbeitskräfte – was könnte einer auch noch hinzugewinnen, dem ohnehin das ganze Universum zu Füßen liegt? Der wahre Guru, als Verkörperung der göttlichen Segenskraft, ist nicht nur der Meister der Kuṇḍalinī-Śakti, sondern gleichzeitig auch ihr ergebenster Diener. Wer das große Glück hat, einem solchen Guru zu begegnen, wird nicht nur von seiner natürlichen Autorität und unbeschreiblichen Ausstrahlung fasziniert und tief berührt sein, sondern auch von seiner Liebe und vor allem der Hingabe und Opferbereitschaft gegenüber den Schülern. Der Sadguru dient in vollkommener Weise, indem er alles unternimmt, um die Sādhanā der Schüler voranzutreiben und ihr Ergo, den *Ahaṃkāra*, zu zerstören. Unter der Aufsicht eines solchen Gurus Yoga-Sādhanā zu praktizieren – dies entspricht meiner persönlichen Erfahrung – führt nicht zu Bindung, sondern zu Unabhängigkeit und Freiheit. Daher heißt es im *Haṃsabheda Tantra*:

„Zahlreich sind jene Meister, die verehrt und bedient werden, im Glanze ihres Bewusstseins und Unterscheidungsvermögens. Aber … es ist schwer, jenen Meister zu finden, der [selbst frei von Ego] die Egos der anderen zerstören kann. Durch ihn wird die Offenbarung übertragen. Durch ihn wird alles erreicht. Durch ihn, befreit vom Ego, erkennt man sich selbst in der eigenen grundlegenden Reinheit (*Kevala*).[214]

Dem verkörperten, personifizierten Guru zu dienen, ist jedoch nur *eine* Form, *Guru-Sevā* zu praktizieren. Den Guru, der sich in einer Menschengestalt offenbart, zu lieben und zu verehren, ist sozusagen nur der erste Schritt in dieser Ausprägung oder Richtung der Sādhanā. Wie ich schon häufiger betont habe, ist der/die/das Guru nicht auf ein Individuum begrenzt. Guru ist die universale Kraft/Macht des Universums, das allumfassende Guru-Prinzip. Wollen wir also den Guru in seiner umfassenden und höchsten Form verehren und ihm dienen, bedeutet dies, dass wir die Liebe, die wir für unseren persönlichen Guru oder auch für Gott empfinden, auf alle Wesen – uns eingeschlossen – übertragen. Jeder, der uns begegnet, ist unserer Aufmerksamkeit, Achtung und Liebe genauso wert wie der Sadguru oder die Gottheit, die wir verehren; denn alle Unterscheidung ist nur Ausdruck unserer Gefangenschaft. Sādhanā bedeutet ja, eben jene Fesseln, die diese Gefangenschaft bestimmen, zu zerschlagen. Deshalb müssen die integralen Bestandteile der Sādhanā, wie wahre Hingabe (*Bhakti*) und selbstloser Dienst

214 In: Mark S.G. Dyczkowski, The Aphorisms of Śiva. New York 1992, S. 81.

(*Sevā*), aber auch Übungen wie regelmäßige Meditation (*Dhyāna*), unser alltägliches Leben betreffen – jede Handlung, jeden Augenblick, jede Begegnung. Die Unterscheidung zwischen Sakralem und Profanem, Spirituellem und Weltlichem, ist eine Illusion, welche im Verlauf des Transformationsprozesses durch die Kuṇḍalinī ohnehin aufgelöst wird. Unsere spirituelle Reise führt nicht durch irgendein Paralleluniversum, sondern mitten durch unser alltägliches Leben hindurch.

Wir jedoch suchen häufig das Göttliche im Besonderen, Außergewöhnlichen, Geheimnisvollen, Nicht-Offenbaren. Die Meister der Yoga-Traditionen behaupten nicht, dass es dort nicht ist. Sie sagen uns aber ebenfalls, dass das Göttliche auch und vor allem dort ist, wo wir es niemals vermuten: In dem, was uns vertrauter und näher als alles andere auf dieser Welt ist – in unserem eigenen inneren Selbst. Solange Kuṇḍalinī nicht erweckt ist und wahre Sādhanā begonnen hat, sucht der Mensch Gott oder das Göttliche immer im Äußeren, das heißt in dem, was verschieden von ihm ist. Diese Suche ist eine nie endende, erfolglose und höchst leidvolle Erfahrung, welche die meisten Menschen kennen. Die Suche *als solche* war und ist so weit in Ordnung – nur die Richtung, in der man das Gesuchte wähnt, stimmt eben nicht. Was wir suchen, muss zuerst im Inneren gefunden werden, dann erst werden wir es auch außen erkennen.

Um wieder in Verbindung mit unserem inneren Selbst zu kommen, beziehungsweise um wieder in die unmittelbare Erfahrung unseres inneren Selbst zu gelangen, sind spirituelle Praktiken, wie Meditation, Kontemplation oder Rezitation von Mantras und heiligen Texten, unerlässlich. Wenn dieser Aspekt der Sādhanā allerdings so sehr im Vordergrund steht, dass er zu einem „Höhlenyogi-Dasein", also einer totalen Abkehr von der Welt, führt, ist dies für die Erfahrung unseres Selbstes sowie die Entfaltung der Kuṇḍalinī nicht hilfreich, sondern eher hinderlich. Dieser totale Rückzug mit der Einstellung „Ich lebe jetzt nur noch für meine Spiritualität" ist eine der vielen Illusionen, die wie Fallen auf dem Weg der Sādhanā lauern. Ich weiß sehr wohl, wovon ich da rede, denn zu Beginn meiner Sādhanā bin auch ich dieser Selbsttäuschung anheimgefallen.

Hatte ich nicht gelernt, dass das Göttliche im Inneren zu finden ist? Hatte ich nicht immer wieder gehört, dass die Attraktionen in der Welt da draußen eine große Gefahr auf dem spirituellen Weg darstellen können? Hatte mich mein Meister nicht gelehrt, mit aller Kraft und Aufmerksamkeit meiner Sādhanā nachzugehen? Und wie zur Untermauerung dieser meiner Vorstellungen und Konzepte über Sādhanā und Spiritualität hatte ich ja auch all diese tollen, phantastischen Kuṇḍalinī-Erfahrungen. Niemand, den ich kannte, machte solche Erfahrungen! Ich war sehr zufrieden mit mir. Das ging recht lange so … bis ich bemerkte, dass irgendetwas nicht stimmte. Mir wurde immer deutlicher vor Augen geführt – die erweckte Kuṇḍalinī macht eben jedes Spiel von uns immer nur eine gewisse Zeit lang mit, außerdem mag sie Stillstand überhaupt nicht – dass ich in einer *geteilten* Welt lebte. Da gab es eine innere Welt, in der ich mich auskannte, in der ich erfolgreich war und die ich liebte, und es gab die Welt da draußen, die mich verwirrte und von der ich nicht besonders viel hielt. Irgendwie spürte ich aber auf einmal, dass diese zwei etwas miteinander zu tun haben mussten; denn in dem Maße, wie ich die äußere Welt ausschloss, gab es für mich im Inneren ebenfalls kein Weiterkommen, keine Entfaltung mehr. Meine Sādhanā wurde trocken und mühsam. Wie von selbst und mit rasender Geschwindigkeit entwickelte sich nun ein großes Interesse an der äußeren Welt. Irgendetwas in meinem Inneren veranlasste mich, in der Außenwelt immer aktiver zu werden. Nach einiger Zeit hatte sich mein Leben von Grund auf verwandelt. Kurz darauf zog ich von Frankfurt nach Heidelberg und begann mein Indologie-Studium – und die Sādhanā ging weiter.

Kuṇḍalinī ist die Kraft der Transformation und Reintegration. Solange wir irgendetwas oder irgendjemanden in der Welt zurückweisen, weisen wir einen Teil unseres eigenen Selbstes zurück. Durch Sādhanā lernen wir, dass das Innere und das Äußere zwei Aspekte ein und derselben höchsten Realität sind. Indem wir versuchen, in unseren Aktivitäten am Arbeitsplatz oder im Zusammenleben mit unseren Lebenspartnern und Kindern die Verbindung zu unserem inneren Wesen aufrechtzuerhalten, praktizieren wir höchste Sādhanā. Swami Muktananda erhielt in seinem Ashram in Ganeshpuri einmal Besuch von einer Gruppe traditioneller *Sanyasis*, Mönche eines berühmten und uralten Ordens in Indien. In ihrem Ashram war Frauen der Zugang strikt untersagt, und sie achteten peinlichst darauf, keine Frau auch nur anzuschauen. Muktananda hieß die Besucher mit Hochachtung und allen gebührlichen Ehren willkommen – und platzierte die Mönche direkt gegenüber den Frauen, die sich als Ashram-Bewohner im Ganeshpuri-Ashram aufhielten! Das war keine Provokation, sondern für alle Anwesenden eine Lehre. Muktananda – selbst *Sanyasi* und ordinierter Mönch des *Sarasvatī*-Ordens – erklärte später seinen Schülern, dass wahre Sādhanā bedeute, *in* der Welt aber nicht *von* der Welt zu sein, die Welt zu lieben, aber nicht in ihr unterzugehen. Eine Spiritualität, die zum Preis der Aufgabe des weltlichen Lebens erkauft werden muss, kann nicht viel wert sein. Oder wie ein Freund von mir in der Einführung zu seinem Werk „Die Weisheit der Upanishaden" schrieb:

„Am Anfang gab es nur Gott. Wie kann es dann etwas geben, was nicht Gott ist? Man kann, um einen uralten Vergleich zu benutzen, aus einem Goldklumpen keine Holzfigur schnitzen. Alles, was man aus einem Goldklumpen machen kann, bleibt Gold. Ebenso bleibt alles, was aus Gott gemacht werden kann und gemacht wurde oder entstanden ist, Gott. Was geschieht mit unserer Welt, wenn wir das so annehmen? Was passiert mit unserem Hass, unseren Sorgen? Kann ich Gott lieben, aber meinen Nachbarn hassen? Oder mich selbst? Wer ist mein Nachbar? Wer bin ich? Was heißt ‚Gott lieben'?"[215]

Die Auseinandersetzungen, die der Alltag mit sich bringt, sind nicht nur das beste spirituelle Training, sie zeigen uns auch, wo wir in unserer Sādhanā stehen. Unsere innere Entwicklung benötigt die äußere Welt als Übungsfeld. Zu den praktischen Auswirkungen, im Sinne von persönlichen Entwicklungsmöglichkeiten, die sich aus dem Leben in der Welt gerade für einen Sādhaka ergeben, hat Swami Shivananda Folgendes bemerkt:

„Ein Mensch, der Gesellschaft und Aktivität als ein Übel aufgibt und sich in die Einsamkeit zurückzieht, isoliert von den Menschen, damit er in der Tugend wachse und durch Meditation heilig werde, wird sich aller Wahrscheinlichkeit nach als weniger geneigt erweisen, einem irrenden Bruder seine Vergehen nachzusehen, als ein praktischer Menschenfreund, der sich auf dem Gebiet ernsthaften selbstlosen Dienens aufrichtig bemüht… Es ist auch so, dass die bewundernswerte Tugend der Anpassungsfähigkeit nur dann entsteht, wenn man sich in der Gesellschaft von Menschen aufhält und sich unter ihnen auf vielerlei Art bewegt, und wenn man sich mit verschiedenen Menschen unterschiedlichen Temperaments beschäftigt.

215 Hans-Georg Türstig, Die Weisheit der Upanishaden – Klassiker indischer Spiritualität. Frankfurt 1996, S. 9.

Durch selbstloses Tätigsein und Dienen kann die Fähigkeit erworben werden, sich auf die Eigenarten von Menschen und Orten einzustellen... Auch müssen subjektive Tugenden, die in einem Leben der Zurückgezogenheit und Abgeschiedenheit entwickelt worden sind, aktiv geübt werden, wenn sie zu Fülle und Vollkommenheit gelangen sollen."[216]

Sādhanā, das sind also nicht nur ein paar Übungen, zu denen ich noch kommen werde, da sie dennoch für den spirituellen Weg sehr wichtig sind, um die Kuṇḍalinī auf ihrem Weg vom Mulādhāra-Chakra zum Sahasrāra zu unterstützen. Sādhanā ist eine Geistes- und Lebenshaltung. Nach außen hin ändert sich ja eigentlich nicht so viel. Wir leben, wenn wir es klug anstellen, mehr oder weniger das gleiche Leben wie vorher – und dennoch ist eine Revolution im Gange. Der große Unterschied, den Sādhanā ausmacht, liegt darin, dass wir nun das äußere Leben und Erleben von einem inneren Standpunkt aus betrachten. Ist Kuṇḍalinī erweckt, erleben die Betreffenden häufig eine völlige Veränderung des Blickwinkels auf ihr Leben. Sie betrachten das Leben jetzt mehr und mehr aus ihrem inneren Wesenskern heraus, dem inneren Selbst. Das Ego-Ich, mit dem sie sich zuvor identifizierten, gab ihnen eine völlig andere, begrenztere Betrachtungsweise. Dieses Ego suggeriert uns eine Welt, in der wir völlig allein und getrennt von allem anderen sind, was natürlich seine Auswirkungen auf unser Selbstempfinden und unsere Handlungsweise hat. Wird das Ego im Verlauf der Sādhanā durch die sich entfaltende Kuṇḍaliṇī zerstört, kehren wir von einer totalen Fixierung auf die äußere Welt zu einer Erfahrung des Lebens im und aus dem inneren Selbst zurück, was viele als ein Gefühl des „Nach-Hause-Kommens" beschreiben. Natürlich, unser Zuhause, unser wahres Wesen,

216 http://www.yoga-vidya.de/Yoga--Buch/sadhana/Grundlagensadhana.html

war und ist immer die unendliche innere Dimension und nicht die begrenzte äußere Welt. Deshalb sagen uns die Heiligen und Weisen, dass wir *in* dieser äußeren Welt leben, aber nicht *von* ihr sind. So paradox dies klingen mag, aber durch dieses Verständnis, durch diese Haltung, durch das Leben aus dem inneren Standpunkt heraus, erfahren wir die äußere Welt als eins mit der inneren. Die äußere Welt, auf die wir zuvor ausgerichtet waren, war eine fremde, von uns verschiedene Welt. Das führte so weit, dass wir von uns selbst entfremdet waren. Je mehr wir uns nun durch Sādhanā unserem inneren Selbst, unserer wahren Identität, nähern, desto mehr erkennen wir, dass auch die Welt dort draußen von uns nicht verschieden ist. „Erkenne Gott in jedem anderen" beziehungsweise „Erkennt Gott ineinander" war einer der elementaren Lehrsätze Swami Muktanandas. Was wir in uns erkennen, werden wir im Laufe der Zeit auch dort draußen erkennen. Doch reicht es nicht, dies nur zu hören oder zu lesen. Sādhanā ist der Aufruf an uns: „Tu es! Sei es!"

Die Sādhanā, mit der wir den Entfaltungsprozess der Kuṇḍalinī unterstützen und vorantreiben, beinhaltet daher ein aktives Leben und Handeln in der Welt, während wir mit dem inneren Selbst in Berührung bleiben. Jeder Augenblick, jede Handlung, jede Begegnung und jede Situation werden wir dann als Ausdruck des inneren Selbstes erfahren, das Selbst in allem erkennen. In dem Maße wie sich die Dinge in uns ändern, werden sich auch die äußeren Umstände verändern. Dinge verändern sich oft viel mehr durch unser Sein als durch unser Tun. Menschen spüren, ob jemand freundlich, aufrichtig und zufrieden ist – und reagieren dementsprechend. Menschen nehmen die durch Kuṇḍalinī bewirkte Transformation häufig gerade im Alltag und Zusammenleben mit anderen wahr. Wenn man sie fragt: „Was ist denn durch die Erweckung der Kuṇḍalinī anders als vorher?", bekommt man oft zur Antwort, dass nun vieles leichter geworden ist im Leben und die Mitmenschen freundlicher und umgänglicher zu der betreffenden Person sind. Viele bemerken oft gar nicht den *Grund* für diesen Wandel: Sie haben sich selbst verändert! Nachdem meine Kuṇḍalinī erwacht war und ich einige Zeit Sādhanā gemacht hatte, bemerkte ich an mir, dass ich zunehmend mehr innere Freiheit spürte. Konzepte und Vorstellungen darüber, wie ich sein sollte, wie andere sich verhalten sollten, wie bestimmte Situationen ablaufen sollten und wie das Leben überhaupt sein sollte, waren nicht mehr in dem Maße vorhanden wie vorher. Es sind letztendlich die *inneren* Fesseln, die uns wirklich gefangen halten.

Der erste, alles entscheidende Impuls zu dieser Freiheit ist also ohne Zweifel die Erweckung der Kundalini, beziehungsweise die Śaktipāt-Initiation. Dieser Impuls ist wie ein Funke, das erste Aufflackern einer Flamme. Unsere Aufgabe ist es, diesen Funken durch Sādhanā zu einem lodernden Feuer, zu einem Waldbrand zu entfachen. Auch hier begegnet uns wieder das Doppel-Prinzip „Segenskraft – Eigenanstrengung". Wie wichtig unsere Sādhanā ist, um zur höchsten Befreiung zu gelangen, sagen uns auch die Meister und Philosophen des Śivaismus von Kaschmir. Gemäß ihren Lehren gibt es drei elementare Fesseln oder Begrenzungen, die sogenannten *Malas*. Im Verlauf der Evolution des Bewusstseins – wir erinnern uns an die 36 Schöpfungsebenen – steigt *Parama-Śiva*, das höchste, allumfassende Bewusstsein, sozusagen von seiner höchsten Ebene herab und wird zum begrenzten Individuum. Die Begrenzung oder Verdichtung, die Śiva zu einem Individuum werden lässt, geschieht im Wesentlichen durch diese drei Malas:

- *Āṇava-Mala*
- *Māyīya-Mala*
- *Kārma-Mala*

Āṇava-Mala ist das, was die Freiheit des Göttlichen begrenzt und zu dem Verständnis führt "ich bin ein kleines Individuum, ich bin unvollkommen, ich bin unbedeutend". Als Individuum können wir nicht mehr alles sein. *Māyīya-Mala* führt zu dem Empfinden „ich bin verschieden (von allem anderen)". Dic individuelle Seele sieht sich als verschieden von anderen individuellen Seelen und hält auch die Unterschiede, die sie zwischen verschiedenen Personen und Dingen wahrnimmt, für real. *Kārma-Mala* bewirkt die Begrenzung der göttlichen Allmacht. *Kārma-Mala* ist das, was uns handeln lässt mit der Einstellung „ich bin der Handelnde". Alles, was wir tun und was uns widerfährt, beziehen wir hierdurch auf das Individuum, für das wir uns halten.

Von diesen drei Malas ist das erstgenannte, das *Āṇava-Mala*, dasjenige, das nicht durch unsere Eigenanstrengung aufgelöst werden kann. Dies kann nur durch die göttliche Segenskraft (*Anugraha-Śakti*) geschehen – und genau das passiert während des Śaktipāt. Die Zerstörung der anderen beiden Malas kann und muss durch Sādhanā geschehen. Die Zerstörung des *Āṇava-Mala* erfahren wir häufig deshalb nicht unmittelbar, weil in den allermeisten Fällen der Schleier, der durch die anderen beiden Malas geschaffen wurde, noch zu dicht ist, und uns von der direkten Erfahrung des Lichtes des Bewusstseins abhält. Wenn jemand jedoch in diesem oder im vorherigen Leben bereits sehr intensiv Sādhanā gemacht hat und dadurch *Māyīya-Mala* und *Kārma-Mala* zum Teil aufgelöst worden sind, dann erfährt der Betreffende die Zerstörung des *Āṇava-Mala* als intensive Auswirkungen (heftige Kriyās, vorübergehende

Erleuchtungszustände oder Erfahrungen von starker Energie im Körper) während der Śaktipāt-Initiation. Sādhanā ist also notwendig, um die Auflösung der noch vorhandenen Schichten von *Māyīya-* und *Kārma-Mala* zu bewirken.

Schauen wir uns nun den wichtigen methodisch-praktischen Teil der Sādhanā an. Zuvor jedoch noch ein Hinweis: Da die Sādhanā-Praxis ein geradezu unüberschaubar riesiges Feld ist, das ich im Rahmen des vorliegenden Werkes unmöglich erschöpfend und vollständig bearbeiten kann, werde ich mich nachfolgend auf einige wenige Aspekte konzentrieren, insbesondere auf diejenigen, welche die *Kuṇḍalinī*-Sādhanā betreffen. Hierzu gehört, dass wir uns mit grundlegenden Fragen hinsichtlich der Haltung, mit der wir Sādhanā betreiben, auseinandersetzen, da diese Einstellung die Basis für die Sādhanā bildet. Es ist immer unsere innere Haltung, die Bewusstheit, mit der wir etwas tun, die darüber bestimmt, ob wir wirklich Sādhanā machen oder nicht.

Beginnen wir mit etwas sehr Grundlegendem, mit der Basis für unsere Sādhanā-Praxis. Eigentlich habe ich es bereits mehrfach angesprochen, doch in vielen Yoga-Werken wird es hinsichtlich der Sādhanā als derartig essenziell erachtet, dass ich es hier noch einmal aufgreife. Die Rede ist von unserer Sehnsucht danach, das Ziel zu erreichen, im Sanskrit *Mumukṣutva* genannt, „das Verlangen nach Befreiung (*Mokṣa*)". Dies wird von allen Yoga-Meistern als unbedingt erforderlich erachtet. Gleich zu Beginn seines wohl bekanntesten philosophischen Werkes *Viveka Cūḍāmaṇī* („Kleinod der Unterscheidung", Vers 3) nennt der goße indische Philosoph Śaṅkara (7. Jh. n. Chr.) *Mumukṣutva* als eine der drei Vorbedingungen zur Befreiung:

durlabhaṃ trayamevaitat daivānugrahahetukam /
manuṣyatvaṃ mumukṣatvaṃ mahāpuruṣasaṃśrayaḥ //

„Diese drei sind schwer zu erlangen: Als Mensch geboren zu werden, Verlangen nach Befreiung zu haben und die Verbindung zu großen Seelen [Heiligen, Gurus]. Dies ist das Resultat der göttlichen Gnade."[217]

Doch geht es – in der Sādhanā ganz allgemein und bei den Kuṇḍalinī-Yoga-Praktiken im Besonderen – nicht darum, irgendetwas zu erzwingen. Wie ich bereits betont habe, lässt sich die Kuṇḍalinī unterstützen, aber nicht antreiben – s i e steuert das Geschehen. Sie lässt jedem zuteil werden, was er oder sie benötigt. Daher ist Sādhanā – obgleich es durchaus auch Phasensprünge in der Entwicklung geben kann – in der Regel ein Prozess, der unter Kuṇḍalinīs Führung stufenweise verläuft. Daher heißt es in Kṣemarājas Kommentar zu *Sūtra 8* des *Pratyabhijñā Hṛdayam*:

„Indem er zu dieser ehrwürdigen Śakti mehr und mehr Zuflucht nimmt, macht sie sich ihren Verehrer Schritt für Schritt zu eigen."[218]

Als Gurumayi Chidvilasananda einmal die Diskussion ihrer Schüler über eines der berühmten *Brahma Sūtras* (*1. 1. 3* – „Aus seinem [absolutes Bewusstsein] Schoß entspringt die Quelle der heiligen Schriften") verfolgte, sagte sie:

„Die Menschen machen sich immer Sorgen, dass sie keine spirituellen Erfahrungen haben. Wenn sie die Bedeutung *dieses* Sutras verstünden, dann könnten sie daraus Mut schöpfen, da

217 Vivekacūḍāmaṇī of Śrī Śaṃkara Bhagavadpāda, Bharatiya Vidya Bhavan. Bombay 1988, S. 12, 13.

218 Jaideva Singh, Pratyabhijñāhṛdayam – The Secret of Self-Recognition. Delhi 1980, S. 71.

das Sutra zum Ausdruck bringt, dass alles in Gott enthalten ist. Unser eigenes Selbst, alles, was wir sind, ist bereits da. Das bedeutet, dass, wenn die Zeit reif ist, sich alles in der Sādhanā spontan entfalten wird."[219]

Es gibt in der Sādhanā also keinen Grund, überstürzt ans Werk zu gehen. Außerdem sollte man auch hinsichtlich der Tatsache, dass man eine lange und sehr beschwerliche Reise vor sich hat, bezüglich der Yoga-Praxis moderat vorgehen. Dies lehren interessanterweise auch diejenigen, die ganz gewiss sehr intensiv Sādhanā praktiziert haben – wie z.B. Jñāneśvar:

„Ein Mensch, in dem die heilige Vereinigung von Mäßigung und Yoga-Praxis existiert und dessen Geist/Verstand entschlossen ist, für immer an diesem heiligen Ort [dieser Vereinigung] zu bleiben, von dem wird gesagt, dass er im Yoga harmonisiert ist."

Was harmonisch und angemessen ist, kann nicht durch ein Regelwerk festgelegt werden. Zwar sind in einigen autoritativen Yoga-Werken allgemeine Regeln hinsichtlich der Yoga-Sādhanā nachzulesen. Doch taugen diese Regeln nur bedingt (und waren auch niemals hierfür gedacht), wenn es um individuelle und praktische Fragen geht, die den spirituellen Weg betreffen. Jede Person muss also für sich selbst herausfinden, welche Formen der Sādhanā und welche Praktiken im Einzelnen zu ihr passen. Tief in unserem Inneren sind wir alle identisch, teilen das eine, höchste Selbst miteinander. Doch auf der Ebene der Persönlichkeit und des Individuums sind wir verschieden. Menschen haben unterschiedliche Neigungen, Fähigkeiten oder Temperamente. Nehmen wir als Beispiel die *Geschwindigkeit,* mit der jemand lernt und auf dem Pfad der Sādhanā vorankommt.

219 Swami Shantananda, The Splendor of Recognition, S. 4.

Das Aufnahmevermögen und das Tempo, in dem sich jemand zu entwickeln vermag, sollte im Zusammenhang mit der Intensität der Sādhanā berücksichtigt werden. Menschen, die überstürzt ans Werk gegangen sind, bemerkten nach einiger Zeit, dass der eingeschlagene Weg zum spirituellen Gipfel zu steil war. Sie gaben dann völlig enttäuscht (von sich selbst oder von dem jeweiligen spirituellen Weg) auf. Ich habe Hunderte davon kennengelernt. Nur eine spirituelle Praxis, die alle Unterschiede in Bezug auf Persönlichkeit und Fähigkeit respektiert, kann als moderat und harmonisch bezeichnet werden. Daher gleicht nicht eine Sādhanā der anderen. Sādhanā – so sie diese Bezeichnung verdient – ist immer individuell.

Als Sādhakā beziehungsweise Yoga-Schüler kann man nicht einfach etwas blind und unreflektiert befolgen, was irgendwelche Yoga-Systeme lehren. Selbst der Schüler oder die Schülerin eines Sadguru, der die unterschiedlichen Begabungen und Entwicklungsstände der ihm Anvertrauten sehr wohl wahrnimmt und berücksichtigt, wird nicht umhin können, die angebotenen Lehren und Praktiken nach Maßgabe der eigenen, individuellen Befähigung auf sein System abzustimmen und aufzunehmen. Wie bei jeder Information, die dem jeweiligen System einverleibt werden soll, so muss auch hier ein adäquater Anpassungsprozess stattfinden, und zwar in beide Richtungen (ähnlich wie bei Piagets Modell von „Assimilation und Akkomodation")[220]. Das bedeutet konkret, dass sich der Schüler den Lehren und umgekehrt auch die Lehren sich selbst anpassen muss. Alle *sādhanā*-relevanten Informationen (Lehren, Philosophien, Praktiken oder Erlebnisse) müssen also konkret in Bezug auf die eigene Sādhanā organisiert, verarbeitet und vor allem immer auf die zentrale Frage hin abgeklopft werden: „Was bedeutet das für mich

220 J. Piaget, Psychologie der Intelligenz. Stuttgart 1992.

und mein Leben?" Wir müssen daher wirklich *teil-nehmen* an dem Transformationsprozess der Sādhanā – vollkommen wach und präsent sein. Bücher über Yoga zu lesen, Vorträgen über Yoga beizuwohnen, an spirituellen Fragen interessiert zu sein, selbst große Gurus und erleuchtete Yogis aufzusuchen und allerlei Yoga-Übungen durchzuführen, bedeutet nicht zwingend, dass man Sādhanā praktiziert. Was für das Leben ganz allgemein gilt, gilt natürlich auch für die Sādhanā: Es ist gar nicht so entscheidend, *was* oder gar *wie viel* ich mache, sondern entscheidend ist, *wie* ich etwas mache.

Angemessenheit und Ausgewogenheit ist die Basis einer jeden Yoga-Praxis. Dies betrifft auch den Umgang mit dem wohl wichtigsten „Instrument" der Yoga-Sādhanā, unserem Körper. Disziplin ist außerordentlich wichtig, hat jedoch nichts mit Disziplinierung im Sinne von Erniedrigung oder gar Bestrafung des Körpers zu tun. Zu einer solchen negativen Haltung gegenüber allem Körperlichen kam es aber in vielen esoterischen Traditionen, im Osten wie im Westen. Denken wir nur an die bis in die Neuzeit hinein von vielen christlichen Ordensleuten durchgeführten Selbstgeißelungen. Gegen blinde Körperfeindlichkeit und falsche beziehungsweise übertriebene Askese sprachen sich daher viele Yoga-Meister ganz explizit aus, so auch Kabīr:

> „Was hat dir dein armes Haar denn getan, dass du es wieder und wieder abrasierst?
> Warum rasierst du nicht stattdessen deinen Geist, der voll von Verlangen und Verdorbenheit ist?
> In Bezug auf den Körper sind sie alle ‚Yogis', aber Yogis des Geistes gibt es nur wenige.
> Alle Kräfte werden mit Leichtigkeit erlangt, wenn der Geist selbst ein Yogi wird."

In *Jñāneśvarī 17. 255-58* zählt Jñāneśvar derartig radikale Praktiken auf, die in gewissen indischen Yoga-Kreisen heute noch populär sind, wie die „Askese der fünf Feuer“[221], das Verbrennen von Balsam auf dem Kopf, das Durchstechen der Haut mit Haken, extreme Atemübungen, langes Fasten, mit dem Kopf nach unten über einem Feuer hängen, das Verschlucken von Rauch oder bis zum Hals in eiskaltem Wasser stehen. Ähnlich wie Kabīr, urteilt auch Jñāneśvar über Yogis, die den Körper in solcher Weise peinigen in *Jñāneśvarī 17. 254*:

kevaḷa mūrkhapaṇācā vārā / jīvīṃ gheuni dhanurdharā /
nāma ṭhevije śarīrā / vairiyāceṃ //

„Den Wind der Dummheit in das Leben genommen habend, oh Bogenschütze (Arjuna), wird der Körper [von solchen Yogis] als Feind bezeichnet.“

Natürlich gehen wir hier in den westlichen Ländern, auch wenn wir Yoga praktizieren, nicht in solch extremer Weise mit unserem Körper um wie die indischen Yogis und Asketen. Dennoch erlebt man es immer wieder, dass Menschen, die Sādhanā praktizieren, den Körper „überwinden“ wollen. Wir sollten jedoch bedenken, dass wir uns *ohne* den Körper in dieser Welt – in der wir nach Aussage erleuchteter Yogis intensiver und schneller zu lernen vermögen als in irgendeiner anderen Welt oder Existenzebene – gar nicht aufhalten könnten. Vor vielen Jahren erzählte man mir von einem erleuchteten alten Yogi, der, als die Stunde seines körperlichen Todes nahte, sich vor seinem dahinscheidenden Körper verneigte und diesem liebevoll dafür dankte, dass er ihm die Reise durch diese Welt

221 Der Yogi beziehungsweise Asket entfacht vier Feuer um sich herum, das vierte ‚Feuer‘ ist die von oben kommende Hitze der Sonne.

bis ans letzte Ziel ermöglicht hatte – ein wahrlich beeindruckendes Verständnis.

Es ist zwar richtig, sich nicht mit dem Körper zu identifizieren, denn wir *sind* nicht der Körper; doch sollten wir auch bedenken, dass er das Geschenk Kuṇḍalinī-Śaktis an uns ist. Sie, die höchste Göttin, nahm seine Gestalt an, damit wir in der Lage sind, unsere Reise zu beenden. Wir sollten also unserem Körper Respekt und Achtung entgegenbringen, und wir sollten ihn pfleglich behandeln. Es ist nämlich ganz und gar nicht selbstverständlich, dass wir gerade einen *solchen* Körper haben – einen menschlichen Körper. So heißt es in *Viveka Darpaṇa 10. 7* ein wenig kryptisch:

yā dehācem māṇusapaṇa hemci nīkem /

„Die Menschhaftigkeit dieses Körpers, allein dies ist recht."

Gemeint ist hiermit, dass es, um höchste Befreiung zu erlangen, nicht mit irgendeinem Körper getan ist. Nach einer weit verbreiteten Auffassung im Tantra und Yoga *muss* es ein menschlicher Körper sein. Einen solchen haben wir jedoch erst gegen Ende einer sehr langen Reise bekommen. Einer Reise, während der wir – wie die Yoga-Meister nicht müde werden zu betonen – viele Existenzformen angenommen haben. Das *Viveka Darpaṇa* (21. 6) nennt in diesem Zusammenhang, wie viele andere Yoga-Schriften auch, die exorbitante Zahl von 8.400.000 Existenzformen beziehungsweise Spezies[222]:

222 Diese Zahl ist übrigens identisch mit der Anzahl aller Āsanās. Auf den Zusammenhang wird in Gorakṣa Śataka 8 und 9 hingewiesen: „Wie viele Spezies von Lebewesen existieren, so viele Āsanas gibt es. Die vollständige Unterscheidung von diesen kennt nur Śiva. Jede einzelne der 8.400.000 wurde erklärt."
Siehe hierzu auch Gheraṇḍa Saṃhitā 2. 1.

cauryāsī lakṣa jīva yaunī : yaisī saṃkhyā bolīlī āse :

„8.400.000 Existenzformen (*Yaunī*, Skt. *Yoni*, wörtl. ‚Mutterschoß') der Lebewesen, eine solche Zahl ist genannt worden."

8.400.000 Existenzformen der Lebewesen bezieht sich also auf die weit verbreitete Vorstellung, nach der sich jedes Wesen insgesamt 8.400.000 Mal in verschiedenen Spezies oder Existenzformen inkarnieren muss, um schließlich als Mensch geboren werden zu können.[223] So heißt es auch in einem der Gedichte der bekannten südindischen Mystikerin Akka Mahādevi:

„Nicht durch eine, nicht durch zwei, nicht durch drei
oder vier –
sondern durch 8 Millionen 400 Tausend Vaginas
bin ich gekommen, bin ich gekommen ..."[224]

Wegen dieser Einzigartigkeit des menschlichen Körpers und seiner unbedingten Notwendigkeit, um zur höchsten Befreiung zu gelangen, kommt ihm in allen Traditionen des Yoga und Tantra eine solch kaum zu überschätzende Bedeutung zu – auch in der Tradition der buddhistischen Siddhas. So schreibt der große indische Gelehrte Dasgupta:

„Im *Hevajra-Tantra* lesen wir, dass Gott (*Bhagavān*) von einem Bodhisattva gefragt wurde, ob es überhaupt irgendeine Notwendigkeit für diese physische Welt und einen physischen Körper gäbe, da ja alles in Wirklichkeit nichts als reine Leere sei. Hierauf erwidert der Herr, dass es ohne einen Körper keine Möglichkeit gäbe, die große Glückseligkeit zu realisieren, und

223 Diese Zählung findet man z.B. auch in *Kulārṇava Tantra 3. 105* und *Jñāneśvarī 15. 149.*

224 A.K. Ramanujan, Speaking of Śiva. Harmondsworth 1979, S. 117.

dass darin die Bedeutung des Körpers läge.... Im *Śrī Kāla-Chakra* lesen wir, dass es ohne den Körper keine Vollkommenheit gibt, noch dass die höchste Glückseligkeit in diesem Leben ohne den Körper erlangt werden könne – aus eben diesem Grunde sei der Körper mit seinem Nervensystem für den Yoga so wichtig. Wenn man Vollkommenheit (*Siddhi*) des Körpers erlange, könne man sehr leicht alle Arten von Vollkommenheit in den drei Welten erlangen."[225]

Nach Meinung der Yogis und Siddhas ist also nicht nur die dem Menschen vorbehaltene Fähigkeit des Denkens, Verstehens und der Einsicht für die höhere Erkenntnis obligatorisch, sondern auch die physische Grundlage – der menschliche Körper. Ungeeignet hingegen sind nicht nur die Körper von Tieren, sondern interessanterweise auch die Existenzformen der Götter. So heißt es bei Mircea Eliade:

„Nur durch die Erfahrungen erlangt man Befreiung, daher haben auch die Götter (*Videha*, ‚Körperlose'), die ohne Erfahrung, weil ohne Körper sind, eine niedrigere Existenzverfassung als der Mensch und können nicht zur vollständigen Befreiung gelangen."[226]

Somit wird klar, dass unsere Verkörperung wahrlich kein *Problem* ist, das es zu lösen gilt. Man sollte ganz im Gegenteil begreifen und erfahren, dass es sich beim Körper um den „Wohnort des Selbstes" handelt – wie es in *Aitareya Upaniśad 1. 3. 12* heißt: *ayaṃ āvastho...*, „Dieser (Körper) ist der Wohnort" – oder, wie andere sagen, der „Tempel Gottes". Ein Tempel ist ein Ort der Verehrung, der Schönheit und Reinheit. Ob wir unseren Körper nun als göttliches Instrument oder als Tempel

225 S. Dasgupta, Obscure Religious Cults. Calcutta 1957, S. 89.
226 M. Eliade, Yoga, S. 48.

erachten, in jedem Fall müssen wir ihn reinigen, pflegen und instandhalten. Was genau bedeutet dies im Hinblick auf unser alltägliches Verhalten? Zunächst einmal – insbesondere wenn die Kuṇḍalinī erwacht ist und Kuṇḍalinī-Yoga praktiziert wird – sollte man dem Körper ausreichend Bewegung, aber auch Ruhe gönnen und immer gute Nahrung zuführen, wozu auch gehört, dass man mit dem Fasten sehr vorsichtig umgeht. Ich hebe Letzteres besonders hervor, weil ich immer wieder mit Yoga-Praktizierenden zu tun bekomme, deren Kuṇḍalinī erwacht ist und die mit der erweckten Kraft ganz und gar nicht umgehen können, u.a. auch deswegen – das erkennt man häufig schon am Erscheinungsbild dieser Menschen – weil sie intensiv Sādhanā praktizieren und sich nicht angemessen ernähren. Kuṇḍalinī ist ein loderndes inneres Feuer. Wenn sie nicht ausreichend „Brennstoff" in Form von Nahrung bekommt, verzehrt sie die körperliche Substanz des Betreffenden. Man sollte also den Körper auch dergestalt achten und ehren, indem man ihm das gibt, was er jeweils benötigt. Was und wie viel das ist, müssen wir – trotz vieler gerade von Seiten des Yoga aufgezeigten Lehren zu diesem Thema – für uns jeweilig selbst herausfinden. Obwohl es einige durchaus sinnvolle und zu beachtende Regeln gibt, bringen uns Dogmen auch in diesem Bereich nicht weiter. So lesen wir bei Gurumayi Chidvilasananda, die sowohl in der östlichen als auch westlichen Welt zu Hause ist, über die Disziplin des Essens:

„Es gibt zahlreiche Kontroversen darüber, welche Nahrungsmittel gut sind und welche nicht. Es gibt so viele verschiedene Essenstraditionen. Jedes Land, jede Kultur hat seine eigene Art, mit Nahrung umzugehen. Um es zusammenzufassen: Du musst deinem eigenen Körper Aufmerksamkeit schenken. Du musst herausfinden, was dir gut tut. Es gibt bestimmte Nahrungsmittel, die deine Meditation nachweislich unterstützen, weil du nach ihrem Genuss sehr gut meditieren kannst. Wann immer du eine sehr gute Meditation hattest, solltest du dich daran erinnern, was du vorher gegessen hast, weil Essen weitreichende Folgen hat. Sie hängt nicht nur davon ab, was du gelesen hast oder mit wem du gesprochen hast oder wie viel Stille du zugelassen hast. Sie hängt auch davon ab, was du gegessen hast. Immer, wenn sich dein Magen gut fühlt, solltest du bedenken, was du gegessen hast. So kannst du deinen Körper kennenlernen. Welches Essen man zu sich nehmen sollte, ist für jeden Menschen verschieden."[227]

Sādhanā zu praktizieren, bedeutet, Eigenverantwortung zu übernehmen. Zwar erhalten wir von der universellen Kraft *Kuṇḍalinī-Śakti*, wenn wir uns ernsthaft an sie wenden, Unterstützung für unser Leben und unsere Sādhanā, in welche Richtung wir dann gehen, müssen wir allerdings selbst entscheiden.

Auf welchen verschlungenen Pfaden uns die Unterstützung durch Kuṇḍalinī-Śakti erreichen kann, möchte ich mit folgender Begebenheit aus meinem Leben, die ich hier kurz einflechte, illustrieren. Mir ist lebhaft in Erinnerung, wie ich bereits zu Beginn meines Studiums den brennenden Wunsch hegte, später einmal meine wissenschaftliche Abschlussarbeit über Jñāneśvar und die Nātha-Yogis zu schreiben und wie ich hierüber irgendwann mit einer Gast-Dozentin sprach, die viele Jahre später meine Doktormutter sein sollte, was zu jenem Zeitpunkt jedoch für mich unvorstellbar war. Da sie selbst seit vielen Jahren Sādhanā praktizierte und wusste, dass ich Gleiches tat, hatte sie ein Gespür für diese besondere Situation und sagte mir, dass ich mich mit diesem Wunsch an die Kuṇḍalinī-Śakti wenden sollte, um dann abzuwarten und zu akzeptieren, was weiterhin geschehen würde. Gesagt,

227 Swami Chidvilasananda, Yoga der Disziplin. Telgte 2001, S. 128-129.

getan. Was tatsächlich Jahre später geschah, war, dass ich, auf der Suche nach einem bisher unbearbeiteten Yoga-Text der Nātha-Yogis, bei einer Unterhaltung mit einem anderen Gast-Dozenten, Professor Tulpule aus Poona [den ich mittlerweile durch meine Studienaufenthalte in Poona kannte und der mit jener Gast-Dozentin, meine Doktormutter in spe, befreundet war), über mein Vorhaben sprach. Woraufhin er mir sagte, dass ihm vor einiger Zeit just ein solches Manuskript in die Hände gefallen sei. So kam ich also tatsächlich, über viele Umwege, zu einem Ur-Text der Nātha-Yogis, der die Basis meiner Dissertation bildete. Es ereigneten sich noch viele solcher *Zufälle*, die den erfolgreichen Abschluss meiner Arbeit über die Nātha-Yogis erst möglich machten.

Guru und Kuṇḍalinī unterstützen uns zwar, werden aber für die Sādhanā keinen Plan geben, dem man zum Ziel nur blind zu folgen hätte.

Dies gilt ebenfalls für die körperbezogenen Yoga-Übungen, also die *Haṭha Yoga Praxis* – die ich hier nur kurz anspreche, da sie in vielen anderen Werken, auch solchen, die sich mit Kuṇḍalinī Yoga befassen, bereits ausgiebig dargestellt wird. Der Haṭha Yoga für sich ist kein Weg, der zur Befreiung (*Mokṣa*) führt. Gewiss jedoch eignet er sich als Vorbereitung und als *Sādhanā*-begleitende Praxis, da Körper und Geist durch das Nervensystem eng miteinander verknüpft sind.[228] Es ist allerdings nicht von der Hand zu weisen, dass auch der Haṭha Yoga ein System ist, dass auf die Vernichtung dessen abzielt, was zwischen uns und der unmittelbaren Erfahrung des Selbst steht. Dies erfahren wir aus der bekannten *Haṭha-Yoga*-Definition in *Yogaśikhā Upaniṣad 1. 134*, wo auch etwas über die Grundbedeutung des Wortes *haṭha* („gewaltsam, zwangsweise“) zu erfahren ist:

228 Siehe hierzu Swami Vishnu Tirtha, Devatma Shakti, S. 113.

„Eine [Yoga-]Praxis, die gewaltsam den Zustand der Dumpfheit und Unwissenheit zerstört, der die Ursache aller Fehler und Mängel ist, ist bekannt als *Haṭhayoga*."

Dennoch betonen viele Werke des Yoga und Tantra den propädeutischen Charakter des Haṭha Yoga. Häufig, wie beispielsweise im *Viveka Darpaṇa (Kapitel 15)*, wird der Haṭha Yoga zusammen mit drei anderen Yoga-Arten genannt, nämlich dem *Laya Yoga* (Yoga der Verschmelzung/Auflösung)[229], *Mantra Yoga* (Yoga der Mantras) und *Rāja Yoga* (Königs-Yoga). Auch nach *Yogatattva Upaniṣad 19b* gibt es einen „vierfältigen Yoga", bestehend aus Mantra-, Laya-, Haṭha- und Rāja-Yoga. Diese vier werden in *Yogaśikhā* Upaniṣad *1. 129* unter dem Begriff *Mahā Yoga* („großer Yoga") zusammengefasst. Einige dieser Yoga-Upaniṣaden, wie z.B. *Varāha Upaniṣad 5. 10*, nennen *Mantra-*, *Laya-* und *Haṭha*-Yoga als aufeinander aufbauende Stufen eines Yoga-Prozesses, der mit Haṭha Yoga als der untersten und gröbsten Stufe beginnt. Von den vier Yoga-Arten gilt der *Rāja-Yoga* allgemein als der höchste und vollkommenste, so heißt es z.B. in *Viveka Sindhu 1. 2. 91cd*: *ha smare to cāṃgu / bahutaṃmājiṃ //* – „Dieser (Rāja Yoga), an den man sich erinnert, ist von vielen Yoga-Arten die

229 *Laya* leitet sich ab von der Sanskrit-Verbwurzel *lī*, „verschmelzen, sich auflösen". Nach R.K. Rai (*Encyclopedia of Yoga, S. 297*) ist *Laya* sowohl die Vereinigung der *Prakṛti/Kuṇḍalinī* mit dem im *Sahasrāra* befindlichen *Puruṣa* – das ist das Ziel des *Laya Yoga* – als auch ein Synonym für *Samādhi*, den Zustand der geistigen Verschmelzung. Dieser Zustand der geistigen Verschmelzung oder Auflösung wird nach der Definition des *Viveka Darpaṇa* dadurch erreicht, dass man sich dauerhaft auf ein (vermutlich geistiges) Objekt konzentriert. Ähnlich wird nach *Haṭha Yoga Pradīpikā 4. 31-32 Laya* als das Aufhören aller körperlichen und geistigen Aktivitäten beschrieben:
„Eine Verschmelzung/Auflösung der *Yogīs*, bei der der eingehende und ausgehende Atem aufgehört hat und das Ergreifen der [Sinnes-] Objekte ausgelöscht ist, sich nichts bewegt und nichts verändert, ist siegreich. Es entsteht ein [Zustand der] Verschmelzung/Auflösung, bei dem alle Vorstellungen abgeschnitten/zerstört [und] keine Körperbewegungen geblieben sind, [der nur] dem Selbst verständlich [und] durch Worte nicht erreichbar (= unbeschreibbar) ist."

beste". In einigen Fällen werden die anderen Yoga-Arten sogar nur als Vorstufen zum Königsyoga angesehen:

Haṭhayoga Pradīpikā 1. 2 -

praṇamya śrīguruṃ nāthaṃ svātmārāmeṇa yoginā /
kevalaṃ rājayogāya haṭhavidyopadiśyate //

„Durch den Yogi Svātmarāma, nachdem er sich vor seinem Guru und Herrn verneigt hat, wird die Wissenschaft des Haṭha[-Yoga] dargelegt, einzig zum [Erlangen des] Rājayoga."

Auch Swami Shivananda, in dessen Yoga-Tradition der Haṭha Yoga eine gewichtige Rolle spielt, sagt über das Verhältnis Rāja Yoga – Haṭha Yoga: „Der wahre Rāja Yoga beginnt dort, wo richtig praktizierter Hatha Yoga endet."[230] Ganz in diesem Sinne schreibt Sukadev Bretz, einer der herausragenden Lehrer der Shivananda-Tradition, bezugnehmend auf die *Haṭhayoga Pradīpikā*: „Es ist sehr schwer, nur durch geistig-psychologische Techniken Kontrolle über den Geist zu bekommen. *Āsanās* (Körperstellungen) und *Prāṇāyāma* (Atemübungen) können uns dabei helfen."[231] Über Inhalt, Ausrichtung und Bedeutung der oben genannten vier Yoga Richtungen – einige Yoga-Texte nennen darüber hinaus noch andere, wie z.B. Śiva Yoga oder Mahā Yoga – gibt es allerdings divergierende Auffassungen. Doch im Allgemeinen besteht Konsens darüber, dass der höchste Yoga, wie Swami Vishnu Tirtha es ausdrückt, derjenige Yoga ist, der sich „auf die Praxis des Geistes bezieht"[232]. Der Geist beziehungsweise Verstand (Skt. *citta*) verdient bezüglich der Sādhanā nämlich unsere ganz besondere Aufmerksamkeit,

230 www.yoga-vidya.de/Yoga-Buch/sadhana/Grundlagensadhana.html
231 S.V. Bretz, Die Yogaweisheit des Patanjali für Menschen von heute. Petersberg 2001, S. 14.
232 Swami Vishnu Tirtha, Devatma Shakti, S. 113.

da er – so eine alte yogische Binsenweisheit – sowohl Ursache unserer Gefangenschaft als auch Ursache unserer Befreiung ist. Wir *müssen* uns als Sādhakas mit unserem Geist/Verstand befassen, da es erst Sinn macht, das Ziel anzuvisieren und loszugehen, wenn wir genau wissen, wo wir im Moment stehen.

Gerade in Bezug auf den Geist zeigt sich im Tantra und im Kuṇḍalinī Yoga, anders als in anderen esoterischen Traditionen, eine bemerkenswert positive Haltung, da man davon ausgeht, dass auch der Geist nichts anderes als eine Form des höchsten Bewusstseins ist. Im Tantra und Kuṇḍalinī Yoga geht es daher nicht darum, sich vom Geist abzuwenden – im klassischen Yoga-System Patañjalis z.B. wendet man sich von den Veränderungen des Geistes (*Citta-Vṛttis*) ab und im *Advaita-Vedānta* betrachtet man die auf Grundlage des Geistes stattfindende Empirie als zu überwindende Täuschung (*Māyā*) – sondern es geht darum, sich ihm in rechter Weise zuzuwenden, ihn zu kultivieren und ihn sich zum Freund zu machen. Voraussetzung hierfür ist, dass man erst einmal begreift, was die wahre Natur des Geistes ist. Eine bedeutende und von vielen tantrischen Meistern zitierte Aussage zu diesem Thema findet man in dem bereits erwähnten tantrischen Werk *Pratyabhijñā Hṛdayam* (*Sūtra 5*):

citir eva cetana-padād-avarūḍhā cetya-saṃkocinī cittam

„Das [höchste] Bewusstsein (*Citi*) selbst, herabgestiegen vom Zustand der unendlichen Weite, wird zum Geist/individuellen Bewusstsein (*Citta*), zusammengezogen durch die Objekte seiner Wahrnehmung."

Die Essenz dieses zentralen Lehrsatzes nennt Kṣemarāja in seinen Kommentar zu diesem Sūtra, indem er sagt:

„Tatsächlich ist *Citta* (Geist/individuelles Bewusstsein) die erhabene *Citi* (universelles Bewusstsein)."

Unser Geist/Verstand – Zentrum unseres Lebens und wichtigstes Instrument auf unserem Lebensweg – i s t also das höchste Bewusstsein. Alles, was unser Geist erschafft – Gedanken, Gefühle oder Phantasien – ist eine Manifestation des göttlichen Bewusstseins. Das bedeutet im Klartext: Gott offenbart sich uns in Form der geistigen Inhalte in jedem Augenblick. Was wir „Realität" nennen, ist unsere Schöpfung, ist Gottes Schöpfung in uns. Egal, was wir in unserem Inneren erfahren, welche Gefühle oder Gedanken wir auch haben – von den allerschrecklichsten bis zu den wunderschönsten –, sie sind allesamt nichts anderes als verschiedene Formen ein und derselben Bewusstseinsenergie. Solange wir jedoch in der unterschiedlichen Bewertung des Erlebten verhaftet sind, bleiben wir an der Oberfläche des Bewusstseins und erkennen nicht unsere wahre, unsere göttliche Natur.

Dies möchte ich mit einer uns allen vertrauten Erfahrung veranschaulichen, die hier allegorisch für unsere Situation als (vermeintlich) begrenztes Individuum steht – der Erfahrung des (Alb-)Traumes. Solange wir in einem Traum von einem Tiger verfolgt werden, und uns wünschen, diesem zu entkommen, oder uns in einem anderen Traum in völliger Armut wähnen und uns auf die Suche nach Goldschätzen begeben, so lange bleiben wir in diesen Träumen gefangen und erleben den endlosen Wechsel von Freude und Leid. Die Lösung ist, aufzuwachen und zu erkennen, dass der „Tiger", die „Armut", die „Goldschätze" – also unser gesamtes Erfahrungsspektrum und die daran geknüpfte Bewertung im Traum – unsere eigene Schöpfung ist. Und was für den Traum gilt, gilt auch für unseren Wachzustand, für das, was wir „Realität" nennen. Daher heißt es in *Maitrī Upaniṣad 6. 34. 3*:

„Der eigene Geist (*Citta*) ist der *Saṃsāra* (Kreislauf von Geburt, Tod u. Wiedergeburt). Daher sollte man diesen (Geist) mit [aller] Anstrengung reinigen. Was jemand denkt, zu dem wird er – das ist das ewige Mysterium."

Was bedeutet das für unsere Sādhanā? Es bedeutet zunächst einmal, dass wir buchstäblich jeden inneren Zustand willkommen heißen sollten, jeden Gedanken und jedes Gefühl. Dadurch lernen wir den Geist als das zu akzeptieren, was er in Wirklichkeit ist – höchstes Bewusstsein. In diesem Ansatz liegt das eigentlich Revolutionäre der tantrischen Methodik;[233] denn hierdurch ist das Alltägliche, Gewöhnliche nicht mehr verschieden vom Heiligen. Meditation ist nicht mehr begrenzt auf einen bestimmten Zeitraum und Akt. *Alles,* was im Geist aufsteigt, wird zum Ziel der Meditation, denn hinter allem steckt die Energie des höchsten Bewusstseins. Unterscheidung ist das Meisterstück des Geistes/Verstandes (*Citta*), die gröbste Verzerrung der göttlichen Realität – nicht weil Unterschiede nicht existieren, sondern weil sie nicht das sind, wofür wir sie halten. Sie sind nur Erscheinungen in unserem Geist. Solange wir auf diese Veränderungen im Geist fixiert sind und ihnen Glauben schenken, hat der Geist uns im Griff. Es ist die Natur des Geistes, permanent solche Veränderungen (Skt. *vṛtti*) bezie-

233 Grundsätzlich gibt es zwei Wege, um das Höchste zu erlangen: 1. der Weg, alles auszuschließen, was (der Vorstellung nach) nicht göttlich ist. Dies entspricht z.B. dem advaitischen Ansatz – *neti, neti,* „nicht dies, nicht das". 2. der Weg, alles mit einzuschließen. Das ist der tantrische Ansatz, der leider häufig (insbesondere in den westlichen Ländern) missinterpretiert wurde. Denn wenn alles dazu gehört, schließt es natürlich auch die Sexualität mit ein. Doch liegt hierbei die Betonung auf „auch". Wenn daraus jedoch eine Fixierung auf die Erfahrung der Sexualität entsteht, wird aus der Methode, die zur Befreiung führen sollte, wieder ein Weg in die Gefangenschaft.

hungsweise unterschiedliche Wahrnehmungen (Skt. *vikalpa*) zu erzeugen. Das Sanskrit-Wort *Vikalpa* wird häufig im Sinne von „Gedanke" und „Wunsch" übersetzt. Seine wörtliche Bedeutung jedoch ist „das, was Trennung/Verschiedenheit erzeugt" (> Präfix *vi*, „auseinander" + Verbwurzel *kḷp*, „bewirken"). *Vikalpa* ist folglich die für den Geist charakteristische Fähigkeit, die Wahrnehmung von Dualität, von Verschiedenheit zu schaffen.

Wenn wir dem Geist bei „seiner Arbeit" zuschauen – eine der grundlegenden und wirkungsvollsten Sādhanā-Praktiken überhaupt – erkennen wir im Laufe der Zeit nicht nur seine wahre Natur, sondern wir lernen auch, etwas zu vermeiden, was mit der Aktivität des Geistes untrennbar verknüpft ist – die Erfahrung von Leid. *Vṛttis* beziehungsweise *Vikalpas* steigen wie Wellen im Ozean immer wieder in unserem Geist auf und verschwinden nach einiger Zeit. So weit so gut – wenn darüber hinaus nichts geschehen würde, wäre alles in Ordnung. Unsere Schwierigkeiten beginnen jedoch in dem Augenblick, in dem wir uns mit den Gedanken und Wünschen identifizieren, beziehungsweise sie auf unser Ego, unsere Person, unsere begrenzte Identität beziehen. Erst dadurch, dass wir an den Gedanken und Gefühlen festhalten und sie damit als etwas Reales anerkennen, erhalten sie Macht über uns. Ähnlich wie bei dem oben genannten Traum: In dem Maße, wie ich den Tiger im Traum ernst nehme, wird er für mich real und somit bedrohlich. In Wirklichkeit ist er meine eigene Schöpfung. Die Kraft, die er hat, ist meine eigene. Würde ich mich ihm in rechter Weise zuwenden, indem ich ihn zwar betrachte, allerdings ohne jede Wertung und inneren Bezug, und würde ich mir darüber hinaus noch vergegenwärtigen, woraus er besteht, verschwände er im nächsten Augenblick, ohne meinen Zustand im Geringsten zu verändern.

Auch im Geist des erlösten Yogi entstehen *Vṛttis* und *Vikalpas*. Doch erfährt er die Gedanken und Phantasien, die in endlosen Variationen in seinem Geist pulsieren, als das äußere Pulsieren des höchsten Selbst. So lautet ein Vers aus der *Īśvara Pratyābhijñā Kārikā* (4. 1. 12):

„'All dies ist meine Herrlichkeit' –
wer eine solche Erkenntnis hat,
wird zum innersten Selbst des Universums.
Er ist von göttlicher Natur, selbst wenn noch
störende Gedanken dahinströmen."[234]

Die tantrischen Traditionen bieten uns daher eine Sādhanā-Methode an, bei der wir weniger lernen, den Geist zu *beherrschen*, als vielmehr ihn uns *zum Freund zu machen* – indem wir begreifen und erleben, dass jeder Gedanke, jedes Gefühl – alles, was im Geist aufsteigt – eine Schöpfung des höchsten Bewusstseins (*Para-Śiva*), beziehungsweise der Energie des höchsten Bewusstseins (*Parā-Śakti, Kuṇḍalinī*) ist. Dies bezieht sich auch und gerade auf sehr intensive Erfahrungen und Empfindungen, wie uns die Philosophen und Weisen des Śivaismus von Kaschmir sagen:

Spanda Kārikā 1. 22 –

„Das *Spanda Prinzip* (= Prinzip der göttlichen Schwingung/ Energie) ist fest verbunden mit dem Zustand, den eine Person erfährt, wenn sie sehr verärgert oder überglücklich ist, wenn sie in einem Zustand der inneren Starre ist und weder ein noch aus weiß, oder wenn sie sich in Todesangst befindet und um ihr Leben rennt."

234 B. Bäumer, Vijñāna Bhairava, S. 183.

Für die unmittelbare Sādhanā-Praxis sind solche Situationen natürlich keine, die wir uns unbedingt wünschen würden. Doch die Botschaft dieses Verses ist klar und richtungsweisend: Was immer wir erfahren, egal unter welchen Umständen, ist dieses eine, höchste Prinzip. Beginnen und bis zum höchsten Ziel konsequent fortführen kann man diese Art der Sādhanā tatsächlich mit jeder x-beliebigen alltäglichen Erfahrung. Das ist auch die Lehre des *Vijñāna Bhairava*. Das *Vijñāna Bhairava* („Göttliches Bewusstsein" oder „Mystische Erkenntnis der göttlichen Wirklichkeit") ist eines der ältesten und bedeutendsten Tantras des Śivaismus von Kaschmir (siehe Kapitel 3), über das Bettina Bäumer sagt:

„Das Erstaunliche an diesem Text ist die breite Vielfalt der Methoden der Verinnerlichung, der Integration, der Vergöttlichung. Diese Vielfalt bezieht sich einerseits auf die unterschiedlichen Fähigkeiten und Verfassungen der Menschen, denn jeder kann, ausgehend von seiner eigenen Voraussetzung, einen Weg finden, das Göttliche in sich zu realisieren. Sie bezieht sich auch auf die unterschiedlichen Erfahrungen des Lebens, die zum Ausgangspunkt für eine mystische Realisierung genommen werden können, die sozusagen die Funktion eines Sprungbretts haben für das Eintauchen in den großen See des göttlichen Bewusstseins. ...Die hier geoffenbarten 112 Weisen, die göttliche Natur in sich zu entdecken, sind so umfassend, dass kein Aspekt der Wirklichkeit und der menschlichen Erfahrung ausgeschlossen ist."[235]

Das Erstaunliche und Besondere an diesem Text ist seine unbedingte Praxisbezogenheit. Er gibt uns mit seinen 112 *Dhāraṇās* Mittel an die Hand, mit denen wir Schritt für Schritt zur oben beschriebenen Erfahrung der Göttlichkeit unseres

235 ibid., S. 7.

Geistes vorzudringen vermögen. Hier als Kostprobe *Vers 116* [*Dhāraṇā 91*] mit anschließendem Kommentar von B. Bäumer:

yatra yatra mano yāti bāhye vābhyantare 'pi vā /
tatra tatra śivāvasthā vyāpakatvāt kva yāsyati //

„Wohin auch immer deine Gedanken gehen, ob nach außen oder innen, eben dort ist der göttliche Zustand zu finden. Da Śiva alles durchdringt, wohin könnten die Gedanken gehen, wo Er nicht ist?"

Kommentar:
„'Wo immer sich deine Gedanken hinwenden', dort ist der göttliche Zustand, weil alles vom reinen göttlichen Bewusstsein durchdrungen ist. Hier drückt sich die ganze Philosophie des Śivaismus auf die Praxis bezogen aus. ...Alles kann zum Ausgangspunkt der Erfahrung der göttlichen Wirklichkeit werden, äußere Dinge oder innere Gefühle und Gedanken. Es ist nicht nötig, sich eine bestimmte Vorstellung von Gott zu machen und dann darüber zu meditieren. Wenn Śiva alles mit seiner Wirklichkeit durchdringt, ist dann nicht auch jedes Staubkorn und jeder Grashalm und jedes Gefühl, jeder Gedanke von ihm erfüllt? Und wenn man sich auf diese äußere und innere Präsenz konzentriert, wird der göttliche Zustand eben dort erfahrbar. Darin liegt eine ungeheure Befreiung von allen religiösen Fixierungen, die immer ausschließlich sind: Gott ist hier und nicht dort, so und nicht anders; ... Diese Befreiung betrifft auch die psychischen und spirituellen Skrupel, die so viele Menschen an einer spirituellen Praxis behindern: Wenn man die Allgegenwart Gottes ernst nimmt, dann haben selbst störende Gedanken eine Rolle und können zum Ausgangspunkt der Erfahrung des göttlichen Zustandes werden."[236]

236 ibid., S. 181-182.

Für diese Art der Sādhānā benötigt man allerdings sehr viel Disziplin und Willensstärke und vor allem permanente geistige Präsenz, denn wie alle Praktiken, so muss auch die oben vorgestellte mit einer gewissen Beharrlichkeit und Regelmäßigkeit durchgeführt werden, was bei einer solch wenig greifbaren, gegenständlichen einigermaßen schwierig ist. Die zweite Praxis, auf die ich nun zu sprechen komme, erscheint mir daher etwas leichter, weil konkreter – die Wiederholung eines Mantras. *Mantra Yoga* und *Mantra Śāstra* (Wissenschaft der Mantras) sind ein derartig weites Feld, weshalb ich mich hier auf bestimmte Aspekte konzentrieren werde.

Mantra Yoga wird klassischerweise mit Kuṇḍalinī Yoga gleichgesetzt, weil die Kuṇḍalinī in den einschlägigen Werken als *Śabda Brahman*, das „höchste Selbst in Form von Klangschwingung", bezeichnet wird. Alle Mantras sind somit Kuṇḍalinīs Manifestationen. Deshalb sind Mantras die passenden Schlüssel, die das Tor zur Kuṇḍalinī öffnen. Die Mantra-Texte sagen, dass Kuṇḍalinī durch Mantra-Wiederholung leicht erweckt werden kann. Doch um genauer zu verstehen, warum Mantras diese Kraft/Macht besitzen und wie wir diese für uns und unseren Kuṇḍalinī-Weg nutzbar machen können, werden wir uns ein wenig in die Wissenschaft der Mantras vertiefen müssen.

Was ist es, was ein echtes Mantra ausmacht? Meine erste eigene Erfahrung hing mit einem ganz bestimmten Erlebnis zusammen – mit der Einführung in die Meditation. Es war eigentlich nicht die Einführung als solche, mit ihren fremdartigen indischen Ritualen, sondern das Erlebnis während der ersten Meditation mit einem Mantra. Dieses Erlebnis in meiner ersten bewusst durchgeführten Meditation war wie ein Fanal, ein leuchtendes Feuer, das man nach langem, langem Umherirren in Dunkelheit und Kälte erblickt. Ich bezeichne diese erste Meditation als „bewusst durchgeführt", weil ich hiernach in meinen Meditationen Zustände erfuhr, die ich bereits aus meiner Kindheit kannte. Meditation war mir also durchaus vertraut, ich hatte nur völlig vergessen und auch nicht einordnen können, was damals geschehen war (und ich bin mir sicher, dass ich diesbezüglich keine Ausnahme bin). Als Kind – teilweise aus purer Langeweile – betrachtete ich die merkwürdigen Tapetenmuster im Hause meiner Großmutter und fixierte sie buchstäblich mit meinem Blick. Die Tapetenmuster dienten mir, ohne dass ich mir dessen bewusst war, als visuelle Meditationshilfen – vergleichbar den *Yantras* – wodurch ich in diese Muster förmlich hineingezogen wurde und unbeschreibliche, teilweise ekstatische Bewusstseinszustände erlebte. Manchmal hatte ich das Gefühl, als würde sich die Wand öffnen und mich in eine andere Welt führen – was mich an ein Gedicht des französischen Schriftstellers und Nobelpreisträgers Romain Rolland (1866-1944) erinnert:

> „Ich habe den Schlüssel zu dem verlorenen Treppenaufgang wiederentdeckt –
> den Treppenaufgang in der Wand, der sich windet wie die Spiralform einer Schlange,
> der sich von den unterirdischen Tiefen des Egos hinaufschlängelt
> zu den allerhöchsten Stufen, die gekrönt sind von den Sternen."

Ich ließ mich mit Anfang zwanzig in die Meditation einführen und bekam zu dieser Meditation ein *Bija-Mantra* genannt, das ich, auf einem Stuhl sitzend, still für mich wiederholen sollte. Das tat ich. Ich spürte, wie ich mich körperlich und geistig entspannte und immer tiefer in mein Inneres gelangte. Natürlich kamen auch Gedanken und Gefühle hoch – und plötzlich eine Erinnerung aus meiner Kindheit. Es war eine höchst lebendige

Folge von Bildern, genauer gesagt eine Szene. In dieser ersten Meditation erlebte ich nämlich einen Traum wieder, den ich als Kind häufiger hatte. In diesem sehr farbigen, detailreichen und klaren Traum erlebte ich mich selbst als auf einer Straße gehend. Rechts und links von mir waren Wiesen. Vor mir am Horizont sah ich die warme, rot-orange glühende Sonne, die im Begriff war unterzugehen. Ich empfand eine unbeschreibliche Sehnsucht nach dieser Sonne. Ich wusste: Dort war mein Zuhause, von dort kam ich, dort musste ich wieder hin. Der Himmel war in wunderschöne Farben getaucht, über mir blau und zur Sonne hin gelb. Ich sah alles ganz klar vor mir. Nach einiger Zeit des Gehens kam ich an einen Holzzaun, der mir den Weg versperrte. Er verlief quer über dem Weg. Hinter dem Holzzaun ging die Straße weiter in Richtung Sonne. Ich wusste, dass ich die Sonne erreichen musste, bevor sie hinter dem Horizont unterging und ich sie nicht mehr sehen konnte. Ich blieb stehen. Traurigkeit und Verzweiflung stiegen auf. An dieser Stelle endete der Traum immer – während meiner Kindheit. Was nun in der Meditation geschah, war ganz und gar erstaunlich – und doch so einfach. Ich erhob mich plötzlich vom Boden, fing an, über den Zaun zu schweben und schließlich der Sonne entgegen zu fliegen.

Nach dieser Meditation saß ich noch eine lange Zeit auf dem Stuhl, vor mich hin starrend, noch ganz benommen von dem Erlebten. Ich begriff, dass sich gerade etwas ereignet hatte, worauf ich so lange schon gewartet hatte – nicht wirklich bewusst, eher fühlend und ahnend, verdeckt und begraben von zahllosen Schichten. Wir bekommen häufig solche verschlüsselten Botschaften, Botschaften der Seele, des inneren Selbst. Doch missachten wir sie meistens. Dass sich dieser hochsymbolische Traum in meiner ersten Meditation nicht nur wiederholte, sondern die darin ausgedrückte Problematik aufgelöst wurde, verstehe ich heute so, dass die in mir schlafende innere Kraft

(Kuṇḍalinī-Śakti), die sich danach sehnte, endlich aufzuwachen, um ihrer Befreiung entgegenstreben zu können, mir deutlich machte: *Jetzt* bist du auf dem richtigen Weg. Du hast gerade deinen ersten, entscheidenden Schritt getan. Gehe nun weiter, du bist auf deinem Weg zum letzten Ziel.

Warum erzähle ich das hier so ausführlich im Zusammenhang mit dem Thema *Mantra*? Weil durch dieses kleine *Bija-Mantra*, das mir gegeben wurde, dieser große Schritt erst möglich wurde. Seitdem weiß und erfahre ich, welche ungeheure Macht und Segenskraft Mantras haben können. Die Frage stellt sich: „Was macht ein wahres Mantra aus?" Zunächst einmal lässt sich sagen, dass Mantras einerseits eine Form beziehungsweise Gestalt haben und andererseits ein Wesen. Von der Form her ist ein Mantra eine mystische Silbe beziehungsweise eine Folge von solchen Silben, die mit Energie aufgeladen sind. Einige Mantras enthalten die Namen von Gottheiten, andere bestehen aus bestimmten Silben, wie etwa die erwähnten *Bījās*. Hinsichtlich der Bedeutung des Wortes *Mantra* bezieht man sich häufig auf das *Kulārṇava Tantra*, wo der Begriff Mantra in zwei Teile zerlegt wird: 1. in die Silbe *man* (Sanskrit-Wurzel *man*, „denken, sich vorstellen"), 2. in die Silbe *tra* (Sanskrit-Wurzel *trai*, „beschützen, retten"). Auf der Grundlage dieser Etymologie heißt es in *Kulārṇava Tantra 17. 54*:

„Durch Meditation (Skt. *manana*) auf die leuchtende Gottheit, die von der Form der Wahrheit ist, schützt (Skt. *trayate*) es vor jeder Furcht, deshalb wird es *Mantra* genannt."

Die tantrischen Texte unterscheiden zwei Arten von Mantras. Zum einen gibt es da die sogenannten *Sādhya-Mantras* oder *Kāmya-Mantras*, Mantras, die eingesetzt werden, um bestimmte weltliche Güter oder Ziele zu erlangen. Zum anderen gibt es die *Mūla-Mantras* (Skt. *mūla,* „Wurzel, Ursache"), Mantras, die ausschließlich für spirituelle Ziele verwendet werden. Nur ein solches *Mūla-Mantra* – insbesondere wenn es einen Namen enthält, der für die höchste Gottheit beziehungsweise das Absolute steht – ist eine vollkommene Manifestation des *Śabda Brahman* und offenbart die Kraft/Macht (*Mantra-Vīrya*) des Segens und der Transformation, die zur höchsten Entfaltung und Befreiung führt. Die kompaktesten Mantras sind die oben genannten *Bījā-Mantras,* auch *Bijākṣaras* („Keimsilben") genannt. *Bīja* (wörtl. „Samen, Keim") bezeichnet nach R.K. Rai's *Encyclopedia of Yoga* einsilbige Mantras, die deswegen *Bīja* genannt werden, weil sie zum einen den Samen für die erstrebten Ziele und die Quintessenz des jeweiligen Mantras verkörpern, zum anderen, weil sie wie ein Same klein, aber fruchtbar sind.

Bījas oder *Bīja-Mantras* sind normalerweise kurze *Mantras,* die sich etymologisch nicht erschließen lassen. Sie bestehen immer nur aus einer Silbe, wie z.B. *Ka,* und einem Nasal am Schluss – *Kaṃ.*[237] Wie dieses Beispiel zeigt, wird dieser Nasallaut (Skt. *anusvāra*) in der lateinischen Umschrift mit einem Punkt unter (oder auch über) dem Buchstaben *m* dargestellt. „Der *Anusvāra*", so Ajit Mookerjee und Madhu Khanna, „wird als ein fortlaufender nasaler Klang ohne irgendeine Modifikation beschrieben und ist eine Angleichung an eine ‚unaussprechliche Schwingung'. Der Punkt repräsentiert den *Bindu* und ist eine sichtbare Form von Śiva-Śakti."[238]

Meistens repräsentieren *Bījas* ganz bestimmte Gottheiten oder kosmische Prinzipien. Die wiederholte Aussprache der kraftvollen, kompakten Keimsilben bewirkt die Identifizierung

237 R.K. Rai, Encyclopedia of Yoga, S. 185.
238 A. Mookerjee/M. Khanna, Die Welt des Tantra, S. 168.

mit diesen. Im Folgenden sind einige *Bīja-Mantras* und ihre Bedeutung nach *Varadā Tantra Kap. 6* aufgeführt, wie sie bei R.K. Rai zu finden sind[239]:

Hauṃ
„*Ha* bedeutet *Śiva. Au* ist *Sadā-Śiva. Śūnya* (*ṃ*) ist das, was Leid vertreibt. Daher sollte hiermit Śiva verehrt werden."

Duṃ
„*Da,* oh Devī (Göttin), bedeutet *Durgā. U* bedeutet auch ‚retten'. *Nāda* ist die Mutter des Universums. Bindu[240] bedeutet ‚bete!'"

Krīṃ
„*Ka* ist Kālī. Von *Ra* wird gesagt, es sei Brahmā. *Ī* bedeutet Mahāmāyā. *Nāda* bedeutet Mutter des Universums. *Bindu* bedeutet Vernichter des Leides. Damit sollte die Göttin Kālī verehrt werden für das Schwinden des Leides."

Hrīṃ
Ha bedeutet Śiva. *Ra,* so wird gesagt, ist Prakṛti. *Ī* bedeutet Mahāmāyā. *Nāda,* so wird gesagt, ist die Mutter des Universums. *Bindu* bedeutet Vertreiber des Leides. Damit sollte Bhuvaneśvarī verehrt werden.

Śrīṃ
Śa bedeutet Mahālakṣmī. *Ra,* so wird gesagt, bedeutet Reichtum. *Ī* bedeutet Zufriedenheit. *Nāda* ist Apara (= Īśvara). *Bindu* bedeutet Vertreiber der Sorgen. Dies ist das *Bīja* von Göttin Lakṣmī. Damit sollte die Devī (Göttin) verehrt werden.

---

239 Encyclopedia of Yoga, S. 188-190.

240 Der Bindu ist der Nasal (ṃ) am Schluss der gesamten Silbe, beziehungsweise des Bīja-Mantras.

Aiṃ

Ai bedeutet Sarasvatī. *Bindu* bedeutet Vertreiber des Leides. Dies ist das *Bīja* von Sarasvatī. Hiermit sollte Vaṇī beziehungsweise Sarasvatī verehrt werden.

Gaṃ

Ga, ich spreche zu Dir, bedeutet Gaṇeśa. Bindu bedeutet Vertreiber des Leides. Daher, oh Maheśvarī (große Göttin), ist das Gaṃ-*Bīja* zu Dir aus Liebe gesprochen.

Das allerwichtigste *Bija-Mantra* ist gleichzeitig die Mutter aller Mantras – *Oṃ*. Der *Oṃ*-Laut wird im Sanskrit *Praṇava,* „der Tönende", genannt. *Oṃ* ist der Urklang, Anfangs- und Endpunkt der Schöpfung. Die Silbe *Oṃ* wurde bereits im *Yajur Veda* verwendet und war im vedischen Ritual von vitaler Bedeutung.[241] In den Upanishaden wird diese heiligste aller Silben teilweise sehr ausführlich behandelt, wie in der *Bṛhadāraṇyaka-, Taittirīya-, Māṇḍūkya-, Praśna-,* oder, wie das nachfolgende Beispiel zeigt, in der *Kaṭha-Upaniṣad* (*2. 15-16*):

„Dieses Wort, das alle Vedas erklären, das von allen Askeseübungen genannt wird, nach welchem verlangend Menschen zu brahmanischen/religiösen Schülern werden. Dieses Wort für/an Dich, so erkläre ich in aller Kürze, das ist *Oṃ*." Diese Silbe ist wahrlich das Absolute (*Brahman*). Diese Silbe ist in der Tat das Höchste. Wenn man diese Silbe versteht, wird man alles besitzen, wonach man verlangt."

Obgleich die Oṃ-Silbe als *Akṣara,* „der Unteilbare", bezeichnet wird, ist sie nach alter Vorstellung dennoch in dreieinhalb lautliche Elemente zu unterteilen, nämlich in A, U, M und den nachklingende Nasal (*Anusvāra*), der beim Rezitieren oder Singen

241 A. Padoux, Vāc – The Concept of the Word in Selected Hindu Tantras, S. 14.

des Oṃ allentscheidend ist. In der ziemlich knapp gefassten *Māṇḍūkya Upaniṣad*, die ausschließlich vom Oṃ-Laut handelt, werden die vier Klangelemente den vier Bewusstseinszuständen des Menschen zugeordnet: Wachzustand, Traumzustand, Tiefschlaf und Zustand der Transzendenz (*Turīya*). Das vierte Element ist die wahre Essenz des *Oṃ*, der *Bindu*, die höchste Leere (*Mahā-Śūnya*). Bei der Praxis mit dem *Praṇava Oṃ* geht es daher nicht um die Wiederholung dieses Mantras, sondern um die lange Dehnung der ausklingenden Nasalisierung, wobei sich die Meditation auf die Leere beziehungsweise Stille am Ende dieses Ausklingens richtet. Wer sich beim Meditieren beziehungsweise Rezitieren oder Singen mit dem Oṃ auf dieses vierte Element konzentriert, wird von ihm in den höchsten Zustand erhoben. Das Verweilen in diesem *Bindu* ist also das eigentliche Ziel des Praktizierens mit dem *Oṃ*-Laut.

Oṃ ist darüber hinaus auch ein zusätzlich verstärkendes Element von bestimmten Mantras, oftmals bei solchen, die sich an Gottheiten richten, wie z.B. *Oṃ Gaṇeśāya Namaḥ, Oṃ Sarasvatye Namaḥ, Oṃ Namo Narāyaṇāya, Oṃ Viṣṇave Namaḥ, Oṃ Namaś Caṇḍikāyai*, ebenso bei Mantras, mit denen man den Guru beziehungsweise die allumfassende Segenskraft anruft, wie *Oṃ Guru Oṃ, Oṃ Gurubhyo Namaḥ* und andere. Mit Oṃ als potenzierendem Element beginnt auch jenes Mantra, das für die Traditionen des Tantra und Kuṇḍalinī-Yoga von besonderem Interesse ist – *Oṃ Namaḥ Śivāya*. Manch einer wird vielleicht denken oder fragen: „Handelt es sich dabei nicht auch um ein Mantra, das sich auf eine personifizierte Gottheit, wie die oben genannten, bezieht, oder gar um ein sektiererisches Mantra?" Die Antwort lautet: Nein – und zwar aus folgendem Grund. Mit *Śiva* ist hier nicht die Gottheit gemeint, die innerhalb der Götter-Trinität *Brahma-Viṣṇu-Śiva* den Gott der Zerstörung und der Auflösung des Kosmos „darstellt". *Śiva* ist in diesem Kontext als das nicht-personifizierte, allumfassende, ewige, höchste Bewusstsein zu verstehen, das identisch ist mit unserem inneren Selbst. So betrachtet, muss *Oṃ Namaḥ Śivāya* übersetzt werden mit: „Oṃ. Ich verneige mich vor Śiva, der das Selbst von allem ist. Ich verehre mein wahres inneres Selbst." *Oṃ Namaḥ Śivāya*, das auch *Pañcākśara* („das Fünfsilbige", die Silbe Oṃ wird dabei nicht mitgezählt) genannt wird, ist eine Anrufung an das jeweils eigene höchste Bewusstsein, dessen innere Form Kuṇḍalinī-Śakti ist. Dieses Mantra ist das lebendige Pulsieren der höchsten Form des Bewusstseins im subtilen Körper eines jeden Menschen.

Gerade dieses Mantra entfaltet sein gewaltiges Kraft/Macht-Potenzial nicht nur durch die Wiederholung (Skt. *japa*), beispielsweise in der stillen Meditation, sondern auch indem man es laut singt. Ganz allgemein ist das Singen von Mantras und heiligen Gesängen, wie *Bhajans* und *Kirtans,* sowie das Rezitieren von heiligen Sanskrit-Texten eine Übung, die hinsichtlich ihrer Wirkung, gerade im Zusammenhang mit der Kuṇḍalinī-Praxis, sehr häufig unterschätzt wird. Das Singen des göttlichen Namens beziehungsweise Mantras kann die Kuṇḍalinī zum Erwachen bringen und hat eine – insbesondere im Hinblick auf die zuweilen recht heftig „polternde" Kraft der erwachten Kuṇḍalinī – harmonisierende Wirkung. Es wurde zu allen Zeiten von Mystikern und Heiligen als heilende (physisch, psychisch und spirituell) und den Menschen von den Fesseln des *Saṃsāra* befreiende Methode erachtet:[242]

> „Jnanadeva sagt: Ich bin davon überzeugt, dass ein Mensch vergebens lebt, wenn er nicht zum Namen Zuflucht nimmt. Deswegen preise ich das Singen des Namens."[243]
> – Jñāneśvar –

242 Siehe hierzu auch Kapitel 4.
243 aus Haripāṭha Vers 23.

„Wenn der unerzeugte Ton dem tausendblättrigen Lotos entspringt und wenn Gottes Name gesungen wird, werden die Sünden fortgehen und sich in einer Höhle verstecken."[244]
– Nāmdev –

„Der Körper, der bisher unrein war, wird strahlend durch die Kraft des Namens; der Geist wird gereinigt."[245]
– Tukārām –

„Selbst wenn du nicht daran interessiert bist, nimm den Namen Gottes wie eine Medizin. Auch das wird dir gut tun. Du wirst Fortschritte machen. Gottes Name ist nicht wie weltliche Medizin, die einmal wirkt und einmal nicht; Gottes Name hat stets eine förderliche Wirkung."[246]
- Ānandamāyī Mā -

„Sing; manchmal kann das sehr rasch erhebend wirken. Singen ist sehr nützlich, um Traurigkeit zu vertreiben."[247]
– Swami Shivananda –

„Singen hat den größten Stellenwert in diesem Yoga; es ist ein Magnet, der die Kraft des Herrn auf sich zieht. Singen macht Meditation leicht. Die Kundalini Shakti im Innern findet sehr viel Gefallen am Singen. …Singen erweckt nicht nur deine Kundalini und schenkt dir auf diese Weise spontane Meditation, es wird dich auch mit Frieden erfüllen."[248]
– Swami Muktananda –

---

244 ibid., S. 200.
245 R.D. Ranade, Mysticism in Maharashtra, S. 320.
246 Worte der Glückseligen Mutter Ānandamayī Mā, S. 157.
247 http://www.yoga-vidya.de/Yoga--Buch/sadhana/Grundlagensadhana.html
248 Swami Muktananda, From the Finite to the Infinite, S. 144.

Bisher haben wir hauptsächlich über die *Form* des Mantras oder göttlichen Namens gesprochen – mindestens ebenso wichtig ist jedoch das *Wesen* des Mantras. Was also macht das einzigartige Wesen eines Mantras/göttlichen Namens aus? Die Antwort hierauf lautet: Was ein Mantra von einem gewöhnlichen Wort beziehungsweise einer Folge von gewöhnlichen Silben unterscheidet, ist die darin enthaltene Kraft/Macht (*Mantra-Vīrya*) des Segens und der Transformation, jene Kraft/Macht, die unser ruhendes Potenzial erweckt und uns zur höchsten Entfaltung und Befreiung führt. Diese Kraft ist untrennbar mit den Silben, aus denen ein Mantra besteht, verbunden. Im Prinzip i s t das Mantra die Kraft des höchsten Bewusstseins in Form von Klang beziehungsweise Schwingung. Die äußere Form des Mantras – also das, was wir als Mantra irgendwo geschrieben sehen, von jemandem hören oder als Mantra denken und sprechen – ist nicht oder nur zu einem geringen Teil das eigentliche Mantra. Man könnte sagen, dass die äußere Form oder Gestalt des Mantras so etwas ist wie der Finger, der in Richtung des Gesuchten zeigt, der „Hinweis" oder das „Zeichen" des tatsächlichen, lebendigen Wesens des Mantras. Mircea Eliade nennt es das „Symbol" des Mantras:

„Die unbegrenzte Wirksamkeit der Mantras rührt daher, dass sie die ‚Objekte', die sie repräsentieren, s i n d (oder wenigstens durch richtige Rezitierung w e r d e n k ö n n e n). … Das Universum i s t klingend, ebenso wie es farbig, gestalthaft, substanziell usw. ist. Ein Mantra ist ein ‚Symbol' im archaischen Sinn des Wortes; es ist zugleich die symbolisierte Realität und das symbolisierende ‚Zeichen'. …Indem man mit einem Symbol arbeitet, ‚weckt' man alle Kräfte, die ihm entsprechen, und zwar auf allen Seinsebenen."[249]

249 M. Eliade, Yoga, S. 223 u. 224.

So lange wir ein Objekt in dem Mantra sehen – ein Instrument, womit wir etwas tun, um etwas Bestimmtes zu erreichen – haben wir das wahre Wesen des Mantras noch nicht entdeckt, ist das Mantra für uns noch nicht zum Leben erwacht. Ein Mantra ist seiner wahren Natur nach kein „Ding" – es ist Bewusstsein, u n s e r Bewusstsein. Am einfachsten und unmittelbarsten lässt sich dies bei der *Śaktipāt-Dīkṣā* erleben, in deren Verlauf der Sadguru sein lebendiges, vollständig entfaltetes Mantra auf den Schüler beziehungsweise die Schülerin überträgt. So schreibt Ralph Marc Steinmann in seiner Dissertation über die „Guru-Schüler-Beziehung":

„Im *Guru-Mantra* des *Mantra-Rāja* (Mantra-König), genannt *Sadguru*, durch den die selbst passive höchste Gottheit in Form ihrer *Jñāna-Śakti* die Erlösung erwirkt, ist deren schöpferisch-kosmische Energie in reiner, geballter Form enthalten."[250]

Doch selbst wenn man das Mantra nicht direkt vom Guru erhalten hat, lässt sich ein Mantra durch intensive regelmäßige Wiederholung (*Mantra-Japa*) und vor allem durch Hingabe daran zum Leben erwecken. Was geschieht, wenn das Mantra schließlich zum Leben erwacht, ist eine für den Yogi großartige Entdeckung und Erfahrung. Diese wird in den *Śiva Sūtras* kurz und bündig folgendermaßen beschrieben:

cittam mantraḥ (*Śiva Sūtra* 2. 1)

„Der [menschliche] Geist (*Citta*) ist Mantra."

Durch das zum Leben erweckte Potenzial des Mantras erfährt der Betreffende die Einheit seines Geistes mit dem Mantra. Das innere Wesen desjenigen, der das Mantra wie-

250 R.M. Steinmann, Guru-Śiṣya-Sambandha, S. 103.

derholt, wird selbst zum Mantra. Da das Mantra eins ist mit dem höchsten Bewusstsein, erfährt der Yogi durch die Einheit mit dem Mantra früher oder später seine Identität mit dem höchsten Bewusstsein.

Ein ganz besonderes Mantra, auch deshalb, weil seine Form beziehungsweise Aussage unmittelbar auf die höchste Identität hinweist, ist das Mantra *So'ham* beziehungsweise *Haṃsa* – wörtlich übersetzt: „Ich bin Er" beziehungsweise „Ich bin Das". Dieses Mantra ragt jedoch noch aus einem anderen Grund aus der großen Menge der Mantras heraus: Es ist auf natürliche Weise mit unserem Atem verbunden und deshalb für jeden von uns schon immer vorhanden. Dieses Mantra ist der Klang des Atems, der – ohne dass der Mensch es weiß – bereits unablässig die Einheit der Seele mit dem höchsten Bewusstsein verkündet. Jeder Mensch wiederholt es mit der Ein- und Ausatmung viele tausend Male am Tag, weshalb es auch als *Ajapājapa-Mantra* [beziehungsweise –*Gāyatrī*], wörtlich „das Mantra, dessen Wiederholung nicht wiederholt werden muss", bezeichnet wird. So heißt es in der *Doctrina Mystica* (*Abschnitt 5*):

ekaviṃśatsahasrāṇi ṣaṭśatāni tathaiva ca niśāhe vahate prāṇaḥ.
sarvakālam vinaśyati.
hakāreṇa bahir yāti sakareṇa viśet punaḥ.

„21.600 Mal während einer Nacht und eines Tages geht der Atem [aus und ein].
Er vernichtet die ganze Zeit.
Mit *ha[ṃ]* geht er nach außen, mit *sa* tritt er wieder ein."[251]

251 Fausta Nowotny, Eine durch Miniaturen erläuterte Doctrina Mystica aus Srinagar, S. 24.

Hiermit übereinstimmend[252] wird in *Gheraṇḍa Saṃhitā V. 84* erklärt:

atha kevalīkumbhaka / haṃkāreṇa bahir yāti saḥkāreṇa viśet punaḥ / ṣaṭśatāni divārātrau sahasrānyekaviṃśatiḥ / ajapāṃ nāma gāyatrīṃ jīvo japati sarvadā //

„Nun [folgt die Beschreibung des] *Kevalī-Kumbhaka*: Mit *haṃ* geht er (Atem) hinaus, mit *saḥ* tritt er wieder ein. 21.600 Mal, Tag und Nacht, wiederholt der *Jīva* (Seele) unablässig die *Gāyatrī* namens *Ajapā*."

Schon seit dem indischen Altertum ist *Haṃsa* ein sehr bedeutungsreicher Terminus, der im Laufe der Zeit einen interessanten Wandel erfahren hat. Von seiner etymologischen Bedeutung her ist *Haṃsa* ursprünglich die (Grau-)Gans.[253] Wohl zu Kolonialzeiten wurde hieraus der Schwan. Im *Ṛg Veda* (*4. 40. 5.*) ist der *Haṃsa* eine Metapher für ein göttliches Wesen, vermutlich die Sonne. In späteren Texten, wie den *Yoga Upanishaden* (z.B. *Haṃsa Upaniṣad 5; Yogaśikhā Upaniṣad 6. 20; Brahmavidyā Upaniṣad 60-62*), steht *Haṃsa* bereits für das individuelle Selbst, das mit dem höchsten Selbst identisch ist.[254] Das Wort wurde in die beiden Silben *haṃ* und *sa* zerlegt, und *haṃ* mit dem eingehenden Atem und *sa* mit dem ausgehenden Atem (manchmal auch umgekehrt) assoziiert.[255]

Ha und *Sa* – der eingehende und der ausgehende Atem –

---

252 Auffälligerweise ist diese letzte Zeile des Zitats aus der *Doctrina Mystica* identisch mit dem zweiten Teil der ersten Zeile des Verses aus der *Gheraṇḍa Saṃhitā*.

253 Griechisch χην, Lat. anser (urspr. hanser), Engl. goose.

254 In *Yogaśikhā Upaniṣad 6. 20* wird der *Haṃsa* als *paramātmarūpa*, „von der Form (oder Gestalt) des höchsten Selbst", bezeichnet.

255 Nach A. Padoux ist *Haṃsa* nicht der Atem selbst, sondern die Energie des Atems; *Vāc*, S. 141.

werden von dem Nasal *ṃ*, dem *Bindu*, miteinander verknüpft. Dies ist von entscheidender Bedeutung – insbesondere für denjenigen, der mit diesem Mantra praktiziert – denn es ist der „Ort", an dem nach tantrischer Lehre die gesamte göttliche Schöpfungsenergie in einem einzigen Punkt enthalten ist, wie auch der „Ort", aus dem heraus sich die Schöpfung entfaltet. Nach Andre Padoux ist dieser *Bindu*, der den vorangehenden Vokal nasaliert und verlängert (haaaaṃṃṃ) und identisch ist mit dem ausklingenden Nasal des Mantras *Oṃ*, die konzentrierte kosmische Energie *vor* dem Ereignis der Schöpfung, vor der Entstehung von Gegensätzlichkeit und Vielfältigkeit. Diese Energie ist Padoux zufolge deshalb so unendlich mächtig, weil sie nicht alleine, sondern mit Śiva vereint ist.[256]

Die wohl bekannteste Textstelle, welche die praktische Anwendung des einzigartigen *Haṃsa-* beziehungsweise *So'ham-Mantras* beschreibt, ist jener berühmte Vers 24 des *Vijñāna Bhairava*:

„Bhairava sprach: Das Ausatmen soll aufsteigen und das Einatmen soll absteigen, die höchste Energie ist in einem *Visarga* (aus zwei Punkten) vereint. Der Zustand der Fülle wird erlangt, indem man (den Atem) an den zwei Orten (Punkten) ihres Ursprungs mit Aufmerksamkeit fixiert."

Die Sprache und Terminologie solcher tantrischen Anweisungen ist, wie auch in diesem Fall, für den Uneingeweihten naturgemäß schwer fassbar. Ein guter Kommentar – wie der Bettina Bäumers, den ich nachfolgend auszugsweise zitiere – kann da allerdings Abhilfe schaffen:

„Die erste Praxis der 112 *dhāraṇās* ist eine grundlegende, sie betrifft den Atem (*prāṇa*). Die beiden Atemzüge, das Ausatmen

256 A. Padoux, *Vāc*, S. 105-106.

(*prāṇa*) und das Einatmen (*apāṇa*) nehmen ihren Ausgangs- beziehungsweise Endpunkt im Herzen (Einatmen) und im äußeren Raum, der sich nach der yogischen Vorstellung in einem Abstand von zwölf Fingern von der Nase befindet und daher *dvādaśānta* genannt wird, „das Ende der zwölf (Finger)". Das gewöhnliche Atmen endet im äußeren Raum, während der Atem des Yogī sublimiert ist und im Inneren des mittleren Nervenkanals (*suṣumnā*) zum Schädel aufsteigt, als Teil des Prozesses des Aufsteigens der Kuṇḍalinī-Energie. ...Gewöhnlich drückt sich das Leben in diesem ständigen Prozess des Aus- und Einatmens aus, was an zwei Polen beginnt beziehungsweise endet. Diese Pole oder Punkte werden auch der Ort der Mitte (*madhya*) oder der Verbindung, des Zusammentreffens (*sandhi*) genannt, wo die Unruhe der Atemtätigkeit für eine oder wenige Sekunden zur Ruhe kommt (*viśrānti*). Der Prozess des Yoga besteht nun darin, zunächst diese beiden Punkte so zu vereinen, dass das entsteht, was in der Sanskrit-Grammatik *visarga* genannt wird: ein durch zwei vertikale Punkte dargestellter Aushauch (:). Die Konzentration auf diese beiden Punkte, den Ursprung des Atems (*visarga* bedeutet auch „Entstehung, Schöpfung") führt zu einem Zustand der Fülle, jenseits der gewöhnlichen, dualistischen Weise des Lebens. ...In der tantrischen Symbolik bedeutet der eine Punkt (*bindu*), Śiva, den Ausgangspunkt der Schöpfung. Sobald Śiva aus seiner Einheit heraustritt, entsteht Śakti als der zweite Punkt, und aus ihrer Verbindung entsteht das Universum. Diese zwei Punkte ... können auch mit den beiden Polen der Wirklichkeit identifiziert werden: „ich" (*aham*) und „dies" (*idam*), d.h. Subjekt und Objekt, Ich und Universum."[257]

Beschließen wir hiermit den Exkurs in die Welt des Mantra-Yoga und wenden uns dem Karma-Yoga zu. Karma-Yoga ist weitaus mehr als eine Technik oder Methode, die man lernt

257 B. Bäumer, Vijñāna Bhairava, S. 66-68.

und praktiziert. Karma-Yoga ist eine umfassende *innere Haltung* beim Handeln. Eigentlich ereignet sich Karma-Yoga immer und überall. Insbesondere wenn Kuṇḍalinī erweckt wurde. In unserem Leben existierte schon immer diese Kraft, die uns den Weg weist. Doch wir mischen uns immer ein, unsere Interessen und Vorstellungen verhindern den natürlichen Fluss von Handlung. Yoga bedeutet „Vereinigung", die Vereinigung des Individuums mit dem Göttlichen. Karma-Yoga, Yoga im Handeln, ist das Ausagieren dieser Vereinigung im täglichen Leben – indem unser individueller Wille mit dem göttlichen Willen verschmilzt. Dieser Handlungsmodus bedeutet ein Handeln aus einer höheren Warte heraus. Gemäß den Lehren der vollkommenen tantrischen Meister, der Siddhas, sind unser Intellekt und unser individuelles Handlungsvermögen kein Hindernis, nichts, was überwunden werden müsste. Sie sollten nur synchronisiert werden mit der weitaus mächtigeren und umfassenderen Kraft/Macht des inneren Selbst, beziehungsweise des Herzens. Geist/Verstand und Herz – Menschliches und Göttliches – sollten miteinander verschmelzen. Wenn wir mit Kuṇḍalinīs Hilfe zu unserer wahren Natur erwachen, geschieht dies mehr oder weniger automatisch. Menschen hingegen, die sich mit ihrer begrenzten individuellen Natur identifizieren, zeigen starke Neigungen, die Welt um sich herum zu manipulieren und zu kontrollieren. Ihnen bleibt ja auch nichts anderes übrig; denn aus dieser begrenzten Warte heraus muss ihnen die Umwelt als Feindesland erscheinen. Wenn wir aus dieser Warte heraus handeln, laden wir Schwierigkeiten, Misserfolge und Leid geradezu ein.

Für unsere „normalerweise" mindere beziehungsweise verminderte Handlungsfähigkeit als Mensch gibt es verschiedene Gründe:

1. resultiert sie daher, dass wir versuchen, gegen den natürlich Fluss der Energie zu schwimmen.
2. kämpfen wir wie Don Quichotte gegen Feinde, die nur in unserer Einbildung existieren.
3. handeln wir als jemand, der wir überhaupt nicht sind.

Erst wenn wir beginnen, unsere wahre Natur zu erkennen, können wir uns einer höheren Form des Seins und Handelns hingeben und handeln im wahrsten Sinne des Wortes „authentisch". Diese höhere Authentizität kennen wir alle, ob wir nun den spirituellen Weg beschreiten oder nicht. Nehmen wir ein ganz und gar profanes Beispiel – Menschen, die große sportliche Erfolge erzielt haben. Sie berichten häufig, dass sie in einen Zustand gerieten, in dem sie der „Weisheit des Körpers" folgten, im „Fluss waren mit einer spontanen und umfassenderen Energie". Hierzu fällt mir ein Sprichwort ein, das ich einmal gehört habe: „Es ist immer leichter, ein Pferd in diejenige Richtung zu reiten, in die es ohnehin will."

Diesen Zustand des mühelosen und höchst erfolgreichen Handelns beschreiben im Übrigen auch Künstler und Schriftsteller. Einige berichten in diesem Zusammenhang von einem Zustand der Leere oder des Zeugenbewusstseins, in dem sie nicht wirklich selbst etwas tun – weil es sie ja in diesen Momenten gar nicht gibt. Durch ihren Verstand und ihre Hände manifestiert sich etwas, was als vollkommene Idee auf irgendeiner höheren Ebene in subtiler Form schon längst vorhanden ist. Man kann diesen Zustand nicht mit dem Verstand wahrnehmen beziehungsweise reflektieren, denn sobald sich der Verstand einschaltet, verschwindet dieser erhabene Zustand, gleich dem Tag, wenn die Nacht anbricht.

Sobald wir an dieses höhere System „angeschlossen" sind, scheint unser gesamtes individuelles System synchron zu arbeiten. Denken, Fühlen, Sprechen und Handeln sind dann harmonisch aufeinander abgestimmt und existieren nicht als voneinander unabhängige, singuläre Einheiten. Und noch etwas Entscheidendes geschieht als Folge unserer karma-yogischen Haltung, der Einstellung „ich bin *nicht* der Handelnde". Das Ego-Ich beschäftigt nicht mehr den Löwenanteil unserer Gehirn-Verstand-Kapazität – manche Wissenschaftler sprechen von bis zu 95 Prozent – wodurch unser Denken und Handeln nicht nur leichter, sondern auch effektiver wird.

In keinem anderen indischen Werk steht der Karma-Yoga so sehr im Mittelpunkt, wie in der *Bhagavad Gītā*. Eine der großartigen Lehren der *Bhagavad Gītā* ist, dass wir in der beständigen Erfahrung des unvergänglichen Selbst leben können, während wir unseren alltäglichen Tätigkeiten nachgehen, dass Yoga, die Vereinigung mit dem Höchsten, also nicht nur etwas ist, das in tiefer Meditation geschieht. Krishna lehrt Arjuna in *Kapitel 4 Vers 18-20* daher:

karmaṇy akarma yaḥ paśyed akarmaṇi ca karma yaḥ /
sa buddhimān manuṣyeṣu sa yuktaḥ kṛtsnakarmakṛt //
yasya sarve samārambhāḥ kāmasaṃkalpavarjitāḥ /
jñānāgnidagdhakarmāṇaṃ tam āhuḥ paṇḍitaṃ budhāḥ //
tyaktvā karmaphalāsaṅgaṃ nityatṛpto nirāśrayaḥ /
karmaṇy abhipravṛtto `pi naiva kiṃcit karoti saḥ //

„Wer im Handeln Nicht-Handeln erblickt und Handeln im Nicht-Handeln, der ist ein Weiser unter den Menschen, ein Yogi, einer, der alles Werk vollbringt. Wessen Handlungen frei von Wünschen ist, wessen Werke im Feuer der Weisheit verbrennen, den nennen die Weisen einen Kundigen. Wer alles Anhängen an die Frucht der Werke aufgegeben hat, immer zufrieden ist, ohne irgendwelche Abhängigkeit, tut nichts, obgleich er ständig handelt."

Der *Bhagavad Gītā* zufolge geht es also nicht nur darum, auf die Ergebnisse der Handlungen zu verzichten. Wahrer Karma-Yoga gipfelt in der völligen Aufgabe der (falschen) Vorstellung von Täterschaft, der Idee des „*ich* handle". Mit dem, der „nichts tut, obgleich er handelt", ist der vollkommene Karma-Yogi gemeint, der weiß, dass er nur ein Werkzeug Gottes ist. Nun könnte man sich fragen, warum im Yoga hinsichtlich des Karmas und der Karma-Täterschaft überhaupt so viel Aufsehen gemacht wird, und warum es in diesem Zusammenhang für den nach Befreiung Strebenden so wichtig ist, auf die innere Haltung beim Handeln zu achten. Die Antwort hierauf gibt *Yoga Sūtra 2. 13*:

sati mūle tadvipāko jātyāyurbhogāḥ //

„Solange die Ursache (wörtl. „Wurzel") verbleibt, wird das Karma in Form von verschiedenen Situationen, Lebensspannen und Erfahrungen reifen."

Das bedeutet, dass wir, solange wir aus unserem Ego-Ich heraus handeln, nicht frei sind, sondern Gefangene des in uns eingelagerten Karmas (*Karmāśaya*). In unserer gegenwärtigen Situation werden wir gezwungen, das zu ernten, was wir gesät haben, oder wie ein Siddha-Meister einmal sagte „Ihr seid die Bäcker des Brotes, das ihr esst." Wir erfahren also in diesem Moment, was wir irgendwann einmal verursacht haben, und verursachen im Augenblick, was wir in Zukunft einmal erfahren werden. Da auf dem Weg des Karma-Yoga grundlegendes Wissen über das Karma und seine verschiedenen Formen unentbehrlich ist, soll hier noch einmal darauf eingegangen werden.

Im *Yoga* unterscheidet man grundsätzlich drei verschiedenen *Karma*-Arten:

1. *Sañcita-Karma,*
2. *Prārabdha-Karma,*
3. *Vartamāna-/Krīyamāna-* beziehungsweise *Āgāmī-Karma.*

Sañcita-Karma ist das noch nicht verbrauchte Karma aus vergangenen Leben. Dieses Karma ist die Ursache für alles, was dem Menschen gegenwärtig widerfährt und in der Zukunft widerfahren wird. Das *Prārabdha-Karma* (Skt. *pra-ā-rabh,* „beginnen") ist derjenige Teil des *Sañcita-Karma* (Skt. *sañcita,* „aufgeschichtet"), der bereits begonnen hat zu wirken. *Vartamāna-, Krīyamāna-* oder *Āgāmī-Karma*[258] ist dasjenige *Karma,* das gegenwärtig (Skt. *vartamāna,* „ablaufend, existierend"; *krīyamāna,* „getan werdend") entsteht, beziehungsweise in Zukunft (Skt. *āgāmin,* „herankommend") verursacht werden wird.[259]

Nach K.H. Potter versteht man im Yoga und Advaita unter Erlösung (*Mokṣa*) die Befreiung aus der Gefangenschaft des Kreislaufs der Wiedergeburten durch die Stilllegung des karmischen Prozesses. Der Yogi, so Potter, ist daher bestrebt, Handlungen so auszuführen, dass dabei kein Same (*Karma-Bīja*) gebildet wird, der irgendwelche zukünftige Wirkung hat. Für den *Advaitin* hingegen werde dasselbe Ziel erreicht, indem er versteht, dass er in Wirklichkeit nicht handelt. Diese „Entdeckung" verbrenne den Samen der Vergangenheit, d.h. das angesammelte Karma (*Sañcita-Karma*). Da der *Advaitin* nun nicht mehr handele, verursache er kein weiteres Karma mehr.

258 Diese drei Begriffe werden synonym gebraucht.
259 Siehe Ram Kumar Rai, Encyclopedia of Yoga. Varanasi 1982.

Übrig bleibe nur noch das *Prārabdha-Karma,* also dasjenige Karma, das bereits angefangen hat, Früchte zu tragen. Hat der Befreite (*Jīvanmukta*) die Auswirkungen dieses Karmas erfahren, so K.H. Potter, werde er nicht wiedergeboren.[260] Den auf diese Weise erlangten Zustand findet man in *Aṣṭāvakra Saṃhitā 18. 21* folgendermaßen dargestellt:

> *nirvāsano nirālambaḥ svacchando muktabandhanaḥ /*
> *kṣiptaḥ saṃskāravātena ceṣṭate śuṣkaparṇavat //*

> „Wer frei von Eindrücken (*Vāsanā*) ist, unabhängig, frei im Willen, frei von Bindung, der bewegt sich wie ein trockenes Blatt, umhergeworfen durch den Wind der [verbliebenen] Neigungen (*Saṃskāra*)."

Auf welche Art des Handelns und Seins man zu eben diesem Ziel gelangt, erklärt Kṛṣṇa in *Bhagavad Gītā 18. 65,* und Jñāneśvar kommentiert diesen Vers in *Jñāneśvarī 18. 1349, 1351-1353* wie folgt:

> „Lass deine Hände für Mich arbeiten, deine Füße für Mich gehen, und lass auf diese Weise alle deine Handlungen Mir zuliebe geschehen. Es ist nicht notwendig, dir alle Einzelheiten zu erklären. Dich selbst als Diener sehend, betrachte alle anderen als Mich, den Einen, dem zu dienen ist. Sei allen gegenüber demütig, als ob du dich vor Mir verneigen würdest. Auf diese Weise wirst du von Mir die allergrößte Unterstützung erhalten. Dann wird jede Idee von einem Anderen aus deinem Geist verschwinden, und du und ich werden zu Einem verschmelzen."

---

260 W.D. O'Flaherty, Karma and Rebirth in Classical Indian Tradition: The Karma Theory and its Interpretation in some Indian Philosophical Systems, Karl H. Potter, S. 263.

So lange wir also nicht ohne Erwartungen säen, werden wir nie wirklich ernten können. Als Karma-Yogis, als wahre Dienende, lernen wir zu begreifen, dass das Säen nur eine äußere Handlung, eine äußere Geste, ist. Das wahre Ernten hingegen findet im Inneren statt, frei von Erwartung, als Segensgeschenk. Wenn wir in vollkommener Harmonie und Einheit mit der Kuṇḍalinī-Śakti, der kreativen Kraft/Macht des höchsten Bewusstseins, handeln, ist jede Situation vollständig, vollkommen. Karma-Yoga ist – genauso wie Bhakti-Yoga – sowohl ein Weg als auch ein Zustand, der Hingabe und Teilnahme verlangt, nicht eigenwillige Veränderung. Hingabe und Demut (noch im Mittelhochdeutschen *Diemut*, also ‚Mut zum Dienen') sind die Grundlagen des Karma-Yoga, der gleichbedeutend ist mit *Sevā*.

Dies mag manchem zu simpel klingen: „Dienen in Hingabe und Demut – das soll das ganze Geheimnis sein?" Doch diese Form der Sādhanā ist ein ebenso schwieriges wie hoch wirksames Training. Man übersieht leicht, dass hierdurch etwas zur Auflösung gebracht wird, was uns von der Realisierung unserer wahren Natur abhält – der *Ahaṃkāra*, das Ego. Natürlich ist unser Ego bereit zu dienen, wenn es dabei weiter die Fäden in der Hand halten kann. Unser Ego dient hingebungsvoll, vor allem solange es von außen anerkennend beklatscht wird, Recht behält und Erfolg hat. Das Ego wird also nicht so schnell aufgeben. Daher sind auf dem Weg des Karma-Yoga Beharrlichkeit und Aufmerksamkeit erforderlich – und die Segenskraft der Kuṇḍalinī. Im Laufe der fortschreitenden Sādhanā wird unsere bisherige Fixierung auf die Welt dort draußen der unmittelbaren Erfahrung, dass alles von innen kommt, weichen; und in dem Maße, wie wir ohne irgendwelche Erwartungen an die äußere Welt handeln, erhalten wir unsere Freiheit zurück.

Dies führt uns sogleich zu unserem nächsten und letzten *Sādhanā*-Thema; denn es hat sich längst gezeigt, welch enge Verknüpfungen zwischen dem Karma-Yoga und dem Bhakti Yoga bestehen. Nicht nur Karma-Yoga, sondern jede Form von Yoga, die gesamte *Sādhanā*, ist ohne *Bhakti* eigentlich gar nicht denkbar. Der Terminus *Bhakti*, wie bereits erwähnt, leitet sich von der Sanskrit-Wurzel *bhaj*, „an etwas teilhaben, Teil von etwas sein", ab. Letztendlich zielt die *Bhakti* also auf die Auflösung unseres Egos, unserer begrenzten Vorstellung von uns selbst, ab. *Bhakti* ist jedoch nicht nur der Weg dorthin, im Sinne von Bhakti-Yoga, sondern auch das Ziel, die unmittelbare Erfahrung der Einheit mit dem Göttlichen – höchste, unendliche Liebe. Eine solche Beschreibung der *Bhakti* – die Verschmelzung des Ich mit Gott als Weg und Ziel zugleich – finden wir in *Jñāneśvarī 12. 98-99; 102-103*, denn hier sagt Krishna zu Arjuna:

„Wenn dein Geist und dein Wille durch liebevolle Hingabe in Mich eingegangen sind, wirst du die Vereinigung mit Mir erlangen. Wenn der Geist und der Wille, beide mit Mir verschmolzen sind, wie kann dann irgendeine Unterscheidung zwischen ‚Ich' und ‚Du' fortbestehen? Richte deshalb deinen Geist und deinen Willen fest auf Mich, und du wirst bestimmt eins mit Mir, dem Alldurchdringenden. In aller Feierlichkeit verspreche ich dir, dass es keine andere Lehre als diese gibt."

Es ist eine elementare Lehre aller mystischen Traditionen, dass Gott und Seele einander bedingen und die gesamte Schöpfung, einschließlich der Seele, auf die Auflösung der Dualität „Schöpfer-Schöpfung" hinstrebt. So sagt beispielsweise auch Meister Eckhart:

„Ich habe einmal gesagt: Dass Gott ‚Gott' ist, dafür bin *ich* eine Ursache. Dass Gott ‚Gott' ist, hat er von der Seele, dass er Gottheit (= göttliches Bewusstsein) ist, dagegen aus sich heraus. Denn ehe die Kreaturen da waren, war auch Gott nicht Gott; wohl aber war er Gottheit, denn diese hat er nicht von der Seele. Findet nun Gott eine vernichtete Seele, nämliche eine, deren Selbst und deren Eigenwirkung mittels der Gnade zum Nichts geworden ist, so wirkt Gott über die Gnade hinaus in ihr sein ewiges Werk und hebt sie damit aus ihrem geschaffenen Wesen (= Ego-Ich, begrenzte Identität) heraus. Damit aber vernichtet Gott sich selber in der Seele und bleibt so nicht länger Gott oder Seele."[261]

Doch wie erwacht diese göttliche Liebe in uns, die uns unser Ego – an dem wir so sehr hängen und das die Ursache unserer (eingebildeten) Trennung von Gott beziehungsweise dem Göttlichen ist – aus freien Stücken und mit Leichtigkeit hergeben lässt? Liebe jedweder Art kann man nicht herbeireden, verordnen oder gar erzwingen, weshalb es auch so unsinnig ist, andere Menschen zu missionieren, von der Liebe zu Gott oder gar vom wahren Glauben überzeugen zu wollen; denn die Natur der Liebe ist *Freiheit*. Wenden wir uns zur Beantwortung dieser wichtigen Frage dem fundamentalsten aller Werke über *Bhakti* zu – den *Bhakti Sūtras* des Weisen Nārada. In *Sūtra 38-39* nennt uns Nārada den Weg zur Erlangung der höchsten Liebe (*Parā-Bhakti*):

mukhyatastu mahatkṛpayaiva bhagavatkṛpāleśādvā // 38 //

mahatsaṁstu durlabho' gamyo' moghaśca // 39 //

„[Höchste Liebe, *Parā-Bhakti*,] wird hauptsächlich durch die

261 Meister Eckhart – Heilende Texte, ausgewählt u. kommentiert von S. Blankertz. Köln 2005, S. 53.

Gnade der großen Seelen (*Mahatkṛpā*) oder zu einem geringeren Teil durch die Gnade Gottes erlangt."

„Doch ist es außerordentlich schwierig, in die Präsenz einer großen Seele zu gelangen. [Der Einfluss eines solchen Meisters] ist unvorstellbar und unfehlbar [in seiner Wirkung]."

In seinem Kommentar zu *Bhakti Sūtra 39* schreibt Swami Chinmayananda:

„In der Tat sind die großen Seelen, zu welchem Zeitpunkt in der Geschichte auch immer, sehr selten. Und deshalb ist es nicht immer für alle Menschen möglich, mit solchen vollkommenen Meistern in Kontakt zu kommen. ...Dieses Sūtra sagt, dass, obwohl solche vollkommenen Lehrer selten sind, sogar wenn wir sie getroffen haben, es für uns schwer ist, sie zu erkennen. Wenn wir allerdings einen Meister treffen und ihn als solchen erkennen und eifrig lernen, unter seinen segensreichen Einfluss zu gelangen, wird dieser unfehlbar sein. ...[Doch] kann jemand sich nicht einfach eine Fahrkarte kaufen, nach Norden in den Himalaya reisen, dort einen [solchen] Lehrer anrufen, mit ihm ein Treffen vereinbaren und ihn zu einer verabredeten Stunde treffen. ...Deshalb haben unsere *Acharyas* (Lehrer) jeden spirituellen Sucher angewiesen, dort zu bleiben, wo er sich gerade befindet und mit aufrichtiger Hingabe sich weiter zu reinigen und beständig ein tiefes inneres Verlangen nach einem solchen Lehrer beizubehalten. Zu einem solchen Sucher, der das ehrliche Leben eines *Sadhakas* führt, wird ein [vollkommener] Lehrer kommen, um ihn zu führen."[262]

Die Hingabe und Liebe zum Guru beziehungsweise Guru-Prinzip (*Guru-Bhakti*) wird in den mystischen Traditionen

262 Swami Chinmayananda, Narada Bhakti Sutra. Bombay 1982, S. 66-67.

Indiens, speziell in jenen des Tantra und Kuṇḍalinī-Yoga, als das *Non plus ultra* auf dem spirituellen Weg erachtet. Die *Guru-Bhakti* ist die Basis der Guru-Schüler-Beziehung, aus der heraus die Gnade des Gurus wirken und den Schüler oder die Schülerin auf direktem Wege zur höchsten Liebe, zum höchsten Ziel, führen kann. Wenn die göttliche Liebe, wie es in *Bhakti Sūtra 38* heißt, „zu einem geringeren Teil durch die Gnade Gottes erlangt wird", bedeutet dies nicht, dass die Gnade Gottes weniger kraftvoll wäre als die des Gurus – die Gnade des Gurus i s t die Gnade Gottes. Allerdings erreicht uns die Gnade des Sadgurus leichter und direkter. Der Guru ist eine Manifestation der Gnade Gottes, die sich auf unsere Ebene begeben hat, damit wir sie leichter annehmen können. In einem seiner Verse nennt der Dichter-Heilige Kabir als größtes Wunder auf Erden, dass der Guru von der höchsten Ebene des Bewusstseins herabsteigt, um dem Schüler die Hand zu reichen und ihn zu sich herauf ziehen zu können.

Es ist ein Allgemeinplatz in der Spiritualität, aber im Prinzip gibt es ja wirklich nichts zu suchen und nichts zu finden, denn alles ist bereits da. Doch irgendwie stehen wir uns selbst auf den Füßen, so dass wir die höchste Liebe, die ja unsere wahre Natur ist, erst durch die unmittelbare Erfahrung der Gnade begreifen. Der Akt der Gnade durch den Guru – *Śaktipāt* – ist für viele, die dies erleben, die Erfahrung der grenzenlosen Liebe aus dem eigenen Inneren heraus – die Erfahrung, dass Liebe nichts ist, was von außen kommt, sondern dem eigenen Herzen entspringt. Immer wieder verweisen die *Sadgurus* darauf, dass die intensive Liebe, die Schüler oder Schülerin häufig im Augenblick des *Śaktipāt* (oder auch sonst) für den Guru empfinden, ihre jeweilige eigene innere Liebe ist. Der Segensstrom des Gurus, der den Herz-Knoten des Schülers öffnet, kann jedoch erst fließen, wenn zuvor beziehungsweise im Gegenzug der Schüler durch die Liebe und Hingabe für seinen Guru diesen Gnadenakt ermöglicht. *Śaktipāt,* wie ein Kuṇḍalinī-Meister einmal sagte, ist das Herabsteigen der Liebe des Gurus und das Aufsteigen der Liebe des Schülers.

Bhakti – ob bezogen auf Gott oder den Guru – ist jedoch keine „lauwarme" Angelegenheit, etwas, das man so nebenbei machen könnte. Die Pforten zu dieser grenzenlosen Liebe öffnen sich erst, wenn unser Verlangen danach ebenfalls grenzenlos ist. Auf die Frage seines Schülers M(ahendranath Gupta): „Welcher Geisteszustand befähigt einen Menschen, Gott zu sehen?", antwortete Śrī Ramakrishna:

„Rufe nach ihm mit einem verlangenden Herzen, und du wirst ihn sehen. ...Das Verlangen nach Gott ist wie das Kommen der Dämmerung. Die Dämmerung kommt, bevor die Sonne selbst aufgeht. Wenn Verlangen nach Gott entsteht, muss die Vision Gottes folgen."[263]

Sehnsucht oder Verlangen nach Befreiung ist nicht nur etwas, das Gott und den Guru förmlich „heranzieht", es ist überhaupt die treibende Kraft in der Sādhanā. In Momenten der Ekstase und Liebe – wie insbesondere während und nach der *Śaktipāt*-Einweihung – sind wir gerne bereit, unser Ego-Ich herzugeben. Doch das Ego, ein Meister der Verstellung und des Sich-Verbergens, meldet sich im Verlaufe der Sādhanā – wenn auch durch unsere Sādhanā-Praxis geschwächt – immer wieder zurück. Es wird kämpfen bis zum Schluss. In solchen für uns schwierigen Phasen sind Liebe, Hingabe, Verlangen und Sehnsucht die besten (und vielleicht auch einzigen) Verbündeten, die wir haben, um auf unserem Weg weiter voranzuschreiten. Die „aufrichtige Hingabe" und das „tiefere innere Verlangen",

263 C. Isherwood, Ramakrishna and His Disciples, S. 267.

von denen Swami Chinmayananda sprach, sind jedoch nicht nur die geeigneten Mittel, um den ersehnten äußeren Lehrer zu finden. Sie sind auch die geeigneten Schlüssel, um Zugang zur „inneren Lehrmeisterin" – *Kuṇḍalinī-Śakti* – zu finden.

Mehr als jede andere Methode, die sich in den Yoga-Werken zur Erweckung der Kuṇḍalinī beschrieben findet, entzünden Liebe, Hingabe und Sehnsucht an Gott beziehungsweise an den Guru, oder an die *Kuṇḍalinī-Śakti* selbst, jenen kosmischen Impuls, der die schlafende Göttin schließlich erwachen lässt. In der *Bhakti* zur Kuṇḍalinī liegt das eigentliche Selbsterweckungspotenzial. Indem wir intensiv an sie denken, von ihr sprechen oder sie bitten, sich uns zu offenbaren, bewirken wir, dass sie aufwacht und sich zu regen beginnt. Hingabe und Liebe zur Kuṇḍalinī sind für Kuṇḍalinī-Yogis jedoch kein Mittel zum Zweck, sondern Ausdruck wahrer, tief empfundener Liebe. Weshalb in ihrem Leben die Verehrung der Kuṇḍalinī selbst dann noch einen wichtigen Platz einnimmt, wenn sie das Ziel der Sādhanā – die Verschmelzung mit dem absoluten Bewusstsein – längst erreicht haben. Die Macht dieser Liebe verdeutlichend und mit jedermann zu teilen wünschend, schrieb daher Swami Muktananda in seinem Kommentar zur Hymne an die Kuṇḍalinī, dem *Kuṇḍalinī Stavaḥ*, unter anderem:

„O Göttin Kuṇḍalinī, Du bist so rot wie die Morgensonne. Wenn Du Deine Gnade gewährst, ereignet sich die innere Erweckung, und Du lässt den Nektar der höchsten Glückseligkeit beständig hernieder regnen! In Yogis springst Du vor Freude und spielst unablässig im Nektar der höchsten Ekstase. …O Bhagavati! Schenke mir Deinen mitfühlenden Blick, denn wenn Dein gnadenvoller Blick auf einen Menschen fällt, wird er zu Gott. …O Mutter der Welt, wenn Du Dich im Inneren offenbarst, wird sogar ein einfacher Mensch Shiva gleich. …Demjenigen, der auf Dich voller Liebe meditiert, erfüllst Du nicht nur alle Wünsche, sondern Du gibst ihm Deine eigene Gestalt, indem Du ihn, den Suchenden, mit Dir verschmelzen lässt."[264]

264 Swami Muktananda, Kundalini Stavah. Ganeshpuri 1980, S. 18, 20.

Kapitel 13

Der feinstoffliche Körper – Chakras und ähnliche Phänomene

Der menschliche Körper ist im Yoga und Tantra von außerordentlicher Bedeutung, denn er ist der *Mikrokosmos*, der den Yogis und Mystikern als vollkommen identisch mit dem *Makrokosmos* – dem äußeren Universum – gilt. Die Identität von Mikro- und Makrokosmos ist eine der wichtigsten Lehren für den Yogi und Grundlage seiner Sādhanā. Dabei handelt es sich nach meiner Auffassung weniger um eine „Kosmisierung des Körpers" (Mircea Eliade) im Sinne einer Projektion des äußeren auf den inneren Kosmos. Die Identität von Mikro- und Makrokosmos ist nichts, was der Yogi oder der Tāntrika m a c h t. Aus Sicht des Yogis und Tāntrika i s t der Körper beziehungsweise Mikrokosmos identisch mit dem äußeren Kosmos, oder in den Worten von Philip Rawson:

„Gemäß diesem Prinzip setzt Tantra den menschlichen Körper mit dem Kosmos gleich. Die beiden sind sozusagen *dasselbe* funktionale System aus zwei verschiedenen Blickwinkeln betrachtet, und das eine ist ohne das andere undenkbar. Der Kosmos, den der menschliche Verstand kennt, ist eine Struktur des Energieflusses in seinem eigenen Körpersystem."[265]

Diese Identifikation von dem, was im inneren Kosmos des Menschen und im äußeren Kosmos existiert, findet sich schon in den frühen Upanishaden, so z.B. in der bekannten Textstelle der *Chāndogya Upaniṣad* (*6. 8. 7*), aus welcher der berühmte

265 Philip Rawson, The Art of Tantra. London 1978, S. 10.

Ausspruch *tat tvam asi*, „Das bist Du", stammt: „Dieses Subtile, dies zum Selbst gewordene, ist dies alles (= Universum). Das ist die Wahrheit, das ist das Selbst, das bist Du, oh Śvetaketu." An einer anderen Stelle in dieser Upanishad (8. 1. 3) heißt es:

„So weit, in der Tat, dieser äußere Raum sich erstreckt, so weit erstreckt sich auch dieser Raum des inneren Herzens. Darinnen sind beide enthalten sowie Himmel und Erde, Feuer und Wasser, Sonne und Mond, der Blitz und die Sterne. Was immer von ihm (Absolutes) hier in der Welt existiert und nicht existiert, all dies ist darin (im Herzen) enthalten."

Deshalb wird im Yoga und Tantra das theoretische Wissen, wie auch das unmittelbare Wahrnehmen des eigenen Mikrokosmos, als so bedeutsam erachtet, dass man es sogar mit der Erfahrung der höchsten Realität gleichsetzt. So heißt es in *Viveka Darpaṇa 9. 1*: „Die Meister unter den vollendeten Yogis kennen die Einteilung des Makrokosmos im Mikrokosmos. Dieses unverrückbare Wissen zu haben, dies ist [gleichbedeutend mit dem Zustand von] Śiva." Vor diesem Hintergrund wird die Eindringlichkeit, mit der in vielen Yoga-Werken vom Wissen über den eigenen Körper beziehungsweise den Mikrokosmos gesprochen wird, verständlich:

Gorakṣa Śataka 14 –

ekastambhan navadvāraṅ / gṛhaṃ pañcādhidaivatam /
svadehaṃ ye na jānanti / kathaṃ sidhyanti yoginaḥ

„Wie können Yogis Erfolg haben, die ihren eigenen Körper nicht kennen, das Haus auf einer Säule, [ausgestattet] mit neun Toren und mit den fünf vorherrschenden Gottheiten?"

Yogapar Abhaṅgamālā 10. 2 –

dehīṃ sthānamāna – vivaraṇa adhīṃ / piṃḍīṃcī hī śuddhi prathama karī //[266]

„Am Anfang steht die Aufklärung der Orte im Körper. Erforsche zuerst den Körper!"

Zunächst einmal ist zu sagen, dass der Mikrokosmos nicht nur aus einem, sondern aus mehreren Körpern besteht. Insgesamt ist in den Schriften von drei oder auch gar von vier Körpern die Rede. Diese Körper umgeben den *Jīva* (Seele) wie Hüllen, einer im anderen steckend (ähnlich den russischen Babuschka-Puppen). *Piṇḍeṃ piṇḍācā grāsu* heißt es daher in Jñāneśvarī 6. 29a, „Ein Körper verschlingt den anderen." Welche Bedeutung diese Körper für unser Leben haben, beziehungsweise was wir jeweils in und mit ihnen erleben, erfahren wir aus *Viveka Darpaṇa 16. 2*:

„Durch welchen Körper – mit den Handlungsorganen wie Füße, Hände usw. – das Genießen der Sinnesobjekte erfahren wird, das ist der grobstoffliche Körper. Zuvor ist das Verlangen nach dem Genuss erst einmal im Inneren. Durch einen Gedanken/Wunsch kommt es dann durch die äußere Gestalt (grobstofflicher Körper) zum Ausbruch. Das ist der feinstoffliche Körper. Nur aus Bewusstsein bestehend und frei von Vorstellung, wahr und ewig – derartig ist der transzendente Körper. Derartig ist der grobstoffliche, der feinstoffliche, der transzendente Körper. So sind die Körper von jedermann. Aber wer die Aufmerksamkeit für die anderen beiden Körper aufgibt und im transzendenten Körper lebt, der wird ein glücklicher Wissender genannt."

266 C. Kiehnle, Jñāndev Studies I and II, Songs on Yoga, S. 248-49.

Der grobstoffliche Körper (*Sthūla-Śarīra*) – der einzige Körper, den die meisten Menschen überhaupt kennen – ist der Körper aus Fleisch und Blut, in dem wir unser Wachbewusstsein erleben. Der feinstoffliche Körper (*Sūkṣma-Śarīra*) ist der Körper der Gedanken, Gefühle und Träume. In ihm erleben wir nachts den Traumzustand. Der Ursachenkörper (*Kāraṇa-Śarīra*) ist der Körper, mit dem wir uns im Tiefschlaf bereits in die unmittelbare Nähe des höchsten Bewusstseins begeben, weshalb wir nach Aussage der Yogis aus diesem Zustand morgens erfrischt und gestärkt wieder auftauchen. Nur erleben wir dies – naturgemäß und leider – nicht bewusst. Aus der *Yogapar Abhaṅgamālā (84. 1, 2)* erfahren wir, dass es noch einen weiteren Körper jenseits davon gibt, und dass all diese Körper aus unterschiedlich farbigem Licht bestehen (was übrigens von fortgeschrittenen Yogis in der Meditation wahrgenommen wird):

> *raktavarṇa sthūḷa śveta heṃ sūkṣma / kāraṇa teṃ śyāma aiseṃ dekhā //*
> *niḷāvarṇa deha māhākāraṇa sājirā / jyotīcā moharā alakṣa lakṣī //*[267]

> „Schau, es ist so: Der grobe [Körper] ist von roter Farbe, der subtile [Körper] ist weiß, und der Kausal-[Körper] ist schwarz. Richte deine Aufmerksamkeit auf den blau-farbigen Körper, den wunderschönen *Mahākāraṇa*, das aus Licht bestehende, fast unsichtbare Kopfjuwel [der Schlange]."

Mahākāraṇa-Deha oder *Mahākāraṇa-Śarīra* bedeutet „Körper der großen Ursache", von manchen auch „Suprakausalkörper" genannt. In diesem blaustrahlenden Körper – der übrigens identisch ist mit dem *Nīla-Bindu*, der Blauen Perle – unternimmt ein Yogi seinen allerletzten Schritt in die höchste, ewige Freiheit.

267 C. Kiehnle, Jñāndev Studies I and II, Songs on Yoga, S. 107.

Über die Größe dieses wie auch der anderen Körper erfahren wir etwas in Jñāneśvars Werk *Lākhoṭā* (*8. 2, 3*):

auṭa sthūḷa sūkṣma aṃguṣṭapramāṇa / parvārdha kāraṇa jāṇa rayā // mahākāraṇa masurā – mātra sadodita / brahmaraṃdhrīṃ sādyaṃta vasatase //[268]

„Wisse, oh König – dreieinhalb [Ellen misst] der grobstoffliche [Körper], wie ein Daumen der subtile [Körper] und ein halbes Segment eines Fingers der Kausal[-Körper]. Der *Mahākāraṇa*[-Körper] ist von der Größe einer Linse. [Er ist] ewig. Er wohnt als Ganzes im *Brahmarandhra*."

Damit der Yogi zu diesem blauen Körper, beziehungsweise zur Blauen Perle, und so zur Freiheit gelangen kann, muss die *Kuṇḍalinī* den feinstofflichen Körper, dem wir uns nachfolgend in seinen Grundzügen widmen werden, reinigen, durchdringen und seiner ursprünglichen Licht-Natur zuführen. Bereits im frühen 8. Jahrhundert n. Chr. begegnen wir in Indien dem bekannten subtilphysiologischen System, bestehend aus Merkmalen wie den drei vertikal verlaufenden Hauptkanälen *Iḍā* (links), *Piṅgalā* (rechts) und *Suṣumnā* (in der Mitte entlang der Wirbelsäule), den 72 000 feineren Kanälen, die den gesamten Körper durchziehen, und den sechs Hauptenergiezentren (*Chakras*). Dieses grundlegende Modell bleibt bestehen, wird von den verschiedenen Traditionen des Yoga und Tantra z.T. jedoch noch weiterentwickelt. Beginnen wir mit den *Chakras* (wörtl. „Räder"), den wichtigsten und größten Energiezentren des feinstofflichen Körpers.

Die Darstellungen des *Ṣaṭcakra Nirūpaṇa* („Untersuchung der sechs Chakras") – dem elementaren Werk über die sechs Ener-

268 ibid., S. 109.

giezentren, das durch die Bearbeitung und Veröffentlichung von Sir John Woodroffe unter dem Titel „The Serpent Power/ Die Schlangenkraft" in den westlichen Ländern bekannt wurde – entsprechen dem, was man als das klassische *Chakra*-System bezeichnen kann. Eine der übersichtlichsten Darstellungen dieses Systems findet sich jedoch in *Gorakṣa Śataka 15-16*:

caturdalaṃ syād ādhāras svādhiṣṭhānañ ca ṣaṭḍalam /
nābhau daśadalam padmaṃ sūryasaṅkhyādalaṃ hṛdi //
kaṇṭhe syāt ṣoḍaśadalam bhrūmadhye dvidalan tathā /
sahasradalam ākhyātam brahmarandhre mahāpathe //

„Der *Ādhāra* (*Mūlādhāra-Chakra*) ist vierblättrig und der *Svādhiṣṭhāna* sechsblättrig. Der zehnblättrige Lotos (= *Maṇipūra*) befindet sich im Nabel, und der, dessen Blätter von der Anzahl der Sonne (= zwölf, *Anāhata*) sind, im Herzen. Der sechzehnblättrige [Lotos] (*Viśuddha*) ist im Hals, der zweiblättrige (= *Ājñā*) zwischen den Augenbrauen und der tausendblättrig genannte (= *Sahasrāra*) im *Brahmarandhra* auf dem großen Pfad."

Das *Chakra*-System der Nāthayogis umfasst noch weitere Chakras, insgesamt mindestens acht beziehungsweise neun *Chakras*, wie z.B. in der *Siddha Siddhanta Paddhati* (*2. 1-31*). In diesem grundlegenden Werk der Nāthas werden außer den oben genannten noch das Gaumen-Chakra (*Tālu-Chakra, SSP 2. 6*), das *Nirvāṇa-Chakra* über dem *Ājñā-Chakra* im *Brahmarandhra* (*SSP 2. 8*) und das *Ākāśa-Chakra* (ebenfalls im *Brahmarandhra, SSP 2. 9*) aufgezählt. Statt des zwölf-blättrigen *Anāhata-Chakra* nennt dieser Text das von mir bereits erwähnte acht-blättrige Herz-Chakra (*Hṛdaya-Chakra, SSP 2. 4*).

Chakras sind vergleichbar den Nervengeflechten, die der

Mensch in seinem grobstofflichen Körper hat. In diesen feinstofflichen Geflechten beziehungsweise Zentren fließen allerdings keine Stoffe oder grobstoffliche Energien. Die Chakras sind für die Energieversorgung unseres feinstofflichen Systems verantwortlich. Dargestellt werden sie als Lotosblüten, weil es sich um bestimmte Stellen entlang der Wirbelsäule handelt, an denen eine große Anzahl mächtiger subtiler Kanäle (*Nāḍīs*) auf einer Ebene zusammenlaufen und dies den Kreuzungsstellen der *Nāḍīs* eben das Aussehen von Lotosblüten gibt. Jedes *Chakra* hat seine eigene Ikonographie, mit verschiedener Anzahl Blütenblätter, mit Sanskrit-Silben (die den Eigenschwingungen oder Schwingungsqualitäten des jeweiligen Blütenblattes entspricht), Farben, Gottheiten, Elementen, Tieren und geometrischen Formen. Diese archetypischen Symbole werden in einigen Yoga-Traditionen dazu verwendet, die *Chakras* zu visualisieren. Meditierende und Yogis berichten häufig davon, dass sie die Chakras auch spontan in ihrer Meditation sehen. Zu jedem Chakra ist auch ein entsprechendes *Bīja*-Mantra gehörig, das den subtilen Klang repräsentiert, der durch die im *Chakra* wirkenden Schwingungskräfte erzeugt wird. Schauen wir uns nun die klassischen sechs *Chakras* im Einzelnen an:

Mūlādhāra-Chakra

Das erste, beziehungsweise unterste Chakra wird *Mūlādhāra*, wörtlich „Wurzel-Stütze" oder „Wurzel-Basis", genannt, denn hier ruht die Kuṇḍaliṇī. Von hier nimmt sie ihren Ausgangspunkt. In Kapitel 5 wurde bereits dargelegt, dass die Kuṇḍalinī in diesem Chakra, wie auch in allen anderen, nicht nur wohnt, sondern dieser gesamte feinstoffliche Körper ihre Manifestation ist – (*Viveka Darpaṇa 5. 1.*) *āṣṭacakrapaṇeṃ gudīṃ ādhārasaktī jālī*, „Da sie selbst die sechs Chakras ist, wurde sie auch zur *Ādhāra-Śakti* im *Mūlādhāra-Chakra*."

Dargestellt und beschrieben wird die Kuṇḍalinī in diesem Chakra als eine „schlafende Schlange“, welche nach *Ṣaṭcakra Nirūpaṇa* 10: „Friedlich-zahm mit ihrem Maul die Mündung des *Brahma-Dvāra* („Tor zum Absoluten“) bedeckt. Wie die Spirale einer Muschelschale windet sich ihr leuchtender, schlangenförmiger Leib dreieinhalbmal um Śiva.“

Dass sie „dreieinhalbmal“ um Śiva geschlungen ist, der im Chakra ikonographisch als *Śiva-Liṅgam* dargestellt ist, bedeutet, dass sie sich, selbst in diesem Zustand des tiefen Schlafes, jenseits der drei *Guṇas,* befindet – der drei grundlegenden Eigenschaften beziehungsweise Konstituenten, aus denen alles in dieser Welt besteht: *Sattva* (Licht, das Reine), *Rajas* (Leidenschaft, das Bewegliche) und *Tamas* (Finsternis, das Schwere). Obwohl sie alles erschaffen hat und sich in jedem noch so winzigen Partikel dieses Universums befindet, ist sie gleichzeitig auch immer jenseits der Schöpfung und vollkommen frei. Sie „bedeckt“ beziehungsweise „versperrt“ die „Mündung des *Brahma-Dvāra*“ und damit den Zugang zur *Suṣumnā-Nāḍī.*

Das *Mūlādhāra-Chakra* befindet sich an der Basis der Wirbelsäule zwischen Geschlechtsorgan und After. Es hat die Form eines roten Lotos mit vier Blättern, welche die Schwingungsqualität der Sanskritsilben *vaṃ, śaṃ, ṣaṃ* und *sam* haben. In der Mitte des Lotos befindet sich ein gelbes Quadrat, das Emblem des Elements Erde (Skt. *pṛthivī*), dessen *Bīja „laṃ“* ist. Im Zentrum des Quadrats befindet sich ein Dreieck mit der Spitze nach unten, das Symbol der *Yoni* (Vagina). Diesem untersten Chakra, das in Zusammenhang mit der Kohäsionskraft und Trägheit der Materie steht, sind ein Elefant, Gott *Brahmā* und die Śakti namens *Ḍākinī* zugeordnet. In *Jñāneśvarī 6. 222-223* bekommen wir eine Beschreibung der Kuṇḍalinī im *Mulādhāra-Chakra* aus erster Hand:

nāginīceṃ pileṃ kuṃkumeṃ nāhaleṃ / vaḷaṇa gheūni āleṃ seje jaiseṃ //
taisī te kuṃḍalinī moṭakī auṭa vaḷaṇī / adhomukha sarpiṇī nidelī ase //

„Wie das Junge einer Schlange, gebadet in rotem Pulver, zusammengerollt daliegt, ebenso [liegt] die Kuṇḍalinī schlafend da – klein, dreieinhalbfach zusammengerollt, gleich einer Schlange, deren Kopf gesenkt ist."

Im *Kuṇḍalinī Stavaḥ (5 u. 8b)*, einer kraftvollen Hymne, mit der sich die Kuṇḍalinī-Yogis ganz direkt an die kosmische Urkraft in ihrem Inneren wenden, heißt es über das erste Chakra und Kuṇdalinīs Wirken aus diesem heraus:

dhātāśaṅkaramohinī tribhuvanachāyāpaṭodgāminī /
saṃsārādimahāsukhapraharaṇī tatra sthitā yoginī /
sarvagranthivibhedinī svabhujagā sukṣmātisukṣmā parā /
brahmajñānavinodinī kulakuṭī vyāghātinī bhāvyate //
mātaḥ śrīkulakuṇḍalīpriyakale kālīkaloddīpane /
tatsthānaṃ praṇamāmi bhadra vanite māmuddhara tvaṃ paśum //

„Dort (im *Mūlādhāra*) verweilend, betört diese Yoginī (sogar) Brahmā und Śiva. Sie lüftet den Schleier des Schattens der drei Welten, zerstört das (scheinbar) große Glück des weltlichen Daseins und durchstößt alle (inneren) Knoten. Sie selbst (nimmt die Form) einer Schlange (an). Sie ist subtiler als das Subtilste. (5) Oh Mutter, oh Śrī Kula-Kuṇḍalinī, oh geliebte Verkörperung (der höchsten Śakti), oh Erleuchterin des Kālī-Aspektes, oh gütige Herrin – ich verneige mich vor jenem Ort (*Mūlādhāra*). Du erhebst mich, eine gefangene Seele. (8b)"

Svādhīṣṭhāna-Chakra

Der Name dieses Chakras bedeutet „der Ort, der seine eigene Basis ist“. Wenn die Kuṇḍalinī in diesem Zentrum wirksam ist, reinigt sie unser Körper-Geist-System von den Qualitäten, die als die „6 Feinde“ bezeichnet werden: Stolz, Lust, Ärger, Neid, Gier und Verblendung.

Dieses Zentrum – das auch *Jala-Maṇḍala* genannt wird, weil sein Element (Skt. *tattva*) das Wasser ist – befindet sich in der Nähe des Kreuzbeines. Es hat die Form eines Lotos mit sechs rot-orangefarbenen Blütenblättern, deren Silben *baṃ, bhaṃ, maṃ, yaṃ, raṃ* und *laṃ* sind. Im Zentrum dieses Lotos befindet sich ein weiterer, achtblättriger Lotos mit einem weißen Halbmond, der in Beziehung zu *Varuṇa,* dem Gott der Gewässer, steht. In der Mitte des Mondes befindet sich die Silbe *„vaṃ“*, das *Bīja* dieses Chakras, Gott Viṣṇu, die Śakti Rākinī und ein weißer *Makara* – ein Fabelwesen, das aus einer „Kreuzung“ von Delfin und Krokodil besteht.

Maṇipūra-Chakra

Maṇipūra bedeutet „Stadt des Juwels“, vermutlich weil es mit dem Glanz des Feuers – dem hierzu gehörigen Element – erstrahlt. Durch Kuṇḍalinīs Wirken in diesem Zentrum wird das Verdauungsfeuer und die Willenskraft gestärkt. Dieses Chakra ist in der Lendengegend auf Höhe des Nabels gelegen, weshalb es auch *Nābhiṣṭhāna* (Skt. *nābhi,* „Nabel“) genannt wird. Das ihm zugehörige Element Feuer wird repräsentiert durch ein nach unten zeigendes Dreieck, das die Farbe der aufgehenden Sonne hat. In diesem Dreieck befindet sich das Bīja *„raṃ“*. Der Lotos, der das Ganze umgibt, hat nach *Ṣaṭcakra Nirūpaṇa* Vers 19 „die Farbe von regenschwangeren Wolken“ und besteht aus zehn Blütenblättern mit den Silben *ḍaṃ, ḍhaṃ, ṇaṃ, taṃ, thaṃ, daṃ, dhaṃ, naṃ, paṃ, phaṃ*. Die zum Maṇipūra-Chakra gehörige Gottheit ist Rudra, die Śakti heißt Lākinī und das Tier ist ein Widder. Wer auf dieses Chakra meditiert, so heißt es in *Ṣaṭcakra Nirūpaṇa* Vers 21, „erlangt die Macht, zu zerstören und zu erschaffen".

Anāhata-Chakra

Dieses Chakra verdient unsere besondere Aufmerksamkeit, weshalb wir es eingehender als die vorherigen betrachten werden. Gemäß *Ṣaṭcakra Nirūpaṇa 22* hat es die „leuchtende Farbe der *Bandhūka-Blüte*". Die Blütenblätter sind zwölf an der Zahl: *kaṃ, khaṃ, gaṃ, ghaṃ, ṅaṃ, caṃ, chaṃ jaṃ, jhaṃ, ñaṃ, ṭaṃ* und *ṭhaṃ*. Es ist das Zentrum des Luft-Elements, welches ikonographisch dargestellt ist durch ein sechseckiges *Maṇḍala*, bestehend aus zwei sich durchdringenden Dreiecken, wobei das eine nach oben und das andere nach unten zeigt. Das Tier dieses Chakras ist die Antilope, welche die Unstetigkeit des Geistes repräsentiert, der mit diesem Chakra in Beziehung steht (wie wir noch sehen werden). Das *Bīja* hier ist *„yaṃ"*, die Gottheit *Īśa* und die Śakti *Kākinī*.

Anāhata bedeutet wörtlich: „unangeschlagen, beziehungsweise nicht-erzeugt". Dies bezieht sich auf den *Nāda* (Klang), der hier erklingt, den *Anāhata-Śabda*, den „nicht-erzeugten, (wörtl.) „unangeschlagenen (= ohne dass sich zwei Gegenstände berühren) Klang". Oft wird dieses *Anāhata-Chakra* als das „Herz-Chakra" bezeichnet, was bei näherer Betrachtung ein wenig problematisch ist. Zum einen ist die Position des *Anāhata* nicht auf der linken Seite, also in der Gegend des physischen Herzens, sondern genau in der Körpermitte, und hat von daher ziemlich genau die Position des *Solarplexus*.

Zum anderen gibt es, zumindest nach einigen maßgeblichen Werken des Yoga und Tantra, wie dem *Ṣaṭcakra Nirūpaṇa* und der *Siddha Siddhānta Paddhati*, ein „separates" Herz-Chakra, das sich direkt unterhalb des *Anāhata* befindet und tatsächlich auch die Bezeichnung *Hṛdaya-Chakra* („Herz-Chakra") trägt. Die Abbildung 232 in der deutschen Ausgabe der „Schlangenkraft" von Sir Woodroffe lässt das acht-blättrige Herz-Chakra unter dem *Anāhata* deutlich erkennen. Und in *Siddha Siddhānta Paddhati 2. 4* wird das Herz-Chakra als ein "achtblättriger nach unten gerichteter Lotos" beschrieben. Wie es scheint, gibt es hier in den Traditionen etwas divergierende Auffassungen, möglicherweise aufgrund unterschiedlicher Erfahrungen beziehungsweise Wahrnehmungen der Yogis.

Da das Herz-Zentrum beziehungsweise Herz-Chakra für das Verständnis und die Praxis des Kuṇḍalinī-Yoga überaus wichtig ist, möchte ich ihm an dieser Stelle noch ein wenig Aufmerksamkeit widmen. Die Bedeutung des Herzens ist generell bei allen Völkern und Kulturen des Altertums immens. Viele europäische und außereuropäische Völker verstanden das Herz als personale Mitte, Quelle des menschlichen Daseins und Sitz der Seele. Schon bei den Ägyptern bildete das Herz in körperlicher, seelischer und geistiger Hinsicht eine Einheit und war Sitz der Gefühle, des Willens, des Gedächtnisses, des Denkens, der Weisheit und der göttlichen Liebe. Deswegen wurde bei der Mumifizierung des Leichnams, nachdem alle Innereien entfernt worden waren, das Herz wieder eingesetzt, um dem Betreffenden im Jenseits wieder zur Verfügung stehen zu können. Dieser Ritus wurde mit den Worten begleitet: „Dein Herz ist das Herz der (höchsten Gottheit) Ra." Zum Herz gehörte nach altägyptischer Vorstellung – ähnlich wie im Yoga und Tantra – auch der Atem, weshalb bei der Mumifizierung ein zweiter wichtiger Ritus abgehalten wurde – die Zeremonie der „Mundöffnung". Hierdurch sollte sichergestellt werden, dass im Atem das Wort des Menschen im neuen, jenseitigen Leben seinen Weg findet.

Eine ähnlich herausragende Bedeutung hatte und hat das Herz in Indien. Schon in den über 3500 Jahre alten Veden spielt das Herz eine zentrale Rolle. Es wird als Ort der Unsterblichkeit und des Ozeans des Bewusstseins aufgefasst, wie z.B. in dem nachfolgenden Vers des *Ṛg Veda (4. 58. 11)*:

„Das gesamte Universum wurde in deine Essenz inmitten des Ozeans gelegt, inmitten des Ozeans, in der Lebensspanne."

Das in den indischen Werken gebrauchte Sanskritwort für Herz ist zumeist *hṛd* beziehungsweise *hṛdaya* – etymologisch verwandt mit dem lateinischen Wort *cor* und dem althochdeutschen Wort *hart*. Es bezeichnet zwar auch den Brustraum, aber kein Innenorgan, sondern eindeutig einen Innenort, dessen Grenzen nicht ausschließlich im Physischen liegen. In den ab der spätvedischen Zeit (ca. 850 – 500 v. Chr.) entstandenen Upanishaden, den bedeutenden indischen Werken der Weisheit und Mystik, finden wir bereits die Vorstellung, dass das Herz identisch ist mit dem absoluten Bewusstsein. Dies ist der Beginn der Mikro-Makrokosmos-Lehre, die eine der elementaren Grundlagen des Yoga und Tantra bildet:

Bṛhad Āraṇyaka Upaniṣad 4. 1. 7 -

„Das Herz ist in der Tat das Brahman (*Absolutes*) *… Das Herz ist der Sitz aller Dinge und das Herz ist die Basis aller Wesen."*

Chāndogya Upaniṣad 8. 1. 1 / 8. 1. 3 -

„In dieser ‚Stadt des *Brahman*' (= Körper d. Menschen) gibt es ein kleines Haus oder eine Lotos-Blume. In dieser Lotos-Blume ist ein kleiner Raum. Was sich in diesem Raum befindet, danach sollte man suchen, weil es in der Tat dasjenige ist, was man zu verstehen wünschen sollte."

In den Upanishaden wird auch schon ein „Herz-Knoten" erwähnt, der aufgelöst werden muss, um Befreiung zu erlangen. Diese und andere alte Lehren über das Herz wurden im Laufe der Zeit insbesondere von den Traditionen des Tantra und Kuṇḍalinī-Yoga aufgegriffen und weiterentwickelt.

Für den Kuṇḍalinī-Yogi ist daher das Herz beziehungsweise Herz-Chakra von ganz zentraler Bedeutung; denn hier befindet sich der äußerst wichtige Nexus der Atemenergie, der sensorischen Wahrnehmung und vor allem der Sitz der Seele und des Geistes/Gemüts. Über die besondere Funktion des *Hṛdaya-Chakra* heißt es in *Viveka Darpaṇa 5. 3*:

„Dort (im achtblättrigen Herz-Lotos) vollzieht sich ein wirkliches Hin-und-Her der Gestalt der individuellen Seele – Freude, Leid, Furcht, Wonne, Abscheu, Eifer, Ehrlosigkeit oder Zuneigung. Auf welchem Blatt auch immer die individuelle Seele umherwandert, dort entsteht ganz natürlich Anhaftung auf achtfache Weise."

Wie in diesem Vers des *Viveka Darpaṇa*, so findet man auch in *Dhyānabindu Upaniṣad 93* und in *Haṃsa Upaniṣad 8* die Beschreibung eines „achtblättrigen Lotos" in der Region des Herzens, auf dem durch das Umherwandern der Seele (Skt. *ātman, jīva*) auf den Blütenblättern die unterschiedlichen Gemütsverfassungen entstehen. Dabei erzeugt die Berührung des *Ātman* oder *Jīva* mit einem jeweiligen Blütenblatt eine bestimmte Stimmung, wie etwa Freude, Hass, Lust oder Gier.

Viśuddha-Chakra

Wenn die Kuṇḍalinī dieses Energiezentrum reinigt, wird der Geist völlig rein – woher dieses Chakra auch seinen Namen hat, denn Skt. *viśuddha* bedeutet „vollkommen gereinigt, völlig rein". Es befindet sich in der Kehle und besteht aus einem sechzehnblättrigen Lotos, dessen Blüten die Schwingungen der Silben *aṃ, āṃ, iṃ, īṃ, um, ūṃ, ṛṃ, ṝṃ, ḷṃ, ḹṃ, eṃ, aiṃ, oṃ, auṃ, amṃ, aḥ* haben. Diese Silben erscheinen in einer karmesinroten Farbe auf den rauchfarbigen Blütenblättern. In dem Lotos befindet sich ein blauer Raum, als Symbol für das Element Äther (Skt. *ākāśa*), mit einem weißen Kreis in der Mitte, der einen Elefanten umschließt. Der Elefant, auf dem das Bīja *„haṃ"* ruht, trägt die zu diesem Chakra gehörige Gottheit Sadāśiva („ewiger Śiva"), halb aus Silber halb aus Gold, was den androgynen Aspekt (*Ardhanār-Īśvara*) dieser Gottheit zum Ausdruck bringt. Die Hälfte seines Körpers besteht aus seinem weiblichen Pendant *Sadā-Gaurī*, die, wie er, zehn Arme und fünf Gesichter hat.

Dieses Chakra ist das Zentrum der Sprache. Wenn also Kuṇḍalinī hier wirksam ist, wirkt sich das unter Umständen auf die Eloquenz des Betreffenden aus. Manche Schriften sagen, dass jemand, der auf dieses Zentrum meditiert, ein großer Schriftsteller, Poet oder Weiser wird. Aus einer gewissen Warte heraus betrachtet, wenn man sich also das Modell der Entfaltung der Kuṇḍalinī als sukzessives Aufsteigen von unten nach oben vergegenwärtigt[269], stellt das *Viśuddha-Chakra* einen bestimmten Punkt im reversiven Prozess der Kuṇḍalinī dar, denn nun hat sie den Bereich der Eigenschaften hinter sich gelassen. Dieses Chakra ist Ausdruck des höchsten und

269 Eine solche Sichtweise, wie bereits betont, ist allerdings eine ziemliche Einschränkung und Vereinfachung des tatsächlichen Vorgangs, der wesentlich komplexer ist.

letzten Elements. Auf ihrer weiteren Reise stößt die Kuṇḍalinī in wesentlich subtilere Gefilde vor – weshalb einige tantrische Werke von einer Vielzahl von Chakras und anderen Energie-Zentren im Bereich des Kopfes ausgeht.

Ājñā-Chakra

Dieses Chakra befindet sich zwischen den Augenbrauen, weshalb es auch als *Bhrū-Chakra* (z.B. nach *Siddha Siddhānta Paddhati 2. 7*) bezeichnet wird. Hier ist das Zentrum, in dem die beiden elementaren kosmischen Kräfte sich trennen und dadurch, sozusagen auf ihrem Weg nach unten, Dualität und Vielfalt erschaffen. Dieses Chakra ist weiß, und in seiner Mitte befindet sich ein nach unten gerichtetes Dreieck, in dessen Zentrum der *Itara-Liṅga* steht. Seine Gottheit ist *Śaṃbhu* (Śiva) und seine Śakti *Hākinī*. Es hat nur *zwei* Blütenblätter, nämlich *haṃ* und *kṣaṃ*. Diese stehen für die beiden großen *Nāḍīs* (feinstoffliche Kanäle), die hier zusammenfließen. Doch tatsächlich kommen hier *drei* gewaltige Ströme – die drei Haupt-Nāḍīs *Iḍā, Piṅgalā* und *Suṣumnā* –zusammen, weshalb diese Stelle auch *Triveṇi*, „Zusammenfluss, Mündung von drei" genannt wird:

Śiva Saṃhitā 5. 134-135 -

„Derjenige, der im Geist an der Mündung der weißen [*Nāḍī*] (= *Iḍā*) und der schwarzen [*Nāḍī*] (= *Piṅgalā*) badet, wird von allen Sünden befreit und erreicht das ewige Absolute (*Brahman*). Wer die Verbrennungsrituale für seine Ahnen an der Mündung dieser drei Flüsse (*Triveṇi*) durchführt, bewirkt Befreiung für seine Ahnen und erlangt selbst das höchste Ziel."

Die Einzigartigkeit dieses Chakras tritt hervor, wenn man sich die Bedeutung seines Namens näher betrachtet. Skt. *ājñā* bedeutet „Befehl". Die aufsteigende Kuṇḍalinī benötigt ab hier, worauf ich bereits in *Kapitel 6* hingewiesen habe, den Befehl des Gurus, um weiter aufsteigen zu können. Hier verlässt die Kuṇḍalinī den Bereich der Dualität, Verschiedenheit und Trennung von Subjekt und Objekt – nicht zufällig ist das *Bīja* dieses Chakras *Oṃ*, Anfang- und Endpunkt von allem. Wenn der Yogi diese Schwelle überschreitet, lässt er die Welt hinter sich, weshalb es in der Beschreibung des *Ājñā-Chakras* in *Ṣaṭcakra Nirūpaṇa Vers 36 und 37* heißt:

„Wenn der Yogi das Haus, das ohne Stütze hängt, verschließt – das Wissen hierüber erlangt habend durch den Dienst (*Sevā*) an seinen Parama-Gurus – und wenn der Geist/ Verstand (*Cetas*) durch wiederholte Praxis an dieser Stelle, die der Wohnort der Glückseligkeit ist, aufgelöst wird, dann sieht er (Yogi) in der Mitte von und in dem Raum über (dem Dreieck) das klare Scheinen der Funken des Feuers. Dann sieht er auch das Licht in Form einer flackernden Lampe. Es leuchtet wie die hell scheinende Morgensonne und strahlt zwischen Himmel und Erde. Hier, an dieser Stelle, offenbart sich der Herr (*Bhagavān*) mit der Fülle seiner Macht. ER kennt keinen Zerfall, ER ist der Zeuge von allem, und er ist hier, wie er auch in der Region von Feuer-Mond-Sonne (im Bereich der Schöpfung) ist."

Was ab der Ebene des *Ājñā-Chakras* aus psychologischer Sicht geschieht, beschreibt Ken Wilber:

„Beginnend mit dem sechsten Chakra, dem Ājñā-Chakra, fängt das Bewusstsein an, in die trans-personale Richtung zu gehen. Bewusstsein geht nun in Richtung trans-verbal und trans-personal. ...Dies ist die totale und vollkommene Transzendenz und das Frei-Werden ins Formlose Bewusstsein. Grenzenloses Strahlen. Da gibt es kein Ich, keinen Gott, keinen Letztendlichen-Gott, keine Subjekte, keine Ding-heit, abgesondert, getrennt vom Bewusstsein als solchem. ...Jeder Schritt ist eine Zunahme an Bewusstsein und eine Identifikation der Bewusstheit, bis alle Formen zurückkehren zum vollkommenen und radikalen Freiwerden im Formlosen."[270]

Der Sahasrāra

Sahasrāra ist ein Sanskrit-Wort, das „eintausend" bedeutet. Der *Sahasrāra*, auch *Sahasrāra*-Chakra oder *Shasrāra-Daḷa*, hat eintausend Blätter. Die (nach unten zeigenden) Blütenblätter tragen alle Silben beziehungsweise Laute, die im Sanskrit-Alphabet vorkommen, zwanzigmal (= 1000). Die Blütenblätter beinhalten folglich das gesamte Klang- beziehungsweise Schwingungs-Potenzial des Alphabets. Doch im eigentlichen Sinne bedeutet „eintausend" hier, dass dieses Chakra unendlich viele Blätter hat, denn dies ist der Ort des höchsten, unendlichen Bewusstseins, weshalb dieses Chakra auch *Nirvāṇa-Chakra* genannt wird. Vom *Sahasrāra* wird häufig gesagt, dass er sich auf beziehungsweise über dem Kopf, also außerhalb des Körpers, befindet, wie z.B. in *Śiva Saṃhitā 5. 151b*: *brahmāṇḍākhyasya dehasya bāhye tiṣṭhati*, „Er ist außerhalb des Mikrokosmos des Körpers." Außerdem hat er kein zugeordnetes Element, keine Farbe und auch kein *Bijā*. Daher wird der *Sahasrāra* von vielen Traditionen nicht mehr zu den Chakras gezählt.

Eine interessante und aufschlussreiche Beschreibung des *Sahasrāra* finden wir in der Hymne *Ānanda Laharī*, hier als Beispiel *Vers 21*:

270 K. Wilber, Spectrum Psychology, in: Revision Vol. 2, No. 1, 1979, S. 70-71.

„Große Wesen, deren Geist frei von Māyā ist, sehen mühelos deine Wohnstätte, in der sich Sonne, Mond und Feuer befinden, die feiner ist als ein Blitz, und die sich oberhalb des sechsten Lotos im Wald des großen Lotos befindet. Dies erblickend, sind sie versunken in einer Woge von höchster Glückseligkeit."

Hier, am Ort der höchsten Glückseligkeit, ist der Sitz Śivas, mit dem sich Kuṇḍalinī, ihr Ziel endlich erreicht habend, vereint. Die Vereinigung des göttlichen Paares ist gleichbedeutend mit der Vereinigung der individuellen Seele (*Jīva*) mit dem höchsten Bewusstsein. An diesem Punkt realisiert der Yogi: „Ich bin Shiva" – *shivo'ham*, „Ich bin Das" – *so'ham*. Hier trifft er auch auf die bereits erwähnte Blaue Perle, den linsen-förmigen *Mahākaraṇa-Deha*, wie wir von Jñāneśvar unmittelbar erfahren können:

Yogapar Abhaṅgamālā 42. 1-3 –

sahsradaḷī[ṃ] biṃdu tyāṃta teja diese / teṃ ho kāya aiseṃ sāṃgā maja //
jetha nāma rūpa varṇa nāhīṃ bā re / teṃ rūpa sācāre caitanya bā //
jñānadeva hmaṇe anubhavācī khūṇa / jāṇe to sujāṇe anubhavī //[271]

„Im tausend-blättrigen [Lotos] ist der (blaue) Bindu – darinnen ist ein Leuchten zu sehen. Was ist das? Sag' es mir! Wo es weder Name noch Form noch Farbe gibt – diese Etwas ist real, ist Bewusstsein. Jñānadeva sagt: Derjenige, der das Zeichen dieser Erfahrung kennt, ist von großartigem Wissen, einer, der [wahrlich] erfahren hat."

271 C. Kiehnle, Jñāndev Studies I and II, Songs on Yoga, S. 116-117. Gurus und Yogis berichten äußerst selten von ihren Erfahrungen, weshalb die Gedichte Jñāneśvars über solche höchsten spirituellen Phänomene eine Rarität von unschätzbarem Wert darstellen.

Doch befinden sich im *Sahasrāra* noch zwei weitere wichtige Phänomene, die für uns von Interesse sind. Über das eine heißt es in der *Śiva Saṃhitā, Vers 5. 103*:

„Der Lotos, der im *Brahmarandhra* weilt, wird Sahasrāra genannt. In dem Raum in seinem Zentrum befindet der Mond. Von diesem dreieckigen Ort sickert ein Unsterblichkeits-Nektar (Skt. *amṛta*). Diese Mond-Flüssigkeit der Unsterblichkeit fließt unablässig durch die *Iḍā*. Dieser Nektar fließt in einem Strom, in einem endlosen Strom."

Der Mond, der mit Gott *Candra* beziehungsweise *Soma* identifiziert wird, wurde schon im *Ṛg Veda* (*1. 164, 36; 8. 69. 3*) als Quelle des Unsterblichkeitstrankes, Nektar oder Ambrosia, erachtet und im höchsten Maße verehrt. Im Tantra ist die Quelle dieses besonderen Saftes nicht außen (beziehungsweise hat dort für den Yogi keine Bedeutung), sondern – wie könnte es anders sein – im Inneren eines jeden Menschen. So sagt Gorakhnātha in *Gorakh Bānī 23*:

„Im Kreis des [Himmels-]Raumes (*Gagaṇ-Maṇḍal*) ist ein umgekehrter Brunnen, der der Ort des Nektars ist. Wer einen Guru hat, trinkt den Inhalt. Wer keinen Guru, hat bleibt durstig."

Wie der Autor (beziehungsweise die Autoren) der *Śiva Saṃhitā*, so lokalisiert auch Gorakhnāṭh seinen „Brunnen" des [Himmels-]Raumes – die Quelle des Unsterblichkeitstrankes (*Āmṛta*) – im *Sahasrāra* im Scheitelpunkt des Kopfes. Die gleiche Symbolsprache findet sich auch bei anderen Mystikern, wie beispielsweise bei Kabīr:

„Der Brunnen hat seine Öffnung unten. Sein Eimer ist in der Unterwelt (*Pātāla*). Der *Haṃsa* (Seele) trinkt von dessen Wasser, aber nur wenige kennen seine Quelle."[272]

Und Jñāneśvar berichtet uns über diese geheimnisvolle Flüssigkeit in der für ihn typischen poetischen Weise in *Jñāneśvarī 6. 247*:

> *taṃva varilekaḍonī ḍhāḷeṃ / caṃdrāmṛtāceṃ taḷeṃ /*
> *kānavaḍonī miḷe / śaktimukhīṃ //*

> „Dann rinnt von oben das Reservoir des *Amṛta* des Mondes, und sich neigend, trifft es auf den Mund der (Kuṇḍalinī-)Śakti."

Diesem *Amṛta*, der vom Sahasrāra tropft, schenken die Yogis außerordentlich viel Beachtung, denn das Geheimnis der Gesundheit und Unsterblichkeit – manchmal sogar der körperlichen Unsterblichkeit, die von einigen Yogis erstrebt wird – liegt nach yogischer Auffassung darin, diesen Unsterblichkeitssaft davor zu bewahren, in das Verdauungsfeuer der Sonne zu fallen. So wird z.B. im Zusammenhang mit der Übung, welche die Bezeichnung *Viparīta-Karaṇī* trägt, in *Haṭhayoga Pradīpikā 3. 77* erklärt, dass das Verlöschen des *Amṛta* in der Sonne den Alterungsprozess verursacht. Das Bewahren des *Amṛta* gelingt nach Vorstellung der *Yogīs* mit Hilfe bestimmter *Haṭha-Yoga*-Techniken, wie z.B. der *Khecarī-Mudrā* (bei der der Yogi den *Amṛta* trinkt, indem er die Zunge zurück und nach oben in den Rachenraum führt) oder *Jālāndhara-Bandha* (eine Verschlusstechnik, durch die das Herabfließen des *Amṛta* verhindert werden soll).

Kommen wir nun zu dem zweiten wichtigen Phänomen, einem Energiezentrum, das mit dem Sahasrāra unmittelbar

272 Ch. Vaudeville, Kabir Granthavali, S. 16 (Doha 5. 45).

verknüpft ist und in dem oben zitierten Vers 5 der *Śiva Saṃhitā* bereits Erwähnung fand – das *A-Ka-Tha-Dreieck*.

In einigen Yoga-Werken ist von einem nach oben geöffneten *zwölfblättrigen Lotos* die Rede, der sich direkt unterhalb des nach unten gerichteten *Sahasrāra* befindet. An der Stelle, an der diese beiden miteinander verbunden sind, erscheint ein *Maṇḍala*, in dessen Zentrum das sogenannte *A-Ka-Tha*-Dreieck liegt. Die sechzehn Vokale des Sanskrit-Alphabets, beginnend mit *„a"*, bilden die erste Linie dieses Dreiecks, die ersten sechzehn Konsonanten, beginnend mit *„ka"*, bilden die zweite Linie, und die weiteren sechzehn Konsonanten, beginnend mit *„tha"*, bilden die dritte:

Pādukā Pañcaka Vers 2 –

tasya kandalitakarṇikāpuṭe kḷptarekhamakathādirekhayā /
koṇalakṣitahalakṣamaṇḍalibhāvalakṣyamabalālayaṃ bhaje //

„Ich verehre den Wohnort der Śakti, an der Stelle, wo die beiden Fruchthüllen zusammenkommen. Sie setzt sich zusammen aus den Linien *A*, *Ka* und *Tha*. Und die Silben *Ha*, *La* und *Kṣa*, die je in einer der Ecken zu sehen sind, geben ihm den Charakter eines *Maṇḍalas*."

Dieses Dreieck ist der Sitz des inneren Gurus, der nichts anderes ist als Śiva selbst, wie man *Guru Gita* Vers 58 entnehmen kann:

akathāditrirekhābje sasradala maṇḍale /
haṃsapārśvatrikoṇe ca smaret tanmadhyagaṃ gurum //

„Im Rund des tausendblättrigen Lotos gibt es ein Dreieck, das durch drei Linien gebildet wird, beginnend mit *a*, *ka* und *tha* und mit *ham* und *sah* auf beiden Seiten. Man sollte des Gurus gedenken, der im Zentrum dieses Dreiecks seinen Sitz hat."

Zwei weitere wichtige Elemente der subtilen Physiologie sind die drei Knoten (Skt. *granthi*)[273] und die feinstofflichen Kanäle (Skt. *nāḍī*).

J. Woodroffes Kommentar zu *Ṣaṭcakra Nirūpaṇa* Vers 51 ist zu entnehmen, dass manche Yogis von insgesamt vierzehn *Granthis* ausgehen (Woodroffe gibt leider keine Quellenangabe)[274], klassischerweise werden jedoch nur die folgenden drei genannt: *Brahma-Granthi, Viṣṇu-Granthi* und *Rudra-Granthi.* Bei diesen drei handelt es sich um besondere Energie-Zentren entlang der *Suṣumnā,* die von der Kuṇḍalinī zusammen mit den Chakras durchstoßen beziehungsweise gelöst werden müssen:

Śiva Saṃhitā 4. 13 (völlig identisch mit *Haṭhayoga Pradīpikā 3. 2*) –

suptā guruprasādena yadā jāgarti kuṇḍalī /
tadā sarvāṇi padmāni bhidyante granthayo' pi ca //

„Wenn die schlafende Kuṇḍalī durch die Gnade des Gurus erwacht, dann werden alle Lotosblüten (= Chakras) und Knoten (*Granthi*) durchstoßen."

Nach der *Haṭhayoga Pradīpikā* befindet sich der *Brahma-Granthi* im *Anāhata-Chakra* (*HYP 4. 70*), der *Viṣṇu-Granthi* im Hals (*kanthe,* Kommentar *HYP 4. 73*) und der *Rudra-Granthi* im *Ājñā-Chakra* (*HYP 4. 76*).

Seine Lebensenergie erhält der feinstoffliche Körper durch

273 wurden bereits in Kapitel 9 erwähnt.
274 J. Woodroffe, Die Schlangenkraft, S. 278.

die sogenannten *Nāḍīs*. Diese bilden ein komplexes System – ähnlich den Gefäßsystemen der Nerven und Adern im grobstofflichen Körper – das für die Aufrechterhaltung aller Vitalfunktionen, auch des grobstofflichen Körpers, verantwortlich ist. Die Standardzahl, die im Zusammenhang mit den *Nāḍīs* meistens genannt wird, ist 72 000, so wie hier in *Haṭhayoga Pradīpikā 4. 18b*:

dvāsaptatisahasrāṇi nāḍīdvārāṇi pañjare /

„Im Käfig (= Körper) sind 72 000 *Nāḍī*-Durchgänge."

Wörtlich bedeutet *Nāḍī* „Kanal". Aber unser Konzept von den *Nāḍīs* ist meistens viel zu naturwissenschaftlich geprägt, zu mechanisch und grobstofflich. Nach Lilian Silburn hat man sich die *Nāḍīs* nicht als stoffliche Kanäle oder Leitungen für die Zirkulation der Energie vorzustellen – in der *Haṭhayoga Pradīpikā* wird vermutlich nicht ohne Grund der Sanskrit-Terminus *dvāra*, „Tor, Öffnung, Passage" verwendet. „Genau genommen", so schreibt Silburn, „ist eine *nāḍī* kein statisches Leitungskabel für den Energiekreislauf, sondern bildet einen Schaltkreis für den Energiefluss, die Schwingungskraft. Dennoch können wir den Begriff Weg, Leitungskabel oder Kanal nicht umgehen."[275] Auch Sir John Woodroffe kommt zu dem Schluss: „Dass die ‚Yoga-Nāḍīs' nicht die stofflich-groben Nerven im üblichen Sinne sind, sondern als subtil-feine Richtungslinien die Stellen markieren, wo die Lebenskräfte langfließen."[276] Vor diesem Hintergrund verwundert es dann nicht, dass die *Nāḍīs* im *Viveka Darpaṇa* (5. 1) gar als *Śaktis* bezeichnet werden:

275 L. Silburn, Kundalini und Tantra, S. 40 (Anmerkung 32).
276 J. Woodroffe, Die Schlangenkraft, S. 67.

bāhātarī sahasra nāḍī : mastakoce ṭhāuni caraṇāparyṃta : vāḍhalīyā āsati : yeyāmājiṃ nava sakti pramāṇā :

„Vom Kopf bis zu den Füßen sind 72 000 *Nāḍīs* gewachsen. Unter diesen sind neun Śaktis die wichtigsten."

An dieser Stelle spricht das *Viveka Darpaṇa* noch von „neun", später jedoch (im letzten Satz des Abschnitts *5. 1*) von „zehn Nāḍis" – in völliger Übereinstimmung mit der gesamten Yoga-Literatur. Diese zehn *Nāḍīs* (und ihre Lokalisierungen, soweit sie im *Viveka Darpaṇa* genannt sind) sind folgende:

1. *Iḍā*, 2. *Piṅgalā*, 3. *Suṣumnā*
4. *Gāndharī* + 5. *Hātinī*, („in den Ohren")
6. *Puṣā* + 7. *Payasvinī* („aus den Augenhöhlen kommend"),
8. *Alambuṣā*, („im Inneren des Mundes"),
9. *Kuhū*, („zwei *Śaktis* … zu den Fersen"),
10. *Śaṃkninī* („im Rückgrat, durch den Pfad der Ansammlung der Juwelen [= Wirbelsäule]").

Die drei wichtigsten *Nāḍīs* sind *Suṣumnā*, *Iḍā* und *Piṅgalā*. Die *Suṣumnā* oder auch *Suṣumnā-Nāḍī* ist hiervon die allerwichtigste. Sie ist der feinstoffliche Zentralkanal, der entlang der Wirbelsäule (im feinstofflichen Körper) vom *Mūlādhāra-Chakra* bis zum *Sahasrāra* verläuft. Die *Chakra*s sind an ihr, wie es oft heißt, „aufgereiht wie Perlen auf einer Schnur". Dieser Zentralkanal besteht aus mehreren ineinander verschachtelten Kanälen, denen unterschiedliche Qualitäten und Farben zugeordnet werden. Nur die äußerste Schicht wird *Suṣumnā* genannt. In ihr befindet sich *Vajra-Nāḍī*, die mit der Sonne assoziiert wird, und in dieser wiederum verläuft die *Citriṇī-Nāḍī*, die mit dem Mond in Beziehung steht. Von *Citriṇī* wird gesagt, dass sie so fein wie der Faden einer Spinne sei. Der

Hohlraum in *Citriṇī* wird *Brahmā-Nāḍī* genannt, der „Kanal des Absoluten" – dies ist der Weg, auf dem die *Kuṇḍalinī* nach oben zu Śiva im *Sahasrāra* gelangt.

Wie ich bereits angedeutet habe, weist die indische *Nāḍī-Lehre* – die der Meridian-Lehre der chinesischen Akupunktur in vielen Punkten ähnlich ist – weit in die Vergangenheit zurück. Hinweise auf das Konzept einer feinstofflichen Röhre, die von unten nach oben den gesamten Körper durchzieht (ebenfalls unter der Bezeichnung *Nāḍī*), finden sich bereits in den Upanishaden, hier ein Beispiel aus der *Chāndogya Upaniṣad* (8. 6. 6):

śataṃ caikā ca hṛdayasya nādyaḥ / tāsāṃ mūrdhānam abhiniḥsṛtaikā / tayordhvam āyann amṛtatvam eti / viṣvaṅ anyā utkramaṇe bhavanti, utkramaṇe bhavanti //

„Einhundertundeins sind die *Nāḍīs* des Herzens. Von diesen ist eine zum Kopf geströmt. Durch diese hinaufgehend, gelangt man zur Unsterblichkeit. Die anderen gehen überall (in alle Richtungen) hinaus."

Über den Verlauf der beiden anderen Hauptkanäle *Iḍā* und *Piṅgalā* gibt es in den Werken des Tantra und Yoga von jeher unterschiedliche Auffassungen. Im Wesentlichen sind dies drei:

1. in aufsteigender Richtung, links und rechts parallel zur *Suṣumnā*.
2. spiralförmig aufsteigend, dabei direkt *in die Chakras einmündend*, beziehungsweise in ihnen über Kreuz laufend.
3. spiralförmig aufsteigend, dabei *zwischen* den einzelnen Chakras über Kreuz laufend.

Nachfolgend eine typische Beschreibung des Verlaufs dieser *Nāḍīs* in *Śiva Saṃhitā 2. 25-26*:

iḍānāmnī tu nāḍī vāmamārge vyavasthitā / suṣumṇāyāṃ samāśliṣya dakṣanāsāpuṭe gatā //
piṅgalā nāma yā nāḍī dakṣamārge vyavasthitā / madhyanāḍīṃ samāśleṣya vāṃanāsāpuṭe gatā //

„Die *Nāḍī* genannt *Iḍā*, auf der linken Seite befindlich, die *Suṣumnā* umarmend, gelangt in das rechte Nasenloch. Die *Nāḍī* genannt *Piṅgalā*, auf der rechten Seite befindlich, die mittlere *Nāḍī*[277] (= *Suṣumnā*) umarmend, gelangt in das linke Nasenloch.

Einmütig jedoch bezeichnen alle Yoga-Werke die *Iḍā* als „kühlend" und dem Mondgeflecht zugehörig, dem diametral entgegengesetzt die *Piṅgalā* als *„heiß"* und mit dem Sonnengeflecht verbunden. Sonne und Mond, wie auch alle anderen zur Zeit des Mittelalters bekannten Gestirne des Firmaments, spielen eine große Rolle für den Yogi, da, wie bereits erwähnt, gemäß dem Konzept der Identität von Mikro- und Makrokosmos alle Phänomene des äußeren Universums auch im Inneren des Menschen zu finden sind. Nach der inneren Geographie des tantrischen Yoga befindet sich der Mond im oder unterhalb des *Sahasrāra* (*Śiva Saṃhitā 5. 145, 147* und *Gheraṇḍa Saṃhitā 3. 33*) und die Sonne im Bauch (*Śiva Saṃhitā 2. 32*). Sonne und Mond mit den dazu gehörigen beiden Haupt-*Nāḍīs*[278] bilden ein bipolares System, das sich im optimalen Falle im Gleichge-

277 Auch in Haṭhayoga Pradīpikā 3. 120 wird die *Suṣumnā* als *madhyamā nāḍī*, „mittlerer Kanal" bezeichnet.

278 Iḍā und Piṅgalā werden nach Sir John Woodroffe („Die Schlangenkraft, S. 71) Śaśī (Mond) und Mihira (Sonne) genannt, und gemäß *Gorakṣa Śataka 32* sind Mond und Sonne die vorherrschenden Gottheiten dieser beiden Nāḍīs.

wicht befindet, wobei der Mond von nährender, kühlender und die Sonne von verzehrender, erhitzender Natur ist – weshalb manche Wissenschaftler spekulieren, dass *Iḍā* und *Piṅgalā* die feinstoffliche Matrix für das *sympathische* und *parasympathische* Nervensystem bilden:

Viveka Darpaṇa 5. 5 und 5. 6:

„Der Mond wohnt mit seinen sechzehn Phasen in der Gaumenöffnung. ...Zusammen mit diesen sechzehn Phasen tropft er hinab. Auf dem linken Pfad lässt er die *Iḍā* entstehen. Dieser Mond ist nährend."

„Die Sonne wohnt mit zwölf Phasen an der Wurzel des Nabels. ...Zusammen mit diesen zwölf Phasen lässt sie auf dem nach oben laufenden rechten Pfad die *Piṅgalā* entstehen. Diese Sonne ist austrocknend/verzehrend. – Das jeweilige Mehr und Weniger ausbalancierend, existieren Sonne und Mond [zusammen im Körper], den Körper erhaltend."

Kapitel 14

Das Ziel

Zum Abschluss noch einige Bemerkungen zu dem eigentlichen Ziel des Kuṇḍalinī-Yoga-Weges. In meinem bisherigen Leben hatte ich das große Glück, zwei *Siddhas*, genauer gesagt zwei *Siddha-Gurus*, zu begegnen, bei ihnen eine Weile zu leben und unter ihrer Anleitung und Aufsicht meiner *Sādhanā* nachzugehen. Die persönlichen Begegnungen mit ihnen – manchmal währten sie nur einige Minuten – waren in der Regel von solch unglaublicher Tiefe und Intensität, dass es mir schwer fällt, meine dabei gemachten Erfahrungen in Worte zu fassen. Mit Sicherheit waren diese Begegnungen jedoch immer eines – ein Angriff auf meinen Geist/Verstand und meine begrenzte Identität. Allein solchen Siddhas in die Augen zu schauen, verwirrt uns; denn es erschüttert auf sehr heilsame Weise unseren Glauben an unsere eigenen Grenzen und Begrenzungen. Man macht in solchen „Augen-Blicken" häufig die Erfahrung, wie in ein Nichts aus Licht oder eine unendliche Weite zu fallen. Diese Dimension der Unendlichkeit, die man in solchen kostbaren Augenblicken erfährt, ist jedoch nicht nur das innere Wesen des Siddhas, sondern – und das beginnt man dabei unmittelbar zu erfahren – auch das jeweilig eigene. Allein durch ihre Präsenz offenbaren diese Vollkommenen der sich gefangen und begrenzt wähnenden Seele ihre eigene Vollkommenheit. Dies aber – die höchste Vollkommenheit und Freiheit, das Ziel des Kuṇḍalinī-Yoga-Weges – ist der immerwährende Zustand des Siddhas.

Begrenzungen existieren nur in unserer Vorstellung. Wir waren und sind zu keinem Zeitpunkt ein Bewusstsein, das von irgendetwas getrennt ist. Deshalb vergleichen die Philosophen und Mystiker der buddhistischen wie auch der hinduistischen Traditionen seit Urzeiten den Moment der Vereinigung des individuellen mit dem kosmischen Selbst bildhaft mit dem „Aufgehen des Raumes eines Topfes (*Ghaṭākāśa*) im äußeren Raum, der den Topf umgibt (*Maṭhākāśa*)" – da wohl jeder einsieht, dass ein Raum in einem Topf, der vom restlichen Raum getrennt und verschieden ist, nur eine Vorstellung sein kann, eine Illusion:

Jñāneśvarī 8. 253-254 –

„Und in dem Moment, in dem der Topf zerbricht, verschwindet der Raum darinnen. [Aber] obwohl er verschwindet, wird er eins mit dem Himmel (Raum im Äußeren) – alles andere ist ein Irrtum. Schau, es ist so: Nur die Form verschwindet. Der andere (des Topfes) Raum ist im [unbegrenzten] Raum, sogar bevor der Topf existierte."

Dass „die Form verschwindet", bedeutet nicht, dass der Mensch im Augenblick der höchsten Erfahrung stirbt – ein Siddha ist ein *Jīvanmukta*, jemand der/die „zu Lebzeiten Befreiung erfahren hat". Dieser höchste Zustand bedeutet für den Betreffenden auch nicht, dass er seine Persönlichkeit und seine Charaktereigenschaften verliert – die beiden Siddhas, die ich erlebt habe (und noch immer erlebe), sind hinsichtlich ihrer Persönlichkeit sehr verschieden. Die „Form", die „verschwindet", ist das begrenzte Ich, die Ich-Identität – das Zentrum *unserer* Wahrnehmung und *unseres* Seins. Durch das Überschreiten und Auflösen der Identitäts-Grenze kommt es zu einer Ich-Erfahrung ganz anderer Natur, wie wir ebenfalls von Jñāneśvar erfahren:

Yogapar Abhaṅgamālā 40. 3 -

„Die Weite des Mikrokosmos [und] Makrokosmos dehnte sich aus und wurde irgendwie mein eigenes Selbst."

Noch drastischer beschreibt diesen Vorgang des Verschmelzens mit dem absoluten Bewusstsein beziehungsweise des Erkennens und Erfahrens der wahren eigenen Natur *Muktabāī*, die kleine (ebenfalls selbstverwirklichte) Schwester Jñāneśvars, mit folgendem kurzen, genialen Vers:

„Die Ameise flog hinauf zur Sonne – und verschlang sie. Muktabāī lächelte."[279]

Obwohl das Ziel des Kuṇḍalinī-Weges in der immerwährenden Erfahrung dieser grenzenlosen Identität besteht – oder wie es im *Jīvanmukti Viveka* heißt: „Der Yogi gelangt zu der Überzeugung ‚Ich bin niemand anders als Er, der *Parama Ātman* (Höchstes Selbst)'"[280] – führt dieser Zustand nicht notwendigerweise zu einer Veränderung in der äußeren Dimension unseres Lebens. Der Vollkommene, der Befreite, lebt SenSharma („The Philosophy of Sadhana") zufolge in dieser Welt kein Leben, das von dem unseren verschieden wäre. Er verhält sich nicht auffällig

279 Dieser beeindruckende kleine Vers, der mir vor einigen Jahren von Prof. Tulpule genannt wurde, ist von der Aussage her mit dem folgenden, bereits zitierten Vers von Kabīr identisch:
„Du suchst, du suchst, oh mein Freund, aber Kabir ist verschwunden. Der Ozean ist verschwunden im Tropfen, wie dann könnte er [je wieder] gefunden werden?"

280 Jīvanmukti Viveka, Text and Translation. Adyar Library Bulletin Vol. 41, Theosophical Society. Madras 1977, S. 412. Dieses umfangreiche Werk über das Wesen und den Zustand des *Jīvanmukta* ist bisher, zumindest im Westen, noch ziemlich unbekannt.

anders als der „normale" Sterbliche. Er oder sie lebt mit uns zusammen, nimmt mehr oder weniger „normal" am Leben teil und erzeugt sogar Karma. Im Unterschied zu normalen Menschen vermag ihm dieses Karma jedoch nichts anzuhaben, denn es ist einfach niemand mehr da, auf den sich das Karma beziehen könnte. Was auch immer im Äußeren geschieht, der Jīvanmukta beziehungsweise Siddha bleibt wie er/sie ist – auf ewig frei.[281]

Der Vollkommene lebt und handelt im vollkommenen Einklang mit dem göttlichen Willen. Er ist mit allem und jedem verbunden beziehungsweise identisch. Für ihn ist alles göttlich, alles vollkommen, alles eins. Was der Yogi einst als das Höchste, das Vollkommene zu erlangen versuchte und schließlich auch – nach vielen Mühen und am Ende einer schier unendlich langen, abenteuerlichen Reise – als das eigene Selbst in seinem Inneren gewahrte, offenbart sich ihm (beziehungsweise ihr) nun, wohin er auch blickt, was immer er auch erfährt, in jedem Augenblick seines Lebens. Und er hört nicht auf, dies zu entdecken, es aus höchstem Mitgefühl den anderen Wesen mitzuteilen und erfahrbar zu machen – und dabei selbst immer wieder wie ein Kind zu staunen.

„Dies ist das Ziel der Meditation und Kontemplation.
Wenn alle Unreinheiten weggewaschen sind,
beginnst Du, das strahlende Selbst wahrzunehmen.
Wenn diese Erkenntnis allmählich klarer und klarer wird,
kannst Du ein gutes und würdiges Leben führen.
Wenn Du den Segen eines Gurus erhältst,
offenbart sich ein Zustand der Bewusstheit.
Es ist die reine Bewusstheit: ‚Ich bin. Ich bin all das, was ist.
Ich bin all das, was ist und all das, was nicht ist – Ich bin.'

---

281 D.B. SenSharma, The Philosophy of Sadhana, S. 169.

Ein Guru hat die Wahrheit gesehen. Ein Guru lebt in der Wahrheit.

Die Wahrheit ist ‚Ich bin. Ich bin die Wahrheit.'
Das göttliche Pulsieren ‚Ich bin, Ich bin.'
Die funkelnde Blaue Perle ‚Ich bin, Ich bin.'
Der Höhepunkt allen Yogas ‚Ich bin, Ich bin.'
All dies wird im Inneren offenbar.
Und sobald diese Vollkommenheit Dein Wesen durchdringt,
lebst Du für immer in dieser Erfahrung – es gibt kein Zurück."[282]

Gurumayi Chidvilasananda

282 "Creating a Body of Light" in: Darshan, No. 41/42, Kundalini – The Awakening and the Unfolding, SYDA Foundation, S. 172.

Hinweise zur Sanskrit-Transliteration und Sanskrit-Aussprache

Alle Zitate und/oder Begriffe in Sanskrit- (aber auch Hindi- und Marathi-[283]), die in diesem Buch vorkommen, sind in der international üblichen Umschrift (Transliteration) geschrieben, d.h. in lateinischer Schrift mit den dazu gehörigen diakritischen Zeichen (z.B. ein Punkt unter oder ein Strich über dem Buchstaben). Dies bedeutet für die Aussprache Folgendes:

Vokale

Sanskrit-Vokale werden streng unterschieden in kurze und lange Vokale (die Länge beziehungsweise Kürze eines Vokals ist bedeutungsträchtig). In der Umschrift sind die langen Vokale alle mit einem horizontalen Strich versehen, mit Ausnahme von *e* und *ai*, sowie *o* und *au*, die immer lang sind.

kurz –	lang-
a wie in D*a*ch	*ā* wie in V*a*ter
i wie in Sch*i*ff	*ī* wie in T*i*ger
u wie in R*u*ck	*ū* wie in M*u*t
ṛ wie in Sch*ri*tt	*e* wie in W*e*rt
	o wie in L*o*t
	ai wie in M*ai*s
	au wie in P*au*se

283 (Alt-)Hindi ist die Sprache, in der z.B. die Werke des Mystikers und Heiligen Kabīr überliefert sind, aus denen nachfolgend häufig zitiert wird, und (Alt-)Marathi ist die Sprache, in der u.a. die *Jñāneśvarī*, das *Viveka-Darpaṇa* – beides Werke, die in diesem Buch ebenfalls häufig Verwendung finden – und andere mittelalterliche Werke aus Mahārāṣtra (West-Indien) verfasst wurden.

Konsonanten

Bei der Aussprache der Sanskrit-Konsonanten spielt die Unterscheidung zwischen 1. *aspirierten* und *unaspirierten* und 2. *dentalen* und *retroflexen* Lauten eine wesentliche Rolle. Die aspirierten Laute werden mit einem nachfolgenden und deutlich hörbaren Hauchlaut gesprochen, wie z.B. *Bhakti*, das hinsichtlich seiner Artikulation vergleichbar ist mit dem deutschen Wort *Abhang*.

Die dentalen Konsonanten entsprechen hinsichtlich ihrer Aussprache ungefähr den Konsonanten, wie wir sie aus der deutschen Sprachen kennen – dental bedeutet, dass die Zunge bei der Aussprache die Zähne berührt. Im Gegensatz hierzu gibt es in der Sanskrit-Sprach die retroflexen Konsonanten, bei denen man mit der Zungenspitze den vorderen Teil des Gaumens berührt. Retroflexe Konsonanten sind bei der Umschrift erkennbar an ihrem darunter liegenden Punkt (*ṭa, ḍa, ṇa* usw.), wie etwa das Wort *Jaḍa* (leblos) oder der bekannte Begriff *Maṇḍala*. Als Beispiel für ein Wort, das einen Konsonanten hat der sowohl aspiriert als auch retroflex ist, wäre das bekannte Wort *Haṭha*(-Yoga) zu nennen.

Eine weitere Besonderheit der Sanskrit-Sprache sind die sogenannten ***Sibilanten***, die Zischlaute. Von denen insbesondere die ersten beiden häufig verwechselt werden. Die drei Sibilanten sind *śa, ṣa* und *sa*. Das *śa* ist ein Laut, bei dem, ähnlich wie bei den Dentalen, die Zunge in Richtung der Zähne zeigt (vergleichbar unserem normalen *sch-Laut*). Beim *ṣa* hingegen berührt, wie bei den Retroflexen, die Zungenspitze den Gaumen.

Um den Unterschied in der Aussprache zu verdeutlichen, bieten sich die Namen der beiden bekanntesten und wichtigsten indischen Gottheiten an:

- bei *Śiva* zeigt die Zungenspitze nach vorn (und ein wenig nach unten) – weshalb es sich in manchen indischen Regionen fast wie *Siva* anhört
- bei *Viṣṇu* ist die Zungenspitze oben.

Das *sa* ist ein stimmloser, scharfer *s*-Laut. Im Sanskrit – bereits an diesem Wort lässt es sich vergegenwärtigen und üben – gibt es keinerlei stimmhaftes *–s–*.

Glossar

A

Abhinavagupta (ca. 950 – 1015 n. Chr.):
Herausragender indischer Philosoph und tantrischer Meister. Bedeutendster Lehrmeister und Kommentator des Śivaismus von Kaschmir. Autor von u.a. *Tantrāloka*, *Tantrasāra* und *Īśvara Pratyabhijñā Vimarśinī*.

Adhikāra:
Befähigung, Qualifikation – die ein Schüler/eine Schülerin haben muss, um von einem Guru angenommen zu werden, beziehungsweise um zur Sādhanā tauglich zu sein.

Advaita Vedānta:
Philosophie der Nicht-Dualität, Alleinheitslehre von *Brahman* (Absolutes) als dem einzig Wirklichen, Lehre von der Einheit der Seele mit dem göttlichen Bewusstsein.

Ahaṃkāra:
wörtl. „Ich-Machendes, Ich-Macher", Ego-Ich, nach der ind. Philosophie von den vier psychischen Instrumenten dasjenige, welches die Vorstellung und Erfahrung der begrenzten menschlichen Individualität verursacht.

Ājñā Chakra:
Energiezentrum zwischen den Augen. Die aufsteigende Kuṇḍalinī kann über dieses Chakra nur dann hinaussteigen, wenn sie den Befehl (Skt. *ājñā*), beziehungsweise die Erlaubnis, des Gurus erhält.

A-Ka-Tha-Dreieck:
dreieckiges Energiezentrum im *Sahasrāra*, das aus den Schwingungen aller Silben des Sanskrit-Alphabets besteht.

Amṛta:
Unsterblichkeitstrank, Ambrosia, himmlischer Nektar

Anugraha:
Segen, Gnade – wird nach yogisch-tantrischer Auffassung hauptsächlich vom Guru (im Moment des Śaktipāt) gewährt.

Āsana:
wörtl. „Sitz", 1. Haṭhayoga-Stellung, die Yogatexte beschreiben 84 solcher Stellungen, 2. Sitz, Decke oder Matte, auf der der Yogi sitzt.

Avadhūta:
Erleuchteter, der u.a. durch sein unkonventionelles, wundersames Verhalten auffällt.

B

Bhagavad Gītā:
„Gesang des Erhabenen", bekanntestes ind. Werk spiritueller Literatur, Teil des Epos Mahābhārata.

Bhakta:
Gläubiger, einer, der Gott oder dem Guru in liebevoller Hingabe ergeben ist.

Bhakti:
Hingabe, Liebe an Gott oder den Guru.

Bhakti Yoga:
Yoga der liebevollen Hingabe, ein Weg zur Vereinigung mit Gott, der auf Liebe und Hingabe gründet.

Bhūta-Śuddhi:
Yoga-Praktik, bei der die im Inneren befindlichen Elemente (*Bhūta*) gereinigt, sublimiert beziehungsweise eines im anderen (das gröbere im jeweils feineren) aufgelöst werden.

Bīja:
wörtl. „Keim, Samen", ein *Bīja* oder *Bīja-Mantra* ist eine Keim-Klang-Formel, ein einsilbiges Mantra, das, wie ein Keim, die gesamte Potenz des entfalteten Mantras enthält.

Bindu:
wörtl. „Tropfen, Punkt" – der winzige Punkt, in dem die gesamte „Masse" der Śakti in undifferenzierter Form enthalten ist.

Brahmā:
Schöpfergott, beziehungsweise in der indischen Dreifaltigkeit der Aspekt, der Gott als Schöpfer darstellt.

Brahman:
die absolute Wirklichkeit, das absolute, ewige, göttliche Bewusstsein.

Brahmarandhra:
subtiles Energiezentrum am Scheitelpunkt des Kopfes, am oberen Ende der *Suṣumnā-Nāḍī*.

C

Caitanya:
„bewusst, lebend, lebendig", auch „(höchstes) Bewusstsein".

Chakra:
wörtl. „Rad", großes und wichtiges Energiezentrum oder Nervengeflecht im subtilen Körper. Wenn die Kuṇḍalinī erweckt ist, durchdringt und reinigt sie diese Energiezentren, die auf einer Linie vom unteren Ende der Wirbelsäule bis zum Scheitelpunkt des Kopfes verlaufen.

Cidvilāsānanda, (Swami; [Gurumayi]):
wörtl. „Glückseligkeit des Spiels des Bewusstseins", Siddha-Guru und derzeitiges Oberhaupt der Siddha-Yoga-Tradition, Nachfolgerin von Swami Muktananda.

Citta-Vṛtti:
Bewegung, Veränderung, Gedanken-Welle im menschlichen Geist.

D

Devātma Śakti (Devatma Shakti):
bedeutendes Werk über Kuṇḍalinī, Kuṇḍaliṇī-Yoga, Śaktipāt etc. von Swami Vishnu Tirtha.

Dīkṣā:
Einweihung, Initiation, Erweckung.

G

Gorakhnātha:
(auch Gorakhnāth) erster historischer Meister und Begründer der yogisch-tantrischen Tradition der Nāthas, Autor bedeutender Yoga-Werke, u.a. der *Siddha Siddhānta Paddhati*, des *Gorakṣa Śataka, Yogabīja, Amaraugha Śāsana.*

Gorakṣa Śataka:
„hundert Verse des Gorakṣa", wichtiges Werk Gorakhnāthas über Haṭha- und Kuṇḍalinī-Yoga.

Granthi:
wörtl. „Knoten", Energie-Knoten, die an drei wichtigen Verbindungspunkten im feinstofflichen Körper entlang der *Suṣumnā-Nāḍī* vorkommen. Diese *Granthis* – Ansammlungen karmischer Spuren – müssen von der Kuṇḍalinī (wie die Chakras) durchstoßen und aufgelöst werden.

Guṇa:
grundlegende Eigenschaft der Natur; die drei *Guṇas* sind: *Sattva* (Reinheit, Licht), *Rajas* (Aktivität, Leidenschaft) und *Tamas* (Dumpfheit, Trägheit).

Guru:
spiritueller Meister, der in der dauerhaften und unmittelbaren Erfahrung des Göttlichen beziehungsweise höchsten Selbst lebt und der geeigneten Schülerinnen und Schülern durch Einweihung und Führung auf ihrem spirituellen Weg zur höchsten Vollkommenheit und Befreiung verhelfen kann.

H

Haṭha Yoga:
Weg der körperlichen Übungen, die den Körper reinigen und stärken sollen, um so die Kuṇḍalinī zu erwecken beziehungsweise ihre Erweckung vorzubereiten.

Haṭha Yoga Pradīpikā:
grundlegendstes Werk über Haṭha Yoga.

Hṛdaya:
„Herz", wichtiges spirituelles Zentrum, nach Auffassung vieler spiritueller Werke der Sitz der menschlichen Seele.

I

Iḍā:
eine der drei wichtigsten feinstofflichen Kanäle (*Nāḍī*), die auf der linken Seite verlaufende, kalte Mond-*Nāḍī*.

J

Jaḍa:
„leblos, tot", so werden Mantras bezeichnet, die nicht von einem erleuchteten Meister oder einer Yoga-Tradition stammen und daher nicht mit Bewusstseinskraft (*Śakti*) aufgeladen sind.
Japa:
wörtl. „ein Gebet, das mit gedämpfter Stimme gesprochen wird", Wiederholung eines Mantras, entweder laut oder leise.

Jīva:
individuelles, begrenztes Selbst, Seele.

Jīvanmukta:
wörtl. „ein im Leben Befreiter", jemand, der/die Erleuchtung noch zu Lebzeiten erfährt.

Jñāna:
„Wissen, Erkenntnis".

Jñāneśvar
(Jñānadeva, 1271-1294 beziehungsweise 1275-1296 n. Chr.):
wörtl. „Herr des Wissens", bedeutendster aller Heiligen in Maha-

rashtra; Siddha-Guru, Kuṇḍalinī-Meister und Philosoph. Autor mehrerer umfangreicher philosophischer und poetischer Werke. Sein bekanntestes Werk ist die *Jñāneśvarī*, ein äußerst umfangreicher Kommentar zur *Bhagavad Gītā*.

Jñāneśvarī:
auch als *Bhavārtha Dīpikā* bekannt; diesen mehrere tausend Verse umfassenden Kommentar zur *Bhagavad Gītā* schrieb Jñāneśvar im Alter von sechzehn Jahren. Es war das erste Werk, das in Marathi, der Sprache der Menschen in Maharashtra, geschrieben wurde.

K

Kabīr (1440-1518):
Bedeutender und wohl bekanntester indischer Mystiker und Dichter, lebte in Benares und war von Beruf Weber. Seine große Anhängerschaft besteht sowohl aus Moslems als auch aus Hindus. Er hinterließ eine Vielzahl von Gedichten und Gesängen, die sich noch heute in aller Welt großer Beliebtheit erfreuen.

Kalāvatī:
Eine der Kategorien der Manifestationen der erwachten Kuṇḍalinī. Beinhaltet Erfahrungen der Reinigung und Auflösung des inneren Kosmos (Mikro-Kosmos).

Kāma:
sexuelle Liebe, Lust, weltliches Verlangen.

Karma:
wörtl. „Handlung, Tat", bezeichnet 1. jede Handlung, die körperlich, sprachlich oder gedanklich ausgeführt wird, 2. das Schicksal oder die Lebensumstände, hervorgerufen und geprägt durch frühere Handlungen, beziehungsweise Taten in früheren Leben. Es werden *drei*

Arten von Karma unterschieden: a) das Karma, das bereits begonnen hat zu wirken, b) das Karma, das in der Zukunft wirken wird, c) das Karma, das im Moment beziehungsweise in diesem Leben geschaffen wird. Das karmische Gesetz ist das Gesetz von Ursache-Wirkung (Kausalitätsgesetz).

Karma Yoga:
der Yoga-Weg des rechten Handelns – ein spiritueller Weg, bei dem der Betreffende handelt 1. ohne sich selbst als den eigentlich Handelnden zu betrachten und 2. ohne nach der Frucht (Skt. *phala*) beziehungsweise dem Ergebnis der Handlung zu trachten.

Kaula:
Name einer alten tantrischen Tradition, in der die Śakti eine zentrale Rolle spielt.

Kriyā:
wörtl. „Handlung", gemeint sind die reinigenden Handlungen oder Bewegungen der Kuṇḍalinī im grobstofflichen und feinstofflichen Körper (beziehungsweise die Auswirkungen hiervon), die der Yogi als z.T. sehr intensive Erfahrungen auf körperlicher, geistiger oder emotionaler Ebene erlebt.

Kriyāvatī:
Eine der Kategorien der Manifestationen der erwachten Kuṇḍalinī. Beinhaltet Erfahrungen wie spontane *Haṭha-Yoga*-Stellungen (*Āsanas, Bandhas, Prāṇāyāma* und *Mudrās*) und andere *Kriyās*, bei denen insbesondere der Körper betroffen ist.

Kṣemarāja:
berühmter Schüler von Abhinavagupta, ebenfalls ein Siddha und Philosoph, schrieb einen bekannten Kommentar zu den *Śiva Sūtras*,

verfasste das *Pratyabhijñā Hṛdayam* und andere bedeutende Werke des Śivaismus von Kaschmir.

Kulārṇava Tantra:
eines der bekanntesten und bedeutsamsten Tantras, shivaitische Abhandlung über Themen wie: der Guru, die Guru-Schüler-Beziehung, das Mantra oder die traditionellen Formen der Gottes-Verehrung.

Kuṇḍalinī:
wörtl. „die Zusammengerollte, Aufgerollte", die kosmische Energie, die sich in jedem Menschen schlafend im *Mūlādhāra-Cakra*, am unteren Ende der Wirbelsäule, befindet. Wenn sie erwacht, beginnt sie alle Bereiche des grobstofflichen und vor allem der feinstofflichen Körper zu reinigen. Sie entfaltet ihr gesamtes kosmisches Potenzial, steigt durch den Zentralkanal aufwärts und durchstößt dabei die verschiedenen *Chakras*, um schließlich zu ihrem Ziel, dem Tausendblättrigen Lotos (*Sahasrāra*) im Scheitelpunkt des Kopfes, zu gelangen. Dort findet die Vereinigung der individuellen Seele mit dem höchsten Selbst statt. Hierdurch erlangt der Yogi den Zustand der Selbstverwirklichung, Befreiung beziehungsweise Erleuchtung.

Kuṇḍalinī Stavaḥ:
12-strophige Hymne an die Kuṇḍalinī, kraftvoller Gesang, mit dem der Yogi direkt die höchste kosmische Kraft/Macht anruft.

M

Mala:
wörtl. „Makel, Unreinheit", Terminus der shivaitischen Philosophie, der beschreibt, wie das höchste Bewusstsein zum individuellen Bewusstsein begrenzt wird, nämlich durch die Erfahrung des Getrennt-Seins vom allumfassenden Bewusstsein (*Āṇava-Mala*), des Verschieden-Seins von

allem, was existiert (*Māyīya-Mala*) und des Empfindens von Täterschaft (*Kārma-Mala*).

Maṇḍala:
wörtl. „Scheibe, Kreis", geometrische Form, die mit einem bestimmten Schöpfungsprinzip (*Tattva*) in Verbindung steht beziehungsweise dieses repräsentiert.

Mantra:
heiliges Wort, göttlicher Klang, Name Gottes oder ganz allgemein: Eine klangliche Manifestation dessen, der (die/das) mit dem Mantra angerufen wird. Wird ein Mantra (leise oder laut) wiederholt, offenbart sich die darin enthaltene Kraft. Mantras können denjenigen, der sie wiederholt, beschützen, reinigen oder gar befreien.

Matsyendranātha:
Matsyendra wörtl. „Herr der Fische", nach traditioneller Auffassung der erste Guru der *Nātha*-Tradition und Guru von Gorakṣanātha; über ihn ist nichts historisch Verwertbares bekannt; wird in Nepal mit dem *Bodhisattva* Avalokiteśvara identifiziert.

Māyā:
komische Kraft der Illusion, welche die wahre Natur des Selbst verdeckt und das Gefühl von Getrenntheit und Verschiedenheit hervorruft, lässt das menschliche Individuum das Unreale für das Reale halten und das Vergängliche für das Ewige.

Mokṣa:
Befreiung, Erlösung vom Kreislauf der Geburten, Tode und Wiedergeburten. Zustand der höchsten Verwirklichung und Einheit mit dem absoluten Bewusstsein.

Mudrā:

wörtl. „Siegel". 1. Verschiedene *Haṭha-Yoga*-Praktiken, mit denen der Yogi den *Prāṇa* im Körper behalten kann. Die Kuṇḍalinī wird bei diesen Praktiken in die *Suṣumnā-Nāḍī* gelenkt. 2. Symbolische Gesten oder Bewegungen der Hände, durch die innere Empfindungen oder Eigenschaften zum Ausdruck kommen – oder umgekehrt, durch die solche Empfindungen oder Eigenschaften hervorgerufen werden sollen. 3. Nachdem *Śaktipāt* erhalten wurde, treten diese Mudrās auch spontan auf.

Muktananda, Swami (1908 – 1982):

wörtl. „Glückseligkeit des Befreiten", Siddha-Guru und ehemaliges Oberhaupt der Siddha-Yoga-Tradition, begründete auf Geheiß seines Gurus den großen Siddha-Yoga-Ashram in *Ganeshpuri* und brachte die *Śaktipāt*-Initiation Anfang der Siebziger Jahre zum ersten Mal in den Westen; Schüler und Nachfolger von Bhagawan Nityananda, Guru von Gurumāyī Cidvilāsananda.

Mulādhāra-(Chakra):

Chakra am unteren Ende der Wirbelsäule, hier liegt die Kuṇḍalinī im schlafenden Zustand.

Mumukṣutva:

Verlangen nach Befreiung, gilt als wesentliche Voraussetzung zur Schülerschaft, beziehungsweise Befähigung zu *Sādhanā*.

N

Nāda:

verschiedenartiger göttlicher Klang, der vom Yogi im Inneren wahrgenommen wird.

Nāḍī
feinstofflicher Kanal, durch den der Lebenshauch beziehungsweise die Lebenskraft (*Prāṇa*) fließt.

Nātha
wörtl. „Herr", auch *Nātha-Yogi* oder *Nātha-Siddha*, Vertreter einer der wohl bekanntesten und einflussreichsten tantrischen Traditionen.

Nīla Bindu (Blaue Perle):
wörtl. „blauer Tropfen/Punkt", wird auch als *Nīleśvarī* „blaue Göttin" bezeichnet, strahlendes blaues Licht von der Größe eines Samenkorns, das hoch entwickelte Yogis in der Meditation sehen. Es ist identisch mit dem innersten und höchsten aller Körper (*Mahākāraṇa-Śarīra*), dem Suprakausalkörper; diese Erfahrung wird als die höchste und letzte vor dem Eintreten in das absolute Bewusstsein erachtet.

Nirguṇa:
wörtl. „eigenschaftslos, das Eigenschaftslose", beschreibt das höchste Bewusstsein, aber auch eine Form der *Bhakti* (*Nirguṇa Bhakti*), bei der sich die Liebe und Hingabe auf ein Göttliches richtet, das weder Persönlichkeit noch Eigenschaften besitzt; der Dichter-Heilige Kabīr war einer der bekanntesten Vertreter dieser Form der *Bhakti.*

O

OM:
uranfänglicher Klang, Ur-Schwingung, aus der das gesamte Universum hervorgegangen ist.

P

Parama Śiva:
höchster Śiva, im Śivaismus von Kaschmir eine Bezeichnung für das höchste Bewusstsein.

Patañjali (ca. 4. Jh. n. Chr.):
großer Weiser und Autor der berühmten *Yoga Sūtras*, des grundlegenden Textes des klassischen Yoga-Systems, das eine der sechs orthodoxen Philosophien Indiens (*Darśanas*) ist.

Piṅgalā:
eine der drei wichtigsten feinstofflichen Kanäle (*Nāḍī*), die auf der rechten Seite verlaufende heiße Sonnen-*Nāḍī*.

Prāṇa:
die Lebensenergie des Körpers, die mit dem Atem und der Nahrung aufgenommen wird.

Prāṇāyāma:
yogische Technik, die in der systematischen Zurückhaltung und Regulierung des Atems beziehungsweise der mit ihm verbundenen Energie besteht, was u.a. zur Beruhigung und Stärkung des Geistes führt.

Pratyabhijñā:
wörtl. „Wieder-Erkennen", philosophische Schule innerhalb des Śivaismus von Kaschmir, die Erleuchtung oder Befreiung als einen Prozess oder Akt des Wieder-Erkennens oder Wieder-Erinnerns der wahren eigenen Natur beschreibt.

Pratyabhijñā Hṛdayam:
wörtl. „Herz des Wieder-Erkennens", Abhandlung, in der die gesamte Philosophie und Lehre der *Pratyabhijñā* in aller Kürze zusammengefasst ist; dieses Werk wurde von Kṣemarāja verfasst.

S

Śabda:
göttlicher Klang, Wort des Gurus.

Sadguru:
„wahrer Guru", der wahre, einzigartige Meister, der dem Schüler/der Schülerin durch Einweihung, beziehungsweise Übertragung seiner Śakti, zur Befreiung verhilft.

Sādhaka:
jemand, der Sādhanā praktiziert beziehungsweise sich auf dem spirituellen Weg befindet.

Sādhanā:
1. der spirituelle Weg, die spirituelle Disziplin, 2. das Praktizieren geistiger und körperlicher Übungen, die die Grundlage des spirituellen Weges bilden.

Sahaja (Sahaja-Saṃādhi, Sahaja-Avasthā):
wörtl. „selbst-geboren, spontan", bezeichnet den natürlichen, d.h. immerwährenden und von keinen äußeren Bedingungen abhängigen Samādhi. Dies ist der Zustand eines *Siddha, Jīvanmukta* oder *Avadhūta*. In diesem Zustand wird alles als Manifestation des höchsten Bewusstseins erfahren.

Sahasrāra:
der tausendblättrige Lotos auf beziehungsweise über dem Scheitelpunkt des Kopfes, das höchste spirituelle Zentrum, wo die Vereinigung von individueller Seele und höchstem Selbst stattfindet.

Śakti:
allumfassende kosmische Kraft/Macht, die die gesamte Schöpfung aus

sich selbst hervorbringt und die sich in jedem noch so winzigen Teil ihrer Schöpfung mit ihrem gesamten kosmischen Potenzial befindet.

Śaktipāt (Śaktipāt-Dīkṣā):
wörtl. „das Herabfallen der göttlichen Gnade (beziehungsweise der göttl. Segenskraft)", Übertragung der Kraft/Macht des Gurus auf den Schüler/die Schülerin, wodurch die Kuṇḍalinī erweckt wird.

Samādhi:
Zustand der Versenkung, Verschmelzung mit dem absoluten Bewusstsein.

Saṃsāra:
weltliche Existenz, Kreislauf von Geburt, Tod und Wiedergeburt.

Saṃskāra:
latente Neigung oder unterbewusste mentale Disposition, die durch ein Ereignis in einem vorangegangenen Leben verursacht wurde.

Saṅkalpa:
Gedanke, Wunsch, Wille.

Śaṅkara (Śaṅkarācarya; 788 – 820 n. Chr.):
bedeutender und wohl bekanntester Philosoph Indiens. Begründete die Philosophie der „absoluten Nicht-Zweiheit" (*Advaita-Vedānta*). Verfasste viele namhafte Werke, wie das *Viveka Cūḍāmaṇi* („Kleinod der Unterscheidung") und gründete den zehn-zweigigen Swami-Orden der *Daśa-Nāmī* mit den dazugehörigen vier großen Āshrams (*Maṭh*) im Norden, Süden, Osten und Westen Indiens – den Sitzen der auch heute noch einflussreichen und mächtigen vier Śaṅkarācāryas.

Śarīra:
Körper, körperliche Hülle – von denen der Mensch insgesamt vier besitzt (Synonym: *Deha*).

Ṣat Cakra Nirūpaṇa:
wörtl. „Untersuchung der sechs Chakras", der elementarste Text über die sechs Energiezentren im Menschen, im 16. Jahrhundert verfasst von Pūrnānanda Swami. In den westlichen Ländern wurde er Anfang des 20. Jahrhunderts bekannt durch das Werk „The Serpent Power (Die Schlangenkraft)" von Sir John Woodroffe, das eine Übersetzung und ausführliche Erläuterung des *Ṣat Cakra Nirūpaṇa* enthält.

Sevā:
selbstloses Dienen; Arbeit, die Gott oder dem Guru gewidmet ist.

Siddha:
wörtl. „der [das Höchste] erlangt hat", der Vollkommene, jemand, dessen Identifikation mit dem Ego-Ich aufgehört hat und der für immer im Zustand der höchsten Einheit lebt.

Siddha Guru:
ein Siddha, der die Befähigung und den Auftrag (von seinem eigenen Guru) hat, spirituell Suchende und entsprechend Befähigte durch *Śaktipāt-Dīkṣā* und äußere sowie innere Führung zu ihrer jeweils eigenen höchsten Vollkommenheit, dem Zustand eines Siddhas, zu geleiten.

Siddha Siddhānta Paddhati:
grundlegendes Werk der Nāthas, in dem viele Themen, die den Kuṇḍalinī-Yoga betreffen, behandelt werden.

Siddhi:
übernatürliche Befähigung oder Kraft, wie z.B. Gedankenlesen, Hellsichtigkeit oder die Fähigkeit, Dinge zu materialisieren.

Śiva:
1. Name für die eine höchste Wirklichkeit, beziehungsweise das allumfassende Bewusstsein, 2. in der Hindu-Dreifaltigkeit der Gott der Zerstörung. Wird als Herr aller Yogis und Asketen erachtet.

Śiva Sūtras :
fundamentales Werk des Śivaismus von Kaschmir, Sanskrit-Text aus dem 9. Jahrhundert, besteht aus 77 Sūtras (Lehrsätzen), in denen die grundlegenden Lehren dieser Philosophie dargelegt sind.

Śivaismus von Kaschmir:
monistische Philosophie, die das gesamte Universum als eine Manifestation der *Śakti*, der göttlichen Energie des höchsten Bewusstseins (*Śiva*), beschreibt. Diese einzigartige Philosophie wurde zu Beginn des 9. Jahrhunderts von einer Tradition von Siddhas dargelegt und an wenige spirituell Hochbegabte weitergegeben.

So´ham (So´ham-Mantra, Haṃsa-Mantra):
wörtl. „Ich bin Er/Ich bin Das", es ist das Mantra, das aus den natürlichen Schwingungen besteht, die mit dem Aus- und Einatmen auftreten. Durch So´ham wird sich der Yogi seiner wahren Identität bewusst.

Spanda:
Schwingung, Schwingungsenergie.

Suṣumnā(-Nāḍī):
Die wichtigste aller *Nāḍīs*, der Zentral-Kanal, der sich vom *Mūlādhāra* bis zum *Sahasrāra* erstreckt und in dem sich die Kuṇḍalinī ihren Weg nach oben bahnt.

Sūtra:
kurzer Lehrsatz, Aphorismus – eine Komprimierung von Lehren in einem einzigen knappen Satz (meistens nur aus Nomina bestehend, *Sūtras* sind daher häufig nur mit Hilfe eines Kommentars verständlich). Ein umfassendes philosophisches System kann so durch eine Sammlung von nur wenigen *Sūtras* ausgedrückt werden.

T

Tantra:
göttlich offenbarte, heilige Schrift der Śaiva-Tradition, meistens in Form eines Dialoges zwischen *Śiva* und *Pārvatī;* behandelt in der Regel das Geheimnis der Selbst-Verwirklichung durch die Erweckung der Kuṇḍalinī.

Tattva:
Schöpfungsprinzip, Schöpfungsebene. Dem Śivaismus von Kaschmir zufolge gibt es 36 Tattvas – vom höchsten (*Parama Śiva*) bis zum niedrigsten (Erde, *Pṛthivī*).

Tukārām (1608-1650 n. Chr.):
bedeutender und heute noch populärer Mystiker und Dichter-Heiliger aus Maharashtra, verfasste unzählige Lieder und Gedichte (*Abhaṅgas*), in denen er seine Sehnsucht nach Gott, seine spirituellen Erfahrungen und schließlich seine höchste Verwirklichung beschreibt.

U

Ulṭā-Sādhanā:
wörtl. „*Sādhanā* der Umkehrung", die *Sādhanā*, bei der – ähnlich wie bei der *Bhūta-Śuddhi* – der Mikrokosmos durch das sukzessive Aufgehen des Gröberen in das Subtilere (entspricht dem Aufsteigen der *Kuṇḍalinī-Śakti* im feinstofflichen Körper) aufgelöst und seinem Ursprung zugeführt wird.

Upaniṣad:
wörtl. „in der Nähe und darum herum sitzen", dies beschreibt die typische, archaische Lehrsituation, bei der die Schüler direkte Unterweisung vom Meister erhalten, dies entspricht der Form, in der die Upanishaden verfasst sind: didaktische Lehrgespräche zwischen Meister und Schüler. Die Upanishaden sind mystische Texte, die auf der unmittelbaren Erfahrung und Eingebung der alten Weisen Indiens beruhen. Formal bilden sie den Schlussteil der Veden und sind die Grundlage der vedantischen Philosophie.

V

Vāc:
Sprache, Wort, auch Sprach-Ebene – nach tantrischer Auffassung gibt es vier Sprachebenen, die sich unmittelbar auch im Körper des Menschen manifestieren.

Varṇamāyī:
eine der vier Kategorien für die Manifestationsarten der erweckten Kuṇḍalinī. Beinhaltet Erfahrungen von lautlichen *Kriyās,* wie spontanes Singen oder Wiederholen von Mantras (die dem Betreffenden bisher völlig unbekannt waren), aber auch plötzlich auftretende, diverse künstlerische Fähigkeiten und ähnliche Phänomene.

Vāsanā:
Eindruck im Unterbewusstsein, der auf eine bestimmte Handlung zurückgeht – solche Eindrücke werden nach yogischer Auffassung im feinstofflichen Körper gespeichert und manifestieren sich in einem späteren Leben als Grundlage für entsprechende psychische Dispositionen (*Saṃskāras*), die den Menschen zu bestimmten Handlungsweisen regelrecht zwingen.

Veda:

wörtl. „Wissen", die *vier Veden* (*Ṛg-Veda, Sāma-Veda, Yajur-Veda, Atharva-Veda*) gehören zu den ältesten heiligen Schriften der Menschheit. Sie werden als göttlich offenbarte ewige Weisheit angesehen.

Vedhamayī:

eine der vier Kategorien für die Manifestationen der erweckten Kuṇḍalinī. Bezieht sich auf Erfahrungen, die mit dem Durchdringen oder Durchstoßen der Chakras durch die aufwärts strebende Kuṇḍalinī in Zusammenhang stehen.

Vijñāna Bhairava:

wörtl. „göttliches Bewusstsein", ein ungewöhnliches Tantra des Śivaismus von Kaschmir, in dem 112 kontemplative Praktiken (*Dhāraṇā*) beschrieben werden, mit denen man in die unmittelbare Erfahrung des höchsten Bewusstseins gelangen kann.

Vikalpa:

(zwiespältiger) Gedanke, geistige Aktivität, Denken auf der Grundlage von Dualität.

Viveka Darpaṇa:

„Spiegel der unterscheidenden Betrachtung", umfassendes philosophisches, aber auch praxisbezogenes Werk der Nātha-Yogis in Maharashtra (ca. 11. Jh.), in dem viele yoga- und sadhana-relevante Themen (höchstes Bewusstsein, individuelles Selbst, Kuṇḍalinī-Erweckung, Guru-Schüler-Beziehung, Zustand des Siddha, Yoga-Praktiken etc.) behandelt werden.

Y

Yantra:
Symbolgestaltung, Hilfsmittel zu Kontemplation und Meditation, geometrische Darstellung einer Gottheit.

Yoga:
wörtl. „Vereinigung", spiritueller Weg und religiöse Disziplin, die zu einem beständigen Geist verhelfen, zur Loslösung von Verhaftungen und Bindungen – und letztendlich zur beständigen Erfahrung der Vereinigung mit dem höchsten Selbst.

Yoga Sūtras:
grundlegender Text des klassischen Yoga-Systems, Sammlung von Aphorismen, die ca. im vierten Jahrhundert von Patañjali verfasst wurden. Sie erläutern verschiedene Methoden, den Zustand der vollkommenen Einheit (*Yoga*) zu erreichen, bei dem die Wellen des Geistes (*Citta-Vṛtti*) zum Stillstand kommen und der Zeuge des Geistes in seiner eigenen Glückseligkeit ruht.

Yoga-Bhraṣṭa:
wörtl. „vom-Yoga-Gefallener", bezeichnet jemanden, der in einem früheren Leben intensiv Yoga-*Sādhanā* betrieben hat, doch vor dem Erreichen des Zieles – der letztendlichen Befreiung – gestorben ist. Eine solche Person wird mit einem beträchtlichen spirituellen Potenzial – eben dem bisher erlangten – wiedergeboren und beendet ihre *Sādhanā* häufig in kürzester Zeit.

Der Aufstieg der Kundalini
Ein Kundalini-Ratgeber für die Praxis
Dietmar Krämer (ISBN 978-3-89427-455-9)
TB, 130 Seiten

Immer mehr Menschen, die eine Yoga-Praxis ausüben oder den Weg der Meditation gehen, erfahren die gewaltige Kraft der Kundalini. Häufig erfolgt das Erwachen der „Schlangenkraft" unerwartet und unvorbereitet. Nicht selten lösen die tiefgreifenden Wirkungen des Kundalini-Aufstieges dann Angst oder gar Panik aus. Um solchen Erfahrungen vorzubeugen, hat Dietmar Krämer seinen überaus praxisnahen und somit außerordentlich hilfreichen Ratgeber verfasst. In ihm werden alle grundlegenden Komponenten des Wirkens der Kundalini angesprochen und zudem eine Fülle an praktischen Ratschlägen erteilt, wie man mit dieser machtvollen Energie umzugehen hat. Ein unverzichtbarer geistiger Führer für jeden, der sich mit Meditation oder Yoga befasst!

Kundalini und Tantra
Lilian Silburn (ISBN 978-3-89427-303-3)
HC, 220 Seiten
Die geheimnisvolle Lebenskraft
des Menschen
Ein tantrisches Einweihungsbuch

Lilian Silburn gilt als die beste Kennerin der tantrischen Philosophie in Europa. Ihr Lebenswerk über das geheimnisvolle Wirken der Kundalini ist bis zum heutigen Tag ein unübertroffener Klassiker. Jeder, der sich für Tantra, für die Bedeutung der Chakras und die Wirkweise der Kundalini interessiert, muss dieses Buch gelesen haben. Erstmals wird in diesem Meisterwerk von einem Europäer die esoterische Seite der tantrischen Lebensweise so unverhüllt dargestellt, dass Lilian Silburn gegen erhebliche Widerstände seitens ihrer östlichen Lehrer ankämpfen musste. Aufgrund ihrer Arbeit war sie jedoch überzeugt, dass auch der Westen inzwischen reif genug ist, um in die inneren Lehren der großen Tantriker eingeweiht zu werden. Ein außerordentlich tiefes Buch, das sich als ein lebenslanger Begleiter auf dem inneren Weg erweisen wird!